O PAÍS DOS PETRALHAS II

REINALDO AZEVEDO

O PAÍS DOS PETRALHAS II

O INIMIGO AGORA É O MESMO

1ª edição

EDITORA RECORD
RIO DE JANEIRO • SÃO PAULO
2012

CIP-BRASIL. CATALOGAÇÃO NA FONTE
SINDICATO NACIONAL DOS EDITORES DE LIVROS, RJ

Azevedo, Reinaldo
A986p O país dos petralhas II: o inimigo agora é o mesmo / Reinaldo Azevedo. - 1ª ed. - Rio de Janeiro: Record, 2012.

Inclui glossário
ISBN 978-85-01-40100-7

1. Brasil - Política e governo - Crônica. 2. Crônica brasileira. I. Título.

CDD: 869.98
12-5841. CDU: 821.134.3(81)-8

Texto revisado segundo o novo Acordo Ortográfico da Língua Portuguesa.

Direitos exclusivos de publicação em língua portuguesa para o Brasil adquiridos pela
EDITORA RECORD LTDA.
Rua Argentina 171 - 20921-380 - Rio de Janeiro, RJ - Tel.: 2585-2000
que se reserva a propriedade literária desta edição

Impresso no Brasil

ISBN 978-85-01-40100-7

Atendimento direto ao leitor:
mdireto@record.com.br ou (21) 2585-2002.

Às Marias, como sempre!

SUMÁRIO

1. DOS PRINCÍPIOS

O pão nosso da alegria 15
Podem vir quente que eu estou fervendo 18

2. DEUS NÃO ESTÁ MORTO

2.1 O aborto

O aborto sempre foi contra as mulheres 25
A ministra abortista e aborteira 28
O assassinato de recém-nascidos 36
A mentira escandalosa sobre o aborto 39
A boa causa e a vitória 42

2.2 A cristofobia

A religião mais perseguida no mundo 46
Cristofobia quer censurar Dante 47
O TJ do RS e os crucifixos 50
"Zombaremos de Jesus, mas não de Maomé" 52
Taliban de gravata 54
A Era dos Boçais! 55
New York Times, anticatolicismo e anti-islamismo 58
A cristofobia chegou ao STF 60

3. AS MILÍCIAS DO PENSAMENTO

3.1 Do racialismo

Paranauê, paranauê, paraná... 65
Viva o povo na vertical! 67
A astronomia chegou ao Brasil antes da capoeira 68
O racialismo não suporta preto bem-sucedido 69
CEF tirou do ar Machado branco 72
A vitória do jornalista Heraldo Pereira 74
O racismo de segundo grau 76
A Constituição vai perder de novo! 80

3.2 Do ecologismo
Ipea em defesa da fome 81
"Fazendas nos EUA e florestas no Brasil" 85
Os partidários do "governo global" no pé do PT 86
O Greenpeace e a farsa 90
As Magdas e os Magdos da TV 96
O ambientalismo como um fascismo moderno 101
Turma do aquecimento debate pum de dinossauro! 104

3.3 Do chico-buarquismo e seus caros amigos
O Jabuti do sambista 107
Oba! Luiz Schwarcz quer brincar! 111
Resposta a Caetano Veloso 118
Prêmio Jabuti mudou! 126
Caetano Veloso não quer dançar. E uma bitoca? 127
Luan Santana gera emprego. E os Buarque de Holanda? 132
Chico, Luan e Umberto Eco 133

3.4 Do sindicalismo gay
O MEC e "até onde entra a língua" 136
O AI-5 da democracia 138
As Barbies lésbicas e dois Kens na banheira 142
Proselitismo gay e erro de matemática 144
A marcha da intolerância 146
PLC 122 continua autoritário 149

3.5 Da descriminação das drogas
Drogas, eleição, imprensa e o "reacionário" 157
O "maconheiramente" correto 160
Humanistas perversos 161
Tropa de elite, hipócritas e covardes 164
A repressão que é liberdade 167

4. AIATOLULA

A Síndrome da Inveja do Próprio Pênis 175
Os Lulas, uma nova aristocracia 177
O nome da doença do Brasil é Lula 179
Eu não sou a *supernanny* do "povo" 183
O remédio contra Lula. Ou: Ameaças de morte 185
#DesencarnaLula! 187
Como trato Lula e como fui tratado 190
A democracia no hospital 192
Lula está com ódio e abraçado a seu rancor 197
Autoritários, vocês perderam! 202

5. RUIM DE SERVIÇO

Lula comemora a crise: "É gostoso ver!" 207
Falta de combatividade não é amor ao diálogo 209
Dilma é ruim de serviço 210
Nessa toada, o PSDB já era! 213
O petismo e o desastre na segurança pública 216
Um governo ruim, mas bom 217
Demóstenes e José Dirceu: dois casos emblemáticos 220
Os "bandidos e vândalos" que interessam 224
Esquerdistas querem declarar ilegitimidade da moral 226
Por que o Brasil é um dos países mais corruptos do mundo 229
As guerras de Gilberto Carvalho 231
Cuidado! Há sempre um petista na rede tentando molestá-lo 234

6. FINDOMUNDISTÃO

6.1 Estados Unidos

Default americano e ódio à democracia 241
Obama e o Findomundistão! 242
Monopolistas da compaixão 244
Um extremista de direita 248

6.2 América Latina

Os reais golpistas de Honduras 249
Humanos de todo o mundo, uni-vos! 251
Dilma, Cuba e o Paraguai 256

6.3 Oriente Médio

A farsa da condenação de Israel 258
A torcida fácil e óbvia dos tolos 263
"Primavera" e massacre de cristãos 266
Eu escolho o signo da Cruz! 269

7. PHOTOSHOP NA HISTÓRIA

Nada devemos aos terroristas 273
Franklin Martins, terroristas e torturadores 276
Dilma e o jornalista português 280
Ele é um apaixonado pela morte 282
A foto de Dilma e o photoshop na história 287
O segredo de aborrecer é dizer tudo! 291
Qual o prazer de se esmagar um crânio? 296
Marighella arrancou a perna dele! 300

8. JUÍZES E JUÍZOS

Juízes e homens acima da lei 305
Resposta a um homem poderoso 310
Marcha da insensatez 313
Abandono afetivo e "direito criativo" 319
Um homem vale menos do que um cão? 322

9. FALTA DE EDUCAÇÃO

Eles odeiam é a civilização! 333
O sacerdote do erro 335
A gramática é a legislação da língua 338
Haddad como um esteta do homicídio 340
Vestibular frauda Reinaldo Azevedo e Camões 343
Chega de ideologia vagabunda nos vestibulares 352
Seremos isentos também em relação à democracia? 355

10. OS FUNDAMENTOS

Mas o que é essa tal democracia? 361
A nossa moral e a deles 363
O AI-13 dos militontos 368
A oposição se deixou massacrar 371
Abaixo os "Salvadores de Homens" 378
Por que chegamos a isso? 382
Por que o brasileiro não se indigna? 387
Os beneficiários de um regime corrupto 392
Meus heróis não morreram de overdose 397

11. "REINALDO, VOCÊ É SÓ UM BLOGUEIRO"

Bolsa Família e redução da violência: a bobagem 407
Economista reage: "Você é só um blogueiro" 412
Os liberais brasileiros foram estatizados 425

Glossário 431

AO LEITOR, O COAUTOR DESTE LIVRO

Tenho o prazer de escrever uma das páginas eletrônicas de política mais acessadas do país — há medições que indicam ser "a mais", mas isso não importa muito. A única coisa que busco superar a cada dia, como jornalista, são os meus limites e a névoa de versões para tentar entender mais e melhor a realidade do meu país e, sempre que possível, do mundo — que Lula, o imodesto, já chamou de "este planetinha", deixando entrever uma nesga de suas ambições.

Este volume reúne uma seleção de artigos publicados no blog e na revista *Veja* entre 2009 e 2012. Eu o separei por temas, como vocês podem ver no índice. Ao organizar este trabalho, percebi, com satisfação, que os textos estão unidos por um propósito: a defesa dos fundamentos da democracia política, das liberdades individuais e da economia de mercado, frequentemente assediadas ou por um estado que se pretende um Leviatã meio carnavalizado ou por um carnaval de patrulheiros ideológicos que mal escondem a sua algazarra autoritária.

Costumo dizer, e não vai aqui nenhum apelo demagógico, que o blog é escrito a milhares de mãos. Os internautas são coautores da página porque meu texto é um diálogo com eles, mesmo quando a conversa assume um tom mais áspero ou grave. O confronto de ideias é uma das expressões da nossa generosidade. Assim, também é a voz de milhares de leitores que pulsa nas páginas adiante. Eles são — vocês são! — a razão de ser deste livro. Muito obrigado!

Reinaldo Azevedo

1. DOS PRINCÍPIOS

O PÃO NOSSO DA ALEGRIA [02/06/2012]

Neste mês, o blog que mantenho na *Veja.com* completa seis anos. A página é acessada entre 100 e 150 mil vezes por dia — com um pico de 234.640. Nesse tempo, já foram ao ar quase 35 mil posts e 1,8 milhão de comentários. Acusam-me algumas pessoas de obsessivo, e os números não as deixam mentir. Tornei-me dependente do diálogo cotidiano que mantenho com milhares de leitores Brasil afora — e um bom tanto espalhado aí por esse mundão. Se não posso, a exemplo de Mário de Andrade, compor um "Lundu do escritor difícil", sei que não sou muito fácil, especialmente porque gosto de escrever textos longos, de intercalar frases, de coordenar orações subordinadas que se distanciam perigosamente da principal, de explorar recursos já emperrados da sintaxe, de brincar com o meu apreço pela ordem.

Diziam-me nos primórdios: "Assim você não vai longe; internautas não têm tempo e paciência para esse estilo." Sou grato pela confiança até dos que odeiam a minha página com comovente dedicação. Não raro, o amor pode se distrair e cair presa, ainda que por um lapso, de outros encantos. Mas o ódio é fiel porque dedicado escravo do ressentimento. O amor é altivo e, liberto, esquiva-se às vezes para ser reconquistado. O ódio se oferece todos os dias ao desprezo para se nutrir do bem que não pode alcançar. Aos que amam, tenho de lhes fazer todos os dias a corte com textos novos e primícias, como o enamorado cativo. Os que odeiam me pedem bem menos: basta que eu exista para que tenham razão de ser.

Os que amam não buscam apenas a minha luta cotidiana com as palavras, que o poeta Carlos Drummond de Andrade já chamou de "a luta mais vã". Também se alimentam da minha paixão, que é a deles, pela divergência, pelo debate, pelo contraditório. E o amor pode ser flamejante e se fazer fogo que arde pra se ver, sim! E recorre a paradoxos para expor todos os relevos de seu contentamento descontente. Escrevo páginas para os que têm sede de justiça e para os que apreciam a lógica com método. Conquistei — digo-o com um orgulho maior do que possa abrigar — leitores que me pegam pelo braço, que são os meus Virgílios nos círculos do inferno e os anjos que me livram de diabólicos ardis, como a alma de Fausto, resgatada pelos céus na hora final. Os meus leitores me ensinaram a ser uma pessoa melhor.

É possível que outro veículo pudesse abrigar o blog ou este texto, mas é a *Veja* que faz uma coisa e outra. Nestes seis anos, ainda que a vanguarda do retrocesso tentasse avançar e vencer, clamando, como a Rainha de Copas, "cortem-lhe a cabeça, cortem-lhe a cabeça", constatei que, nesta revista, a liberdade de pensamento não é mera dama de companhia da história: presente, mas servil; educada, mas obediente; altiva, mas com autonomia não mais do que derivada. Os fundamentos do estado democrático e de direito é que têm a tutela de nossos pensamentos, de nossas utopias, de nossas prefigurações.

Nada excita mais a fúria dos vampiros morais do stalinismo e do fascismo que a liberdade que se exerce sem pedir licença a aiatolás da ideologia. Uns estão convictos de que sua leitura de mundo foi alçada à condição de uma teologia que não pode ser confrontada. Outros entendem que ganharam nas urnas o direito de solapar os fundamentos daquilo mesmo que lhes deu expressão: as garantias democráticas. Satanizam, então, a divergência e a convicção alheia como expressões do sectarismo, do preconceito e do ódio. Atribuem a seus adversários aquilo que eles próprios prodigalizam. Quantas vezes já não fui acusado de "intolerante" não porque excitasse a fúria de eventuais algozes de meus adversários de pensamento, mas porque, ao discordar de uma falsidade influente vendida como verdade, desafinei o coro dos contentes?

Escrevi em 2006 um artigo para *O Globo* em que citava uma epígrafe que está na edição inglesa (Penguin Books) do livro *The Captive Mind*, do poeta polonês Czeslaw Milosz, ganhador do Prêmio Nobel de Literatura de 1980. Relembro-a aqui. É um ditado ou, talvez, um aforismo espichado, atribuído a um velho judeu da Galícia: "Quando alguém está 55% certo, isso é muito bom e não há discussão. Se alguém está 60% certo, isso é maravilhoso, é uma grande sorte, ele que agradeça a Deus. Mas o que dizer sobre estar 75% certo? Os prudentes já acham isso suspeito. Bem, e sobre estar 100% certo? Quem quer que diga estar 100% é um fanático, um facínora, o pior tipo de velhaco."

Os que se arvoram em donos do pensamento tentam nos fazer duvidar de nossas convicções não porque tenham os melhores argumentos ou porque dotados de uma razão científica superior, que desmoraliza nossos preconceitos ou nossas impressões, mas porque dominam o que chamo "aparelhos sindicais do pensamento". Ainda que os fatos e a verdade da ciência possam estar do nosso lado, tentam se impor porque supostamente mais humanistas do que nós, mais justos do que nós, mais sonhadores do que nós, mais bondosos do que nós, mais "amigos do povo" do que nós.

Há quase três meses, as narpias do oficialismo mais subserviente, da imoralidade mais chã, da prepotência mais rastaquera têm exibido as suas garras financiadas para tentar intimidar o jornalismo independente, que não deve vassalagem aos donos do poder, que está comprometido com os fatos, que busca a verdade, anseio de milhões de pessoas, ainda que uns poucos não queiram. São prestadores de serviço que se disfarçam de jornalistas; amantes do dinheiro vivo que se alimentam de ideias mortas; reputações que encontram no limo a justa recompensa moral por sua vileza intelectual, pelo baixo propósito de seus anseios, pela estupidez falastrona de suas predições. Trata-se, em suma, de uma variante do poder arbitrário formada por gente paga pelo erário para assediar moralmente o jornalismo e os jornalistas que estão comprometidos com os fatos e com o conjunto de valores que definem o estado democrático e de direito.

É claro que meu blog não poderia escapar ao radar desses seres trevosos. Na periferia do pensamento, não raro ignorados pela relevância, esmagados pela própria pequenez, gritam, sem que possam apontar um só texto que justifique a sua inútil histeria: "Vejam como ele odeia em vez de debater! Cortem-lhe a cabeça!" Fazem-no sem contestar uma só das teses ou das evidências que apresento, exibindo uma assombrosa ignorância e excitando, eles sim, uma súcia de outros ignorantes e truculentos, que tentam transformar a vulgaridade, o baixo calão, a ignomínia e a ofensa em categorias de pensamento. São os zumbis de um passado que tenta não passar. Mas sabem que já morreram.

Em outubro de 2008, a Editora Record convidou-me para lançar um livro com uma coletânea de artigos do blog, que resultou em *O país dos petralhas*, que vendeu mais de 50 mil exemplares. Em 2010, foi a vez de *Máximas de um país mínimo*, um livrinho de frases, que chegou à marca dos 20 mil. Eis aqui *O país dos petralhas II — o inimigo agora é o mesmo*. Três livros e uma escolha: o debate de ideias, o exercício da divergência, o prazer da discordância.

Quero dizer à vanguarda do atraso que ela nem avança nem vence. É de Rosa Luxemburgo, uma socialista intelectualmente honesta dentro do seu equívoco — e isso quer dizer "ingênua" —, uma das frases que tomo como divisa: "Liberdade é, apenas e exclusivamente, a liberdade dos que pensam de modo diferente." Rosa Luxemburgo esfregou a frase nas fuças de Lênin e Trotsky ao perceber que o primeiro ato dos facinorosos travestidos de libertários seria golpear a Assembleia Constituinte.

Não, não, caras e caros! Não tomei borrachada nas ruas em defesa da democracia nem me expus tão cedo a riscos consideráveis para que agora intolerantes viessem a cobrar caro por aquilo que a Constituição (que eles se negaram a homologar) me dá de graça: o direito à divergência e à verdade. A verdade que quero não é patrocinada pelo estado nem definida por comissário com atestado de pureza ideológica.

Quero a verdade precária do suceder dos dias.

Quero a verdade eterna reforçada pelas verdades novas.

Quero a verdade que nasce do exercício da liberdade.

A liberdade é o "Pai Nosso" do civilismo, o pão nosso da alegria!

PODEM VIR QUENTE QUE EU ESTOU FERVENDO [09/12/2011]

Blogueiros a soldo do oficialismo, que pagam as contas com o nosso dinheiro, criaram o mito de que ofendo as pessoas. Já aconteceu, sim, aqui e ali, coisa rara, mas em questões pessoais — e nunca sem ter sido atacado antes. Quando se trata de um tema público, nunca! Nada de ofensas! Ao contrário: devo ser o jornalista que mais argumenta no país. Marcelo Coelho, colunista da *Folha*, classificou certa feita essa minha mania de criticar textos alheios trecho a trecho de tática policialesca ou algo assim. Não lembro direito. Sei o que respondi. Eu recorro a isso em respeito àquele de quem divirjo e aos leitores. Feio é fazer como alguns reclamões que me acusam de jogo bruto sem apontar onde está a canelada. Basta-lhes gritar "Falta!" e proclamar que têm razão.

Eu não ofendo ninguém! Gostem ou não, faço análise política, mais acerto do que erro — tudo está disponível para consulta —, cito textos de referência (quem não gostar ou discordar que diga onde está a impropriedade) e tempero o texto opinativo com pitadas de crônica, apelando a algum humor. Nem todo mundo acha engraçado. Fazer o quê? E chamar Lula de "Apedeuta" não é ofensa? Não! Como não era quando a imprensa americana chamava George W. Bush de ignorante. Há vários livros sobre os *bushismos*, as suas batatadas. Atenção! Foram publicados enquanto ele era presidente! As bobagens que Lula disse ao longo da carreira ainda não foram devidamente coligidas e confrontadas com os fatos. A mais engraçada é aquela em que ele explica que, caso a Terra fosse quadrada, a poluição não seria um problema... global!

Comecei a chamar Lula de "o Apedeuta" para irritar mesmo, para provocar. Quantas foram as ironias feitas com FHC porque ele era um professor?

Sacanear alguém com formação intelectual é coisa de progressistas, mas só um reacionário sacanearia alguém que faz a apologia da ignorância? Ora... "Ah, mas Lula não estudou porque não pôde..." Vêm dizer isso pra mim? Justo pra mim? Não cola! De resto, nunca o critiquei por sua baixa escolaridade, mas por sua ignorância saliente e propositiva. E o fiz sem nunca deixar de reconhecer a sua notável inteligência política — e muitos leitores sempre me criticaram por isso.

Eu não ofendo ninguém. O que faço é confrontar as falas das personalidades políticas com o seu próprio discurso e, frequentemente, com os fatos. Critiquei aqui duramente, por exemplo, uma intervenção da psicanalista petista Maria Kehl no programa *Roda Viva*, da TV Cultura. Ela contou uma inverdade escandalosa sobre a reivindicação dos invasores da USP e fez uma apreciação do trabalho da Polícia de São Paulo que considerei injusta porque contra os fatos. Mas eu não fiquei só nisso, não! Provei com números que ela estava errada e que seu discurso era mero proselitismo partidário. Ela ficou ofendida? Que venha a público dizer que estou errado! Seus admiradores ficaram bravos? Excelente! Em vez de recorrer a surrados clichês da desqualificação do adversário — "reacionário, direitista..." —, tentem evidenciar que quem mente sou eu, não ela. Mas o façam com números, como fiz.

É claro que tenho convicções políticas!

É claro que não sou de esquerda!

É claro que me identifico com a direita democrática — nunca escondi isso de ninguém! Por que o faria?

Enquanto alguns que me acusam estavam no conforto do lar ou puxando o saco da ditadura, eu a estava combatendo, correndo riscos. E assim fiz porque quis e porque achei o certo. Não me deixo patrulhar por vagabundos — notem: uso a palavra "vagabundos", mas deixarei claro por quê! — que ganharam dinheiro puxando o saco de Sarney, Collor, Itamar, FHC, Lula e agora Dilma. Que palavra pode definir essas pessoas? "Vagabundos" me parece apropriada. Como são aqueles que se penduram nas tetas do governo para atacar os "inimigos do regime".

Convenham: independentemente do mérito e desde que dentro das regras do jogo democrático, será sempre mais corajoso criticar o poder do que lhe puxar o saco. Ou há algo de errado nesse raciocínio? Sim, elogiar um governo quando ele acerta também é de rigor. Também pode ser corajoso, especialmente quando se é um crítico. E eu já elogiei. "Ah, mas bem pouco..." Queriam o quê?

Uma psicanalista me censura

Recebi de uma psicanalista de expressão em seu meio uma mensagem me censurando pelas críticas que fiz a Maria Rita Kehl. Ela deixou claro que sua restrição nada tinha a ver com a "contestação objetiva" que fiz ao que a petista havia dito sobre a polícia. Segundo a missivista, com quem tenho alguma proximidade por razões que não vêm ao caso, isso foi até positivo. Ela não gostou foi de outra coisa. Eu transcrevi a fala de Maria Rita [no endereço ao fim do texto] e demonstrei que ela tem um raciocínio tortuoso, confuso. Em sua intervenção, afirmou que iria fazer uma "pergunta dupla", que tentaria "juntar as pontas" de ambas, que eram, na verdade "duas coisas paralelas"... Mais adiante, completamente perdida no raciocínio, ao fazer a segunda indagação, considerou: "Por outro lado, parece que não tem a ver, mas acho que tem..."

Bem, eu observei que Maria Rita seria a primeira pessoa na história a "juntar as pontas das paralelas", que isso era uma verdadeira revolução geométrica e notei:

> "Além de militante petista — e era nessa condição que estava no *Roda Viva* —, Maria Rita é psicanalista. Consta que é lacaniana. Huuummm... A linguagem exerce, assim, papel importante no seu ofício. (...) É o que chamo linguagem da "lacanagem". Estamos no meio de um tumulto mental, mas o propósito é evidente."

"Ao fazê-lo, Reinaldo, você tenta desqualificá-la profissionalmente, o que é uma desnecessidade", escreveu a missivista. Bem, lamento discordar. Começo esclarecendo que "lacanagem" é uma ironia que faço com os lacanianos há muito tempo. É, não sou exatamente fã de Lacan, mas isso não cabe agora aqui. Ora, por que Maria Rita estava lá? Porque petista? Há outros mais qualificados intelectualmente para debater política com um ex-presidente. Suponho que estivesse por sua outra especialidade: a psicanálise. Sendo assim, qual é o grande pecado de se cobrar de alguém algo pertinente à sua área?

O problema é outro

Não! O problema é outro! As personalidades de esquerda e a militância de modo geral se acostumaram a jamais ser contestadas pela imprensa. Ao contrário. Tomem-se as barbaridades ditas por Marina Silva antes e depois da aprovação do novo Código Florestal. Ela falou, está falado. Separaram-se as esferas de opinião em dois blocos: o das pessoas que estão sempre certas e o das pessoas que estão sempre erradas. Algumas, como quer Rui Falcão, presidente do PT, "estão acima de qualquer suspeita", e outras, como diria Louis, o policial corrupto do filme *Casablanca*, são "os suspeitos de sempre".

Eu estou entre os poucos — não sou o único — que resolveu afrontar essa lógica. Os difamadores, em vez de ler o que escrevo, atacam-me pelo que nunca escrevi. Querem ver? Eu nunca escrevi que pessoas presas pelo regime militar e que morreram ou foram seviciadas não devam receber indenização — ou seus familiares. Nunca! Ao contrário: afirmei que, nessas condições, é justo e necessário. Mas escrevi, sim, e acho, sim, que indenizar alguém que pegou em armas — porque quis — para derrubar o regime e instalar o socialismo no país, não se encaixando na condição acima, é indecoroso. Eu nunca defendi as ações dos porões — ao contrário: fui vítima de um agente da repressão. Mas escrevi, sim, que as esquerdas armadas nunca quiseram democracia e que é uma impostura, uma mentira factual, afirmar o contrário. Fatos, fatos, fatos... Por que, até hoje, não surgiu um só documento daquelas esquerdas defendendo a democracia? Porque não existe! Mas existe, sim, o "Minimanual da guerrilha urbana", de Marighella, transformado em "herói do povo brasileiro" pela Comissão de Anistia, defendendo o terrorismo. Fatos, fatos, fatos... O mundo dos fatos!

Outras verdades

As esquerdas não suportam ser contestadas porque acham que detêm o monopólio do bem! Há anos defendo que viciados em crack sejam compulsoriamente retirados das ruas e internados. Andrea Matarazzo sempre pensou o mesmo. Ele, um político, e eu, um jornalista, fomos demonizados por um desses padres de passeata que não saberiam rezar um Pai Nosso — eventualmente fã do "vinde a mim as criancinhas" (não gostam do meu humor?; que pena!) — e tachados de "higienistas". A proposta foi agora incorporada pelo tal programa do governo federal de combate ao crack e defendida com entusiasmo pelo ministro da Saúde, Alexandre Padilha, do PT. Pronto! O que antes era "higienismo de direita" passou a ser agora uma proposta ousada, corajosa, sei lá o quê? Cadê o padre vermelho? Cadê o amigo das criancinhas? Cadê as ONGs fazendo barulho? Eu me nego a ser patrulhado por esse tipo de vigarice intelectual.

Além do ódio à contestação, há duas outras coisas que repudiam em mim. Uma delas é o fato de que não sou, de fato, um sujeito nem-nem, que pensa com escusas, pedindo licença. Não sou exatamente suave e não tentarei dizer o contrário. Mas o que realmente os deixa enfezados é o fato de que não conseguem quebrar a lógica com a qual opero; não conseguem, em suma, é articular o contra-argumento. Então preferem sair gritando por aí: "Reinaldo me ofendeu! Reinaldo ofende as pessoas! Reinaldo só sabe xingar!"

Uma ova! Se Reinaldo vivesse do xingamento, não haveria motivo para braveza e para rancor. Bastaria xingá-lo também. E pronto! Ao contrário: o Reinaldo que mais os ofende é justamente o Reinaldo que não ofende ninguém! Até tentam me arrastar para a baixaria, mas eu não vou. No esgoto, eles ganham! Na língua pátria, ganho eu.

É pouco provável que os milhares de leitores deste blog venham aqui, todos os dias — inclusive os petralhas — em busca de duas ou três ofensas. Vêm em busca de argumentos. Há até quem o faça só para poder defender o contrário. Pode haver evidência maior de reinaldo-dependência?

E não! Eu não vou parar! Também não vou mudar! Nem vou "pegar mais leve". É o que eu tenho a fazer de mais digno para e com os meus, bem…, muitos milhares de leitores! Podem formar correntes à vontade! Mal sabem os difamadores que, ao proceder assim, fortalecem o blog porque outros tantos vão chegando. A corrente do bem é maior.

Podem vir quente que eu estou fervendo!

(Endereço de texto citado: http://veja.abril.com.br/blog/reinaldo/geral/a-conspiracao-dos-mentirosos-no-roda-viva-a-%E2%80%9Cemissora-tucana%E2%80%9D-a-servico-do-pt/)

2. DEUS NÃO ESTÁ MORTO

2.1 O aborto

O ABORTO SEMPRE FOI CONTRA AS MULHERES [09/02/2012]

Já escrevi dezenas de textos [conforme indica o endereço ao fim do artigo] demonstrando por que o aborto é moralmente injustificável. Neste, quero desmontar algumas falácias históricas. Os que, como este escriba, são contrários à legalização ganham referências e argumentos novos. Os que não se convencerem podem tentar, quando menos, melhorar os próprios argumentos.

Em dezembro de 2006, escrevi para a *Veja* uma longa resenha, que acabou sendo publicada como "matéria especial", do livro *The Rise of Christianity: a Sociologist Reconsiders History*, do americano Rodney Stark, hoje já traduzido: *O crescimento do cristianismo: um sociólogo reconsidera a história*, publicado pela Editora Paulinas. Leiam-no, cristãos e não cristãos. Eu me lembrei de livro e resenha ao ler as declarações da nova ministra das Mulheres, Eleonora Menicucci, que considera o aborto uma espécie, assim, de libertação das mulheres, especialmente das mais pobres. Esse também foi o teor de muitos comentários que chegaram, alguns com impressionante violência. Houve até uma senhora que afirmou que eu deveria ser "executado". Por quê? Bem, entendi que é porque não concordo com ela. Pelo visto, em nome de suas convicções, não se limitaria a eliminar os fetos. Nos dias de hoje, melhor ser tartaruga.

Boa parte dos que me atacaram de modo impublicável — sim, há comentários de leitores que discordam de mim — revela, na verdade, um preconceito anticristão, anticatólico em particular, que chega a assustar. Dá para ter uma ideia do que fariam se chegassem ao poder. Estão de tal sorte convictos de que a religião é um mal que chegam a revelar uma semente missionária. Se o estado pelo qual anseiam se concretizasse, aceitariam a tarefa de eliminar os "papa-hóstias" e os evangélicos em nome do progresso social. Constato, um tanto escandalizado, que a defesa incondicional do aborto, em muitos casos, é só uma das manifestações da militância antirreligiosa. Há nesses espíritos certa, como chamarei?, compulsão da desmistificação. Por que alguns fetos não poderiam pagar por isso, não é mesmo?

Mas volto àquela magnífica tese do "aborto como expressão da libertação das mulheres". Retomo parte daquela resenha para que se desnude uma mentira. Vamos a um breve passeio pelos primeiros séculos do cristianismo para que possamos voltar aos dias de hoje.

Em seu magnífico livro, Stark, que é professor de sociologia e religião comparada da Universidade de Washington, lembra que, por volta do ano 200, havia em Roma 131 homens para cada cem mulheres e 140 para cada cem na Itália, na Ásia Menor e na África. O infanticídio de meninas — porque meninas — e de meninos com deficiências era "moralmente aceitável e praticado em todas as classes". Cristo e o cristianismo santificaram o corpo, fizeram-no bendito, porque morada da alma, cuja imortalidade já havia sido declarada pelos gregos. Cristo inventou o ser humano intransitivo, que não depende de nenhuma condição ou qualidade para integrar a irmandade universal. Cristo inventou a noção que temos de humanidade! As mulheres, por razões até muito práticas, gostaram.

No casamento cristão, que é indissolúvel, as obrigações do marido, observa Stark, não são menores do que as das mulheres. A unidade da família era garantida com a proibição do divórcio, do incesto, da infidelidade conjugal, da poligamia e do aborto, a principal causa, então, da morte de mulheres em idade fértil. A pauta do feminismo radical se volta hoje contra as interdições cristãs que ajudaram a formar a família, a propagar a fé e a proteger as mulheres da morte e da sujeição. Quando Constantino assina o Édito de Milão, a religião dos doze apóstolos já somava 6 milhões de pessoas.

Se as mulheres, especialmente as mulheres pobres, foram o grande esteio do cristianismo primitivo, Stark demonstra ser equivocada a tese de que aquela era uma religião apenas dos humildes. O "cristianismo proletário" serve ao proselitismo, mas não à verdade. A nova doutrina logo ganhou adeptos entre as classes educadas também. Provam-no os primeiros textos escritos por cristãos, com claro domínio da especulação filosófica. Mas não só. Se o cristianismo era uma religião talhada para os escravos — "os pobres rezarão enquanto os ricos se divertem" (em inglês, dá um bom trocadilho: *the poor will pray while the rich play*) —, Stark demonstra que o novo credo trazia uma resposta à grande questão filosófica posta até então: a vitória sobre a morte.

Nos primeiros séculos do cristianismo, a fé se espalhou nas cidades — não foi uma "religião de pastores". Um caso ilustra bem o motivo. Entre 165 e 180, a peste mata, no curso de quinze anos, praticamente um terço da população do Império Romano, incluindo o imperador Marco Aurélio — o filme *Gladiador* mente ao acusar seu filho e sucessor, Cômodo, de tê-lo assassinado. Outra epidemia, em 251, provavelmente de sarampo, também mata às pencas. Segundo Stark, amor ao próximo, misericórdia e compaixão fizeram com que a taxa de sobrevivência entre os cristãos fosse maior do que entre os pagãos. Mais: acreditavam no dogma da Cruz e, pois, na redenção que sucede ao sofrimento. O ambiente miserável das cidades, de fato, contribuía para a pregação da fraternidade universal: os cristãos são os inventores da rede de solidariedade social, especialmente desenvolvida quando começaram a contar com a ajuda de adeptos endinheirados e, nas palavras de Stark, "revitalizaram a vida nas cidades greco-romanas". Os cristãos inventaram as ONGs — as sérias.

Falácias

Não, grandes bocós! O cristianismo, na origem, é a religião da inclusão, da solidariedade e da vida. E a interdição ao aborto — vá estudar, dona Eleonora! — conferiu dignidade à mulher e protegeu-a da humilhação e da morte, bem como todos os outros valores que constituem algumas das noções de família que vigoram ainda hoje. Isso a que os cretinos chamam "família burguesa" é, na verdade, na origem, a família cristã, muito antes do desenvolvimento do capitalismo. O cristianismo se expandiu, ora vejam, como uma das formas de proteção às mulheres e às crianças.

Qualquer estudioso sério e dedicado sabe que não é exatamente a pobreza que joga as crianças nas ruas — ou haveria um exército delas perambulando por aí. Se considerarmos o número de pobres no Brasil, há poucas. O que lança as crianças às várias formas de abandono — inclusive o abandono dos ricos, que existe — é a família desestruturada, que perdeu a noção de valores. Não precisamos matar as nossas crianças. Precisamos, isto sim, é cultivar valores para fazer pais e mães responsáveis.

Morticínio de mulheres

Vi há coisa de dois dias uma reportagem na TV sobre a dificuldade dos chineses de arrumar uma mulher para casar. Alguns pagam até R$ 19 mil por uma noiva. É uma decorrência da rígida política chinesa de controle da natalidade, que impõe dificuldades aos casais que têm mais de um filho. Por razões culturais, que acabam sendo econômicas, os casais optam, então, por um menino e praticam o chamado aborto seletivo: "É menina?

Então tira!" Nesse particular, a China é certamente o paraíso de algumas das nossas feministas e de muitos dos nossos engenheiros sociais, não é? A prática a que se chama "libertação" por aqui serve para... matar mulheres! Repete-se, assim, o padrão vigente no mundo helênico. Não dispondo da ultrassonografia, muitas meninas eram simplesmente eliminadas ao nascer. E se fazia o mesmo com os deficientes. A China moderna repete as mesmíssimas brutalidades combatidas pelo cristianismo primitivo — com a diferença de que tem como perscrutar o ventre.

Os abortistas fazem de tudo para ignorar o assunto. Mas é certo que, nos países que legalizaram o aborto, o expediente é empregado para eliminar os deficientes e, sim, para impedir o nascimento de meninas, ainda hoje consideradas economicamente menos viáveis do que os meninos. Ainda que isso fosse verdade apenas na China — não é —, já estaríamos falando de um quarto da humanidade.

Que zorra de humanismo vigarista é esse que estabelece as precondições para que uma vida humana possa ser considerada "intocável"? Se não querem ver no corpo humano a morada de Deus, a exemplo dos cristãos, que o considerem, ao menos, a morada do "Homem".

(Endereço do texto citado: http://veja.abril.com.br/blog/reinaldo/tag/aborto/)

A MINISTRA ABORTISTA E ABORTEIRA [13/02/2012]

No dia 14 de outubro de 2004, a então apenas professora Eleonora Menicucci, que tomou posse como ministra das Mulheres na semana passada, concedeu uma entrevista a uma interlocutora chamada Joana Maria. O texto está nos arquivos da Universidade Federal de Santa Catarina. Já fiz uma cópia de segurança porque essas coisas costumam desaparecer quando ganham publicidade. Está certamente entre as coisas mais estarrecedoras que já li. De sorte que encerro assim este primeiro parágrafo: se um torturador vier me dar a mão, eu a recuso, cheio de asco. Se a ministra Eleonora vier me dar a mão, eu me comportarei da mesma maneira, com o estômago igualmente convulso.

Antes que entre propriamente no mérito, algumas considerações. Aqui e ali, tenta-se caracterizar a ministra como uma espécie de defensora apenas intelectual do aborto, apegada à causa no universo conceitual, retórico, de sorte que a sua nomeação não representaria um engajamento da presidente Dilma Rousseff e do governo na causa do aborto. Falso! Falso e na contramão dos fatos.

Alguns parlamentares, notadamente da bancada evangélica, fizeram duros discursos contra a ministra e foram caracterizados pela imprensa como uns primitivos ideológicos. Então vamos ver se a ministra está com a civilização...

Abaixo, transcrevo alguns trechos daquela sua entrevista, concedida quando ela já estava com sessenta anos. Não se pode dizer que o diabo da imaturidade andava soprando em seus ouvidos. Não! Eleonora confessa na entrevista que não é apenas "abortista" — termo a que os ditos progressistas reagem porque o consideram uma pecha, uma mácula. Ela também é aborteira. Viajou pela sua ONG à Colômbia para aprender a fazer aborto por sucção, o método conhecido como AMIU (Aspiração Manual Intrauterina). Deixa claro que o objetivo de seu trabalho é fazer com que as pessoas se "autocapacitem" para o aborto, de sorte que ele possa ser feito por não médicos. É o caso dela! Atenção! DILMA ROUSSEFF NOMEOU PARA O MINISTÉRIO DAS MULHERES uma senhora que defende que o aborto seja uma prática quase doméstica, sem o concurso dos médicos. Por isso ela própria, uma leiga, foi fazer um "treinamento". Não! Jamais apertaria a mão de torturadores. E jamais apertaria a mão de dona Eleonora por isto aqui:

"ESTIVE TAMBÉM FAZENDO UM TREINAMENTO DE ABORTO NA COLÔMBIA, POR ASPIRAÇÃO"

***Eleonora** — (...) Aí, em São Paulo, eu integrei um grupo do Coletivo Feminista Sexualidade e Saúde. (...). E, nesse período, estive também pelo coletivo fazendo um treinamento de aborto na Colômbia.*
***Joana** — Certo.*
***Eleonora** — O coletivo nós críamos em 95.*
***Joana** — Como é que era esse curso de aborto?*
***Eleonora** — Era nas Clínicas de Aborto. A gente aprendia a fazer aborto.*
***Joana** — Aprendia a fazer aborto?*
***Eleonora** — Com aspiração AMIU.*
***Joana** — Com aquele...*
***Eleonora** — Com a sucção.*
***Joana** — Com a sucção. Imagino.*
***Eleonora** — Que eu chamo de AMIU. Porque a nossa perspectiva no coletivo, a nossa base...*
***Joana** — É que as pessoas se autofizessem!*
***Eleonora** — Autocapacitassem! E que pessoas não médicas podiam...*
***Joana** — Claro!*

***Eleonora** — Lidar com o aborto.*
***Joana** — Claro!*
***Eleonora** — Então vieram duas feministas que eram clientes, usuárias do coletivo, as quais fizeram o primeiro autoexame comigo. Então é uma coisa muito linda.*
***Joana** — Hum.*
***Eleonora** — Muito bonita! Descobrirem o colo do útero e...*
***Joana** — Hum.*
***Eleonora** — Ter uma pessoa que segura na mão.*
***Joana** — Certo.*

Num outro trecho, Eleonora conta como ela e o seu partido, o POC (Partido Operário Comunista), tomaram uma decisão: ela deveria fazer um aborto. Tratava-se apenas de uma questão... política!

"NÓS DECIDIMOS, EU E O PARTIDO, QUE EU DEVERIA FAZER UM ABORTO"

***Eleonora** — Porque a minha avaliação era que eu tinha que fazer.*
***Joana** — A luta armada aqui?*
***Eleonora** — A luta armada aqui. E um detalhe importante nessa trajetória é que, seis meses depois de essa minha filha ter nascido, eu fiquei grávida outra vez. Aí junto com a organização nós decidimos, a organização, nós, que eu deveria fazer aborto porque não era possível...*
***Joana** — Certo.*
***Eleonora** — Na situação ter mais de uma criança, né? E eu não segurava também. Aí foi o segundo aborto que eu fiz.*

Falastrona e ególatra, como já apontei aqui, faz questão de contar na entrevista que teve a sua primeira relação homossexual quando ainda estava casada. Era o seu mergulho no que entende por feminismo.

"EU TIVE MINHA PRIMEIRA RELAÇÃO COM MULHER. E TRANSAVA COM HOMEM; ESTAVA COM MEU MARIDO"

***Eleonora** — Aí já nessa época eu radicalizei meu feminismo. Eu comecei a militar.*
***Joana** — Onde?*
***Eleonora** — Em Belo Horizonte, eu comecei a militar neste grupo.*

Joana — *Neste mesmo grupo?*
Eleonora — *É.*
Joana — *O que se fazia além de discutir?*
Eleonora — *Nós discutíamos o corpo.*
Joana — *Certo.*
Eleonora — *Discutíamos a sexualidade. Eu tive a minha primeira relação com mulher também.*
Joana — *Hum.*
Eleonora — *Quer dizer que foi bastante precoce pra essa... E transava com homem.*
Joana — *Certo.*
Eleonora — *Pra minha trajetória.*
Joana — *Mesmo porque tu também estavas com o teu marido, eu acho, não estavas?*
Eleonora — *Sim, sim.*
Joana — *Estavas. Ah.*
Eleonora — *Mas nós nunca tivemos esse... E ele era um cara muito libertário. Nós nunca tivemos essa questão de relação.*
Joana — *Certo.*

Ora, qual é o lugar ideal para uma humanista desse quilate trabalhar? Frei Betto — sim, aquele... — deu um jeito de arrumar para ela um emprego na Arquidiocese de João Pessoa.

"SOU MUITO AMIGA DO FREI BETTO. ELE ME PÔS NO CENTRO DE DIREITOS HUMANOS DA DIOCESE DE JOÃO PESSOA"

Eleonora — *E aí, no início de 78, eu já tinha me separado do meu ex-marido e resolvo sair de Belo Horizonte. Aí quando eu saio de Belo Horizonte eu busco um lugar bem longe porque eu não queria mais ser referência para a esquerda.*
(...)
Eleonora — *E eu não podia. Então eu procurei isso. Sou muito amiga, por incrível que pareça, a vida inteira, do Frei Betto e pedi a ele pra me encontrar um lugar o mais longe possível de Belo Horizonte. Aí ele falou: "Eu tenho dois lugares onde a Diocese é muito aberta: em Vitória, com Dom Luís, ou em João Pessoa, com Dom José Maria Pires." Eu falei: "Eu quero João Pessoa", quanto mais longe melhor.*
(...)

Eleonora — *É. Mas, assim, eu cheguei, eu. Eu tive que construir minha vida.*
Joana — *Hum. Foste trabalhar?*
Eleonora — *No Centro de Direitos Humanos da Arquidiocese da Paraíba.*
Joana — *Tá legal.*
Eleonora — *E aí eu comecei a trabalhar com as mulheres rurais de Alagamar, que era o que eu queria (...). Logo depois, retomei um grupo, a minha atividade de grupo de reflexão feminista com algumas mulheres em João Pessoa. A maioria de fora de João Pessoa e duas de dentro. Então nós criamos o primeiro grupo feminista lá em João Pessoa. Chamado Maria Mulher.*
(...)
Eleonora — *É. "Quem ama não mata" e "O silêncio é cúmplice da violência", e aí começamos a nos articular dentro do Nordeste.*
Joana — *Tá.*
Eleonora — *Era o SOS Mulher. O SOS Corpo e um grupo de reflexão que tinha em Natal.*
Joana — *Hum.*
Eleonora — *De autorreflexão. E no Maria Mulher, o que é que nós fazíamos? Nós fazíamos autoexame de colo de útero, autoexame de mama.*
(...)
Eleonora — *Depois, em 84, eu venho pra São Paulo fazer doutorado em Ciência Política, já articuladíssima...*
Joana — *Imagino...*
Eleonora — *Com o feminismo e com linhas de pesquisa bem definidas do ponto de vista feminista.*
Joana — *Quem é que te orientou em São Paulo?*
Eleonora — *Em São Paulo, foi a Maria Lúcia Montes, uma antropóloga. Embora, na época, ela fosse da Ciência Política. E, em 84, eu entro para o doutorado com uma tese que era sobre Direitos Reprodutivos e Direitos Sexuais a partir... É a construção da cidadania a partir do conhecimento sobre o próprio corpo.*
Joana — *Isso por conta do teu trabalho com as mulheres?*
Eleonora — *Por conta do meu trabalho com as mulheres em uma favela chamada Favela Beira-Rio.*
Joana — *Certo.*
Eleonora — *Lá em João Pessoa.*
Joana — *Hum.*
Eleonora — *Que hoje é um bairro. Então nesta época eu fiquei quatro anos em São Paulo fazendo a tese e voltando a João Pessoa. (...) E aí fui coordenadora do grupo de Mulher e Política da ANPOCS, do GT.*
Joana — *Hum.*

Neste trecho, ela revela como enxergava — enxergará ainda? — os papéis masculino e feminino. Ah, sim: ela sabia "atirar". Afinal, não se tenta impor uma ditadura comunista no país só com bons sentimentos, não é?

"EU TINHA ATITUDES MASCULINAS (...) ERA DECIDIDA, DETERMINADA, FORTE, SABIA ATIRAR"

Joana — *Já. E com relação às organizações das quais tu participavas?*
Eleonora — *Ah, primeiro que as mulheres dificilmente chegavam a um cargo de poder.*
Joana — *Mas tu eras a chefe?*
Eleonora — *Eu era. Fui uma das poucas. Por quê? Eu me travesti de masculino.*
Joana — *É? Como era?*
Eleonora — *Eu tinha atitudes masculinas (...). Era decidida, determinada, forte, sabia atirar.*
Joana — *Huuummmm.*
Eleonora — *Entendeu?*
Joana — *Entendi.*
Eleonora — *Sendo que muitas mulheres sabiam isso tudo.*
Joana — *Certo.*
Eleonora — *Transava com vários homens.*
Joana — *Certo.*
Eleonora — *Essa questão do desejo e do prazer sempre foi uma coisa muito libertária pra mim, e por isso eu fui muito questionada dentro da esquerda.*
Joana — *É?*
Eleonora — *É.*
Joana — *Dentro do mesmo grupo do qual tu eras a líder?*
Eleonora — *Sim. Porque o próprio... Por questões de segurança, eu só poderia ter relação sexual com os companheiros da minha organização.*
Joana — *Certo.*
Eleonora — *Num determinado momento, sim, mas na história do movimento estudantil, também já existia isso.*

Neste outro trecho, a gente fica sabendo que Dilma Rousseff foi sua companheira também nas reflexões sobre o feminismo.

"EU TIVE MUITAS REFLEXÕES COM MINHAS AMIGAS NA CADEIA; UMA DELAS, A DILMA"

Eleonora — E, depois, imediatamente eu quis ter outro filho.
Joana — Hum.
Eleonora — E muito no sentido de pra provar para os torturadores, mesmo que fosse simbolicamente, que o que eles tinham feito comigo não tinha me tirado a possibilidade de reproduzir e de ter uma escolha sobre meu próprio corpo.
Joana — Hum.
Eleonora — Então eu tive mais um filho e logo que ele nasceu também de cesária eu me laqueei.
Joana — Certo.
Eleonora — Então, eu tinha... Eu fui presa com 24 para 25 mais ou menos.
Joana — Nossa Senhora!
Eleonora — E saí com 30.
Joana — Certo.
Eleonora — Assim, da história toda e com trinta para 31, tive o meu segundo filho e fiz a laqueadura de trompas.
(...)
Joana — E então, tu saíste da cadeia em 74.
Eleonora — Certo.
Joana — Tu tiveste algum contato com o feminismo dentro da cadeia, com leituras feministas...
Eleonora — Não.
Joana — Ou depois?
Eleonora — Não, não. Ao longo da cadeia eu tive... Durante a cadeia? Eu tive muitas reflexões com as minhas companheiras de cadeia.
Joana — Tá.
Eleonora — Uma delas é a Dilma Rousseff.
(...)
Joana — Fizeram uma espécie de grupo de consciência?
Eleonora — Grupo de reflexão lá dentro.
Joana — Grupo de reflexão.
(...)

Eleonora — *Eu já saí em 74, eu saí em outubro.*
Joana — *Certo.*
Eleonora — *No dia 12, Dia da Criança, eu saí já bem claro que eu era feminista.*
Joana — *Certo.*
Eleonora — *E, logo que eu saí da cadeia, eu, em Belo Horizonte, fui procurar um grupo de mulheres.*
Joana — *Esses grupos de consciência?*
Eleonora — *É, só que era um grupo de lésbicas.*
Joana — *Certo.*
Eleonora — *E eu não sabia. Era um grupo de pessoas amigas minhas.*
(...)
Eleonora — *Porque eu voltei a estudar!*
Joana — *Ah, legal!*
Eleonora — *Eu parei de estudar em 68.*
Joana — *Huuummm.*
Eleonora — *Eu parei no quarto ano de Medicina e no quarto de Ciências Sociais.*
Joana — *Foste concluir?*
Eleonora — *Fui, aí eu voltei pra concluir.*
Joana — *Certo.*
Eleonora — *Na UFMG, e optei por acabar Sociologia.*

Finalmente, destaco outro momento de grande indignidade na fala desta senhora. Ao se dizer avó de um neto gerado por inseminação numa filha lésbica e também "avó do aborto", não só expõe a sua vida privada e a de seus familiares como, é inescapável constatar, demonstra não saber a exata diferença entre a vida e a morte. Leiam. Volto para encerrar.

"SOU AVÓ DE UMA CRIANÇA NASCIDA POR INSEMINAÇÃO ARTIFICIAL NA MÃE LÉSBICA; E TAMBÉM SOU AVÓ DO ABORTO"

Eleonora — *E eu digo que a questão feminista é tão dentro de mim, e a questão dos Direitos Reprodutivos também, que eu sou avó de uma criança que foi gerada por inseminação artificial na mãe lésbica.*
Joana — *Hum, hum.*
Eleonora — *Então eu digo que sou avó da inseminação artificial.*
Joana — *(risos).*

Eleonora *— Alta tecnologia reprodutiva. E aí eu queria colocar a importância dessa discussão que o feminismo coloca no sentido do acesso às tecnologias reprodutivas.*
Joana *— Certo.*
Eleonora *— Entendeu? E eu diria: "Eu fiz dois abortos e também digo que sou avó do aborto também porque por mim já passou."*
Joana *— Sim.*
Eleonora *— Também já passou nesse sentido. E diria que eu sou uma mulher muito feliz e muito realizada. E eu pauto em duas questões: na minha militância política e no feminismo.*

Encerro

É isso aí. Ao nomeá-la ministra, Dilma escolheu sua trajetória, suas ideias, suas práticas. É preciso que se evidencie, com a devida serenidade, que uma aborteira informal e confessa não pode ter lugar na Esplanada dos Ministérios. A sua entrevista como um todo mostra um pensamento torto. É inconcebível que esta senhora seja considerada uma articuladora de políticas públicas depois da confissão que fez. É o fundo do poço.

(Nota: O governo Federal forçou a Universidade Federal de Santa Catarina a tirar do ar a entrevista. O nome disso é censura.)

O ASSASSINATO DE RECÉM-NASCIDOS [02/03/2012]

Os neonazistas da "bioética" já não se contentam em defender o aborto; agora também querem a legalização do infanticídio! Eu juro! E ainda atacam os seus críticos, acusando-os de "fanáticos". Vamos ver. Os acadêmicos Alberto Giublini e Francesca Minerva publicaram um artigo no, atenção!, *Journal of Medical Ethics* intitulado "*After-birth abortion: why should the baby live?*" — literalmente: "Aborto pós-nascimento: por que o bebê deveria viver?" No texto, a dupla sustenta algo que, em parte, vejam bem!, faz sentido: não há grande diferença entre o recém-nascido e o feto. Alguém poderia afirmar: "Mas é o que também sustentamos, nós, que somos contrários à legalização do aborto." Minerva e Giublini acham que é lícito e moralmente correto matar tanto fetos como recém-nascidos. Acreditam que a decisão sobre se a criança deve ou não ser morta cabe aos pais e até, pasmem!, aos médicos.

Para esses dois grandes humanistas, AS MESMAS CIRCUNSTÂNCIAS QUE JUSTIFICAM O ABORTO JUSTIFICAM O INFANTICÍDIO, cujo nome eles recusam — daí o "aborto pós-nascimento". Para eles, "nem os fetos nem os recém-nascidos podem ser considerados pessoas no sentido de que têm um direito moral à vida". Não abrem exceção: o "aborto pós-nascimento" deveria ser permitido em qualquer caso, citando explicitamente as crianças com deficiência. Mas não têm preconceito: quando o "recém-nascido tem potencial para uma vida saudável, mas põe em risco o bem-estar da família", deve ser eliminado.

Num dos momentos mais abjetos do texto, a dupla lembra que uma pesquisa num grupo de países europeus indicou que só 64% dos casos de Síndrome de Down foram detectados nos exames pré-natais. Informam então que, naquele universo pesquisado, nasceram 1.700 bebês com Down, sem que os pais soubessem previamente. O sentido moral do que escrevem é claro: tivessem sido advertidos, poderiam ter optado pelo aborto. Com essa nova leitura, estão a sugerir que essas crianças deveriam ser mortas logo ao nascer. Não! Minerva e Giublini ainda não haviam chegado ao extremo. Vão chegar agora.

Por que não a adoção?

Esses dois monstros morais se dão conta de que o homem comum, que não é, como eles, especialista em "bioética", faz-se uma pergunta óbvia: por que não, então, entregar a criança à adoção? Vocês têm estômago forte? Traduzo trechos da resposta:

> "Uma objeção possível ao nosso argumento é que o aborto pós-nascimento deveria ser praticado apenas em pessoas *(sic)* que não têm potencial para uma vida saudável. Consequentemente, as pessoas potencialmente saudáveis e felizes deveriam ser entregues à adoção se a família não puder sustentá-las. Por que havemos de matar um recém-nascido saudável quando entregá-lo à adoção não violaria o direito de ninguém e ainda faria a felicidade das pessoas envolvidas, os adotantes e o adotado?
>
> (...)
>
> Precisamos considerar os interesses da mãe, que pode sofrer angústia psicológica ao ter de dar seu filho para a adoção. Há graves notificações sobre as dificuldades das mães de elaborar suas perdas. Sim, é verdade: esse sentimento de dor e perda podem acompanhar a mulher tanto no caso do aborto, do aborto pós-nascimento e da adoção, mas isso não significa que a última alternativa seja a menos traumática."

A dupla cita trecho de um estudo sobre mães que entregam filhos para adoção: "A mãe que sofre pela morte da criança deve aceitar a irreversibilidade da perda, mas a mãe natural [que entrega filho para adoção] sonha que seu filho vai voltar. Isso torna difícil aceitar a realidade da perda porque não se sabe se ela é definitiva."

É isso mesmo! Para a dupla, do ponto de vista da mulher, matar um filho recém-nascido é "psicologicamente mais seguro" do que entregá-lo à adoção. Minerva e Giublini acabaram com a máxima de Salomão. No lugar do rei, esses dois potenciais assassinos de bebês teriam mesmo dividido aquela criança ao meio.

Querem saber? Essa dupla de celerados põe a nu alguns dos argumentos centrais dos abortistas. Em muitos aspectos, eles têm mesmo razão: qual é a grande diferença entre um feto e um recém-nascido? Ao levar seu argumento ao extremo, deixam a nu aqueles que nunca quiseram definir, afinal de contas, o que era e o que não era vida. Estes dois não estão nem aí: reconhecem, sim, como vida, tanto o feto como o recém-nascido. Apenas dizem que não são ainda pessoas no sentido que chamam "moral".

Notem que eles também *suprematizam*, se me permitem a palavra, o direito de a mulher decidir, a exemplo do que fazem alguns dos nossos progressistas, e levam ao extremo a ideia do "potencial de felicidade", o que os faz defender, sem meios-tons, o assassinato de crianças deficientes — citando explicitamente os casos de Down.

O Supremo e os anencéfalos

O Supremo Tribunal Federal vai liberar, daqui a algum tempo, os abortos de anencéfalos. Como já afirmei, abre-se uma vereda para a terra dos mortos, citando o poeta. Se essa má-formação vai justificar a intervenção, por que não outras? A dupla que escreveu o artigo não tem dúvida: moralmente falando, diz, não há diferença entre o anencéfalo e o recém-nascido saudável. São apenas pessoas potenciais. Afinal, para essa turma, quem ainda não tem história não tem direito à existência.

Um outro delinquente moral chamado Julian Savulescu

A reação à publicação do artigo foi explosiva. Os dois autores chegaram a ser ameaçados de morte, o que é, evidentemente, um absurdo, ainda que tenham tentado dar alcance científico, moral e filosófico ao infanticídio. No mínimo a gente é obrigado a considerar que os dois têm mais condições de se defender do que as crianças que eles querem que sejam mortas. A resposta que dão à hipótese de adoção diz bem com quem estamos lidando.

Julian Savulescu é o editor da publicação. Também é diretor do The Oxford Centre for Neuroethics. Este rematado imbecil escreve um texto irado defendendo a publicação daquela estupidez e acusa de fundamentalistas e fanáticos aqueles que atacam os dois "especialistas em ética". E ainda tem o topete de apontar a "desordem" do nosso tempo, que estaria marcado pela intolerância. Não me diga!

O que mais resta defender? Aqueles dois potenciais assassinos de crianças deveriam dizer por que, então, não devemos começar a produzir bebês para fazer, por exemplo, transplante de órgãos. Se admitem que são pessoas, mas ainda não moralmente relevantes, por que entregar aos bichos ou à incineração córneas, fígados, corações?

Tudo isso é profundamente asqueroso, mas não duvidem de que Minerva, Giublini e Savulescu fizeram um retrato pertinente de uma boa parcela dos abortistas. Se a vida humana é "só uma coisa" e se os homens são "humanos" apenas quando têm história e consciência, por que não matar os recém-nascidos e os incapazes?

Estes são os neonazistas das luzes. Mas não se esqueçam, hein? Reacionários somos nós, os que consideramos que a vida humana é inviolável em qualquer tempo.

(Nota: O texto foi retirado da página eletrônica do *Journal of Medical Ethics*.)

A MENTIRA ESCANDALOSA SOBRE O ABORTO [24/02/2012]

Sim, queridos, Tio Rei vai para a praia, fica com os pés na areia, mas jamais com a cabeça nas nuvens. Estávamos lá eu e meu iPad (cuidado com protetor solar gel...) navegando aqui e acolá, e eis que leio a seguinte reportagem, de Jamil Chade, de Genebra, correspondente do *Estadão* (segue trecho):

> "O governo de Dilma Rousseff foi colocado contra a parede ontem por peritos da ONU, que acusam o Executivo de falta de ação sobre a morte de 200 mil mulheres a cada ano por causa de abortos de risco. Eles pedem que o país supere suas diferenças políticas e de opinião para salvar essas vítimas.
>
> A entidade apresentou seu exame sobre a situação das mulheres no Brasil e não poupou críticas ao governo. 'O que é que vocês vão fazer com esse problema político enorme que têm?', cobrou a perita suíça Patricia Schulz. Para os especialistas, a criminalização do aborto está ligada à alta taxa de mortes por ano."

É mesmo, é? Caberia uma pergunta de saída: quem é a ONU para "colocar o governo contra a parede" num assunto como esse? Instituíram, por acaso, o governo mundial e não me encontraram para dar o recado? Teria eu bebido muita caipirinha e não entendido a mensagem? Acho que não... Mas isso importa pouco agora. O que me incomoda é a mentira estúpida veiculada logo na segunda linha do texto. É mentira comprovável essa história de que morrem 200 mil mulheres por ano por causa de "abortos de risco". Em outros tempos, um número como esse seria submetido à matemática elementar. Hoje em dia, tudo pode. Mas como se chegou a ele?

Essa é a conta que fazem os abortistas e aborteiros confessos — caso de Eleonora Menicucci — e que acaba sendo admitida como oficial pelo próprio governo, o que é de lascar. O *Estadão* — e quase toda a imprensa — fica devendo a seus leitores a correção dessa barbaridade. Por que digo isso? Comecemos pelo óbvio: inexiste uma base de dados que permita dizer quantas mulheres morrem em decorrência de abortos de risco. Logo, de onde tiram os números? Mas isso, se querem saber, é o de menos. O maior escândalo vem agora.

Em 2010, o Censo, do IBGE, passou a investigar a ocorrência de óbitos de pessoas que haviam residido como moradoras do domicílio pesquisado. Atenção! Entre agosto de 2009 e julho de 2010, foram contabilizadas 1.034.418 mortes, sendo 591.252 homens (57,2%) e 443.166 mulheres (42,8%). Houve, pois, 133,4 mortes de homens para cada grupo de cem óbitos de mulheres.

Vocês começam a se dar conta da estupidez fantasiosa daquele número? Segundo o Mapa da Violência [cujo endereço se encontra ao fim deste artigo], dos 49.932 homicídios havidos no país em 2010, 4.273 eram de mulheres. Muito bem: dados oficiais demonstram que as doenças circulatórias respondem por 27,9% das mortes no Brasil — 123.643 mulheres. Em seguida, vem o câncer, com 13,7% (no caso das mulheres, 60.713). Adiante. Em 2009, morreram no trânsito 37.594 brasileiros — 6.496 eram mulheres. As doenças do aparelho respiratório matam 9,3% dos brasileiros — 41.214 mulheres. As infecciosas e parasitárias levam outros 4,7% (20.828). A lista seria extensa.

Agora eu os convido a um exercício aritmético elementar. Peguemos aquele grupo de 443.166 óbitos de mulheres e subtraiamos as que morreram assassinadas, de doenças circulatórias, câncer, acidentes de trânsito, doenças do aparelho respiratório, infecções (e olhem que não esgotei as causas). Chegamos a este número: 185.999!

Já começou a faltar mulher. Ora, para que pudessem morrer 200 mil mulheres vítimas de abortos de risco, é forçoso reconhecer, então, que essas mortes teriam se dado na chamada idade reprodutiva — entre quinze e 49 anos. É mesmo? Ocorre que, segundo o IBGE, 43,9% dos óbitos são de idosos, e 3,4% de crianças com menos de um ano. Então vejam que fabuloso:

Total de mortes de mulheres — 443.166
Idosas mortas — 194.549
Meninas mortas com menos de um ano — 15.067
Sobram — 233.550

Dessas, segundo os delirantes, 200 mil teriam morrido em decorrência do aborto — e necessariamente na faixa dos quinze aos 49 anos!

Para encerrar

Aquele número estupidamente fantasioso das 200 mil mulheres mortas a cada ano deriva de outro delírio: chegariam a um milhão os abortos provocados no país. Que coisa! Nascem, por ano, no país, mais ou menos 3 milhões de crianças. Acompanhem. Estima-se que pelo menos 25% das concepções resultem em abortos espontâneos. Não houvesse, pois, um só provocado, aqueles 3 milhões de bebês seriam apenas 75% do total original de concepções — 4 milhões. Segundo os abortistas, pois, o número de abortos provocados seria igual ao de abortos espontâneos. Mais: das 5 milhões de mulheres que engravidariam por ano, nada menos de 20% decidiriam interromper a gravidez. Nem na Roma pré-cristã ou na China pós-Mao...

Por que esses números não são contestados por ninguém? Ora, porque se estabeleceu que ser favorável à legalização do aborto é coisa de "progressistas", de gente bacana, que quer um mundo melhor. Assim, que mal há que mintam um pouco e fraudem a lógica, a matemática e os fatos? Por que os defensores do aborto mentem? Porque a verdade é devastadora para a sua tese. Precisam inventar a morte de milhares de mulheres para que possam justificar a morte de milhares de fetos. Somam à covardia original a covardia intelectual.

(Endereço do Mapa da Violência: www.mapadaviolencia.org.br)

A BOA CAUSA E A VITÓRIA [11/04/2012]

O Supremo Tribunal Federal decide hoje a legalidade do aborto de anencéfalos. O relator é o ministro Marco Aurélio Mello, que já deu sinais claros de que emitirá um voto a favor. Cristãos e defensores da vida de outras religiões — também ateus e agnósticos — iniciaram ontem uma vigília em frente ao Supremo. Sim, vamos perder. Diria melhor: a vida vai perder. E daí? Uma razão a mais para não desistir! Seremos aqueles que lutam apenas para ganhar? Somos tão frouxos, tão covardes, tão mesquinhos que nossa convicção só se alimenta da certeza da vitória? Não! A nossa convicção está assentada na justeza da nossa causa! O importante é não se calar mesmo quando o debate está interditado.

Há formas sutilmente autoritárias de silenciar o debate ou esmagá-lo. O mais corriqueiro hoje em dia é afirmar que se está falando em nome da ciência. Ela seria uma espécie de redutor de todas as contendas, anulando quaisquer outros princípios ou realidades, como ética, moral, crenças religiosas etc. Diante dela, todo o resto estaria desautorizado. Assim, em questões que nos dividem, conviria convidar esse juiz neutro: o cientista. Sempre? Bem, imaginem a seguinte situação: quem é o melhor poeta moderno, Fernando Pessoa ou Yeats (podem botar um outro qualquer entre as alternativas)? E o melhor escritor brasileiro: Machado de Assis ou Guimarães Rosa? Ah, chamemos os cientistas. Eles saberão responder essas e outras questões. Os cientistas são como os bárbaros daquele célebre poema de Constantino Kafávis: quando chegarem, resolverão tudo. Não precisaremos ter moral até lá. Os bárbaros a terão por nós.

Seria, claro, ridículo convocar a ciência para definir o melhor poeta moderno ou o melhor romancista brasileiro de todos os tempos, não? A questão é séria e ampla (!) demais para ser respondida por um conjunto de saberes supostamente inequívocos. Já com a vida humana, tudo parece mais fácil. Sim, um tanto constrangido por meu primitivismo, por este meu viés terrivelmente autoritário, atrevendo-me a falar quando deveria, obviamente, silenciar ou ser silenciado, ouso dizer que sou, sim, contrário a que seja o STF a definir a terceira situação em que o aborto seria legalmente permitido — as duas outras são em caso de estupro e de risco de morte da mãe. Não vejo como o tribunal possa acrescentar um dado novo ao Código Penal. Mas digamos que o entendimento seja o de que pode, sim, fazê-lo. A minha restrição não se restringe ao rito legal: é também de princípio.

E é nesse ponto que o debate sempre desanda. Na minha profissão, no meio em que vivo, e dadas as pessoas com as quais me relaciono, chega a ser quase exótico que me diga "católico". Há até quem diga: "Ah, vai, Reinaldo, não é tanto assim, né?" Eu, de fato, não sei o que é ser católico "tanto assim" ou "tanto assado". E também não tenho ideia sobre as fantasias das pessoas em relação a isso: será que rezo, que me mortifico, que acendo velas votivas? "Usa cilício (com "c" mesmo)?", já me perguntaram. Talvez imaginem que minha opinião em relação ao aborto tenha uma dimensão sobrenatural, com toda a cadeia de horrores consecutivos — segundo imaginam alguns —, caso eu contrarie as "determinações" de minha fé. Bem, tudo isso é bobagem e, como já disse, fantasia.

Incomoda-me e constrange-me, aí sim, a qualidade de alguns argumentos que, acredito, degradam a vida humana, tornando-a não mais do que derivação de escolhas práticas, pragmáticas, segundo as teses influentes da hora. O cristianismo foi mesmo só essa história de horrores escrita pelos iluministas? Olhem, há uma vasta bibliografia indicando que não. E nem vou, neste texto, estender-me sobre o assunto. Eu, de fato, não me sinto à vontade — e suponho que não me sentiria nem que fosse ateu ou agnóstico, mas não tenho como prová-lo, obviamente — para decidir que vida, em que quantidade e em que condições merece ser vivida. Sinto-me um juiz insuficiente. Outros são mais sábios do que eu. Estão tão certos de sua ciência como estariam de um "budismo qualquer" (para citar Pessoa). Louvo-lhes sabedoria ou ligeireza. Mas é outra a minha natureza.

Quando digo que a minha restrição principal nem é a religiosa, não estou, de modo nenhum, deslegitimando aqueles que protestam e se organizam em nome da sua religião. Salvo engano — e até que não prospere, sei lá, um modelo chinês no Brasil, que tem uma igreja única: o partido —, tais manifestações fazem parte da vivência democrática. E são legítimas.

Quando se debateu a legalização das pesquisas com células-tronco embrionárias, assistimos a um formidável show de intolerância. De quem? Dos cristãos, que se manifestaram contra? Não! Daqueles que acusavam a ilegitimidade dos protestos cristãos, acusados de maximizar a decisão, vendo nela a antessala da legalização do aborto. O então relator da questão, ministro Ayres Britto, escreveu com todas as letras: "A vida humana é revestida do atributo da personalidade civil, é um fenômeno que transcorre entre o nascimento com vida e a morte cerebral."

E isso contou com a aprovação da maioria do tribunal. Ora, não há aí qualquer ambiguidade, há? O que ainda não foi expulso do útero, segundo o texto, vida humana não é. Não posso assegurar que se vá fazer com isso o horror, mas há aí uma janela inequívoca para ele.

A tendência é que o STF se comporte, nesse caso, como se comportou no das células-tronco. Marco Aurélio Mello, Celso de Mello e Ayres Britto certamente se posicionarão a favor do aborto em caso de anencefalia. É o que se pode deduzir lendo entrevistas que concederam sobre assuntos correlatos. Joaquim Barbosa, consta, também. José Dias Toffoli se declarou impedido. Os demais, não sei.

Posso ser pessimista — e, no geral, acho uma atitude intelectualmente prudente, embora não moralmente superior ao otimismo —, mas não sou apocalíptico. Os petralhas já começaram a gritar: "Vai perder, vai perder de novo...", como se fosse um campeonato. Não perco nada pessoalmente. Se o argumento principal que defende o aborto dos chamados fetos anencéfalos buscasse realmente preservar a mãe — ou, mais amplamente, a família — de um roteiro de sofrimento certo, eu poderia até apontar um erro de princípio, mas compreenderia a questão no âmbito de nossas (as humanas) inevitáveis fraquezas.

Na forma como está posto o debate — mais uma vez, vai-se definir o que é "a" vida —, em vez da fraqueza que humaniza, a arrogância que constrange. Mas não é o apocalipse, não! O humanismo prosperou em meio a adversidades. O cristianismo também. São batalhas de fôlego longo.

Observo que, mais uma vez, os cristãos são acusados — e logo alguém evocará o papa em tom panfletário — de obscurantistas e autoritários porque, dizem, pretenderiam impor a sua religião a um estado leigo etc. Não pretendem nada! Eles apenas dizem o que pensam e expressam um ponto de vista, direito que assiste até mesmo a Federação Nacional dos Fabricantes de Polainas — ou será que aqueles deveriam ter menos prerrogativas do que estes?

E noto ainda: não entendo por que a, vá lá, "nossa" aprovação, em questões como essas, é tão importante. Querem distribuir camisinhas nas escolas. E distribuem. Lamentam que os cristãos sejam contra, uma gente que vive mesmo na Idade Média... Querem distribuir pílulas do dia seguinte a meninas, mesmo sem o conhecimento dos pais. E distribuem. E dizem: "Esses cristãos são realmente do arco-da-velha" (de fato, do Arco da Velha Lei, ou da Lei da Velha Arca). Querem, e o movimento é este, legalizar o aborto, mas, antes, exigem que os cristãos entendam que etc., etc., etc. Ora, façam suas políticas — para tanto, são livres de peias num estado laico — e deixem que os cristãos se manifestem. Por que é preciso ter a nossa anuência?

Às vezes, parece que os próprios defensores de tais práticas só se sentiriam de fato convencidos se, antes, convencessem "os cristãos", pelos quais nutrem, não obstante, indisfarçável desprezo. Não podendo fazê-lo, então optam por outra forma sutil de censura: tentar ridicularizá-los como seres que rejeitam o aporte da ciência e que advogam um mundo de trevas.

Assim é se lhes parece. E, no entanto, não é.

Volto

Parte deste texto foi publicada no blog no dia 25 de agosto de 2008. Eu o endosso inteiramente quatro anos depois. Há uma questão técnica: não cabe ao STF reformar o Código Penal — e, no entanto, vai fazê-lo. Não cabe ao STF decidir que tempo de vida pós-nascimento justifica ou não a morte do feto — e, no entanto, vai fazê-lo. Ademais, seria ingenuidade não ver na aprovação do aborto de anencéfalos a janela para a interrupção da gravidez em outros casos de má-formação do feto, numa perspectiva obviamente eugenista. Se alguém duvida que a questão aponta para isso, veja a proposta enviada ao Senado pela tal "comissão de juristas". Na prática, legaliza o aborto desde que seja vontade da mãe ou em caso de má-formação que impeça a futura criança de ter uma vida independente. O que isso quer dizer?

A minha decisão é pela vida. "Mesmo que sejam algumas horas, dias ou meses de vida, Reinaldo?" Isso, para mim, é questão que não se coloca. Uma sociedade que, com base num consenso de um determinado momento, estabelece que se pode matar um feto que vai viver "x horas" pode decidir, se esse consenso mudar, que serão eliminados os que estariam destinados a viver apenas "x anos". A China, hoje, elimina, de modo sistemático, os fetos com Síndrome de Down — além de promover um morticínio de meninas.

O aborto, que é o que pode haver de mais reacionário, virou, no entanto, uma "causa progressista". O governo Lula, se bem se lembram, chegou até a considerá-lo um dos "direitos humanos". Sim, a vida vai perder hoje. E isso só nos diz como é longa a nossa luta! Nós, os que defendemos que viver é verbo intransitivo.

2.2 A cristofobia

A RELIGIÃO MAIS PERSEGUIDA NO MUNDO [04/04/2011]

Os nazistas capturavam vilarejos na Segunda Guerra e transformavam os civis em reféns. A cada soldado alemão morto no conflito, podiam executar, sei lá, cem civis. Mas nem eles matavam pessoas sob o pretexto de que o *Mein Kampf* tinha sido vilipendiado... É claro que estou fazendo uma ironia macabra! É para ver se certos cérebros ligam nem que seja no tranco! É inacreditável — ou melhor: é acreditável, mas é espantoso! — que delinquentes intelectuais no Ocidente responsabilizem dois pastores imbecis, que queimaram um exemplar do Corão nos EUA, pelos atentados terroristas no Afeganistão!

Com raras exceções, a imprensa ocidental teve a moralidade sequestrada pela lógica do terrorismo islâmico. É um troço escandaloso! Durante a "revolução egípcia", a chamada "Primavera Árabe", igrejas foram queimadas, cristãos foram assassinados pelo simples fato de... serem cristãos!, casas foram invadidas. Procurem saber o que a imprensa noticiou a respeito. Quase nada!

Atenção! Há, sim, uma religião perseguida no mundo hoje. É o cristianismo! A quase totalidade de mortes em razão de perseguição religiosa se dá contra cristãos: na Nigéria, no Sudão, na Indonésia, em quase todos os países árabes, sejam eles aliados do Ocidente ou não. Há quase dois milhões de filipinos católicos trabalhando na Arábia Saudita, fazendo o serviço que os nativos se negam a fazer. Estão proibidos de cultuar sua religião. A transgressão é considerada um crime grave. Na Nigéria, no Sudão ou na Indonésia, não se queimam exemplares da Bíblia, não; queimam-se pessoas mesmo!

Ninguém dá a menor pelota porque, afinal, o cristianismo é considerado uma religião ocidental. Até a minoria Bahá'í, no Irã, tem mais prestígio. Quando digo "até", não é para subestimar ninguém. A questão não é qualitativa, mas quantitativa. São milhões os cristãos submetidos ao regime de terror, sem que isso comova os "defensores da humanidade". Parece que o cristianismo não merece nem o olhar caridoso nem o militante.

Não obstante, em nome da "tolerância" religiosa, os nossos "pensadores" eximem de seus próprios crimes os facínoras afegãos que saem degolando a primeira coisa que se mova — desde que estrangeira — para protestar contra a "violação" de seu livro sagrado. A que se deve isso? Por incrível que pareça, a esquerda antiamericana, antiocidental, vê no islamismo uma espécie de aliado, ainda que os comunas sejam os primeiros a ir para a forca quando os regimes fundamentalistas se instalam. Os esquerdistas ainda não perceberam que só a democracia ocidental, que adoram odiar, garante-lhes a devida segurança para que possam tentar destruir a... democracia ocidental.

De resto, detesto gente covarde! E covardes protestam contra a queima de exemplares do Corão nos Estados Unidos. Os realmente corajosos vão protestar contra a queima de Bíblias em Cabul!

CRISTOFOBIA QUER CENSURAR DANTE [03/03/2012]

A notícia saiu ontem no jornal italiano *Corriere della Sera*, e eu mal acreditava no que estava lendo. Cheguei a achar, por alguns instantes, que se tratava de alguma piada, uma ironia que eu não estava compreendendo direito, algo assim. Mas não! Era tudo verdade! Há mesmo uma ONG, a Gherush92, que reúne intelectuais e que goza do status de assessoria especial do Conselho Econômico e Social das Nações Unidas, que quer banir a *Divina comédia*, de Dante Alighieri (1265-1321), das escolas da Itália. Trata-se apenas da obra mais importante da literatura italiana e de uma das principais referências da literatura ocidental. A Gherush92 diz lutar contra o racismo, a discriminação dos povos indígenas, das crianças, mulheres etc. — agora, luta também contra Dante!

Antes que prossiga, uma consideração. Quando vejo rematados imbecis, idiotas notórios, vagabundos intelectuais de renome, vigaristas profissionais — a corja, enfim... — a defender a cassação e a *caçação* de crucifixos nos tribunais, não me incomodo, não. Dou um pé no traseiro da escória e pronto! Eu fico espantado é quando constato que pessoas que sei decentes, que são de bem, que realmente estão ocupadas em fazer do Brasil um lugar melhor, caem nessa conversa em nome do "laicismo do estado". Não se dão conta de que se trata de uma tentativa de apagamento da memória histórica; ignoram que não se pode julgar o passado com valores que são do presente. Esquecem que a reforma da memória é uma das taras do totalitarismo. Muito bem! Um advogado no Brasil quer depredar um patrimônio tombado em Brasília para retirar o crucifixo do STF. Ele é café pequeno perto do que vocês lerão abaixo. Chamo a atenção das pessoas de bem, eventualmente equivocadas nesse particular, para o horror com o qual estão flertando.

Valentina Sereni, a presidente da entidade que quer banir Dante das escolas italianas, diz que a obra apresenta um conteúdo ofensivo e discriminatório contra homossexuais, islâmicos e judeus. Segundo Sereni, esse conteúdo é ensinado sem quaisquer filtros ou consideração crítica. Assim, chega de Dante! Ela se incomoda, em especial, com os cantos XXXIV, XXIII, XXVIII e XIV. Segundo a moça, o Judas de Dante é a representação do Judas do Evangelho, fonte do antissemitismo. "Estudando a *Divina comédia*, sustenta a Gherush92, os jovens são expostos, sem filtros e sem crítica, a uma obra que calunia o povo hebreu." No canto XXIII, destaca Sereni, Dante pune o Sinédrio, Caifás, Ana e os fariseus.

Ela também considera inaceitável o Canto XXVIII, do Inferno. Dante descreve as penas horrendas que sofreram os semeadores da discórdia. Maomé é apresentado como líder de um cisma religioso, e o islamismo como uma heresia. Ao profeta é reservada uma pena atroz: um demônio passa a eternidade a lhe rasgar o corpo, de modo que o intestino lhe pende entre as pernas. Dante também não perdoa os sodomitas, os que mantêm "relações sexuais contra a natureza", e os heterossexuais lascivos. Ela não pode aceitar. E afirma: "Nós não defendemos a censura, mas queremos que se reconheça, de forma clara, sem ambiguidade, que, na *Divina comédia*, há um conteúdo racista, islamofóbico e antissemita. A arte não pode estar acima da crítica. Mesmo que haja diferentes níveis de interpretação — simbólica, metafórica, iconográfica, estética —, não se deve ignorar o significado textual: o conteúdo é claramente depreciativo e contribui, hoje como ontem, para divulgar acusações falsas, que custaram, ao longo dos séculos, milhões e milhões de mortos (...). Isso é racismo, que a leitura simbólica, metafórica ou estética da obra não pode remover."

E vai adiante: "É nosso dever alertar as autoridades competentes e o Poder Judiciário que a *Divina comédia* apresenta conteúdo ofensivo e racista (...). Pedimos, pois, que a *Divina comédia* seja retirada dos programas escolares ou que, ao menos, se faça acompanhar das devidas explicações."

Bando de vigaristas!

Meu querido amigo Diogo Mainardi, indagado sobre a questão dos crucifixos, fez questão de deixar claro que é ateu, mas lembrou que seus filhos estudam numa escola católica e que o cristianismo é uma referência da cultura. E fez uma de suas sínteses geniais: "Não acredito em Deus, mas acredito na Igreja." Ora, ninguém é obrigado a crer, e eu, é óbvio, não acho que isso distingue os maus dos bons, não! Como sabem, nos vários textos que escrevi a respeito, deixei a questão da fé de lado — porque acho que não é ela que está em debate. Não é porque sou católico que quero crucifixos em tribunais. Na verdade, eu não reivindico que eles estejam lá. Escrevo isto desde que esse debate surgiu, há mais de dois anos: eu me oponho é à decisão de retirá-los ou de proibi-los. Na verdade, o ódio ao crucifixo é metáfora — ou metonímia — de um ódio maior: à cultura ocidental. No fundo, é uma derivação do antiamericanismo.

No Brasil, os gênios de Fernando Haddad já tentaram censurar Monteiro Lobato. Acabaram desistindo. Comentando a questão, em outubro do ano passado e ao retomar o assunto, na semana retrasada [ver endereço ao fim do texto], quando veio à luz a tentativa de reescrever o *Dicionário Houaiss*, perguntei se alguém proporia a censura a Shakespeare, na Inglaterra, porque *Mercador de Veneza* é antissemita, ou a Alexandre Herculano, em Portugal, porque o livro *Eurico, O Presbítero* é islamofóbico.

Não! Dona Valentina Sereni e seus amigos são só pilantras intelectuais treinados para odiar o cristianismo e o mundo ocidental. A defesa que faz das supostas vítimas de Dante (santo Deus!) é só um pretexto verossímil para disseminar esse ódio. No mês passado, a *Newsweek* publicou um texto de Ayaan Hirsi Ali, esta mulher que é exemplo de luta e coragem. Chama-se "O crescimento da cristofobia". Ela evidencia com fatos e números o que tenho afirmado há anos: a religião mais perseguida no mundo hoje é o cristianismo. E seus assassinos são radicais islâmicos. Não obstante, o quase monotema da imprensa ocidental é a "islamofobia". Ayann, nascida na Somália e vítima de brutalidades inomináveis, denuncia o bem-sucedido lobby de grupos islâmicos junto ao jornalismo ocidental para transformar algozes em vítimas e vítimas em algozes.

A cristofobia e o ódio ao Ocidente já puseram Dante na lista dos autores proibidos. Chegará a hora de Shakespeare, Chaucer, Camões, Milton, Cervantes... — toda essa gente asquerosa que construiu esse mundo ocidental de horrores, que dona Sereni e sua corja detestam.

Alguns de vocês, leitores deste blog — gente de bem —, que condescenderam, no entanto, com a caça aos crucifixos, não acreditaram quando afirmei que aquela ação era parte de um ódio mais geral; não tinha nada a ver com laicismo, e sim com o repúdio a um estilo de vida, a uma cultura, a uma tradição. Vejam aí com o que vocês estão flertando. Os argumentos de quem caça e cassa um crucifixo são os mesmos daqueles que querem Dante fora da escola! Em tempos globalizados, este é um movimento que transcende o Brasil. O ódio ao cristianismo se espalha, muito especialmente nos países cristãos. Concordar com a perseguição à Cruz corresponde a abrir mão de parte da nossa liberdade. Talvez os nossos netos paguem por isso.

Quem celebra o crucifixo proibido certamente sabe defender a censura à *Divina comédia*. Não! Esse mundo eu não quero! E lutarei contra ele enquanto me restar ao menos um suspiro.

(Endereço do texto citado: http://veja.abril.com.br/blog/reinaldo/geral/sera-que-os-judeus-tambem-devem-pedir-para-recolher-os-dicionarios-ou-para-censurar-shakespeare/)

O TJ DO RS E OS CRUCIFIXOS [07/03/2012]

Não sou gaúcho. Modestamente, apenas brasileiro. Fosse, estaria ainda mais envergonhado do que estou com a decisão tomada pelo Conselho da Magistratura do Tribunal de Justiça do Rio Grande do Sul (TJ-RS), que acatou um pedido da Liga Brasileira de Lésbicas e de algumas outras entidades para que sejam retirados todos os crucifixos e outros símbolos religiosos das repartições da Justiça do Estado. Justificativa: o estado é laico.

O estado brasileiro é laico, sim, mas não é oficialmente ateu ou antirreligioso. E vai uma grande diferença entre uma coisa e outra. A República brasileira não professa um credo, mas não persegue crenças e crentes. Que dias estes que estamos vivendo! O cristianismo está profundamente enraizado na história e na cultura do Brasil. Os crucifixos não estão em tribunais e outras repartições para excluir, humilhar, discriminar, impor um valor ou qualquer coisa do gênero.

Ao contrário até: basta ater-se aos fundamentos dessa fé, mesmo quem não tem fé, para constatar que os valores éticos que reúne constituem o fundamento — eis a verdade — da moderna democracia. Sim, meus queridos, foi o cristianismo que inventou a igualdade entre os homens. E não, isso não quer dizer que sua história tenha sido sempre meritória.

Por que a Liga Brasileira das Lésbicas — E ME FAÇAM O FAVOR DE NÃO CONFUNDIR ESSE GRUPO MILITANTE COM MULHERES LÉSBICAS, TOMADAS NA SUA INDIVIDUALIDADE — não pede a demolição da Catedral de Brasília, plantada na Esplanada dos Ministérios? Por que não pede que o Rio ponha abaixo o Cristo Redentor? Urge mudar o nome de São Paulo, de Santa Catarina, do Espírito Santo, de São Luís, de centenas de cidades brasileiras que refletem a óbvia importância que o cristianismo, especialmente o catolicismo, teve entre nós.

Os que entraram com essa ação ridícula, acatada pelo Conselho da Magistratura, agem à moda do Taliban, que destruiu, em 2001, os Budas de Bamiyan, no Afeganistão, que datavam, no mínimo, do século VII, considerados ofensivos à fé islâmica. No Brasil, cuida-se agora de outro fundamentalismo.

Notem bem: se alguém propusesse uma lei que obrigasse repartições públicas a exibir o crucifixo, eu estaria entre os primeiros a protestar. Retirar, no entanto, os que foram herdados de uma tradição cultural, religiosa e civilizacional, bem, isso é um crime contra a nossa história, cometido para satisfazer vocações fundamentalistas. Os doutores e a tal liga das lésbicas que me perdoem, mas estão jogando no lixo ou mandando para o armário valores como igualdade entre os homens, caridade e... justiça! O cristianismo, prova-o a história, é também umas das primeiras correntes de pensamento realmente influentes a proteger a vida e os direitos das mulheres — à diferença do que pretende essa militância boçal.

Isso nada tem a ver com laicismo do estado. O que se caracteriza, aí sim, é perseguição religiosa. Não tenho dúvida de que muitos dos defensores dessa medida não hesitariam um segundo em defender também o "direito" de tribos indígenas brasileiras que praticam o infanticídio. E o fariam sob a justificativa de que se trata de uma tradição cultural...

A tal liga tem agora de avançar contra a Constituição Brasileira. Afinal, Deus está lá. Vejam que sociedade de iniquidades se construiu nos Estados Unidos, onde as pessoas ainda juram com a mão posta sobre a Bíblia. Que país ridículo é aquele capaz de cantar em seu hino *In God is our trust*, discriminando ateus e agnósticos? O paraíso da liga é a Coreia do Norte, de onde a religião foi banida. Ou a China. Boa era a antiga União Soviética. Igualitários e sem preconceitos eram os países da Cortina de Ferro. Bacana é Cuba, sem essas frescuras com o Altíssimo... Como dizem alguns ateus do miolo mole, as religiões matam demais! Os regimes laicos, especialmente os comunistas, é que souberam proteger os homens, não é mesmo?

Sim, sinto-me bastante envergonhado por aquela gente toda — as que pediram o fim dos crucifixos e as que aceitaram o pleito. O cristianismo é hoje a religião mais perseguida no mundo. Um iraniano foi condenado à morte por se converter. Começamos a assistir a uma variante da perseguição religiosa em nosso próprio país.

Não duvidem! Se as confissões cristãs aderissem à pauta da Liga Brasileira de Lésbicas — seja ela qual for —, o pedido não teria sido encaminhado. Como isso não aconteceu nem vai acontecer, elas resolveram que um símbolo, que tem valor para mais de 90% dos brasileiros (entre católicos, protestantes tradicionais e evangélicos), tem de desaparecer. A desculpa? O laicismo do estado.

Eis aí mais um exemplo do fascismo de minorias. Uma leitora relatou a sua participação num fórum que debateu a legalização do aborto. Um grupo de feministas defendeu de modo muito enfático que o combate ao aborto seja considerado um crime. Afinal, argumentaram, é uma questão de direitos humanos e de direitos da mulher... Em breve, será crime simplesmente não concordar com "eles".

Os doutores do Rio Grande do Sul confundiram laicismo do estado com o ateísmo militante do estado. Mandaram para o lixo mais de 2 mil anos de cultura ocidental e mais de quinhentos da história do Brasil. Afinal, a liga das lésbicas ficava muito ofendida ao ver na parede aquele signo. O signo que está na raiz das ideias de igualdade no Ocidente.

Para encerrar: lembrem-se de que essa era uma das propostas do Plano Nacional-Socialista de Direitos Humanos. Não vingou porque a sociedade reagiu. Os militantes não se conformaram e foram à luta. Encontraram os doutores que lhes deram guarida. O crucifixo está sendo expulso dos tribunais do Rio Grande do Sul. Como isso afronta os valores da esmagadora maioria do povo gaúcho SEM QUE SE GANHE UMA VÍRGULA NA ESFERA DO DIREITO, uma parte da justiça está necessariamente sendo expulsa com ele. A esmagadora maioria do povo acredita em Deus, mas as elites militantes não acreditam no povo. Tampouco exercem o poder em seu nome. Ponto!

"ZOMBAREMOS DE JESUS, MAS NÃO DE MAOMÉ" [08/03/2012]

Mark Thompson é o chefão da BBC. Traduzo, abaixo, texto publicado no último dia 29 pelo The Christian Institute sobre uma entrevista por ele concedida. Leiam. Volto em seguida.

> "O chefe da BBC, Mark Thompson, admitiu que a rede BBC jamais zombaria de Maomé como zomba de Jesus. Ele justificou a espantosa confissão de preconceito religioso dando a entender que zombar de Maomé teria o mesmo peso emocional da pornografia infantil. Mas tudo bem zombar de Jesus porque o cristianismo suporta tudo e tem pouca relação com questões étnicas.

Thompson diz que a BBC jamais teria levado ao ar 'Jerry Springer — The Opera' — um polêmico musical que zomba de Jesus — se o alvo fosse Maomé. Ele fez essas declarações numa entrevista para um projeto de pesquisa da Universidade Oxford.

Thompson afirmou: 'A questão é que, para um muçulmano, uma representação teatral, especialmente se for cômica ou humilhante, do profeta Maomé tem o peso emocional de uma grotesca peça de pornografia infantil.' O porta-voz da BBC não quis comentar as declarações.

No ano passado, o ex-âncora da BBC Peter Sissons disse que é permitido insultar os cristãos na rede, mas que os muçulmanos não podem ser ofendidos. Sissons, cujas memórias foram publicadas numa série no *Daily Mail*, afirmou: 'O Islã não pode ser atacado sob nenhuma hipótese, mas os cristãos, sim, porque eles não reagem quando são atacados.' O ex-apresentador disse também que os profissionais têm suas respectivas carreiras prejudicadas se não seguem essa orientação da BBC."

Voltei

Acho que está tudo aí e que não poderia haver evidência mais miserável destes dias. Bem, meus caros, qual é o ponto deste "blogueiro reacionário", como dizem alguns autoritários idiotas, que não se conformam com o fato de esta página ter sido acessada, só ontem, 107.420 vezes?

Por mim, todos os temas da cultura — inclusive as religiões — podem ser objetos de representação teatral. O corajoso Thompson, no entanto, acredita que os muçulmanos devem ser preservados de qualquer abordagem, irônica ou não, porque, ora vejam, eles não gostam. Para o chefão da BBC, uma ironia com os islâmicos pode ser tão grave quanto a "pornografia infantil". Com os cristãos? Ora, com esses, vale tudo. Nota: o cristianismo é hoje a religião mais perseguida no mundo; é a religião que tem o maior número de fiéis assassinados em razão de sua escolha. E os perseguidores são... grupos muçulmanos! Isso torna culpados todos os muçulmanos? Não! Apenas os perseguidores.

Convenham: o senhor Thompson é, antes de tudo, um farsante. E é a prova viva de uma frase deste escriba no livro *Máximas de um país mínimo*: "Os covardes pregam a morte de Deus no Ocidente; os verdadeiramente corajosos pregam a morte de Alá em Teerã."

O senhor Thompson, como se vê, não tem nem mesmo a coragem de fazer uma piada com Alá em Londres. Ele só é ousado quando sabe que o outro lado não vai reagir. Em suma, é um bestalhão covarde e arrogante.

TALIBAN DE GRAVATA [08/03/2012]

O presidente da OAB do Rio, Wadih Damous, por alguma razão, achou que tinha de se posicionar sobre a decisão do Conselho da Magistratura do Tribunal de Justiça do Rio Grande do Sul, que cassou os crucifixos. Ele deu seu integral apoio e aproveitou para defender a retirada daquele que há no Supremo Tribunal Federal. Abaixo, vocês verão, afirmarei que perseguir crucifixos é uma proposta covarde. Corajoso mesmo seria pregar o fim do feriado no Natal — afinal, não podemos ofender as pessoas das demais religiões, certo? E há coisas que requerem ainda mais ousadia. Eu conto com Damous.

Não vejo o doutor em posição tão delicada desde que atestou, numa nota, que os boxeadores cubanos tinham sido tratados no Brasil segundo os critérios os mais civilizados. Ele acompanhara parte da operação. Horas depois, os coitados seriam devolvidos a Cuba num avião usado pelo governo da... Venezuela! Adiante. Comparei, num texto anterior, a retirada dos crucifixos aos atos do Taliban, que destruiu, em 2001, os Budas de Bamiyan, que datavam, no mínimo, do século VII. Achavam que as estátuas ofendiam a fé islâmica. Doutor Damous acha que o crucifixo ofende o laicismo. E tem muita gente, inclusive leitores deste blog, que concorda com ele — creio que só no caso do crucifixo, não dos boxeadores...

Exagerei ao evocar o Taliban? Acho que não. Nem no mérito nem no fato. O crucifixo a que o presidente da OAB do Rio se refere integra uma das obras de arte de Brasília, o "Painel de Mármore", de Athos Bulcão (1918-2008), um dos mais importantes artistas plásticos brasileiros. Brasília é patrimônio cultural da humanidade. É uma obra tombada. O crucifixo, em si, é outra obra assinada, de Alfredo Ceschiatti (1918-1989), responsável por outro trabalho de muita visibilidade na Esplanada, justamente a estátua que simboliza a Justiça. Ora vejam... A *Iustitia* (na mitologia romana) ou *Têmis* (na grega), talvez o doutor Wadih ignore, não deixa de ofender o laicismo do estado — segundo seus critérios, não os meus. O paganismo, doutor, também era uma religião. Não, senhores talibãs de terno e senhoras talibãs lésbicas! Uma das graças da civilização e da cultura está justamente na convivência de todas essas heranças. Em qualquer país do mundo, doutores das leis se mobilizariam para preservar obras de arte tombadas, patrimônio cultural da humanidade. No Brasil, alguns deles querem destruí-las.

Sempre resta ao doutor, claro!, afirmar que é contra um crucifixo de madeira qualquer, mas favorável a uma obra de arte — hipótese, então, em que os valores fundadores da civilização brasileira teriam, para ele, menos importância do que... uma escultura. Eu, sinceramente, acho uma covardia retirar os crucifixos dos tribunais em nome da sociedade laica, como quer doutor Damous. Corajoso como é, ele deveria iniciar um movimento para mudar o preâmbulo da Constituição — afinal, o homem é da OAB. Está lá:

> "Nós, representantes do povo brasileiro, reunidos em Assembleia Nacional Constituinte para instituir um Estado Democrático, destinado a assegurar o exercício dos direitos sociais e individuais, a liberdade, a segurança, o bem-estar, o desenvolvimento, a igualdade e a justiça como valores supremos de uma sociedade fraterna, pluralista e sem preconceitos, fundada na harmonia social e comprometida, na ordem interna e internacional, com a solução pacífica das controvérsias, promulgamos, sob a proteção de Deus, a seguinte Constituição da República Federativa do Brasil."

"Sob a proteção de Deus uma ova! Esta república é leiga!", há de dizer este laicista. Os ateus nervosos que vieram bater nestas paragens se obrigam a fazer o mesmo! Mas não só. Conto com o presidente da OAB para extinguir todos os feriados religiosos cristãos, a começar do Natal... Não descarto que muitos recuem ao menos no caso do STF: "Pô! A gente é contra mexer numa obra de arte! Nosso objetivo era apenas atacar o cristianismo."

Ah, bom...

A ERA DOS BOÇAIS! [09/03/2012]

A minha página do Facebook foi invadida por *fascisbikers* e *talibikers* tomados de fúria assassina — não é por acaso que vivem atropelando pessoas nas calçadas Brasil afora! — e por supostos militantes do ateísmo. As brutalidades, os xingamentos, as boçalidades, as cretinices, o conjunto da obra, em suma, diz bem qual é a utopia desses caras e dá uma pista de como seria o mundo caso eles estivessem no poder. Ali se vê a capacidade de argumentação, o pensamento largo, o descortino, a delicadeza, a profundidade de argumentos e, acima de tudo, a tolerância! É constatando o que andam fazendo por ali que estou ainda mais convicto de que, de fato, sair pedalando por aí — melhor ainda se for em defesa de uma sociedade laica que destrói até obras de arte com referências cristãs — é lutar por um mundo melhor!

Estão tão certos de sua crença, tão imersos em sua militância, tão dedicados à sua causa, que falam abertamente em matar. "Gente como esse Reinaldo não merece viver!", dizem muitos. Por que não? Porque não defendo o mundo que eles defendem; porque não acredito em suas soluções fáceis e burras para problemas difíceis; porque, em suma, penso de modo diferente. Os fanáticos acreditam firmemente que têm esse direito. Os *bikers* bocudos são apenas uns burraldos cuja fineza de pensamento é estimulada pelo selim. Já os que se pretendem ateus militantes — ao menos aquela escória que entrou no Facebook (já que os há decentes e sensatos) — padecem daquela ignorância propositiva que faz a certeza dos estúpidos. Que dias estes!

A internet é uma maravilha! Nestes cinco anos e pouco de blog, tenho entrado em contato — por meio dos comentários e quando, eventualmente, faço uma palestra ou outra por aí — com pessoas muito especiais, com gente que escreve bem, que tem uma cultura sólida, que se dedica à leitura e à pesquisa. Mas há também o lado tenebroso da coisa. Rematados idiotas, cujo pensamento não seria externado antes nem para os familiares, cujas opiniões seriam ignoradas até pelos amigos, ganham voz. É inequívoco que a rede ajuda a reunir a inteligência. Mas também torna a boçalidade visível como nunca antes na história deste mundo.

E não há escapatória: quanto mais cretina e desinformada é a opinião, mais convicto e intolerante é o sujeito com o contra-argumento. Não está interessado em ouvir, mas apenas em sentenciar. Se alguém lhe dá uma referência bibliográfica que conteste a sua convicção, o bruto fica zangado e acha que estão tentando enganá-lo. Duas frases costumam preparar o terreno para a cusparada vertida como opinião: "Não venha me dizer que..." ou "Então quer dizer que...". Invariavelmente, a oração que usa como complemento é algo que ele próprio acusa o outro de dizer, mas que jamais foi dito.

Há dias escrevi um texto, "O aborto sempre foi contra as mulheres" [publicado neste livro, à página 25], lembrando que elas foram as primeiras a aderir ao cristianismo no mundo helênico porque a interdição do aborto as protegia da morte. E citei um livro com um sólido estudo a respeito: *The Rise of Christianity: a Sociologist Reconsiders History*, do americano Rodney Stark. "Ah, então quer dizer que não morrem mulheres por abortos malfeitos no Brasil?" Heeeinnn!?!? Ontem, escrevi um artigo demonstrando a conta falaciosa dos tais "milhões de mortos" da Santa Inquisição [ver endereço ao fim do texto]. E lá veio: "Não venha me dizer agora que a Inquisição não matou ninguém!" Heeeinnn!?!? É uma coisa muito impressionante!

Trinta anos de petização das escolas — públicas e privadas, em todos os níveis — criaram esses idiotas cheios de opinião, incapazes de refletir dois minutos sobre um argumento. No caso da retirada dos crucifixos, confundem-se abertamente herança e formação cultural com proselitismo religioso; entende-se o estado laico como sinônimo de um estado que deva promover o ateísmo. Os mais radicais não têm dúvida: Wadih Damous, presidente da OAB-RJ, está certo, e duas obras de arte devem, sim, ser violadas no Supremo para arrancar de lá aquele crucifixo. Não são capazes de dizer por que, então, não devemos revogar outras heranças do cristianismo, a começar do feriado do Natal.

Na espetacular entrevista concedida ao jornal português *Público*, Joseph Weiler, o advogado judeu que defendeu na Corte Europeia o direito de as escolas italianas exibirem crucifixos, fez uma brilhante síntese do pensamento tolerante:

> "Não podemos permitir que a liberdade de [ter ou não] religião ponha em causa a liberdade religiosa. Temos que descobrir a via média. E essa é dizer 'não' se alguém quiser forçar outro a beijar ou a genuflectir perante a cruz. Mas, se houver uma cruz na parede, direi aos meus filhos que vivemos num país cristão. Somos acolhidos, não somos discriminados. A Dinamarca tem uma cruz na bandeira, a Inglaterra e a Grécia igual. Vamos pedir que, por causa da liberdade religiosa, tirem a cruz das bandeiras? Absurdo! (...)"

Minha religião?

Alguns tontos sustentam que só me atenho a essa questão porque sou católico! Voltaram a me acusar de ser membro do Opus Dei! Se fosse, não haveria nada de ilegal nisso. Feio é paralisar avenidas, ameaçar pessoas, propor a destruição do patrimônio... Olhem aqui: talvez eu tenha lá minhas contradições — nada do que é humano é estranho a mim... —, mas é difícil me pegar em certas coisas porque penso segundo princípios, o que me livra de ficar me perguntando a toda hora: "O que é mesmo que eu acho disso?" No dia 23 de junho de 2009 [ver endereço ao fim do artigo], escrevi um texto criticando a proibição do véu islâmico nas escolas francesas. Não só do véu. É proibido também exibir um crucifixo no pescoço. O modo francês — e não é por acaso que a Marselhesa é aquele banho de sangue em forma hino! — de garantir a liberdade religiosa é proibindo a expressão de qualquer religiosidade. Acho que isso não só invade direitos individuais como comete o crime cultural de igualar véu e crucifixo — para a França, são coisas muito distintas, não?

Mas estes são os tempos. Os valores universais estão em baixa. Em seu lugar, entram as vozes das tais minorias organizadas, dos grupos de pressão, que impõem a sua pauta, os seus valores, porque dispõem dos canais de expressão. E ai daquele que reivindicar aquela coisa besta, como o direito de ir e vir, ou que lembrar que a história não pode ser submetida a uma espécie de revisão permanente, como se só pudéssemos viver num presente eterno. É claro que boçais não são todos os ciclistas, mas os que pretendem fazer terrorismo sobre duas rodas. É evidente que há ateus e agnósticos que compreendem a democracia. Boçais são os que não compreendem.

Quando escrevi sobre os dois especialistas que defendem o infaticídio [artigo "O assassinato de recém-nascidos", publicado neste livro à página 36], foi espantosa a quantidade de pessoas que condescenderam com a ideia porque, disseram, há mesmo muita gente no planeta, e a Terra está correndo riscos. Acho que entendi a utopia deles: um planeta lindo, vagando nas esferas, sem a presença pestilenta do homem, com a natureza intacta. Não haveria nem mesmo um Stanley Kubrick para filmá-lo.

(Endereço do texto sobre os mortos na Santa Inquisição: http://veja.abril.com.br/blog/reinaldo/geral/%E2%80%9Ce-os-milhoes-mortos-pela-santa-inquisicao%E2%80%9D-perguntam-e-eu-respondo/)

(Endereço do texto sobre o uso de véu islâmico em escolas francesas: http://veja.abril.com.br/blog/reinaldo/geral/liberdade-burca-e-veu/)

NEW YORK TIMES, ANTICATOLICISMO E ANTI-ISLAMISMO [16/03/2012]

Na BBC, nós já vimos, é permitido insultar cristãos e fazer pilhéria de Jesus Cristo, mas é proibido tornar pública qualquer referência crítica ao profeta Maomé. Chegou a vez de o *New York Times* evidenciar a sua dupla moral. O cristianismo é hoje a religião mais perseguida no mundo — INCLUSIVE NOS PAÍSES CRISTÃOS, O QUE É ESPANTOSO! Qual é o ponto? No dia 9 de março, o jornal publicou um anúncio que convida os católicos a abandonar a Igreja. Indaga por que enviam seus filhos para a doutrinação e classifica de equivocada a lealdade a uma fé marcada por "duas décadas de escândalos sexuais envolvendo padres, cumplicidade da Igreja, conluio e acobertamento, da base ao topo da hierarquia".

Muito bem! Tudo em nome da liberdade de expressão e da liberdade religiosa, certo? Ocorre que a blogueira Pamela Geller, que comanda a página "Stop Islamization of America", tentou pagar os mesmos US$ 39 mil para publicar no mesmo *New York Times* um anúncio convidando os muçulmanos a abandonar a sua religião. E O *NEW YOR TIMES* SE NEGOU!

Pamela afirma que seu anúncio era baseado naquele anticatólico. Dirigindo-se aos muçulmanos, indagava: "Por que pertencer a uma instituição que desumaniza mulheres e os não muçulmanos (...)?" E convidava:

> "Junte-se àqueles que, como nós, colocam a humanidade acima dos ensinamentos vingativos, odiosos e violentos do profeta do Islã." Ao comentar a recusa, Pamela afirmou: "Isso mostra a hipocrisia do *New York Times*, a excelência do seu jornalismo e sua disposição de se ajoelhar diante da pregação islâmica."

Eileen Murphy, porta-voz do *New York Times*, repete a resposta que teria sido enviada a Pamela quando houve a recusa: "Nós não nos negamos a publicar. Decidimos adiar a publicação em razão dos recentes acontecimentos no Afeganistão, como a queima do Corão e o assassinato de civis por um membro das Forças Armadas dos EUA. Acreditamos que a publicação desse anúncio agora poderia pôr em risco os soldados e civis dos EUA, e nós gostaríamos de evitar isso."

Huuummm... A resposta é a mesma dada por aquele rapaz da BBC. A síntese é a seguinte: "Como os cristãos não são violentos, então a gente pode insultá-los à vontade. Não mexemos com os muçulmanos porque, vejam bem!, eles podem reagir. E a nossa valentia não chega a tanto." Em *Máximas de um país mínimo*, escrevi que pregar a morte de Deus no Ocidente é coisa de covardes; corajosos pregariam a morte de Alá em Teerã. Fase e frase superadas. Os covardes não têm coragem de criticar o Islã nem no Ocidente! Noto que a resposta oficial do *New York Times* já é um mimo da autoflagelação. A queima dos livros do Corão, é evidente, foi acidental. Os EUA inteiros não podem ser culpados pelo gesto tresloucado de um soldado, que será punido — à diferença dos terroristas, que ficam sempre impunes. "Ah, mas eles entendem de outro modo!" Entendi... Se entendem de outro modo...

Esses valentes, pelo visto, querem convencer os cristãos de que a sua opção pela não violência foi um erro. Agissem como os radicais muçulmanos, seriam preservados do achincalhe dos covardes. Que os cristãos sigam defendendo a paz e a superioridade moral do seu postulado.

A CRISTOFOBIA CHEGOU AO STF [12/04/2012]

Em vários países da África e do Oriente Médio, a cristofobia é uma realidade dramática, que faz — atenção! — milhares de vítimas. Hoje, com absoluta certeza, muitas pessoas foram assassinadas apenas porque são... cristãs. E, no entanto, isso se dá sob o silêncio cúmplice da Organização das Nações Unidas e das democracias ocidentais.

Curiosamente, ou nem tanto, boa parte dos intelectuais do Ocidente, especialmente os da esquerda europeia, discutem a "islamofobia". Onde mesmo o Islã é perseguido hoje em dia!? As restrições impostas, por exemplo, na França a símbolos religiosos — a famosa questão do véu — valem também para os cristãos, proibidos de ostentar crucifixos em escolas.

O mais espantoso é constatar que a cristofobia está hoje entranhada no Ocidente. No Brasil também! Ao aprovar o aborto de anencéfalos quase todos os ministros do Supremo que votaram ontem procuraram descaracterizar o cristianismo como um conjunto de valores que concentra valores fundamentais do humanismo.

Encantados com a retórica antirreligiosa e no afã de declarar a laicidade do estado (como se alguém a estivesse contestando), aqueles que ontem formaram a maioria acabaram votando, na prática, pela descriminação do aborto, livre de qualquer restrição. Havia ali uma mais do que clara tentação de declarar "quando começa a vida". E, NO ENTANTO, ISSO NÃO ESTAVA EM DEBATE.

Tenho notado um crescente movimento nesta direção: para desqualificar um adversário e não responder a suas eventuais ponderações, basta acusá-lo de "religioso". Até agora, não vi uma resposta eficiente a uma questão que me parece central no debate: qual é o mínimo de vida fora do útero materno que se considera razoável para não matar o feto? "Ah, não me venha com sua crença!" O que há de religioso na minha pergunta?

Não, senhores! A questão não é "apenas" religiosa, não! Estamos escolhendo em que sociedade queremos viver e decidindo o que é e o que não é moralmente legítimo fazer com o humano. Desprezar como "coisas da religião" os valores cristãos num debate como esse corresponde, aí sim, ao triunfo de um fundamentalismo. Sim, estou empenhado em algumas causas que considero justas e humanas. Uma delas é combater, por exemplo, a crescente popularização de teses eugênicas sob o pretexto de que não se pode impor sofrimento às famílias e às crianças por nascer.

Infelizmente, a cristofobia chegou também ao Supremo. A separação — que ninguém questiona — entre Igreja e Estado e a laicidade desse estado estão sendo usadas como pretexto para desqualificar qualquer óbice moral — por mais legítimo que seja — apresentado pelos cristãos, como se as religiões concentrassem apenas valores ligados à fé e ao mundo transcendental e não trouxessem consigo um razoável estoque de valores humanistas.

3 AS MILÍCIAS DO PENSAMENTO

3.1 Do racialismo

PARANAUÊ, PARANAUÊ, PARANÁ... [21/03/2011]

Levaram Michelle Obama, sua mãe e suas filhas para uma roda de capoeira. A cara de tédio das meninas, às vezes, chegava a ser engraçada. Devem imaginar que somos todos como os indianos de Glória Perez (no dia em que elas conhecerem os indianos de Glória Perez): quando não tinham o que fazer, saíam dançando... Assim somos nós, mas em outra arte: é só a gente ter uma folga, lá vem capoeira! As Obaminhas devem estar se perguntando: "Que tanto esses brasileiros ficam de ponta-cabeça e pernas pro ar?"

Como todos sabemos, a capoeira nos une histórica, artística, intelectual e moralmente, não é mesmo? É uma arte difundida nas ruas. Em tudo quanto é canto, rico ou pobre, na Rocinha (Rio de Janeiro) ou no Jardim Europa (São Paulo), brasileiro não resiste àquele batuque e pimba! Tome as palmas da mão plantadas no chão e... pernas para o ar! A gente é assim mesmo!

Certa antropologia pretende que há nisso um atavismo, coisa lá da Mama África, né? Há quem esteja convicto de que Obama, um mestiço, sente nas veias os ecos do tambor! As coitadas foram submetidas não a uma, mas a duas sessões de capoeira — uma delas em presença do chefe da família.

Tio Rei já tem 49, o crânio um tanto prejudicado, vocês sabem (dizem os petralhas que o cérebro também), e teme ter uma vertigem em movimentos mais bruscos. Membros dianteiros no chão nem pensar! Tio Rei vai aprender a tocar tambor.

Abaixo, reproduzo o "Abadá da Capoeira". Se for difícil decorar a letra, leitor, imprima e carregue sempre no bolso. Nunca se sabe quando você será instado a exibir ao "sagaz brichote" (Gregório de Matos) seu certificado de brasilidade. Eu já consegui memorizar um verso ao menos. Já canto "Oô, oô, oô oô oô" sem ler!!!

Oiá iá iá ía
Foge o nego sinhá (Coro)
Oiá iá iá ía,
Traz o nego sinhá (Coro)
Oiá iá iá ía

Foge o nego sinhá (Coro)
Oiá iá iá ía
Traz o nego sinhá (Coro)
Oiá iá iá ía
Foge o nego sinhá (Coro)
Oiá iá iá ía
Traz o nego sinhá (Coro)
Paranauê, (Coro) —> paranauê paraná
Paranauê, (Coro) —> paranauê paraná
Paranauê, (Coro) —> paranauê paraná
Paranauê, (Coro) —> paranauê paraná
(Coro)
Oô, oô, oô oô oô
Oô, oô, oô oô oô
(Coro)
Oô, oô, oô oô oô
Oô, oô, oô oô oô
Oiá iá iá ía
Foge o nego sinhá (Coro)
Oiá iá iá ía,
Traz o nego sinhá (Coro)
Oiá iá iá ía
Foge o nego sinhá (Coro)
Oiá iá iá ía
Traz o nego sinhá (Coro)
Oiá iá iá ía
Foge o nego sinhá (Coro)
Oiá iá iá ía
Traz o nego sinhá (Coro)
Paranauê, paranauê paraná
Paranauê, paranauê paraná (Coro)
Paranauê, paranauê paraná
(Coro)
Oô, oô, oô oô oô
Oô, oô, oô oô oô
(Coro)
Oô, oô, oô oô oô
Oô, oô, oô oô oô

(Coro)
Oô, oô, oô oô oô
Oô, oô, oô oô oô
Oiá iá iá ía
Foge o nego sinhá (Coro)
Oiá iá iá ía
Traz o nego sinhá (Coro)
Oiá iá iá ía
Foge o nego sinhá (Coro)
Oiá iá iá ía
Traz o nego sinhá (Coro)
Oiá iá iá ía
Foge o nego sinhá (Coro)
Oiá iá iá ía
Traz o nego sinhá (Coro)
Paranauê, paranauê paraná
Paranauê, paranauê paraná (Coro)
Paranauê, paranauê paraná
Paranauê, paranauê paraná (Coro)
Paranauê, paranauê paraná
Paranauê, paranauê paraná (Coro)
Paranauê, paranauê paraná
Paranauê, paranauê paraná (Coro)

VIVA O POVO NA VERTICAL! [21/03/2011]

O que escrevi sobre a capoeira está dando o que falar na internet e dividindo opiniões. Continua uma avalanche de gente a me lembrar que se trata de uma expressão cultural de resistência, vinda com os escravos etc. e tal. Eu sei! A minha crítica é dirigida à fetichização da tal "expressão cultural" e à falsa verdade de que a dança, ou luta, está tão presente na nossa vida como, sei lá, o futebol, por exemplo — que chegou por aqui bem depois...

Aliás, eis aí: o que gerou, entre nós, mais saber e formas próprias de expressão? A capoeira, que veio com os escravos, no período de formação do Brasil, ou o futebol, que aportou alguns séculos depois, com os ingleses, consagrando um anglicismo na língua do qual ninguém mais se dá conta?

E olhem que eu não acho que a gente deva botar moleques e meninas fazendo embaixadinha para os Obamas e as Obaminhas... Nelson Freire não bate bola e também é Brasil. Para Tio Rei, se houvesse meninos favelados que tocassem oboé, sua presença num evento político-turístico seria tão legítima quanto a dos meninos que dançam capoeira.

O chato é que ninguém sobe a favela para levar oboé, Kant ou gramática. Há uma certa tendência a ensinar ao povo aquilo que pode aprender sozinho: bater bumbo, dançar capoeira, fazer rap — notem que misturo expressões que seriam "nossas" com outras que vieram de fora.

Eu me oponho é à folclorização de nossas origens para despertar a atenção daquele que, no fundo, consideramos superior, como se não pudéssemos competir com ele no campo da razão e só nos restasse o charme daquela velha picardia e esperteza. Lula transformou esse sentimento em arrogância, que é o complexo de inferioridade na sua fase agressiva. Declarou-se melhor do que os outros e pronto!

Gente, eu conheço todas as virtudes da capoeira! Eu só estou dizendo que não representa o Brasil. Aliás, não sei direito o que representa o Brasil. Quando Dilma visitar os EUA, que expressão folclórica ou primitiva lhe será apresentada como síntese e sumo do povo americano? Provavelmente, nenhuma! Não são dados a esse tipo de coisa!

Eu acho que a gente precisa parar com isso, entenderam? Por que precisamos dizer ao "outro" quem nós RE-AL-MEN-TE somos? Nós RE-AL-MEN-TE somos um monte de coisa! Como Obama estava aqui para falar de negócios, seria muito mais legítimo um desfile do que temos conseguido produzir de tecnologia de ponta na indústria, no agronegócio, nos serviços...

No dia em que antropólogos americanos — ou haitianos, tanto faz — chegarem aqui para um colóquio, então a gente dança, canta, pula, faz pirueta, bate bumbo, acorda os espíritos com tabaco, bebe cauim, chama Anhangá, a Cuca, o Saci-Pererê, o Boitatá, o boto, a Loura do Banheiro...

A ASTRONOMIA CHEGOU AO BRASIL ANTES DA CAPOEIRA [22/03/2011]

Sou refratário à ideia de que determinadas manifestações são expressões da "identidade nacional". Eu não sei que diabo isso quer dizer. O curioso é que essa abordagem já foi, um dia, "de direita". Vejam o integralismo, de Plínio Salgado, por exemplo. As esquerdas, ao contrário, diziam-se internacionalistas. A sua grande irmandade seria o "proletariado". Hoje em dia, quem investe nessa bobagem de traços formadores da identidade nacional, que teriam virtudes ainda hoje, são exatamente os esquerdistas.

Qual é o meu ponto? Eu não acho que nada disso caracterize o "Brasil". A identidade do país não está na capoeira, no berimbau, no pão de queijo, no catira ou no fogo de chão. Todas essas coisas, na verdade, se fossem levadas a sério, nos dividiriam. O que a música de viola do interior de São Paulo diz a um baiano? O mesmo que a capoeira diz a um caipira como eu: nada! Aliás, a maioria dos baianos não sabe dançar capoeira — imaginem o nosso Weimar com as palmas da mão plantadas no chão e as pernas pro ar... Gostamos dele porque tem os pés no chão e a cabeça nas nuvens, hehe... Ah, sim: a maioria dos paulistas ignora a moda de viola.

Assim como não acho que "o" brasileiro se defina por isso ou aquilo, tenho um tédio mortal com as perorações regionalistas: "Ah, mineiro é assim; gaúcho é assado; cariocas, então..." Acho, sim, que se podem criar estereótipos e clichês a respeito das regiões. Como toda generalização, é uma bobagem, geralmente manipulada pela pilantragem política.

O que nos une, aí sim, é o mundo moderno, são as leis, são as exigências contemporâneas. O resto é bobagem. Por que o garoto que dança capoeira nos representa mais do que aquele que estuda matemática? Eu não sei! "Porque a matemática não ajudou a formar o Brasil!" É mesmo!? O saber acumulado nessa ciência da natureza está ausente do solo pátrio? A geometria, por exemplo, é uma importação? O Teorema de Pitágoras, por acaso, não resiste ao nosso remelexo?

Atenção! A astronomia, a matemática e a literatura aportaram no Brasil antes da capoeira! Chegaram com a primeira caravela. A rigor, vieram dar nestas terras antes de chegarem ao que hoje são os Estados Unidos!

Então está decidido: quando chegar um novo chefe de estado ao Brasil, vamos fazer uma demonstração dos nossos meninos e meninas dedicados à astronomia e à matemática. Talvez seja um tanto aborrecido. Não mais do que a capoeira, paranauê, paranauê, paraná... A astronomia e a matemática têm prioridade histórica! Vamos exibir ao estrangeiro as nossas crianças que não sambam, não dão piruetas, mas calculam!

O RACIALISMO NÃO SUPORTA PRETO BEM-SUCEDIDO [14/09/2011]

Este polemista "de direita", como diria Marcelo Rubens Paiva, já lembrou aqui algumas vezes que o Brasil é o país que torrou bem uns R$ 5 bilhões com a reparação às vítimas — e sobretudo às supostas vítimas — do regime militar, mas ainda é um dos países em que mais se torturam presos comuns no mundo. Acho que é esse aspecto da minha postura que Paiva e seus amigos não conseguem entender: não faço diferença entre vítimas com pedigree e sem pedigree. Acredito, de fato, o tempo todo e em quaisquer circunstâncias, na igualdade entre os homens. Mobilizam-se mundos e fundos para fazer uma tal Comissão da Verdade, que vai recontar a história em nome do estado — e é preciso ser obtuso ou dotado de má-fé para não ver nisso um traço autoritário; verdade oficial!? —, mas não se consegue impedir a tortura do Maicon Uedinesdei da Silva na delegacia da esquina. Essa ainda é a sociedade dos fidalgos: de direita, de centro, de esquerda...

Vejam o caso do combate ao racismo. O Brasil é hoje o país onde essa causa assume os contornos mais histéricos. Fez-se política de estado, afrontando, é bom notar, a Constituição. É evidente que as cotas violam o princípio da igualdade perante a lei. Na prática, para que não se puna um negro porque negro, pune-se um branco porque branco. É um escândalo! É a racialização das políticas públicas e do estado, coisa de fascistas — ainda que de fascistas de esquerda (de fato, dada a história, o fascismo é de esquerda; de direita é o liberalismo, pombas!). Adiante.

Os embates sobre racismo costumam ser os mais interessantes. Há o racismo em que todos são vítimas: aquele que é discriminado e aquele que discrimina também. Ele nasce da falta de educação, de informação, de cultura humanística, de civilidade. Imersos na ignorância, os filhos são racistas porque os pais eram, os avôs idem... Leio sobre esses cretinos perigosos que raspam a cabeça e exibem símbolos nazistas e me pergunto: "O que sabe essa gente sobre essa miséria?" Nada! Isso não quer dizer que não devam ser combatidos e severamente punidos. Não há estado de direito se o indivíduo puder alegar ignorância da lei para explicar seus crimes.

Mas há outros racismos, mais sutis, que costumo classificar de "racismo de segundo grau", porque "informado". Um deles chama especialmente a minha atenção. Pode haver algo mais racista do que entender que um negro está obrigado a defender uma determinada pauta — as cotas raciais, por exemplo — só porque é negro? Pode haver algo de mais racista do que considerar que um determinado negro só conseguiu uma posição de destaque na sociedade ou na sua profissão porque fez concessões ao "poder branco", porque não teria sido contundente o bastante na defesa de sua "raça" (que raça não é!), porque fez o jogo do dominador? Quer dizer que alguém que nasça negro já nasce com uma pauta, com um conteúdo, com escolhas ideológicas feitas? Eis aí o racismo mais difícil de ser vencido porque se quer uma teoria de resistência e de contestação.

Participei de um evento, ao lado de colegas jornalistas, no Rio, por ocasião dos 63 anos do estado de Israel — raramente tão ameaçado quanto agora, diga-se. Um dos presentes me perguntou se a acusação de estupro que pesava contra um ex-presidente do país depunha contra a imagem dos judeus como um todo. Respondi, para espanto geral — inicialmente ao menos; depois ficou claro o que quis dizer — que até depunha a favor. Também os judeus têm o direito de ter seus doentes para tratá-los, de ter seus canalhas para puni-los, de ter seus imorais para repreendê-los. Esse povo não está obrigado a produzir só gênios para compensar alguma culpa ancestral, alguma falha primeva. Invertendo uma sentença conhecida, digo que os judeus podem, e devem, ser diferentes sendo iguais. E isso vale para todos os povos, para todas as pessoas.

Ora, quem não suporta que um negro possa ser um não engajado na sua causa não reconhece o outro como aquilo que é antes de qualquer condição: indivíduo. Se o quer primeiro um negro para só então arbitrar sobre a sua moral e as suas escolhas, é óbvio que está praticando a mais asquerosa forma de discriminação racial — um racismo encoberto, algo envergonhado, mas não menos pernicioso do que aquele que é fruto da ignorância.

Atenção! Machado de Assis, o maior escritor brasileiro de todos os tempos, um gigante de verdade, inexplicável e inexplicado pela sociologia — nem que Roberto Schwarz passe os próximos duzentos anos com o seu tatibitate marxista (santo Deus!) —, é objeto, em certos círculos, dessa "forma superior" de discriminação, que não é estranha à tese do nosso marxista progressista, diga-se. Tudo somado e subtraído, há quem queira que ele nunca foi negro o bastante. Acusam Machado de Assis, em suma, de ter sido um preto de alma branca, mal escondendo que, ao afirmá-lo, acabam atribuindo seu gigantesco talento a essa suposta alma branca. É um pensamento asqueroso, ainda que pretenda se apresentar sob a forma de tese combativa e antirracista.

E agora, finalmente, entro na polêmica sobre o filmete publicitário da Caixa Econômica Federal, em que um Machado mais branco do que as asas de um cisne entra no banco para fazer o seu depósito na poupança.

O filme pode não ser racista porquanto não promova a distinção de cor de pele (ou "raça") como um valor, mas é evidente que viola um dado objetivo, conhecido: Machado era mestiço. Eis aí: este é um governo que tem uma secretaria de estado, com status de Ministério, só para lidar com questões raciais, mas que permite que aquilo vá ao ar. O que explica? É que a questão racial serve como instrumento de militância, entenderam? Ainda é um subproduto, gostem ou não, da teoria da luta de classes, que hoje se fragmentou nas várias "minorias". Combate-se o racismo como uma "causa", no puro proselitismo, mas, de fato, no teste da realidade, pouco importa o preto ou o mestiço que há.

Não estou entre aqueles que dão curso fácil às acusações de discriminação racial, não. Há, sim, quem faça uso oportunista da questão. Nesse caso, no entanto, pretos e mestiços têm uma razão particular para protestar (mas ninguém está obrigado a nada). É evidente que o embranquecimento de Machado concorre para a sua invisibilidade. Mas o protesto deve ser coletivo: a publicidade oficial frauda um dado da realidade. Se não há, e não há, razão para caracterizar um Carlos Drummond como mestiço — e, por isso mesmo, ninguém o faria —, deve haver alguma, ainda que seja apenas a ignorância, para que Machado pareça um alemão no filme da Caixa.

Ainda que seja apenas a ignorância, eis um motivo para um bom combate.

CEF TIROU DO AR MACHADO BRANCO [22/09/2011]

Escrevi um longo texto [imediatamente anterior a este] sobre uma propaganda da Caixa Econômica Federal que apresentava um Machado de Assis mais branco do que as asas de um cisne. Observei então, entre outras coisas, que não acreditava haver racistas na CEF, mas que a propaganda era, evidentemente, imprópria. Machado era mestiço, não branco. Defendi que a propaganda fosse suspensa porque veiculava uma inverdade. E estranhei o silêncio da Seppir (Secretaria de Políticas de Promoção de Igualdade Racial). Pois bem, o banco anunciou ontem que a propaganda não vai mais ao ar. O presidente da instituição, Jorge Hereda, emitiu uma nota.

É... Eu sei que muita gente acha a vida chata numa democracia, especialmente as pessoas que exercem cargos públicos. Sempre há alguém reclamando, torrando a paciência, dizendo que as coisas não são exatamente como se anunciam... E ter de aguentar a imprensa, então? Um porre! Há quem ache que a China descobriu o bom caminho. Por lá não tem esse negócio de divergência de ideias. O argumento vencedor é a bala na nuca... Sigamos.

A CEF agiu certo ao suspender a propaganda. Eu mesmo defendi que o fizesse. A razão é simples: Machado não era branco. Ponto! Afirmei que a propaganda, querendo ou não, concorria para a invisibilidade dos negros e mestiços. A Seppir também emitiu uma nota a respeito. O curioso é que o tenha feito só no dia 19 — o meu texto é do dia 14...

Leiam a nota da CEF. Volto em seguida.

> "A Caixa Econômica Federal informa que suspendeu a veiculação de sua última peça publicitária, a qual teve como personagem o escritor Machado de Assis. O banco pede desculpas a toda a população e, em especial, aos movimentos ligados às causas raciais, por não ter caracterizado o escritor, que era afro-brasileiro, com a sua origem racial.
>
> A Caixa reafirma que, nos seus 150 anos de existência, sempre buscou retratar, em suas peças publicitárias, toda a diversidade racial que caracteriza o nosso país. Esta política pode ser reconhecida em muitas das ações de comunicação, algumas realizadas em parceria e com o apoio dos movimentos sociais e da Secretaria de Política e Promoção da Igualdade Racial (Seppir) do Governo Federal.
>
> A Caixa nasceu com a missão de ser o banco de todos, e jamais fez distinção entre pobres, ricos, brancos, negros, índios, homens, mulheres, jovens, idosos ou qualquer outra diferença social ou racial.
>
> Jorge Hereda
> Presidente da Caixa Econômica Federal"

Voltei

Pois é... Como a democracia é chata mesmo, critiquei a propaganda e agora faço reparos à nota de Hereda. A CEF não tem de veicular um filme publicitário em que aparece um Machado branco — porque ele não era branco — nem tem de se desculpar recorrendo à linguagem militante. Essa história de "afro-brasileiro" é discriminação às avessas. Que a turma ligada a uma causa de fundo ideológico adote o vocabulário, vá lá. Um banco público tem de ficar fora disso. Machado era um mestiço brasileiro, a exemplo de mais de 40% da população hoje em dia. E mestiços são tão "afro-brasileiros" como "euro-brasileiros". Ou eu perdi alguma coisa? O pai do escritor era descendente de negros e brancos; a mãe era açoriana, e a "origem racial" de nosso maior escritor era uma só: a "raça humana".

O Brasil tem hoje algo em torno de 6% de negros, pouco mais de 44% de mestiços e pouco menos de 50% de brancos. A militância junta os dois primeiros grupos e afirma que o Brasil é um país com maioria negra. Como é que mestiço se torna "negro"? Dizem os militantes que é sua condição social que determina a classificação — condição essa que seria condicionada pelo preconceito por causa da cor da pele. É a sociologia do chute e do achismo. Ora, se esse critério fosse bom, então a propaganda da CEF estaria certa. Afinal, no que dizia respeito às condições sociais e ao prestígio de que gozava já em seu tempo, Machado pertencia à elite brasileira, composta, na sua maioria, de brancos — embora a maioria dos brancos também fosse pobre no fim do século XIX... Fosse assim, a CEF não teria o que corrigir, certo? Afinal, segundo esse critério vesgo, o escritor seria, de fato, branco!

Eu pedi, como deixei claro naquele dia, que a propaganda fosse tirada do ar porque veiculava uma informação errada, que contribuía para omitir, inclusive, um dado positivo de nossa formação: uma sociedade profundamente marcada pela escravidão rendeu-se ao talento de um escritor mestiço. Existe mais preconceito de classe no Brasil do que preconceito de cor ou de origem — constatação que os racialistas detestam, sei disso.

A CEF não precisa aderir à linguagem do racialismo para fazer justiça a Machado, aos mestiços e aos negros. Basta ser fiel à história.

A VITÓRIA DO JORNALISTA HERALDO PEREIRA [23/02/2012]

Existe alguma interpretação positiva ou alguma leitura virtuosa para a expressão "negro de alma branca"? Acho que não!

Pois bem. O senhor Paulo Henrique Amorim, em seu blog, recorreu àquela expressão asquerosa para definir Heraldo Pereira, repórter, comentarista político e integrante da bancada do *Jornal Nacional*, da Rede Globo. Não foi a única agressão de que o jornalista foi vítima. Segundo aquele senhor, Pereira seria "empregado de Gilmar Mendes" e faria apenas "bico na Globo". Mais ainda: comentando a intervenção de um dos mais destacados profissionais da emissora nas comemorações dos trinta anos do *Jornal Nacional*, escreveu que ele "não conseguiu revelar nenhum atributo para fazer tanto sucesso, além de ser negro e de origem humilde". É pouco? Ao criticar uma entrevista que o jornalista conduziu com Mendes, mandou ver: "Pereira se agacha, se ajoelha para entrevistar Ele."

Pois é... Não restava mesmo outro caminho que não o Judiciário. Havia dois processos, um na área criminal, ainda em curso — com denúncia feita pelo Ministério Público Federal e já aceita pela Justiça, por crime de injúria racial e racismo —, e outro na área cível, que tem agora um desfecho. Amorim terá de pagar uma indenização de R$ 30 mil a uma instituição de caridade indicada por Pereira, será obrigado a retirar do seu blog todos os ataques feitos ao jornalista e se obriga a publicar em sua página e nos jornais *Folha de S.Paulo* e *Correio Braziliense* a seguinte retratação:

> "Retratação de Paulo Henrique Amorim, concernente à ação 2010.01.1.043464-9:
>
> Que reconhece Heraldo Pereira como jornalista de mérito e ético; que Heraldo Pereira nunca foi empregado de Gilmar Mendes; que, apesar de convidado pelo Supremo Tribunal Federal, Heraldo Pereira não aceitou participar do Conselho Estratégico da TV Justiça; que, como repórter, Heraldo Pereira não é nem nunca foi submisso a quaisquer autoridades; que Heraldo Pereira não faz bico na Globo, mas é funcionário de destaque da Rede Globo; que a expressão 'negro de alma branca' foi dita num momento de infelicidade, do qual se retrata, e não quis ofender a moral do jornalista Heraldo Pereira ou atingir a conotação de racismo."

Só para que vocês tenham uma ideia de como se deram as coisas, em sua defesa, referindo-se à expressão "negro de alma branca", o réu Amorim chegou a afirmar (transcrevo literalmente):

> "Com efeito, consistindo o racismo na crença de determinado grupo de pessoas de ser superior a outro, recriminando os indivíduos com base em características físicas, tais como a cor, forçoso concluir que a matéria em discussão não se enquadra no conceito racista, não possui cunho pejorativo e não menosprezou quem quer que seja, como pretendido pelo contestado, pelo contrário, enalteceu o jornalista Heraldo Pereira que, atualmente assume posição de destaque no jornalismo da Rede Globo."

Vale dizer: o réu insistiu na tese de que "negro de alma branca" é, na verdade, um elogio... Bem, meus caros, o que vai acima remete a um debate muito importante que está em curso no Brasil. Ele diz mais do que parece sobre certas convicções supostamente democráticas.

Heraldo Pereira ajuda a civilizar o Brasil.

Heraldo Pereira torna melhor o grupo a que todos pertencemos: a raça humana.

Heraldo Pereira não é a vingança da minoria, mas o triunfo da maioria: a maioria dos homens decentes e de bem!

Parabéns, Heraldo!

O RACISMO DE SEGUNDO GRAU [23/02/2012]

Por que alguém se considera no direito de tachar um dos jornalistas mais talentosos e mais bem preparados de sua geração de "negro de alma branca" e de afirmar que ele "não conseguiu revelar nenhum atributo para fazer tanto sucesso, além de ser negro e de origem humilde", como fez um senhor chamado Paulo Henrique Amorim com Heraldo Pereira? Minhas caras, meus caros, essa história vem de longe. E será preciso apelar aqui à origem de certas ideias, que acabaram definindo alguns paradigmas. Antes que entre propriamente no aspecto mais perverso e quase invisível do racismo, terei de fazer algumas considerações.

Vocês conhecem bem os ataques de que sou alvo porque me oponho, por exemplo, à política de cotas raciais. Alguns militantes da causa, brancos e negros, acusam-me, por isso, de "racista". Não vou debater cotas agora porque desviaria este texto de seu propósito. Já escrevi muito a respeito. Pretendo abordar um aspecto do racismo que a muitos passa despercebido porque praticado, ou cultivado, por supostos porta-vozes de causas consideradas "progressistas" ou "de esquerda", como queiram.

Nesta madrugada, publiquei um longo post sobre o livro *Aguanten Los K*, do jornalista argentino Carlos M. Reymundo Roberts [texto "Humanos de todo o mundo, uni-vos!", aqui publicado à página 251]. Recomendo o artigo a quem não o tenha lido. Roberts trata justamente das hordas de partidários do "kirchnerismo" que atuam nos blogs, no twitter e até nas rádios, para reproduzir as verdades eternas do governismo e tentar destruir a reputação daqueles considerados "inimigos". Na Argentina como no Brasil, esses vagabundos são alimentados por dinheiro público e obedecem a um comando partidário. Lá, são "Los K"; aqui, "os petralhas". Tentam dividir o mundo em duas metades: a boa, "progressista e de esquerda" (eles), e a má, "reacionária e de direita" (os outros).

Outra referência bibliográfica importante nesse debate é *O fascismo de esquerda*, do jornalista americano Jonah Goldberg. O autor procede a uma breve reconstituição histórica de alguns valores tidos nos EUA como "liberais" (lá, essa palavra quer dizer "à esquerda") e evidencia o seu parentesco com teses e proposta do fascismo. Nos melhores momentos do livro, demonstra como as propostas mais autoritárias, discriminatórias mesmo!, podem ser consideradas verdadeiros poemas humanistas, desde que abraçadas por "liberais", e como valores ligados aos direitos fundamentais do homem podem ser tidos como "autoritários" se defendidos por conservadores. A síntese é esta: os ditos "progressistas" serão sempre progressistas, mesmo quando reacionários; e os ditos "reacionários" serão sempre reacionários, mesmo quando progressistas. As esquerdas, em suma, mundo afora, se tornam "donas do humanismo".

Atenção, meus queridos! Nenhum autoritarismo, por mais deletério e estúpido que seja, é tão estúpido e deletério quanto o das esquerdas e de seus apaniguados. É a história que me dá razão. O despotismo que se instala em nome da liberdade do povo é duplamente perverso porque pratica todas as violências com as quais prometeu acabar e ainda destrói a esperança.

Todas as ditaduras são asquerosas, de direita ou de esquerda. Mas as de esquerda são mais longevas e matam muito mais — incomparavelmente mais — porque seus assassinos falam em nome do bem da humanidade. Hitler era um facínora vagabundo, um recalcado homicida, que falava claramente em nome de um grupo, de uma "raça". Já o seu antípoda complementar, Stálin, era tido como arauto de uma "nova humanidade". Com razão e para o bem da civilização, os partidários do bigodinho assassino são reprimidos mundo afora; sem razão e para o mal da civilização, os admiradores do bigodão assassino ainda estão por aí, pautando, muitas vezes, o "debate de resistência". Não é preciso ir longe. Integrantes dos governos petistas que tentaram instalar uma ditadura stalinista no Brasil, Dilma inclusive, dizem hoje se orgulhar da luta pela "democracia"... É uma mentira grotesca. Muito bem! E o que isso tudo tem a ver com Heraldo Pereira?

Vamos ao centro do racismo.

É possível estabelecer a genealogia da discriminação racial nos vários países, inclusive no Brasil. Por razões específicas, na Europa e na Rússia, por exemplo, ela se voltou contra os judeus; no Brasil, contra os negros; na África subsaariana, contra tribos originalmente rivais — já que a cor da pele não tem importância. Combater a cultura e a prática da discriminação é um imperativo moral e ético. É matéria que diz respeito à civilização. A causa não é propriedade privada de uma ideologia, de um partido político ou de ONGs, movimentos sociais e seus associados.

O racismo bronco pode ser enfrentado com clareza porque visível. Os estúpidos, os bucéfalos, que saem por aí a vociferar o seu ódio contra negros, por exemplo, praticam o que costumo chamar de "racismo de primeiro grau". São crus, desprovidos de qualquer ambição intelectual, mal escondem o seu recalque: ou acham que um negro bem-sucedido está a ocupar um lugar que lhes caberia por direito natural ou entendem que a presença do "outro" ameaça o seu próprio status. Merecem ser duramente enfrentados nas ruas, nas escolas, nas empresas, nos tribunais. Não, não acredito que o caminho sejam as cotas, mas, reitero, não entro nesse mérito agora.

O racismo de segundo grau

Já o racismo de segundo grau é coisa mais complicada. Embora seus cultivadores se digam inimigos da discriminação e aliados de todos os grupos que lutam pelos direitos das minorias, não compreendem — e, no fundo, não aceitam — que um negro possa ser bem-sucedido em sua profissão A MENOS QUE CARREGUE AS MESMAS BANDEIRAS QUE ELES DIZEM CARREGAR!

Eis, então, que um profissional com as qualidades de Heraldo Pereira os ofende gravemente. Sim, ele é negro. Sim, tem "uma origem humilde". Ocorre que chega ao topo de sua profissão mesmo no país em que há muitos racistas broncos e em que a maior discriminação ainda é a de origem social. E chegou lá sem fazer o gênero do oprimido reivindicador, sem achar que o lugar lhe pertencia por justiça histórica, porque, afinal, seus avós teriam sido escravos dos avós dos brancos com os quais competiu ou que a luta de classes lhe roubou oportunidades.

Sabem o que queriam os "racistas de segundo grau", essas almas caridosas que adoram defender minorias? Que Heraldo Pereira estivesse na Globo, sim, mas com o esfregão na mão e muito discurso contra o racismo na cabeça. Aí, então, poderiam dizer: "Vejam, senhores!, aquele negro! Por que não está na bancada do *Jornal Nacional*?" Ocorre que Heraldo ESTÁ na bancada do *Jornal Nacional*. E sem pedir licença a ninguém. Enquanto alguns negros, brancos, amarelos ou vermelhos choramingavam, o jornalista Heraldo Pereira foi estudar direito na Universidade de Brasília. Enquanto alguns se encarregavam de medir o seu "teor de negritude militante", ele foi fazer mestrado — a sua dissertação: "Direito constitucional: desvios do constituinte derivado na alteração da norma constitucional".

Quando se classifica alguém como Heraldo de "negro de alma branca" — e já ouvi cretinos a dizer a mesma coisa sobre Barack Obama porque também insatisfeitos com a sua pouca disposição para o ódio racial —, o que se pretende, na verdade, é lhe impor uma pauta. Atenção para isto:

- por ser negro, ele seria menos livre do que um branco, por exemplo, porque estaria obrigado a aderir a uma determinada pauta;

- por ser negro, teria menos escolhas, estando condenado a fazer um determinado discurso que os "donos das causas" consideram progressista;
- ao nascer, portanto, negro, já nasceria escravo de uma causa.

Heraldo os ofende porque diz, com todas as letras e com sua brilhante trajetória profissional: "Sou o que quero ser, o que decidi ser, o que estudei para ser, o que lutei para ser. Eu escolho, não sou escolhido! Sou senhor da minha vida, não um serviçal daqueles que dizem querer me libertar." Heraldo os ofende porque não precisa que brancos bem-pensantes pensem por ele. E há ainda uma ofensa adicional: não é reconhecido como um "progressista com carteirinha do partido".

Que pena os racistas de segundo grau não poderem passar a mão na cabeça de Heraldo Pereira, condoídos com a sua condição de vítima, não é!? Em vez disso, quem está no topo é Heraldo. Os que gostariam de sentir dele aquela pena militante só caminham para a lata de lixo do racismo de segundo grau.

Ladrões de alma

Caminhando para o encerramento, noto ainda que a expressão "negro de alma branca" pretende roubar do alvo da ofensa a sua individualidade, de modo a transformá-lo numa monstruosidade moral, sem lugar. Por negro, Heraldo seria sempre um estranho entre os brancos. Por ter a alma branca, sendo negro, tentaria forjar uma identidade que não é a sua. Não é difícil concluir que este ser, então, não teria lugar nem entre os brancos nem entre os negros.

Esse caso, meus caros, expõe as entranhas do pior lixo racista, que é aquele praticado pelos ditos "progressistas". Como é mesmo?

> "Nenhum autoritarismo, por mais deletério e estúpido que seja, é tão estúpido e deletério quanto o das esquerdas e de seus apaniguados. É a história que me dá razão. O despotismo que se instala em nome da liberdade do povo é duplamente perverso porque pratica todas as violências com as quais prometeu acabar e ainda destrói a esperança."

Heraldo Pereira é um homem livre — livre, inclusive, da agenda que queriam lhe impor. E isso lhes parece imperdoável.

A CONSTITUIÇÃO VAI PERDER DE NOVO! [25/04/2012]

O STF retomou o julgamento das cotas raciais. O resultado é absolutamente conhecido. Podem apostar o mindinho que o tribunal mandará às favas o Artigo 5º da Constituição. A partir de hoje, oficialmente, os homens não mais serão iguais perante a lei. E será permitido, no Brasil, promover a desigualdade real para chegar a uma igualdade ideal. Entenderam?

Já falaram os *amici curiae*, os "amigos da corte", representantes de entidades e grupos sociais que se consideram representados po. ou solidários com teses em debate. A maioria falou em favor das cotas — com ao menos uma nota de cálculo tornada graça involuntária. Já chego lá.

Os *amici curiae* pró-cotas deixaram a Constituição de lado num tribunal constitucional (por que não?) — inclusive o mais fulgurante deles, Márcio Thomaz Bastos. Todos estavam lá para proclamar que há injustiças no Brasil decorrentes da escravidão, da cor da pele, da discriminação racial não admitida etc. Em suma, estavam lá para declarar o óbvio. E quem poderá discordar do óbvio?

Isso nunca esteve em questão. O STF não vai definir hoje se há ou não preconceito na sociedade; se a discriminação é ou não uma realidade social e cultural; se a nossa história condiciona ou não determinados comportamentos.

O tribunal vai decidir — E VAI DIZER QUE SIM! — se é legítimo patrocinar a desigualdade dos homens perante a lei para alcançar a suposta igualdade; se as desigualdades ali elencadas serão combatidas com políticas de cotas; se brancos (por exemplo) podem ter seus direitos individuais desrespeitados — entre eles, o de competir em pé de igualdade por uma vaga na universidade pública — para que atinjamos a suposta igualdade racial.

Todos os *amici curiae* que falaram trataram as cotas como se fossem uma obviedade ditada pela lógica ou pela natureza. Nem parecia que essa é uma escolha política, feita em razão de um tipo específico de militância. No caso, uma militância que vai violar, mais uma vez, um princípio constitucional para fazer justiça.

O cálculo, com humor involuntário implícito, ficou por conta de um dos *amici*, Márcio Thomaz Bastos — no momento, advogado de Carlinhos Cachoeira. Ao longo de sua trajetória de advogado criminalista — dos bons! —, sempre defendeu figuras, como direi?, polêmicas, mas sem jamais se descuidar de causas politicamente corretas que indicassem: "Aqui está um progressista."

Muito bem! Ele falou em nome da Associação dos Advogados e Advogadas Afrodescendentes. Uau! Eu nem sabia que isso existia. Tampouco imaginava que o direito possa ter uma leitura "afrodescendente" e uma leitura "eurodescendente". Ora, quem faz uma associação dessa natureza entende ser preciso reafirmar duas condições: a de advogado e a de advogado com uma cor de pele específica. E é justamente um advogado branco a falar em nome do grupo!?!? "Sim, somos pela convivência pacífica e pela integração", poderia responder a associação. Perfeito! Por isso mesmo, deveriam, então, estar afinados com o Artigo 5º da Constituição, não é?

Outras minorias

Aprovadas as cotas para negros, e serão, não há nenhuma razão para que outras "minorias" (sociologicamente falando) não reivindiquem status semelhante. A rigor, qualquer uma delas pode acusar a existência de preconceito, de dificuldades particulares de que a "maioria" estaria livre.

Ora, é claro que os preconceitos têm de ser combatidos. A questão é saber se tal objetivo será logrado suprimindo direitos de terceiros — e é disso que se cuida no caso das cotas. Pior ainda: a verdadeira discriminação, que é a social e que está na origem da baixa qualidade da escola pública oferecida aos pobres, continuará sem resposta.

Todos aqueles *amici curiae* pró-cotas, encantadores progressistas, são, na verdade, notáveis reacionários, que renunciaram à tese civilizadora da universalização de políticas públicas de qualidade. Acreditam que grupos organizados têm de disputar espaço na sociedade para conquistar privilégios. Tudo sob o pretexto da igualdade e do combate a injustiças ancestrais.

3.2 Do ecologismo

IPEA EM DEFESA DA FOME [09/06/2011]

Estranhou o título? Eu explico. É um exercício de lógica.

Desde que o relatório do deputado Aldo Rebelo (PCdoB-SP) para o novo Código Florestal foi aprovado na Câmara, na noite de 24 para 25 de maio, produziram-se, em duas semanas, mais estatísticas sobre desmatamento do que em 510 anos de Brasil. Todo santo dia há uma nos jornais

Faz parte do esforço de satanização do código, que tem de ser odiado pelos brasileiros sem nem mesmo ser conhecido. Sabem o que constatei, leitores, andando por aí? Ninguém leu o texto de Aldo, jornalistas muito menos. Se a gente tenta debater um aspecto ou outro, o interlocutor faz aquela cara de terreno baldio. Coitado! Ele acredita que Marina Silva é uma pessoa naturalmente boa, da floresta, e, pois, seria incapaz de dizer alguma incorreção sobre o texto.

Muito bem! Por que afirmo que o Ipea defende a fome? Porque é o próprio instituto quem o anuncia. A reportagem está na *Folha* de hoje. Leiam um trecho. Volto em seguida.

> "A isenção de reserva legal proposta pelo texto do Código Florestal, em discussão no Senado, deixará pelo menos 30 milhões de hectares de passivo ambiental no Brasil e não resolverá o problema de terras da maior parte das propriedades rurais. A análise é de um estudo do Ipea (Instituto de Pesquisa Econômica Aplicada), divulgado ontem. O trabalho verificou as implicações do novo código para as áreas de reserva legal, a fração das propriedades a ser poupada do desmatamento.
>
> Os resultados surgem um dia após a presidente Dilma Rousseff ter dito que não negociaria o desmatamento. A crítica do Ipea diz respeito à isenção, proposta pelo texto, da recomposição de reserva legal para os imóveis de até quatro módulos fiscais (o tamanho do módulo chega a 110 hectares na Amazônia). O relator do projeto, Aldo Rebelo (PCdoB-SP), diz que a isenção visa garantir condições de subsistência aos pequenos proprietários.
>
> Segundo o Ipea, porém, os agricultores com propriedades menores do que um módulo fiscal continuam sem ter onde plantar. Os minifúndios são 65% das propriedades, mas têm 8% da área rural. 'Para garantir que esses imóveis tenham no mínimo um módulo fiscal e dar pleno acesso à terra a seus proprietários, seriam necessários 76 milhões de hectares adicionais', afirma o estudo. 'A liberação das áreas de RL [reserva legal] para esses imóveis adicionaria somente 17 milhões de hectares.'
>
> Para calcular a área a ser anistiada, o Ipea usou dados do Incra de 2010, segundo os quais o país tem 571,7 milhões de hectares de imóveis rurais. A área a ser recuperada é de 159,3 milhões de hectares. No caso de isenção para as pequenas propriedades, calculou o Ipea, 29,6 milhões de hectares (quase um Rio Grande do Sul) ficariam dispensados de repor reserva legal. Segundo o instituto, a isenção 'pune o proprietário que cumpre a legislação atual'. Isso porque um investidor com a opção de comprar uma fazenda com reserva legal ou outra do mesmo tamanho isenta de reposição escolheria a segunda, que tem uma área de produção maior."

Voltei

Comecemos do básico. Os números do Incra estão errados. Segundo dados do IBGE, a agropecuária ocupa 329.941.392 hectares. Nesse total, estão incluídos 98.479.628 hectares de reservas obrigatórias. Sobram, para a produção, 231.461.765 hectares — e não 571,7 milhões!

Que as nossas escolas espancam a inculta & bela, isso a gente já sabe. Mas o desastre ainda maior se dá no ensino da matemática. Analfabetos na disciplina vão sendo jogados no mercado de trabalho. E a decisão óbvia de um analfabeto matemático, hoje em dia, é virar ambientalista — no passado, aderiam à luta armada. Adiante.

Antes do mérito, quero me divertir um pouco. O Ipea é comandado hoje por Márcio Pochmann, um economista petista, que trabalhava com Marta Suplicy na prefeitura de São Paulo e fez fama porque era amiguinho de alguns jornalistas. É aquele rapaz que usa camisas com golas chinesas, à moda Mao Tse-Tung. Os modernos chineses não pagam mais aquele mico. Mas Pochmann é um velho "chinês", não um novo. Fiel ao camarada Mao, ele também quer patrocinar a fome redentora — o comuna matou 70 milhões de pessoas.

Primeira questão elementar

Se o estudo do Ipea fosse verdadeiro, haveria de se supor que essa área equivalente ao Rio Grande do Sul está ocupada com agricultura e pecuária, certo? Segundo entendi, o instituto presidido pelo nosso comuna chinês quer deitar tudo abaixo e largar a terra lá, para que o mato volte a crescer. Em vez de arroz, feijão, fruta e carne, teremos Curupira, Anhangá e Cuca! A primeira questão elementar nos diz, então, que "reflorestar" uma área equivalente ao Rio Grande do Sul significa *desagriculturar* (se me permitem o neologismo) uma área equivalente ao Rio Grande do Sul.

Segunda questão elementar

O estudo do Ipea é obra de vigaristas intelectuais, vazada para os leitores num texto militante. Está escrito lá: "Segundo o Ipea, porém, os agricultores com propriedades menores do que um módulo fiscal continuam sem ter onde plantar." É mesmo? E o que isso tem a ver com o código? Por acaso, ele se propôs a fazer reforma agrária? Se esse problema existe, tem outra natureza e nada a ver com a atividade regulada pelo código, ora essa! Misturam-se alhos e bugalhos.

Na hipótese de que os dados, colhidos no joelho ao longo de duas semanas, estejam corretos, pergunta-se: porque os proprietários com um módulo ou menos não teriam onde plantar, então se vai destruir a agricultura e a pecuária dos outros, que têm entre 1,1 e quatro módulos? Quer dizer que ferrar a vida desses proprietários resolve o problema dos outros? Mas Pochmann é da escola chinesa. Mao matou 70 milhões seguindo lógica semelhante. Calma! Ainda falta o melhor.

Terceira questão elementar

Informam os jornalistas da *Folha*:

a. o código impediria a recomposição florestal de uma área de 30 milhões de hectares, equivalente, dizem, ao estado do Rio Grande do Sul;
b. o Ipea quer que essa área volte a ser mato;
c. o Ipea diz que, para resolver o problema dos pequenos agricultores, são necessários "76 milhões de hectares adicionais";
d. estando certos os números do Ipea, então o Brasil precisa desmatar uma nova área equivalente a dois estados e meio do Rio Grande do Sul para dar condição aos pequenos agricultores, certo?;
e. é claro que o chinês do Ipea dirá que não! Ele vai propor uma reforma agrária mais radical, entenderam? Aquela que Mao Tse-Tung fez na China...

Canalhice numérica

Há outra canalhice política e numérica no tal estudo. Aldo Rebelo diz, e com razão, que não impor reflorestamento a quem tem até quatro módulos protege os agricultores pobres. O Ipea pretende contestar a afirmação, versão comprada pela reportagem, sustentando que "os agricultores com propriedades menores do que um módulo fiscal continuam sem ter onde plantar. Os minifúndios são 65% das propriedades, mas têm 8% da área rural". De novo: digamos que seja verdade, isso significa que os agricultores que têm entre 1,1 e quatro módulos deixaram de ser pobres? Tornaram-se latifundiários?

A boçalidade tomou conta do debate. Se eu afirmar que alguém com renda de R$ 300 por mês é paupérrimo, o Ipea, seguindo essa lógica, dirá que estou mentindo porque pobre mesmo é quem tem renda de zero a R$ 70... O Ipea já foi uma instituição séria, que serviu ao Brasil. Hoje, serve, com exceções — há gente boa lá dentro —, à ideologia. Marcos Pochmann, com suas camisas chinesas, o transformou num centro de proselitismo ordinário.

"FAZENDAS NOS EUA E FLORESTAS NO BRASIL" [17/06/2011]

Sim, queridos, eu sei que fica parecendo teoria da conspiração, xenofobia, essas coisas. Mas sou obrigado a acreditar naquilo que estou vendo, que está bem aqui e que vou tornar disponível para todos vocês.

Existe uma ONG americana chamada Union of Concerned Scientists [www.ucsusa.org], algo assim como União dos Cientistas Preocupados. Preocupados com o quê? Ora, com o meio ambiente. Tanto é assim que um lemazinho vem agregado ao nome da ONG: "Cidadãos e Cientistas por (em defesa de) Soluções Ambientais." Vocês sabem que já há alguns anos ninguém perde tempo — e alguns ganham muito dinheiro — defendendo o meio ambiente, não é? A UCS tem uma aura quase divina porque nasceu no lendário MIT, o Instituto de Tecnologia de Massachusetts, em Cambridge, nos EUA. Como falar deles sem que nos ajoelhemos em sinal de reverência?

Marina Silva, Alfredo Sirkis e congêneres são amigos da turma, como vocês poderão constatar numa rápida pesquisa feita no Google. A UCS tem uma excelente impressão sobre si mesma. No *About us*, diz combinar pesquisa científica com a atuação de cidadãos para que se desenvolvam soluções seguras e inovadoras em defesa de um meio ambiente mais saudável e de um mundo mais seguro. Certo! A gente acredita em tudo isso. Quem haveria de duvidar de "cientistas independentes" e de "cidadãos preocupados" que só querem o bem da humanidade? Marina, por exemplo, não duvida.

Eu juro! É verdade!

Pois acreditem! O site da UCS publica um documento cujo título é literalmente este: "Fazendas aqui, florestas lá." O "aqui" de lá são os EUA; o "lá" de lá são o Brasil e os demais países tropicais. Sim, o texto defende com todas as letras que o certo é o Brasil conservar as florestas, enquanto os EUA têm de cuidar da produção agrícola. O estudo tem um subtítulo: "O desmatamento tropical e a competitividade da agricultura e da madeira americanas." Não faço como Marina Silva; não peço que vocês acreditem em mim. [O endereço do documento encontra-se ao fim do texto].

Notem que não escondem seus objetivos, não! Os verdes brasileiros é que buscam amoitar a natureza de sua luta. O documento tem duas assinaturas: David Gardner & Associados (é uma empresa) e Shari Friedman. Tanto o escritório quanto a especialista auxiliam, lê-se no perfil de ambos, ONGs e empresas a lidar com o meio ambiente... Shari fez parte da equipe do governo americano que negociou o Protocolo de Kyoto, que os EUA não assinaram!

É um texto longuíssimo. O que se avalia no estudo é o impacto do "desmatamento" — ou do que eles tratam como tal — no setor agropecuário e madeireiro dos EUA. Conservar as nossas florestas, dizem, preserva a competitividade da agricultura americana e, atenção!, também baixa os custos de produção local.

As pessoas que sabem somar dois mais dois perguntarão: "Ué, mas se a gente fica com as florestas, e eles, com as fazendas, haverá menos comida no mundo, certo?" Certo! Mas e daí? O negócio dos agricultores americanos estará assegurado, e as nossas matas também, onde Curupira, Anhangá, a Cuca e a Marina Silva podem curtir a nossa vasta solidão!

É uma baita cara de pau! Mas, ao menos, está tudo claro. O documento é ricamente ilustrado, tanto com imagens dos "horrores" que nós praticamos contra a natureza como com tabelas dos ganhos de cada área do setor agropecuário americano, estado por estado, se houver o "reflorestamento" tropical.

Espero que deputados e senadores leiam esse documento. Está tudo ali. São muitos bilhões de dólares. Parte da bolada financia as ONGs lá e aqui. Como se nota, os cientistas e cidadãos da UCS estão muito "preocupados"... com os setores agropecuário e madeireiro americanos. Eles estão certos!

Enquanto lutam em defesa da sua agricultura, os vigaristas daqui lutam para destruir a nossa. E são tratados como santos!

(Endereço do documento: docs.google.com/file/d/0B-o3mZFR7nIWMjI2ZDhmZTMtNDJhNS00ZTQ2LWFiMTYtMmYyZjM4NDNlNmFj/edit?hl=en_US&pli=1)

OS PARTIDÁRIOS DO "GOVERNO GLOBAL" NO PÉ DO PT [17/06/2011]

Não! Não estou denunciando nenhuma grande conspiração, com figuras que se movem, sorrateiras, nas sombras. Não lido com esses critérios. Até porque o jogo é muito claro. A militância beócia que tomou conta de amplos setores da imprensa é que faz questão de esconder o óbvio. Há várias coisas em curso, e estou dando apenas passos iniciais na tentativa de entender o fenômeno. O texto tende a ficar meio longo, mas leiam até o fim. Na primeira parte, trato de uma loucura mais ou menos conhecida. Na segunda, talvez vocês se surpreendam um tantinho.

No texto anterior, trato do documento "Farms Here, Forests There", em que especialistas americanos defendem rigorosamente o que vai no título: "Fazendas aqui (nos EUA), florestas lá (no mundo tropical, especialmente o Brasil)." O documento é do ano passado. Fazem um detido estudo sobre quanto os setores agropecuário e madeireiro americanos perderiam na competição com países que estariam produzindo commodities agrícolas graças à destruição das florestas. Mais do que isso: o texto também aponta quanto os americanos ganhariam com uma política de REFLORESTAMENTO desses países — com grande destaque para o Brasil. O estudo está no site da ONG Union of Concerned Scientists, uma das queridinhas dos nossos verdolengos, cujo trabalho, nos últimos dias, com o apoio de amplos setores da imprensa, tem sido espalhar mentiras sobre o novo Código Florestal.

O deputado Aldo Rebelo (PCdoB-SP) já apontou esse jogo de interesses. Foi ridicularizado por alguns jornalistas, que preferiram acusar a sua suposta xenofobia e a vocação "anti-imperialista" de seu partido, optando, no caso, por julgar a pessoa em vez de prestar atenção àquilo que denunciava. Esse documento estava escondido. Reitero: NÃO SE TRATA DE UMA CONSPIRAÇÃO CONTRA O BRASIL. São apenas americanos defendendo seus interesses e sua agropecuária. Se, por aqui, há quem queira destruir a sua; por lá, defendem a deles. A razão é simples: tanto os americanos como esses brasileiros estão defendendo os interesses... americanos! Porque é o mesmo dinheiro que os sustenta. Não há nada de misterioso nisso. Não é que os EUA não gostem do Brasil. É que gostam mais de si mesmos.

Publicado o texto, já recebi algumas manifestações: "Ah, então quer dizer que, porque destruíram as florestas deles, também devemos destruir as nossas?" Não! Isso é um juízo energúmeno. Quer dizer que devemos proteger as nossas segundo os interesses do Brasil e dos brasileiros. E uma boa medida é não destruir plantações e pastagens para botar mato no lugar. Se, a partir de agora, o Brasil aplicar desmatamento zero, ainda será o país com a maior extensão territorial preservada do mundo. Temos 851 milhões de hectares. Apenas 27% são ocupados pela agricultura e pela pecuária; 0,2% estão com as cidades e com as obras de infraestrutura. Revejam a tabela a seguir. A agricultura ocupa 59,8 milhões de hectares (7% do total); as terras indígenas, 107,6 milhões (12,6%). Que país construiu a agropecuária mais competitiva do mundo e abrigou 200 milhões de pessoas em apenas 27,7% de seu território, incluindo aí todas as obras de infraestrutura? São dados oficiais. Chega a ser ridículo que estejamos travando esse debate!

Ocupação do território brasileiro

(em hectares)

Lavouras	59.846.619	38,8%
Pastagens	158.753.866	
Matas e Florestas (95,4% Naturais)	98.479.628	
Outros	12.891.615	
Agropecuária	**329.941.393**	14,4%
Unidades de Conservação Federais	74.000.000	
Unidades de Conservação Estaduais	47.900.000	
Unidades de Conservação Municipais	1.035.000	
Unidades de Conservação	**122.935.000**	
Terras Indígenas	**107.600.000**	12,6%
Cidades e Infraestrutura	**2.100.000**	0,2%
Terras Devolutas	**150.000.000**	17,6%
Outros Usos	**138.423.607**	16,1%
BRASIL	**851.000.000**	100,0%

Fontes: IBGE, IBAMA, INCRA, FUNAI, CNA.

Marina Silva tem como contestar essa realidade? Não! Então fica emitindo juízos escatológicos, "fim-do-mundistas", falando em nome de uma agenda que pode interessar a muitos — aos brasileiros, que devem a estabilidade da economia ao setor agropecuário, é que não! Não estou afirmando que seja uma agente secreta de interesses escusos. Isso é besteira! Ela só é partidária de uma forma de entender a realidade que simplesmente nega a autonomia dos governos e dos povos locais para tomar decisões. A COISA CHATA PARA ELA É O FATO DE HAVER UM DOCUMENTO CHAMADO "Fazendas aqui, florestas lá". Não estou dizendo que a ex-senadora e seus verdes façam um jogo velado em defesa de interesses estrangeiros. Estou afirmando que o jogo é claríssimo. As ONGs que lhe fazem a festa são entidades ricamente financiadas por potentados. Como elas não produzem dinheiro, alguém produz.

O grande cerco

O PT foi o partido, no Brasil, que abrigou esses "novos internacionalistas", aparentemente preocupados (como aqueles cientistas...) só com o bem da humanidade. Muitas das ONGs ainda são rabichos da legenda. Não por acaso, o partido foi a morada de Marina Silva até outro dia — no momento, é uma candidata em busca de uma legenda. Com a chegada do PT ao poder, decidiram reivindicar o seu quinhão e quiseram participar do poder — mas aí se chocaram com a estrutura bolchevique ainda vigente; houve um conflito de interesses. Muitas dessas entidades resolveram se desgarrar da nave-mãe porque não dependem mais dela para existir. Não lhes falta farto financiamento.

Bem ou mal, o PT tem de governar o país. Num regime democrático, é forçado a fazê-lo com o Congresso, o que muita gente, acreditem!, lamenta. No colunismo, nas ONGs, no STF e até na Marcha da Maconha (às vezes, essas duas coisas se confundem), o Parlamento leva pauladas como depositário de todos os males do país. Seria atrasado demais para os "progressistas" que temos. Não que eu admire alguns "patriotas" que lá estão, mas não consegui pensar numa alternativa nem numa frase melhor do que a de Churchill: "Tem-se dito que a democracia é a pior forma de governo, salvo todas as demais que têm sido experimentadas de tempos em tempos."

A forma do nosso tempo é este governo encabrestado por minorias organizadas, algumas nadando em dinheiro, que insistem em impor ao conjunto da sociedade a sua pauta. Entes do estado têm cedido à pressão, como se tem visto amiúde no Supremo — ainda que ao arrepio da lei e até da semântica.

Mas volto: no governo, as responsabilidades do PT passaram a ser outras. Dilma se viu compelida até a reconhecer a obra de FHC, imaginem vocês! Precisa cuidar do desenvolvimento, dar comida ao povaréu, incrementar a infraestrutura. Ainda que faça tudo isso de forma mais ou menos atrapalhada, o partido tem compromissos com a população que o elegeu e está obrigado a planejar o futuro pensando na própria sobrevivência. A "agenda internacionalista" se esmaeceu. E o partido assiste, então, a alguns de seus aliados se desgarrando.

Belo Monte

Uma ONG chamada Movimento Xingu Vivo para Sempre (MXVPS) entregou ontem à Comissão Interamericana de Direitos Humanos (CIDH) da Organização dos Estados Americanos (OEA) a petição final com as denúncias de violações de direitos humanos por parte do Brasil na construção da usina hidrelétrica de Belo Monte, em Altamira, no Pará. O documento, segundo a assessoria do movimento, "é uma peça jurídica que se segue ao pedido da medida cautelar — instrumento inicial que visa prevenir violações iminentes de direitos — concedida pela CIDH em abril deste ano".

A CIDH pediu simplesmente para que todo o estudo de Belo Monte fosse refeito, numa ingerência absolutamente descabida nos assuntos internos. A tal MXVPS reúne mais de 250 entidades nacionais e estrangeiras. Haverá manifestações em São Paulo e no Rio contra o Código Florestal e contra a usina. Segundo a ONG, o objetivo é "defender a conservação do pouco que resta de florestas nativas no Brasil". Os números estão no quadro da página 88. Eles acham pouco.

Não que eu morra de amores por Belo Monte — já chamei de o "mais belo monte" do governo Lula. Mas meus motivos são outros: dizem respeito ao fato de que o governo criou marcos tão restritivos e confusos que o Tesouro, na prática, arcará sozinho com o empreendimento.

Na era da mobilização pelas redes sociais, é sempre possível juntar algumas centenas de manifestantes em favor das causas as mais exóticas. Imaginem, então, quando ignorantes rematados são convocados, com aquela estupidez propositiva tão característica, a salvar as florestas e o planeta! Enquanto os ricos cuidam da agricultura!

O GREENPEACE E A FARSA [10/10/2011]

Caras e caros,

Este é um dos momentos de que mais gosto; eu o defino como "matar a cobra e mostrar a cobra. Vocês vão ver como os próprios mistificadores podem, sem querer, contribuir para revelar a verdade. Acompanhem. Garanto que, ao fim da trajetória, todos estaremos mais lúcidos. Vamos lá.

Uma coisa deixa certo ambientalismo muito revoltado, furioso mesmo: a afirmação de que a legislação ambiental brasileira é uma jabuticaba, sem paralelo ou similar no mundo inteiro. As restrições hoje em curso e as contidas mesmo no texto de Aldo Rebelo — acusado por esse ecologismo rancoroso de promover o desmatamento (é falso!) — têm um rigor único. Mesmo se aprovado o texto (vamos ver as mudanças a serem feitas no Senado) de Aldo, NÃO HAVERÁ PAÍS NO MUNDO COM O PERCENTUAL QUE TEM O BRASIL DE VEGETAÇÃO NATIVA E COM UMA LEI AMBIENTAL TÃO DURA! Ou ainda: o Brasil está escolhendo para si uma legislação que nenhuma nação, mesmo aquelas que já têm a sua superfície quase escalpelada, aceitaria.

Muito bem, meus caros. Um dos meus prazeres é pegar vigarista intelectual no pulo. Estão a dar aquele salto argumentativo bailarino, e eu pimba!, acuso o truque, e eles se esborracham no chão. Queriam ser Nijinski e caem como os Três Patetas. Ninguém é mais saliente na defesa das nossas florestas do que o Greenpeace, que tem sede mundial em Amsterdã, na Holanda. Daqui a pouco vocês entenderão por que decidiram preservar florestas mundo afora. Na Holanda, seria difícil. Quase não há mato a preservar. Eles costumam é queimá-lo... nos coffee-shops! Pois bem, esses patriotas sem pátria decidiram promover um estudo para saber se, de fato, o Código Florestal brasileiro era uma jabuticaba. O objetivo dos valentes era provar que essa era uma afirmação dos reacionários, dos ruralistas e das pessoas malvadas, como eu. Não omito nada dos leitores, como sempre. [O endereço da íntegra do documento encontra-se ao fim do texto]. Reproduzo, abaixo, a introdução que os próprios promotores do levantamento escreveram. Nada depõe mais contra esses caras do que aquilo que eles próprios produzem. Leiam o que segue. Volto depois.

> "Numa tarde de fim de junho deste ano, durante reunião da Campanha Amazônia do Greenpeace, o tema da exclusividade nacional do Código Florestal voltou à mesa. O assunto tinha assumido grande relevância durante o processo de votação do projeto de lei que altera o código na Câmara Federal. Havia dados e informações sobre a questão, mas em volume insuficiente para concluir se o nosso código era de fato uma peça única de legislação florestal. E quem poderia produzir um estudo mais definitivo sobre o tema? O nome que se ouvia, quase sempre, era o mesmo: Proforest. O Greenpeace correu atrás.
>
> O Proforest, afiliado à Universidade de Oxford, na Inglaterra, é uma autoridade global em florestas e uma fonte inesgotável de estudos sobre o tema. Sua equipe topou o desafio de examinar a questão. E alistou na empreitada o Imazon, um dos mais respeitados centros de produção de conhecimento sobre a Amazônia brasileira. Adalberto Veríssimo, pesquisador sênior do Imazon, ajudou na especificação e convocou sua equipe para revisar o estudo final. O resultado do trabalho traz informações relevantes para o debate sobre as mudanças no Código Florestal, que está agora sendo examinado pelo Senado.
>
> Ele conclui que o nosso código está longe de ser uma jabuticaba. Há muitas outras nações com leis igualmente rígidas de proteção florestal. Além de desmistificar a exclusividade do 'protecionismo' nacional no tema florestal, o estudo também cumpre o relevante serviço de demonstrar que, desde o século passado, é o fim do desmatamento — e não a terra arrasada — que virou sinal de desenvolvimento."

Leiam o estudo enquanto está no ar. Tão logo percebam o que fizeram, devem tirá-lo. Já providenciei uma cópia pra mim. O que vai acima é uma mentira grotesca. O levantamento indica que o Código Florestal é, sim, uma jabuticaba. Não existe nada tão restritivo no mundo — e, reitero, isso inclui o texto de Aldo Rebelo. O levantamento feito pelo Proforest e pelo Imazon compreende onze países, com economias e graus de desenvolvimento os mais diversos. O objetivo é provar que todos são muito severos com o meio ambiente. São mesmo? Pois eu proponho trocar o nosso Código, o que está em vigência e o que vai ser votado pela legislação, pela lei de qualquer um deles. Os proprietários rurais brasileiros certamente topariam. Só que não haveria um só daqueles países que aceitasse a legislação brasileira. Seus respectivos governos diriam: "Vocês enlouqueceram?" Pois eu, agora, começo uma campanha: vamos trocar o nosso Código pelo da Holanda, pelo da Suécia ou pelo da Alemanha... Eu quero as mesmas leis vigentes nos países dessas ONGs bacanas e de seus financiadores.

Por que digo isso?

Se vocês acessarem o documento, verão que há uma síntese da legislação dos locais estudados. ATENÇÃO: NÃO EXISTE ÁREA DE PRESERVAÇÃO PERMANENTE em lugar nenhum! Não há local no Globo terrestre em que a atividade econômica seja proibida em lei — o Brasil é a exceção! O máximo que fazem esses países é exigir precondições, reservando-se o direito de dar ou não autorização. PROIBIÇÃO PRÉVIA!? Não! Nunca!

O *Brasilzão veio de guerra* tem apenas 27,7% do seu território ocupados por agricultura, pecuária e afins — produção de comida, em suma, e derivados da agricultura. São dados do IBGE. Outros 11,3% abrigam cidades — que hoje concentram mais de 80% de uma população de quase 200 milhões — e obras de infraestrutura. O resto é composto de vegetação nativa, rios, praias, mangues etc. e tal, tudo intocado ou quase: 61%. Não há no mundo nada parecido! Vejam, no caso dos onze países estudados, o quadro com a porcentagem do solo ocupado por florestas (não é bem isso; já digo por quê) e a caracterização do que é "floresta primária" (aquela original, intocada ou recomposta) e o que é "floresta plantada". Atenção para a realidade da Holanda, terra do Greenpeace, e do Reino Unido, um verdadeiro ninhal de ONGs que querem decidir o destino do Brasil ou da Indonésia...

País	% do territ. c/ floresta	Floresta original	Floresta replantada	Tem APP?
Holanda	11%	0%	100%	Não
Reino Unido	12%	23%	77%	Não
Índia	23%	85%	15%	Não
Polônia	30%	05%	95%	Não
EUA	33%	92%	08%	Não
Japão	69%	49%	41%	Não
Suécia	69%	87%	13%	Não
China	22%	63%	37%	Não
França	29%	90%	10%	Não
Alemanha	32%	52%	48%	Não
Indonésia	52%	96%	04%	Não

Vejam que espetáculo! Na Holanda, não sobrou da mata original um miserável graveto. Dos 11% do território que seriam a cobertura vegetal nativa, 100% são florestas replantadas! Haviam acabado com literalmente tudo. O Reino Unido, que também gosta de dar conselhos, é muito eloquente: apenas 23% dos 12% com cobertura florestal são mata original; todo o resto (77%) é floresta plantada. Mas atenção! Nada menos de 64% desses 77% são compostos de espécies introduzidas, que não são nativas da região.

Não se deixem impressionar pela grande cobertura vegetal de Suécia e Japão. São áreas impróprias para a agricultura, pecuária ou qualquer outra atividade. A geografia e o clima não permitem outra coisa.

Da pilantragem à canalhice intelectual

Falei de pilantragem intelectual. Mas esta pode subir alguns graus e virar canalhice. Ora, áreas de exploração de madeira, no Brasil, não são consideradas cobertura florestal. Se fossem, então o país teria menos de 27,7% de seu território economicamente explorado! Os proprietários brasileiros são obrigados a manter áreas de preservação dentro de suas propriedades, ONDE NENHUMA ATIVIDADE É PERMITIDA. Na hora, no entanto, de apontar a cobertura florestal daqueles onze países, usaram um critério diferente. Leiam o seguinte trecho do documento; vejam se os proprietários brasileiros não gostariam de uma legislação assim:

> "Embora existam poucas possibilidades para a conversão de florestas em áreas privadas nos países analisados, seus donos têm o direito de administrar áreas florestais para a extração de madeira ou de outros produtos florestais não madeireiros. Em alguns países, os proprietários são obrigados inclusive a se envolver no manejo ativo da floresta, definindo um plano para sua gestão e realizando regularmente sua manutenção e a colheita de produtos florestais. O tipo de exploração permitida varia entre os países, dependendo da ecologia das suas respectivas florestas. A derrubada de árvores é mais frequentemente usada em florestas boreais. O corte em grupo ou o seletivo são mais comuns em florestas temperadas e tropicais. A regeneração das áreas manejadas também varia entre a regeneração natural e o replantio."

Conservação financiada

Em todos os países analisados — até mesmo na pobre Indonésia —, há incentivo em dinheiro para quem mantém a cobertura vegetal de sua propriedade. O Brasil começa a debater esse assunto com o código de Aldo Rebelo. Por aqui, essas mesmas ONGs que elogiam esse expediente querem é punir os proprietários com multas ou, na prática, promover uma verdadeira expropriação, proibindo a continuidade de culturas centenárias em áreas que passaram a ser consideradas de preservação permanente.

Para eles, elogios; para o Brasil, críticas. Ou: estômago forte

É preciso ter estômago forte para ler determinadas coisas. As ONGs tratam o Brasil, com 61% do território intocado ou quase (seria mais do que isso caso se empregassem os critérios com os quais se analisa a Europa), como um desmatador compulsivo. E vejam para quem sobram elogios:

> "Outros países analisados tais como França, Alemanha e Japão foram muito mais bem-sucedidos na manutenção de suas coberturas florestais, indicando que eles passaram pela fase de estabilização da transição florestal com uma proporção muito maior de florestas. Isto é, esses países sempre mantiveram grande proporção de seus territórios com cobertura florestal. Esses países têm, normalmente, uma cobertura florestal total superior, equivalente a um a dois [sic] terços da área de floresta original, e também uma maior proporção de florestas naturais ou seminaturais."

Mas vejam o que eles mesmos dizem sobre a elogiada França:

> "Os principais regulamentos que regem a silvicultura na França são o Código Florestal (1979) e a Lei de Orientação Florestal (2001). Ambos os regulamentos afirmam que 'ninguém tem o direito de converter suas florestas sem primeiramente obter uma autorização administrativa'. Proprietários florestais necessitam fazer um estudo de impacto ambiental (EIA) quando buscam permissão para converter as florestas, especialmente se a área for maior que 25 hectares. Caso a área tenha menos do que 25 hectares é exigido um estudo de impacto ambiental menos rigoroso. Florestas públicas ou florestas privadas não podem ser convertidas sem uma autorização administrativa rigorosa e especial e todos os proprietários de florestas com áreas maiores de 25 hectares necessitam apresentar um plano de manejo, o que inclui um sistema de corte e replantio. Esses planos precisam promover reflorestamento, planejamento e conservação das áreas. Proprietários florestais com uma área de pelo menos quatro hectares são obrigados a reflorestar dentro de um período de cinco anos após o corte raso ou quando não há possibilidade de regeneração natural adequada."

Ou por outra: proprietários de até quatro hectares não têm obrigação nenhuma; os de 4,1 a 25 hectares têm condições muito brandas, e só acima de 25 hectares ficam submetidos a um controle mais rígido. Mas atenção: É CONTROLE RÍGIDO PARA PODER MEXER NA FLORESTA, NÃO PARA TORNÁ-LA UM SANTUÁRIO! Essas áreas manejáveis, de onde se extrai madeira, são consideradas "floresta" na França...

Outro momento muito ilustrativo do texto admite, de modo quase vexado:

> "Alguns países incluídos no estudo como Reino Unido, Holanda e China já tinham perdido uma proporção muito elevada de suas florestas no início do século XX. Como resultado, todos eles embarcaram em amplos programas de reflorestamento. Até agora têm obtido algum grau de sucesso, especialmente a China, mas a área total de cobertura florestal continua a ser limitada e a proporção de florestas naturais ainda é pequena."

Ó, não me diga! Ninguém torra a paciência da China porque não se mexe com quem dá as cartas. E o país ignoraria mesmo, como ignora, qualquer pressão. Quanto à Holanda e ao Reino Unido, dizer o quê? Não é fabuloso que se pregue REFLORESTAMENTO em um país que tem dois terços de seu território desocupados e que não se faça o mesmo naqueles que têm, respectivamente, 89% e 88% de ocupação?

O Greenpeace encomendou um estudo, como eles mesmos deixaram claro, para provar uma tese e conseguiram provar o contrário: a legislação ambiental brasileira é uma jabuticaba que não seria aceita em nenhum país do mundo. O Brasil, mesmo com o código de Aldo Rebelo, segue sendo a ÚNICA REGIÃO do Globo que comporta áreas em que é proibido produzir. Coisa igual só em Chernobil.

(Endereço da íntegra do documento: www.imazon.org.br/publicacoes/livretos/um-resumo-do-status-das-florestas-em-paises-selecionados)

AS MAGDAS E OS MAGDOS DA TV [24/11/2011]

Há dias estou para tratar do assunto. Os leitores também estavam cobrando. Mas os remelentos, as mafaldinhas e alguns de seus professores aloprados tomavam o meu tempo... Vamos lá.

Vocês sabem muito bem o que penso sobre o governo do PT, petistas e congêneres. Vivo aqui fazendo as contas de todas as promessas que a presidente Dilma Rousseff não vai cumprir: creches, UPAs, UBSs, quadras nas escolas, casas... Mais ainda. Fui crítico do rumo que tomou o leilão e o financiamento da usina de Belo Monte. Ao exigir um preço muito baixo para o megawatt-hora, o governo Lula — e a área estava sob o comando da então ministra Dilma — espantou o capital privado, e, na prática, o Tesouro acabou assumindo encargos e riscos excessivos. Muito bem! Essa é uma crítica procedente. E não é só minha. Considerar, no entanto, que a usina é desnecessária ou que o Brasil não pode mais fazer hidrelétricas, aí não dá! Aí estamos diante de uma estupidez que vai além do aceitável!

Todos vocês conhecem o vídeo — uma cópia esfarrapada e mais ou menos assumida de uma campanha surgida nos EUA em defesa do voto (já chego lá) — em que alguns atores globais falam sobre a Usina de Belo Monte e tentam convencer o público de que é uma desnecessidade. Fosse eu outro, embarcaria na onda. Poderia pensar: "Como o governo não vai mesmo voltar atrás, esses artistas acabam colaborando para dar uma queimada nos petistas; não gosto deles. Tudo o que é contra o PT me serve!" Mas não entro nessa, não! Quando gosto, digo "sim"; quando não gosto, digo "não". NEM TUDO O QUE NÃO É PT ME SERVE. Há obscurantismos maiores e potencialmente mais perversos no Brasil. A nossa sorte é que não são ainda tão articulados. E o *marinismo* — sim, derivado de Marina Silva! — é um deles.

Nunca antes na história *destepaiz* tantas bobagens, mentiras, parvoíces, sandices e vigarices intelectuais foram articuladas em meros cinco minutos! É uma coisa espantosa! É claro que todos aqueles "bacanas" estavam ali exercendo o seu ofício, por mais "engajados" que estejam. Falavam um texto sei lá escrito por quem. A direção é de Marcos Prado, produtor de *Tropa de elite* e integrante de um tal movimento Gota d'Água, que responde pelo trabalho. Um dos líderes é um ator chamado Sérgio Marone, que também atua. Não sei quem é, nem fui atrás de saber. O endereço do vídeo encontra-se ao fim do artigo.

Maitê Proença, essa eu conheço, já tirou o sutiã, estou certo, por melhores motivos. Vou fazer aqui uma continha que talvez a deixe um tanto constrangida. Um dos atores — não sei o nome; era o irmão mais chato da novela chata do Gilberto Braga — diz com aquele ar severo e desafiador de Hamlet diante do usurpador do trono: "A usina de Belo Monte vai alagar, inundar, destruir 640 quilômetros quadrados da Floresta Amazônica." Pois é...

Por que Maitê deveria ter ficado com o seu sutiã, ao menos nesse caso? Prestem atenção. A Floresta Amazônica toda tem 5,5 milhões de km^2, 60% dos quais no Brasil (3,3 milhões de km^2). Logo, aqueles 640 representam 0,012% do total da floresta e 0,019% da parte brasileira. Vou ter de ser didático. Digamos que Maitê pese 58 kg: 0,019% do seu peso corresponde a 0,01102 kg — seu sutiã é muitas vezes mais pesado. Não sei quantas porque ignoro o peso da peça. Nunca o vi por esse ângulo. Aliás, associado a uma hidrelétrica, também é a primeira vez. Digamos que Marcos Palmeira pese setenta quilos; no seu caso, aquele 0,019% corresponde a 0,0133 kg. Uma de suas orelhas, dada a comparação, equivaleria a muitas usinas de Belo Monte...

Ator, cineasta, malabarista... As pessoas são livres para dizer o que lhes der na telha. Quando, no entanto, fazem um trabalho como esse porque se sabem figuras públicas e pretendem interferir no comportamento das pessoas, aí não podem mentir. Ou até podem. Mas têm de ouvir o contraditório e se explicar. A usina não vai desalojar índio nenhum! Isso é uma grande falácia, usada para mobilizar personalidades internacionais para a causa. Haverá, sim, populações ribeirinhas, mas não indígenas, que terão de sair de algumas localidades. Desde que sejam reassentadas com dignidade, a chance de que a vida delas melhore, já que vivem no abandono, é gigantesca. Sem contar que a Constituição e as leis democráticas consagram o direito que a sociedade tem, por meio de seus órgãos de representação, de fazer desapropriações.

O que mais impressiona nesse vídeo cretino é que, notem!, não é contra apenas Belo Monte em particular. É contra a energia hidrelétrica como um todo! O fanático que redigiu o texto descobriu que também é uma energia suja. E aí vem aquele que, pra mim, é o grande momento. Ainda de sutiã, Maitê Proença faz um ar sábio, de quem estudou profundamente o assunto, e indaga: "De onde tiraram essa ideia de que hidrelétrica é energia limpa?" Huuummm... Ela parece saber mais do que nós. Um dos filhos de Chico Anysio, também não vou pesquisar qual, sei que é humorista, faz o contraponto, o bobo, o ingênuo, e diz: "Energia elétrica é energia limpa; é muito melhor que usina nuclear e carvão." Bem, é mesmo! Mas não no vídeo! Então Letícia Sabatella assombra o mundo: "Seria energia limpa se fosse no deserto, mas na floresta?"

Heeeinnn!?!? Quer dizer que energia hidrelétrica só seria limpa se fosse produzida no deserto? Fico aqui a imaginar um rio Xingu ou o Amazonas cortando o Saara. Suspeito que deserto não seria, não é mesmo? Parece piada! Mas eles estão falando a sério! Depois engatam a defesa das energias eólica e solar como se tais projetos fossem financeiramente viáveis no médio prazo ao menos e pudessem mesmo gerar a energia de que o país precisa. Uma coisa é desenvolver fontes alternativas no terreno ainda da pesquisa e da experimentação e buscar modos de torná-las viáveis economicamente. Outra é considerar que podem ser uma matriz energética. Qual é a hipótese desses gênios? O mundo ainda não é movido a vento por quê? "Por causa dos grandes interesses", logo responde o dublê de ator e pensador. Sei. E por que não haveria "grandes interesses" nos ainda caríssimos aerogeradores!?

Um terço da capacidade?

A mais desonesta de todas as críticas é a que sustenta que a usina vai gerar apenas "um terço de sua capacidade", conforme diz um dos ignorantes convictos, também não sei quem. Ai, ai... Assim será porque se decidiu fazer a usina pelo sistema fio d'água, sem reservatório, justamente para diminuir o impacto ambiental, o que já é temerário. Belo Monte terá capacidade para produzir até 11.233 MW, mas vai gerar, na média, 4.571 MW médios. Por quê? No período chuvoso, funcionará com potência máxima; na seca, cairá para 690 MW por causa justamente da falta de reservatório.

Se há alguma escolha errada em Belo Monte, e há, está justamente em ter cedido à pressão dos ambientalistas aloprados. Olhem aqui: ainda que Belo Monte alagasse uma área vinte vezes maior (11.280 km^2) — fazendo, pois, o reservatório —, isso corresponderia a 0,34% da parte brasileira da Floresta Amazônica. Se Letícia Sabatella pesa 57 kg, um alagamento de Belo Monte vinte vezes maior corresponderia a 0,19 kg do seu peso. Seu cérebro consegue ser bem mais pesado do que isso... Será que essa gente tem noção da besteira que está falando ou acha que matemática é coisa de reacionários que não gostam do meio ambiente?

Mesmo com Belo Monte, Jirau e Santo Antônio produzindo, mas sem os reservatórios — para proteger os bagres da Maitê, da Sabatella e da Marina —, o Brasil passa a correr riscos no período de secas e terá de recorrer, sim, a sistemas de emergência, como termelétricas, por exemplo. Vale dizer: o país já deu atenção demais aos bagres e atenção de menos às pessoas.

A falácia do preço

Outra coisa ridícula é essa história dos R$ 30 bilhões. Sim, fui um dos grandes críticos do peso excessivo que o Estado vai ter na construção de Belo Monte. A iniciativa privada deveria estar bem mais presente. Mas daí a tentar provocar a indignação com essa coisinha estúpida: "É o seu dinheiro! Dos impostos!" Certo, especialistas! E a energia será gerada para quem? Para os marcianos? Quem será o beneficiado?

Artista pode falar. Não há lei que proíba. Mas também não há lei que os impeça de estudar, de se informar, de fazer conta, de ter senso de ridículo. Notem o arzinho enfatuado com que se dirigem ao público, com pose de especialistas. Murilo Benício, com a sua habitual cara de quem acabou de acordar, diz, com laivos de ironia sonolenta, que "índio quer educação, conforto..." E não quer!? Ary Fontoura faz blague: "Índio precisa de antibiótico". Por quê? Não precisa!? Ciça Guimarães, na linha "a loura tonta", pergunta: "Ainda tem índio no Brasil?"

Tem, sim, minha senhora! Proporcionalmente, são donos da maior fatia do território brasileiro. Correspondem a 0,7% da população brasileira (isso porque mais gente passou a ser "índia" depois das demarcações) e têm sob seu domínio, hoje, 13% do território do país. Tenho a certeza absoluta de que todos ali, sem exceção, ignoram esses dados. Tenho a certeza absoluta de que todos ali, sem exceção, ignoram que o Brasil, se crescer de forma sustentada a 4,5%, 5% ao ano (e, para reduzir a pobreza num ritmo mais acelerado, seria preciso mais do que isso), corre o risco de sofrer apagões. Apagões que punirão os pobres, não os bacanas da TV Globo (volto a esse particular no encerramento do texto).

Plágio

O vídeo é um plágio admitido, mas não com a devida ênfase, do projeto *Five Friend - Vote*, produzido por Leonardo DiCaprio e dirigido por Steven Spielberg em outubro de 2008. Caprio, aliás, já se prontificou a gravar um vídeo contra Belo Monte. SABE TUDO A RESPEITO! Naquele caso, pedia-se a adesão de cinco pessoas; os nossos atores pedem de dez. Nos EUA, vá lá, tratava-se de convencer as pessoas a comparecer às urnas — num país onde o voto não é obrigatório. No caso de Belo Monte, a história é um pouquinho diferente. Vejam, se quiserem, a realização da ideia original [o endereço está no fim do texto].

Há, como se vê, uma diferença entre o engajamento em favor do voto e uma campanha que tem, evidentemente, um sentido político, com óbvio viés ideológico. O *marinismo* é alma desse troço, como era daqueles outros vídeos contra o Código Florestal — com o mesmo rigor científico, diga-se. Nesse caso em particular, queira ou não, a Globo, que põe no ar todos os dias esses rostos, acaba comprometida com a causa que seus astros abraçam. É inevitável! "Ah, eles podem dar a opinião que quiserem como cidadãos." Huuummm. Cidadãos tentam convencer as pessoas com argumentos, não com a força de sua popularidade. No caso, essa popularidade foi conquistada não exatamente porque esses astros sejam notórios por seus conhecimentos na área de energia elétrica, meio ambiente e... matemática, não é mesmo? Faces identificadas com a emissora, há que se lembrar seu compromisso com a verdade.

É isso. Letícia Sabatella continua a perturbar o meu juízo: "Hidrelétrica seria energia limpa no deserto." Ela deve ter querido dizer alguma coisa, cujo sentido me escapou. E isso sempre me deixa muito perturbado...

(Endereço do vídeo brasileiro: youtube.com/watch?v=xj46iN-0-C8&feature=fvst; e do americano: youtube.com/watch?v=vj1YTn08S8A&feature=fvst)

O AMBIENTALISMO COMO UM FASCISMO MODERNO [27/11/2011]

O que levou aqueles atores da TV Globo a estrelar aquele vídeo patético sobre Belo Monte, articulando bobagens constrangedoras e mentiras deslavadas, ancorados na mais escancarada desinformação? O que motivou outros tantos, às vezes os mesmos, a dizer sandices sobre o novo Código Florestal, passando um incrível atestado de ignorância no assunto sobre o qual pontificavam? A "natureza" virou a religião e a ideologia dos idiotas propositivos. É, finalmente, possível "participar", ser "cidadão", "pertencer a uma causa" sem que isso cobre disciplina, coerência, trabalho, método, estudo e mesmo comprometimento com as próprias palavras. Estamos diante de um influente "obscurantismo das luzes". "Todo defensor da natureza é idiota, Reinaldo?" Ora...

É claro que o Brasil e o mundo precisam se preocupar com o meio ambiente e devem buscar formas de conciliar a preservação da natureza que pode ser preservada com as necessidades do desenvolvimento. Isso é matéria de bom-senso. É simplesmente mentirosa a tese de que, no Brasil ou em qualquer outro país, as pessoas se dividam entre as preocupadas com a sustentabilidade e as despreocupadas — ou, mais precisamente, entre agentes da conservação e agentes da depredação. Os que fazem essa acusação, reparem, consideram-se do "lado do bem", verdadeiros membros das seitas que reivindicam o monopólio da virtude. Mimetizam o comportamento dos convertidos a crenças fundamentalistas, que distinguem a humanidade entre os que tiveram acesso à verdade revelada e os que não tiveram.

Crenças religiosas que vivem a fase do proselitismo agressivo, em busca de fiéis, ou mesmo aquelas já tradicionais que disputam o poder secular para submetê-lo à autoridade divina, como os vários islamismos, costumam apontar no presente os sinais antecipatórios ou de uma Nova Aurora ou de um Novo Apocalipse — quando não, das duas coisas: acontecimentos apocalípticos seriam o preço que pagamos por nossa descrença, por nossa incúria, por nossa irresponsabilidade, por nossos malfeitos. Haverá, então, a depuração, e os justos herdarão a bonança. E esses justos são convocados então para a luta.

Nada disso é estranho, eu sei, ao cristianismo também. Ocorre que essa religião, notadamente nas suas duas principais expressões — o catolicismo e o protestantismo histórico —, sem abandonar alguns fundamentos da crença, como a Parúsia (a segunda vinda do Messias), está presente na vida das pessoas mais como um conjunto de valores morais e éticos do que propriamente como uma mística, daí a sua convivência pacífica com as democracias. O cristianismo se espalhou nas cidades greco-romanas, lá nas origens, porque se fez a religião da solidariedade. A sua vitória se deveu, em grande medida, à sua dimensão laicizante. Sigamos.

Tanto a religião quanto a política emprestam aos homens um sentido de pertencimento e impõem certa disciplina militante, que organiza a experiência e a vida prática. Nas sociedades democráticas, são domínios distintos, mas lidam com matéria semelhante: a crença. Ocorre que essa crença, nos dois casos, não pode ser vivida apenas na sua dimensão subjetiva, pessoal, idiossincrática. A fé e a política são essencialmente comunitárias, cobram a ação e estão sob o constante escrutínio dos outros. E isso, evidentemente, dá trabalho. Os novos "profetas" ou "apóstolos da natureza" têm conseguido reunir muitos adeptos Brasil e mundo afora — especialmente em tempos de redes sociais na internet, quando basta um clique para participar de uma "cerimônia" — porque foram bem-sucedidas, vejam que coisa!, em criar uma religião sem Deus, mas com a dimensão apocalíptica, e uma política sem *pólis*, em que o estado, mesmo e especialmente o democrático, é visto como o "outro" que conspira contra as verdades reveladas.

No dia 14 de novembro, Marina Silva, aquela que finge não ser política — ou que quer uma "nova política" —, deu uma palestra no tal SWU, que deve ter produzido apenas o bom carbono, aquele das boas intenções. O *Estadão* registrou parte de sua intervenção. Assim:

> "Marina considera que o mundo vive uma de suas maiores crises, 'uma crise civilizatória', que se espraia pelas áreas social, ambiental, política, estética e até mesmo de valores. Para ela, o homem terá de integrar economia e ecologia em uma mesma equação se quiser que o planeta tenha futuro. Citou Freud ('Não podemos abandonar o princípio da realidade em nome do princípio do prazer') e Edgar Morin ('A intolerância é apenas um desvio') para justificar uma tese que, revelou, elaborou ontem em um quarto de hotel.
>
> 'Eu pensei: estamos vivendo um momento de democracia prospectiva. Fui até a janela respirar e pensei: Meu Deus! Eureca!' Segundo ela, as diversas formas de participação social, das manifestações da Primavera Árabe aos atos dos estudantes na Espanha, demonstram que o antigo sistema político, que se manifestava primeiro nos partidos, nos sindicatos, nos Congressos, hoje está começando direto na participação popular.
>
> Para Marina, 'as bordas estão se movimentando para encapsular o centro', um centro que está estagnado por ter se agarrado a um projeto de poder."

Ufa!

Está tudo ali. A religião de Marina, como se vê (e eu me refiro à "natureza", não ao cristianismo, de que ela se diz adepta), nota os sinais da Nova Aurora. Ou nos penitenciamos e passamos a fazer a coisa certa, ou então sobrevém o Apocalipse. A "crise" é, como posso chamar?, totalizante: nenhum setor da experiência escapa. Um cristão, diante dessa percepção, encontra o caminho óbvio: a palavra de Deus. Para Marina, até a resposta estética está na comunhão entre ecologia e natureza.

Nota-se, segundo o relato do *Estadão*, que ela claramente se atribui dons demiúrgicos, elaborando teorias na ponta do joelho e sentindo até certo frêmito místico diante da sua descoberta. Na sua estupenda confusão mental, que seus crentes julgam entender, faz uma citação absolutamente inepta de dois conceitos freudianos — tão inepta que, na prática, fosse o caso de metaforizar, a "natureza" é que seria íntima do princípio do prazer (ao menos na escatologia *marinista*), e o desenvolvimento é que nos convocaria para o princípio da realidade e para o mundo da necessidade.

Nota-se que ela se deixa sufocar pelos próprios delírios místicos. Pensou na expressão "democracia prospectiva", seja lá que diabo isso signifique, e concluiu que há um mesmo movimento que une Egito, Espanha, Brasil... Seriam, diz, "as bordas encapsulando o centro", que estaria agarrado a "um projeto de poder". Ocorre que é o "centro", que estaria sendo encapsulado, que abriga todos os mecanismos da representação democrática. Até parece que os financiadores de Marina — embora magrinha, não vive de vento, tampouco as suas causas — estão nas "bordas", e não, como de fato estão, no "centro".

Mussolini disse coisas parecidas nos primeiros anos de sua pregação. Aquele outro, o do bigodinho, também! Essa é uma conversa, lamento dizer, que nasce daquela religiosidade sem Deus e daquela política sem *pólis*, mas que remete a todos os delírios fascistoides de uma sociedade sem mediação, que, sob o pretexto de se organizar para a democracia direta, consegue ser nada menos do que corporativista, autoritária, dominada por milícias — ainda que milícias do pensamento, que se querem do bem. Se Marina um dia se tornar presidente da República, vai governar com quê? Com os sovietes verdes? Com as corporações da clorofila?

Marina fez dia desses um evento para debater a sua "nova polícia". Não apareceu quase ninguém. Nem precisa. O que importa para ela é a "rede"; são aqueles bobalhões a negar a necessidade de usinas hidrelétricas no Brasil ("por que não eólica ou solar?", indagava o rapaz, com aquele ar propositivo e bucéfalo de quem só quer ajudar a humanidade...) e a afirmar que Belo Monte só alimenta o nosso egoísmo (a loura que quer carregar a bateria do iPhone)...

Marina perdeu o fôlego de excitação mística por muito pouco. Deveria, pra começo de conversa, ler Freud e parar de falar besteira. Também não custa fazer as devidas distinções entre o que se passa no Egito, em que se assiste ao mal-estar da ditadura, e o que se viu na Espanha, em que se assiste ao mal-estar da democracia. Pra ela, tanto faz. Esse discurso da simplificação mobiliza, sim, milhares de pessoas — ao menos na rede — que não estão dispostas a queimar a mufa para saber, afinal de contas, que diabo se passa no mundo.

Quando chamei atenção para o fato de que o alagamento de Belo Monte corresponde a 0,019% da parte brasileira da Floresta Amazônica e a 0,017% da floresta como um todo, alguns bobalhões resolveram se indignar: "Mas não é melhor que mesmo isso fique lá, preservado?" Claro! Talvez jamais devêssemos ter saído da caverna, não é? Talvez o erro ancestral tenha sido a interdição do incesto, para lembrar Freud... Talvez a civilização tenha sido um grande erro...

"Ah, está dizendo que desenvolvimento não é compatível com a natureza!" Não! Ao contrário: estou afirmando justamente a compatibilidade, ainda que seja preciso sacrificar alguns pedaços de pau em nome do princípio da realidade.

Quanto àqueles artistas, vão procurar um roteiro melhor. Ou, então, deixem de preguiça, desistam de influir no debate como celebridades e tentem se informar, como cidadãos da *pólis*, a respeito dos temas sobre os quais pontificam.

TURMA DO AQUECIMENTO DEBATE PUM DE DINOSSAURO! [07/05/2012]

Em 4 de fevereiro de 2007 — e ninguém ousava perguntar que remédio haviam tomado ou que mato haviam queimado os tarados do aquecimento global — escrevi aqui o que segue [o endereço do artigo completo encontra-se ao fim deste texto]. Leiam. Volto em seguida.

"Consta que a ExxonMobil está pagando US$ 10 mil por artigo desqualificando o relatório do Painel Intergovernamental de Mudanças Climáticas (IPCC, na sigla em inglês). Eu logo fiz como aquele jacaré da piada, que quer entrar na festa do céu, e exclamei: 'Obaaaaaaaa!!!'. Mas aí li que eles querem só cientistas e economistas. E eu fechei o bico: 'Coitadinhos dos jornalistas...!' Abelhudo como eu não serve. Fiquei tentado a aderir imediatamente a esta onda formidável de condenação ao, como é mesmo?, 'ser humano', que sempre estraga tudo... É sério. O mundo ia bem, ali, naquele seu ritmo, sabem?... Uma explosão ou outra de vez em quando, um maremoto, um meteorito, mas tudo muito natural. Aí apareceu este ignóbil, detestável, verdadeiro lixo das esferas celestiais: o ser humano, doravante grafado *serumano*. E fez o quê? O *serumano* ficou emitindo o PPC (Pum Pantagruélico da Civilização), esses gases do efeito estufa. E agora estamos nós assim: por culpa do *serumano*, a coisa vai esquentar."

Voltei

Pois é... Antes do Pum Pantagruélico da Civilização, fiquei sabendo hoje, houve o Pum Pantagruélico dos Dinossauros. Que mundo assombroso, né? Leiam o que *Veja.com*, com informações da Agência Efe, publicou. Volto em seguida.

"A flatulência dos dinossauros herbívoros pode ter causado o aquecimento do planeta há 150 milhões de anos, durante a era Mesozoica, segundo um estudo divulgado nesta segunda-feira no Reino Unido e publicado no periódico *Current Biology*. Os saurópodes foram grandes dinossauros herbívoros e quadrúpedes que viveram há 150 milhões de anos. Eles tinham pescoço longo, cabeça e cérebros pequenos, dentes achatados e uma longa cauda. O grupo inclui os maiores animais terrestres que já existiram, como o Braquiossauro, o Diplodoco e o Brontossauro.

A pesquisa calcula que os saurópodes, grandes dinossauros herbívoros, podiam emitir conjuntamente até 520 milhões de toneladas anuais de metano, um dos gases que provocam o efeito estufa. Para fazer o cálculo, os especialistas analisaram a proporção de metano emitida pelos herbívoros atuais, como as vacas, de acordo com sua biomassa. Depois, compararam essa relação com os dinossauros herbívoros do passado, como o Diplodocus, que media 45 metros e pesava mais de 45 toneladas, e o Brontossauro, um pouco menor e mais leve.

Os autores do estudo acreditam que os dinossauros, da mesma forma que as vacas, tinham em seus aparelhos digestivos bactérias que ajudam na fermentação das plantas e que geram metano. 'Um simples modelo matemático sugere que os micróbios que viviam nos dinossauros saurópodes poderiam ter produzido metano suficiente para causar um efeito importante no clima', afirmou o coordenador do estudo, Dave Wilkinson, da universidade John Moores de Liverpool, na Inglaterra. Estima-se que nessa época o planeta era em média dez graus Celsius mais quente que hoje.

'Nossos cálculos indicam que estes dinossauros podem ter produzido mais gases do que todas as fontes de metano atuais juntas, naturais ou criadas pelo homem', acrescentou. Atualmente, as emissões de metano chegam a 500 milhões de toneladas ao ano, contra 181 milhões da era pré-industrial."

Retomo

Huuummm... Tivesse Marina Silva sido contemporânea dos dinossauros — não estou falando da contemporaneidade de ideias, claro —, os grandões teriam sido extintos bem antes que algum meteorito tivesse colhido o planeta. Eu já a imagino, com aquele seu ar beato, pilotando um pterodáctilo e pregando: "Veta o pum, veta o pum."

Os climatologistas, alguns deles ao menos, estão definitivamente fora do controle. Além de calcular a elevação do mar em 2100 — qualquer coisa entre oitenta e duzentos centímetros; precisão é com eles mesmos —, sabem quantos eram os dinossauros, com que regularidade eles, bem..., peidavam e quanto isso emitia de gás metano...

Mas a notícia não deixa de ter seu lado interessante. Vejam bem: segundo esses nossos especialistas em flatulência, a Terra ora esquenta, ora esfria, e pelas mais variadas razões. Na hipótese de que a gente — o *serumano* — tenha mesmo esquentado um pouquinho o planeta, foi por uma boa causa, né? Nesse tempo, a gente produziu Pitágoras, vaso sanitário, Royal Salute, chocolate belga, Mozart, algumas vacinas, protetor solar, Flaubert, Fernando Pessoa, antiácido, Cícero, Padre Vieira, água encanada, energia elétrica...

E os dinossauros, aqueles egoístas? Ficavam lá só comendo e peidando! Que deselegante!

(Endereço para a íntegra do artigo: http://veja.abril.com.br/blog/reinaldo/geral/aquecimento-global-virgilio-poeta-ou-ppc-pum-pantagruelico-civilizacao/)

3.3 Do chico-buarquismo e seus caros amigos

O JABUTI DO SAMBISTA [14/11/2010]

Há uma petição pública intitulada "Chico, devolve o Jabuti!". Não é iniciativa minha, não. Tanto é que pedi para o autor corrigir o título do excelente livro de Edney Silvestre, que ficou em primeiro lugar na categoria "romance". O certo é *Se eu fechar os olhos agora* (faltava a palavra "agora"). *Leite derramado*, de Chico Buarque, ficou em segundo. Sei... Se Lula derramar o seu leite numa autobiografia, também levará o prêmio de "melhor livro de não ficção", embora devesse vencer o de "melhor pior ficção". Não sei se estou sendo claro...

Quando publiquei o texto, a petição tinha apenas dois outros signatários; eu era o terceiro. Menos de 24 horas depois, já são 2.418. Confesso que o fiz, como diria Machado de Assis, movido por um tanto de melancolia (o que tem de bocó no país é um escândalo!) e outro tanto de galhofa. A reação petralha, no entanto, foi tão violenta que, agora, digo com a seriedade possível quando se trata do binômio sambista-literatura: "Chico, devolve o Jabuti!". A Câmara Brasileira do Livro, que confere a láurea, não é estatal, mas tem, como entidade sem fins lucrativos, reconhecida pelas editoras do país, um caráter público. E não pode, por isso mesmo, orientar-se por critérios ideológicos ou político-partidários. Mas está, como quase tudo, contaminada pela ideia de "justiça social" — ou melhor, foi sequestrada pelos coronéis monopolistas da justiça social —, ainda que pratique "injustiça literária". Seria o mesmo que uma entidade voltada para o aprimoramento da medicina ocupar-se mais de política do que de saúde, entenderam? Então agora eu realmente convido o sambista a devolver o que não lhe pertence. Assinem a petição. Espalhem. Levem para as chamadas redes sociais. "Chico, devolve o Jabuti!"

E ele tem de devolver porque não venceu. Logo darei um exemplo ao gosto da plateia de Lula. Afinal, os petralhas resistem em tirar as duas mãos do chão para ver se o cérebro, beneficiado pela postura vertical, consegue fazer algumas sinapses que ao menos remetam ao humano. Vamos antes a uma questão que é, sim, importante: ideologia não faz nem bons nem maus escritores. Já lhes falei aqui sobre o escritor russo Máximo Gorki, que não chegava a ser um gênio, mas um mestre se comparado ao Chico romancista. Era ao menos mediano no seu ofício, mas foi mais bem-sucedido como canalha. "Se o inimigo não se rende, deve ser exterminado", escreveu este humanista nas páginas do *Pravda* quando Stálin estava liquidando os *kulaks*, os camponeses "atrasados". Simon Sebag Montefiore demonstra em *Stálin, a corte do Czar Vermelho* — QUE É LEITURA OBRIGATÓRIA A QUALQUER TEMPO, INDICO DE NOVO — que este homem "indissoluvelmente" ligado à cultura "visitou os campos de concentração e admirou seu valor reeducativo; apoiou campos de trabalho escravo como o Canal Belamor, que visitou com Iagoda [um notável bandido da polícia secreta da trupe stalinista]". Céline era um antissemita cretino, mas um grande escritor — não nos panfletos asquerosos. A simpatia de Ezra Pound pelo fascismo não o impediu de ser um grande poeta. Maiakovski foi um bom poeta mesmo quando deixou vazar o seu fervor revolucionário. Não chego ao ponto de dizer que pensamento e obra são domínios que jamais se cruzam. Mas, com certeza, são autônomos.

Chico Buarque é um bom prosador? Eis o busílis. Não é! Tornou-se uma figura da *résistance* à ditadura militar, soube administrar muito bem o marketing da contestação, fez-se uma espécie de vítima triunfante do regime militar, compôs a trilha sonora dos que sonhavam com "um outro mundo possível" (sonhos muito justos!) e depois se tornou um propagandista do petismo. A decadência de sua música coincide com a sua ascensão como escritor. Embora premiadíssimo como literato, algo de espantoso acontece: a fortuna crítica sobre a obra do romancista é quase inexistente. Quando se vai falar do escritor, é sempre o moço de "A Banda" que reaparece. Ou o de "Apesar de você". Ou ainda o de "Cálice". É também aquele de "Olhos nos olhos" ou "Atrás da porta". Sua incursão no mundo da literatura não é recente. Ainda era um ídolo ativo da MPB quando escreveu um troço constrangedor chamado *Fazenda modelo*, uma espécie de *Animal Farm* (*A revolução dos bichos*), de George Orwell, mas com acento de esquerda. Se o escritor inglês fazia a óbvia distopia do comunismo, o sambista decidiu que era preciso fazer a parábola do horror capitalista! Na versão de Chico, a exemplo do que de fato aconteceu no comunismo, pode-se dizer que os porcos são autênticos... Terei sido muito sutil?

Quando a "Rita levou todo o assunto de Chico", ele voltou a fazer suas incursões na literatura. E fez um sucesso enorme, e foram poucas as almas corajosas para lhe dizer: "Olhe, rapaz, isso é ruim! Romance é mais do que esse fluxo de consciência vazado na chamada prosa poética." Impossível!

Era o nosso homem da *résistance*, o rapaz de família nobre que lutou por nós — embora não precisasse disso, claro. E ele foi se firmando não diria no silêncio cúmplice, mas na algazarra dos adoradores, embora, insisto, falte a fortuna crítica sobre sua obra. O mais laureado romancista brasileiro da atualidade prospera num gigantesco vácuo crítico.

Não há um filho da mãe de um acadêmico de peso — pode até ir lá aplaudir o Jabuti que surrupiaram para ele — que nos exponha num ensaio, num trabalho de fôlego, o "Chico romancista inquestionável", senhor de uma grande obra, de uma escritura própria, que rompe — ou referenda — a tradição; capaz de, pela linguagem, perscrutar o que antes não havíamos investigado em nós mesmos, no outro, na humanidade ou na natureza; ou, então, hábil na leitura de um tempo, de uma era. Ou, ainda, capaz de investigar as grandezas e misérias humanas. Nada! Aplaudem ou silenciam, mas jamais dizem por quê. E há uma razão para isso. O que se premia em Chico não é a obra literária, mas a personalidade, a personagem, o mito do "intelectual" (?) recluso, avesso aos holofotes na era das celebridades — o que faz dele, evidentemente, uma celebridade. Tão importante quanto premiar Chico Buarque é saber se vai aparecer para receber aquela "humilde homenagem"...

E é isto que distinguem em Chico: o ambiente em que produz e em que circula sua obra, não o livro em si. Por isso o Prêmio Jabuti é capaz de considerar que ele fez apenas o segundo melhor romance, mas a melhor "obra de ficção", categoria geral em que está a subcategoria "romance". Lula argumentaria assim para quem é incapaz de assimilar conceitos: é como se reuníssemos vários chefes de cozinha para escolher a melhor carne, a melhor pasta e a melhor pizza. E haverá o grande prêmio da noite para a melhor comida. O vencedor é o que ficou em segundo lugar na categoria "pizza". Seria ridículo num evento para o estômago. É um evento para o estômago numa ridicularia literária.

Corrente de ofensas

A corrente de ofensas depois que publiquei o texto sobre a petição é gigantesca? É, sim! Ignorantes rematados, que não saberiam distinguir um livro de uma fatia de presunto, ficam indignados. Acham que estou pegando no pé de Chico Buarque porque ele é de esquerda — como se seu esquerdismo tivesse qualquer importância. Esquerdistas como Chico existem aos montes, até muito mais ricos do que ele próprio. Não *diminoem* nem *contriboem*. O que é, aí sim, um desserviço à cultura e à literatura é transformar um prêmio literário numa espécie de desagravo àquele que representaria a consciência crítica da nação. Ora, tenham paciência! Na tal manifestação de intelectuais em favor de Dilma Rousseff, o sambista defendeu o lulo-petismo afirmando que este "não é um governo que fala fino com Washington e grosso com a Bolívia e com o Paraguai". Trata-se de uma boçalidade militante, mentirosa (FHC comprou mais brigas com os EUA do que Lula, por exemplo) e que tem o condão de endossar protoditaduras na América Latina — não por acaso, é o discurso de um famoso apoiador da tirania cubana. Compreendo que Chico seja do tipo que lastime, porque lastimo também, as 424 mortes havidas durante o regime militar no Brasil. Não entendo por que ele não lastima as 100 mil de Cuba. O sambista empenha a sua fama na defesa de um regime compulsivamente homicida.

O que isso tem a ver com a literatura dele?

"Mas o que isso tem a ver com a literatura dele?", perguntam alguns indignados. Ora, a minha resposta é justamente esta: NADA! Quem premia o "resistente" são eles. Eu só estou pedindo que distingam os literatos por sua literatura. Porque, se é verdade, e é, COMPROVADAMENTE, que o alinhamento ideológico confere distinções, não é menos verdade que também pode definir exclusões.

O prêmio de "melhor obra de ficção" para Chico Buarque nada teve a ver com a sua literatura. Foi uma homenagem a todo leite militante que andou derramando desde que estava à toa na vida. Alguém poderia perguntar: "Mas que importância tem essa questão, Reinaldo?" Olhem, isso é mais relevante do que parece: a principal láurea da literatura brasileira não é decidida segundo critérios literários, mas numa "supracategoria" a que estaria subordinada. Não pensem que os critérios de certas distinções acadêmicas ou jornalísticas são muito diferentes.

Se a literatura, a academia e o jornalismo são usados para referendar uma ideologia, é claro que pode chegar o dia em que a ideologia será usada para referendar, ou não, a literatura, a academia e o jornalismo. E aí estaremos vivendo uma forma de ditadura, ainda que festiva.

Queriam que eu falasse a sério sobre a coisa? Falei! Chico, devolve o Jabuti!

OBA! LUIZ SCHWARCZ QUER BRINCAR! [21/11/2010]

Ai, ai, queridos! São tantas as urgências do país que um Prêmio Jabuti não vale um cágado. Mas, às vezes, é preciso entrar na briga. Então entro.

Conforme prometi ontem, farei um vermelho-e-azul [Nota do Editor: "vermelho-e-azul" é a forma como Reinaldo Azevedo denomina, no blog, os posts em que destrincha, parágrafo a parágrafo, textos de autores variados — ele, sempre em azul; os outros, em vermelho] com Luiz Schwarcz, o dono da Companhia das Letras e de mais um monte de livres-pensadores que dão plantão em cadernos de cultura, para os quais o que diz é lei. Ele está muito bravo — inclusive com este escriba — e resolveu convocar as "forças progressistas" para auxiliá-lo, embora acuse os outros de fazer política. Um método muito típico. O rapaz está infeliz com a petição "Chico, devolve o Jabuti!", que ganhou mais de quinhentas adesões só ontem, a partir do começo da noite. Já são quase 6.500 os signatários. Como vocês sabem, não foi uma iniciativa minha. Fui o terceiro signatário da petição, cujo endereço eletrônico me foi enviado por um leitor. Assinei e publiquei o link. Milhares de pessoas acharam a causa justa. O editor escreve um artigo no caderno Ilustríssima, na *Folha* deste domingo. Tropeça várias vezes: na tese, no mérito e até no subjuntivo — pelo visto, o artigo não foi enviado a tempo a um dos revisores de sua empresa. Vamos lá. Ele segue em itálico e negrito. Eu vou nos caracteres normais.

Quem garfou Edney Silvestre?

Não sei se o título é dele ou do editor. Mas está lá. Respondo: quem garfou Edney Silvestre foi o júri do Prêmio Jabuti. Aliás, no meu primeiro texto a respeito, não pedi o prêmio para Silvestre. Escrevi que "o livro do ano de ficção" tinha de ser o primeiro colocado em uma das subcategorias que compõem a categoria "ficção". Silvestre foi um dos garfados — e qualquer um será "garfado" sempre que Chico derramar leite no Jabuti.

Na semana passada, o mercado editorial brasileiro foi brindado com uma nota do Grupo Record comunicando sua retirada das próximas edições do Prêmio Jabuti. O comunicado foi seguido de ampla cobertura no site da revista* Veja, *especialmente no blog de Reinaldo Azevedo, autor publicado pela Record.

Começo pelo fim do parágrafo. Schwarcz pretende emprestar certo tom de denúncia ao fato de eu ser um autor publicado pela Record. Uau! Deixem-me ver se entendi a tese: porque sou um dos milhares de autores da Record, não posso criticar a OUTORGA do prêmio a Chico Buarque, mas ele, porque é "o" dono da Companhia das Letras, que publica Chico, pode defendê-la? Onde estudou lógica?

Schwarcz é casado com uma professora de história, mas é ruim na reconstituição do tempo. A cerimônia de premiação ocorreu na noite de quarta-feira, dia 4. Na quinta, 5, escrevi dois textos a respeito: às 17h e às 17h09. No dia seguinte, 6, mais um [os endereços dos artigos encontram-se ao fim deste]. A Editora Record só tornou público seu rompimento com o prêmio no dia 11. Portanto, o "blog do Reinaldo Azevedo" já havia tratado do assunto uma semana antes de a Record tomar a sua decisão. Schwarcz é um daqueles que não acreditam que faço a minha própria pauta. Sigamos.

Em entrevista à Ilustríssima, publicada no domingo passado, o presidente do grupo, Sérgio Machado, e a editora Luciana Villas-Boas fazem coro com Azevedo, tentando desqualificar o escritor Chico Buarque, para assim contestar sua premiação, além de sugerir favorecimento ao autor e à editora por motivos políticos de diversas naturezas. Para terminar, o editor carioca subscreveu e transmitiu um abaixo-assinado, divulgado no blog de Azevedo, pedindo que Chico Buarque devolvesse o prêmio.

"Fazer coro" sugere uma espécie de conspiração, como se as críticas não tivessem sido públicas. As minhas não poderiam ser mais escancaradas, como provam os links. O próprio Schwarcz alude à entrevista de Machado. Expressou-se com clareza — a mesma empregada na carta em que rompe com a *chicana* em que se transformou o Jabuti. Eu nem sabia que o diretor da Record havia assinado a petição. Sendo verdade, louvo-lhe a coragem.

Bem, não desqualifiquei o sambista Chico Buarque coisa nenhuma! É mentira! Afirmei que seus romances são ruins e expus aqui os meus motivos. Nada mais fiz do que tornar público o que andam suspirando pelas alcovas e sussurrando em versos e trovas. Chico escreveu quatro romances: *Estorvo*, *Benjamin*, *Budapeste* e *Leite derramado*. Só o segundo não levou o Jabuti. Muita gente se pergunta o que ele terá, afinal, feito de certo nesse romance... O mais laureado "romancista" brasileiro, vejam que espetáculo, cresce num enorme deserto crítico. Schwarcz precisa logo arranjar alguma pena robusta da academia que aceite o desafio de explicar por que a tal "prosa poética" (!?) do Lírico da Banda faz dele um grande romancista. É preciso que algum figurão do complexo Pucusp evidencie a riqueza da carpintaria *chicana*, o seu rigor na construção de personagens, a sua habilidade em enredar o leitor numa história. Não é possível que o mais importante romancista contemporâneo brasileiro, a julgar pela jabutizada, se faça só no silêncio cúmplice de quem não quer arrumar briga com um sambista progressista e com Schwarcz, o Chico Buarque dos editores. Aliás, vai aqui uma sugestão ao editor: publique um volume só de ensaios dos "expertos" (com "x" mesmo!) sobre a obra *chicana*. Quero que esses patriotas deixem registrado o seu saber sobre obra tão notável.

Tais atitudes são quase inacreditáveis em se tratando de editores, aqueles cujo trabalho deve se fundar no respeito a autores, livreiros e leitores. Em vez de propor uma discussão sobre novos critérios para os prêmios literários no Brasil dentro das instituições que os promovem, em atitude mundialmente inédita, a Record ataca um escritor e artista publicado por outra casa, desqualificando-se prontamente para debate condigno com a responsabilidade de tornar pública a literatura.

Precisei de alguma boa vontade para entender o trecho porque quase sou vencido pela pontuação. Mas creio ter percebido o intento. Schwarcz está convocando a solidariedade corporativa e recorrendo ao Paradigma Chicão, um lendário zagueiro que chegava para quebrar o adversário e que saía do confronto apontando o dedo para a sua vítima, denunciando-a ao juiz... Como o "adversário" apontou o jogo sujo, ele vai para a canelada: faltaria dignidade ao oponente! Que jogo limpo!

As declarações de que o Prêmio Jabuti assemelha-se a um "concurso de beleza", ou tem motivações políticas, desviam a discussão do foco literário e cultural, e reproduzem, na área editorial, o baixo e ofensivo nível do debate político-eleitoral no Brasil.

Epa! O meu foco é absolutamente literário. Chico seria um mau romancista ainda que aquilo que faz fosse mesmo romance. E sua coleção de Jabutis foi concedida, sim, à celebridade engajada, alinhada com as ditas causas populares.

Atribuir a vitória de* Leite derramado *à simpatia do escritor pela candidata vencedora das últimas eleições, poucos dias após a realização destas, é apenas mais um capítulo da história política brasileira recente, quando candidatos perdem a dignidade valendo-se de aspectos externos às suas convicções, ou desmerecem adversários políticos que os antecederam, mas cujas realizações possibilitaram o sucesso econômico e político do país nos últimos anos. Não discutimos propostas de governo na campanha eleitoral, assim como não discutimos os possíveis problemas dos nossos prêmios literários. Coincidência?

Eis o trecho mais revelador de seu artigo. Sem ele, eu até responderia a Schwarcz sem ter de driblar certo sentimento de desprezo. Com ele, essa desagradável sensação me é inevitável. Vamos ver. Ninguém atribuiu a "vitória" de Chico à sua declaração de voto. É mentira! O que fiz aqui foi informar que, ao receber o prêmio, a plateia gritou "Dil-má/Dil-má". Schwarcz nega o que ninguém afirma porque, assim, pode fugir do mérito do debate: a premiação absurda a seu autor. O editor tem medo de ser claro. Eu não tenho.

Ao falar de políticos que "desmerecem adversários políticos que os antecederam, mas cujas realizações possibilitaram o sucesso econômico e político do país nos últimos anos", está puxando o saco de FHC e de uma ala do tucanato. Ao criticar os que se valem de "aspectos externos às suas convicções", está fazendo uma alusão covarde a José Serra, o candidato da oposição — que era, afinal, o "outro lado" de Lula na disputa; foi com o presidente que ele disputou a eleição. Schwarcz é mesmo um rapaz esperto: ataca o candidato derrotado, ataca o presidente que está deixando o poder, mas preserva, como se vê, aquela que acaba de vencer a eleição. Muito corajoso e combativo esse moço!

O paralelo que tenta estabelecer entre a polêmica gerada pelo Jabuti surrupiado PARA Chico Buarque e a campanha eleitoral é uma tolice. Mas digamos que não fosse e que sua associação de ideias devesse ser levada a sério: derrotada, a Record seria, então, José Serra, certo? Vitoriosa, a Companhia das Letras seria Dilma Rousseff — que vem a ser aquela que ganhou à sombra de um presidente que nega o feito dos antecessores. É, faz sentido... Lula usou a máquina de modo desavergonhado para ganhar a eleição. E a Companhia das Letras? Para garantir o Jabuti a Chico, usou o quê? Notem que o paralelo é dele, não meu. Cuidado com as palavras, valente! São elas que lhe garantem o pão!

Edney Silvestre, que inaugura sua trajetória editorial com sucesso, é usado como pretexto para um ataque ao prêmio para o qual a editora Record se inscreveu conhecendo as regras e para o qual contribui com seu voto. Enquanto os demais prêmios são dados e selecionados por diferentes júris, esse é votado pela categoria — livreiros, editores, distribuidores — e elege o livro que mais mobilizou o mercado editorial. As regras são claras, do conhecimento de todos há décadas. (Para não escolher um autor de seu catálogo em detrimento de outros, a Companhia das Letras nunca vota no livro do ano do Prêmio Jabuti.)

Puro diversionismo retórico! Quantos Jabutis ganhou Paulo Coelho até agora por "mobilizar o mercado editorial"? Ah, mas tem de "mobilizar" e, ao mesmo tempo, ser considerado "alta cultura". Huuummm... Então que se vote a categoria "melhor best-seller chique" do ano. Ou alguém duvida que haverá sempre milhares de pessoas dispostas a aceitar o leite que Chico derrama?

Schwarcz faz lambança ao pôr todo mundo no mesmo saco de gatos. Eu questionei e questiono a qualidade literária dos romances de Chico Buarque. Machado não entrou no mérito. Na entrevista concedida à Ilustríssima na semana passada, ele afirmou ter rompido com o Jabuti justamente porque não concorda com os critérios. Ocorre que o problema principal não é a regra escrita, mas a não escrita: sempre que Chico Buarque concorrer, vai ganhar.

As declarações do escritor estreante citadas na entrevista dos editores, aludindo a roubo ou ações semelhantes, associam a imagem do bem-sucedido apresentador de TV a atitudes pouco próprias à delicadeza literária, e que, permito-me apostar, não indicam caminho seguro para o aprimoramento de seu novo ofício. Esse é o nível do nosso debate político, esse é o nível do nosso debate cultural.

Quais declarações? Silvestre não disse nada até agora. Nada! Schwarcz delira! E pretende se comportar como moleque marrento, mas um tantinho covarde, tentando agredir quem está quieto. Ele fica irritadinho quando Chico é chamado de "sambista" — o que efetivamente é. Para responder na "mesma moeda", refere-se ao jornalista como "apresentador de TV", categoria que, vê-se, considera menor. Silvestre é tão "apresentador" quanto Chico é romancista! Mas bacana mesmo é o lado conselheiro do editor: "Esse não é um caminho seguro..." Parece quase uma ameaça, não? A propósito: o que quer dizer "delicadeza literária"? Silenciar diante de um roubo?

A Companhia das Letras já apresentou críticas a vários dos prêmios literários, inclusive ao Jabuti, mas nunca se retirou ao discordar do resultado, tampouco buscou desqualificar os concorrentes. Se a cada derrota um partido político abandonar o Congresso, ou dizer [sic] "assim não brinco mais de democracia", para onde irão nossas instituições, qual a possibilidade que teremos de discutir e criar novas regras, em atitude de respeito aos que pensam diferentemente?

Schwarcz entende de democracia o que entende do modo subjuntivo: nada! Um editor do seu quilate escrever "se um partido político *dizer*" — em vez de "disser" — expõe, ele tem razão, o ambiente intelectual miserável em que vivemos. Eu o socorro. O Congresso, uma das nossas instituições públicas, é a expressão do conjunto da população brasileira, com suas glórias e desgraças. Lá, com efeito, há de tudo. Na política, é bom destacar, nem sempre vence o melhor. E até isso é parte da riqueza do regime democrático: a legitimidade eleitoral não depende de um teste de qualidade. Os caminhos são outros — e não me alongarei sobre eles aqui porque isso requer outro texto. Nem mesmo se pode ter a garantia de que o político mais capaz é aquele que faz o melhor governo. Literatura não é, ou não deveria ser, política. Aliás, quanto mais longe ficar desses embates, melhor! A Record não se retirou do Jabuti para fazer a luta armada das editoras — a beligerância, diga-se, é só de Schwarcz. Retirou-se porque não concorda com os critérios. Mas vai continuar a participar ativamente da vida cultural do país. Não migrou para a clandestinidade.

A editora Record perdeu a oportunidade de iniciar uma profícua discussão sobre vários aspectos de nossos prêmios, entre eles o investimento que se faz no trabalho dos jurados, especialmente em comparação aos gastos com as cerimônias de premiação. Há prêmios que mal remuneram o trabalho de apreciação de milhares de livros. Há outros, como o Portugal Telecom, que seguem o exemplo europeu, valorizando a avaliação do mérito literário.

Sei de gente que participou do júri da Portugal Telecom e ficou infelicíssima com a remuneração. Mais fama do que proveito. Mas a lembrança vem bem a calhar. Procurem na internet: o resultado desse prêmio estava guardado a sete chaves, e todo mundo já sabia o resultado. Chico havia ganhado antes de ganhar. A premiação foi antecipada na *Folha*, na *Veja*, em todo lugar. A que vem essa cascata toda de debater remuneração de jurados etc.? A questão central é outra: o Jabuti para Chico Buarque é ilegítimo.

Como o intuito não é o de uma discussão séria dos prêmios, avaliar se remuneramos condignamente nossos jurados não convém. Desmerecer regras, alegando favorecimento, insinuando que quem votou não sabe votar, que "o eleitor segue as celebridades", é atitude típica da tradição autoritária, e não da defesa da meritocracia envolvida numa premiação.

Nesse ponto, o artigo do assassino de subjuntivos assume uma dimensão cômica. Qual é a "meritocracia" de uma premiação cujo resultado todos conhecem de antemão? Não, senhor! Quando Chico está na disputa, o Jabuti premia a aristocracia.

A discussão válida, se os prêmios literários devem ou não classificar mais de um vencedor — não conheço exemplo dessa natureza entre os prêmios literários internacionais mais importantes —, trazendo a com-

petição, e não a premiação, para o cerne desses eventos, foi jogada fora pelos meus colegas. Ao invés da discussão serena das regras, Machado e Villas-Boas preferem dizer que os livreiros, aliados naturais dos editores, assim como nós mesmos, não sabemos escolher os livros merecedores de um prêmio da classe.

Por que propor o debate das regras seria uma obrigação só de seus "colegas"? Por que ele próprio não o fez ou faz? O dono da Companhia das Letras tenta claramente jogar a Record contra os livreiros. Para quem denunciou há pouco o que considera jogo sujo na política, mostra-se um aluno exemplar da prática que denuncia.

Chico Buarque e sua obra não precisam da minha defesa; o livro em questão teve recepção crítica que é pública e vendeu mais de 180 mil exemplares. Mas o sucesso alheio para Sérgio Machado é fruto da má escolha dos livreiros e do baixo nível dos leitores. Assim sempre se fundaram no Brasil o discurso e as práticas pautadas no autoritarismo. Será assim também na República das Letras?

Imaginem se Chico e sua obra precisassem da defesa de Schwarcz... Cadê a "recepção crítica que é pública", fora do ambiente do compadrio? Poderia ter vendido 1,8 milhão de exemplares, dez vezes mais, e isso não justificaria a premiação na forma como se deu. Nesse trecho, o moço que acusa a baixaria alheia tenta jogar a Record contra os leitores. No auge da comicidade, acusa seus adversários de "práticas pautadas pelo autoritarismo". Ora, a Record simplesmente decidiu romper com um prêmio que não merece mais o seu respeito. Se Chico e seu editor já são os donos das batatas, por que fingir que ficarão com o vencedor?

Sempre que "autoritarismo" e "Chico Buarque" estão num mesmo texto, sinto o inequívoco cheiro de pelo menos 100 mil cadáveres cubanos que cometeram o crime de tentar fugir do inferno. Se Schwarcz quiser debater esse binômio, pode marcar hora e local. Eu acho que Chico não merece a distinção literária com a sua "prosa poética" que se finge de romance. Mas posso, sim, debater seu "engajamento", já que seu editor quer um embate de natureza política. E, com efeito, tratar o sambista como uma questão política é muito mais legítimo do que tratá-lo como romancista.

Espero que não. Espero que livros continuem sendo atos de respeito a autores e leitores, e que a Câmara Brasileira do Livro só aceite discutir regras preservando a dignidade de seus membros e das editoras que inscrevem livros em seu prêmio (e que respeitam o regulamento previamente estabelecido).

Agora puxa o saco da Câmara Brasileira do Livro. É mesmo um profissional.

A editora Record tem direito de se orgulhar e se apresentar como o maior grupo editorial do país, mas a literatura nunca foi e nunca será o campo do "você sabe com quem está falando?", mas, sim, o lugar do "ouve só o que eu tenho para te dizer".

Huuummm... Agora ele exercitou outra coisa que também acho desprezível: o rancor da vítima triunfante! A Record, que foi garfada, só teria reagido porque é o maior grupo editorial do país, como se tivesse roubado essa condição de alguém e como se isso não fosse fruto da competência dos seus comandantes. Nada como mobilizar o recalque dos ressentidos!

Schwarcz é um bom propagandista de si mesmo e muito competente na arte de fazer o outro acreditar que é competente. Foi um dos editores da Brasiliense quando a editora viveu seu auge, no começo dos anos oitenta. O mago de algumas revoluções editoriais da casa foi Caio Graco Jr., o dono, morto em 1992 num acidente de moto. Quando saiu para fundar a Companhia das Letras (1986), Schwarcz já tinha uma legião de fãs nos jornais, certos de que algumas das conquistas de Caio eram obra de seu subordinado.

Schwarcz tem razão. Esse ambiente, às vezes, é muito parecido com a política. Surrupia-se tudo: de Jabutis a biografias.

(Endereços dos textos citados neste artigo: http://veja.abril.com.br/blog/reinaldo/2010/11/05/; http://veja.abril.com.br/blog/reinaldo/2010/11/06/)

RESPOSTA A CAETANO VELOSO [29/11/2010]

Queridos, vai um texto longo. As forças da reação estão assanhadas. Fazer o quê? Fica evidenciado que a firme determinação de calar qualquer crítica no país não se resume à política. Estamos diante de algo que começa a se anunciar como um sistema.

Em sua coluna no *Globo* deste domingo, Caetano Veloso resolveu entrar na polêmica do Prêmio Jabuti. Ataca-me e aos signatários honestos (mais de 10 mil) da petição "Chico, devolve o Jabuti!". Para evidenciar a minha desimportância, escreve errado meu nome, chama-me, obliquamente, "carola e grosseiro", representante das "forças da reação", e mente sobre o conteúdo da minha crítica àquela patuscada. Não é a primeira vez que faz alusão a um texto meu — pelo visto, anda lendo o blog. Ok. É uma relação desigual porque há muito tempo não ouço o que canta. Da outra vez, reclamou da expressão "esquerdopatas da USP". Caetano pertence ao ADA do mundo das artes, espetáculos & celebridades. É um verdadeiro "amigo dos amigos": sai em defesa de Chico e dá uma força a Luiz Schwarcz, dono da Companhia das Letras, que editou *Leite derramado*, de Chico, e *Verdade tropical*, de... Caetano. No texto que escreveu na *Folha*, Schwarcz sugeriu que eu não poderia ter criticado a premiação porque sou autor da Editora Record. Mas Caetano pode defendê-la porque é autor da Companhia das Letras. Entenderam ou não?

Farei um vermelho-e-azul [Nota do Editor: "vermelho-e-azul" é a forma como Reinaldo Azevedo denomina, no blog, os posts em que destrincha, parágrafo a parágrafo, textos de autores variados — ele, sempre em azul; os outros, em vermelho] com Caetano, sim. Relembro: fui, de fato, o primeiro a reagir. Mas não fiz a petição. Eu apenas a assinei e publiquei o link. Estava mais no terreno da brincadeira. Tornou-se coisa séria quando uma simples crítica a um cantor, romancista para alguns, transformou-se numa ofensa à cultura nacional e aos valores fundadores da pátria! Acho, ou achava, Caetano uma figura divertida. Ele tem, não é de hoje, faro para a polêmica. Está certo de que confronto de que não participa não vale. É uma questão de temperamento. No moço, o comportamento ambicionava a gravidade do "homem velho"; no "homem velho", revela que persiste o que era fatuidade no moço. Caetano ainda não está certo de sua imortalidade... Deve ser apavorante quando se a deseja. Adiante. Caetano vai em itálico e negrito. Eu sigo nos caracteres normais.

Estou excursionando com Maria Gadú (não sei por que o acento agudo no nome dela, mas sei que ela é um talento autêntico), de modo que, desatento aos rumores do momento, tomei susto ao ouvir que eu estaria entre os assinantes covardes da petição que rola na internet com o título — em tom de ridículo brado — "Chico, devolve o Jabuti!". Só não me decidi a expressar reação escandalosa porque li que o nome do próprio Chico (sim, Chico Buarque) está também incluído.

Por que os assinantes são "covardes"? Serão covardes todos aqueles que assinam petições com as quais o compositor não concorda? Não é preciso ser muito sagaz para intuir que aqueles que se assinaram "Caetano Veloso" e "Chico Buarque" o fizeram com o objetivo de desmoralizar a lista. E a quem interessava tal desmoralização? Àqueles que realmente não se conformaram com a premiação? Está claro que não! Aliás, o Leãozinho não tente roubar o papel de maior vítima da petição, não! Como foi invadida por gente que se quer admiradora de Chico — de sua "arte" ou de sua "política", tanto faz —, a pessoa mais atacada naquele troço sou eu. Os *chiqueiros* transformaram o documento num show de horrores e agressões. É o que sempre acontece quando não se coloca um mata-burros na porta ou não se faz um filtro de caráter: os petralhas tomam tudo, emporcalham tudo, porque é essa a sua natureza.

A informação, dada pelo blog da Companhia das Letras, que edita o meu colega, diz que, por dezessete vezes, o prêmio de livro do ano já foi para livros que não estavam em primeiro lugar em sua categoria. (Para quem não sabe, o argumento contra o prêmio dado a Chico é que* Leite derramado, *ganhador como livro do ano, não tinha ficado em primeiro lugar entre os livros de ficção: os ganhadores de cada categoria são eleitos por um júri de especialistas, e o livro do ano é escolhido por associados da Câmara Brasileira do Livro, que é quem criou o Jabuti.)

Blog da Companhia das Letras, é? Luiz Schwarcz foi o inspirador branco da depredação da lista. Foi o primeiro a alertar: "Há nomes falsos lá", como a anunciar: "É possível postar falsas assinaturas; fiquem à vontade." E os petralhas atenderam à sua solerte convocação. Ele já andava espalhando isso por aí em e-mails — não sabia que o fazia também por intermédio de um blog, que nunca li, obviamente. A síntese do imbróglio, feita por Caetano, é mentirosa — até porque repete a de Schwarcz. Sim, o prêmio permite essa excrescência, mas o motivo do protesto é outro: a imprensa já sabia o veredicto dos jurados tanto no Prêmio Jabuti como no Prêmio Portugal Telecom. Chico Buarque já havia vencido antes de concorrer.

Li em outro lugar que essa discrepância entre melhor de uma categoria e livro do ano aconteceu três vezes. Seja como for, volto a chamar de covardes os que se expressam na internet sob outros nomes, como fiz quando vi a guerra eleitoral exacerbar essa mesquinharia. E é no panorama mesquinho da guerra eleitoral que se inscreve ainda esse episódio. Não dá para saber se a motivação para a premiação nasceu dessa pequena política, mas é óbvio que a reação a ela vem daí e aí se esgota.

Também chamo de "covardes" os que se expressam na internet sob outros nomes — até porque eu não poderia ser mais claro nas minhas posições usando sempre o meu próprio nome. Caetano não é besta: a quem atribui a falsificação? Quem sai ganhando com ela? Quanto às motivações, dá para ter algumas pistas. Ao subir para receber a premiação, Chico foi ovacionado: "Dil-má/ Dil-má."

Lê-se o Ronaldo Azevedo sobre o assunto e fica claro que não é de valores literários que se está tratando, mas de opor-se a um escritor que, sendo uma figura enormemente popular por causa de décadas de atividade como compositor de canções, pôs a força de sua imagem pública a serviço da candidata do PT à Presidência, quando a eleição desta se viu ameaçada pela renovação do embate no segundo turno.

Caetano gosta de nomes, mas erra o meu. É uma coisa tolinha de se fazer para um homem maduro. Talvez tenha lido outro. Sim, existe o caráter obviamente político da premiação, e não apontá-lo é fugir à verdade. Expressei aqui as minhas restrições à dita "literatura" de Chico Buarque e expliquei por que a considero sofrível. A acusação de Caetano, que repete a de Schwarcz — esse moço tem muitos amigos e um bom catálogo de celebridades —, é só mais uma maneira de driblar o essencial (as premiações prévias de Chico Buarque) e de acusar a politização do debate, quando política foi a premiação.

Chico sempre foi apoiador do PT. Seu pai foi um dos fundadores do partido, e sua mãe era entusiasta de Lula. Inimigo preferencial da censura na ditadura militar, Chico não encontrou senão motivos para firmar suas posições de esquerda — e sua desconfiança dos defensores da liberdade que fecham os olhos para a vista grossa feita pelas nações poderosas quando os desrespeitos aos direitos humanos são praticados por seus aliados estratégicos de ocasião.

Todos os leitores do blog leram que Sérgio Buarque de Holanda foi fundador do PT. Jamais entrei no mérito das motivações pessoais de Chico para ser de esquerda. Ele que se dane com seu esquerdismo de beira de piscina. Não tenho nada com isso. Só não creio que deva receber um prêmio literário — ou quatro — por isso. Quanto ao mais, ou Caetano faz humor involuntário ou está sacaneando seu "amigo" sob o pretexto de defendê-lo. Quem são esses "defensores da liberdade" que fecham os olhos para os países poderosos que ignoram os direitos humanos? Não sou eu, por exemplo. Ele está falando mesmo sobre Chico Buarque? Aquele que toca violão sobre 100 mil cadáveres cubanos? Que jamais disse uma única palavra contra as agressões praticadas por países comunistas? Que saudava o "chocalho amarrado da canela" de sua "camarada do MPLA", que lidera um dos governos mais corruptos de uma das nações mais ricas da terra, mantendo o povo numa pobreza fabulosa? Caetano acha isso grosseiro, reacionário, carola ou os três? Ora... Mesmo quando se é Caetano Veloso, é preciso ter um pouco de pudor para argumentar.

Sei que eu próprio estou por vezes sob exatamente esse tipo de suspeita. Mas faço minhas contas e chego a minhas conclusões pela minha própria cabeça, agindo e manifestando-me de acordo e arcando com as consequências, inclusive a possibilidade de a realidade me provar errado no médio ou no longo prazo.

E por que outros tantos não podem fazer o mesmo no jornalismo, na sociedade? Caetano acredita que deva haver uma aristocracia das pessoas que podem emitir opiniões?

Não vejo o Brasil sem Chico apoiando Lula. Meu senso das proporções — que afinal é o que rege quem trabalha com formas artísticas mesmo as mais bastardas — impede-me de ignorar a energia histórica que há em configurações assim.

É o fácil falar difícil. Caetano é um bom letrista, mas seu lado de antropólogo amador é de lascar. Se clareza fossem dentes, seria uma boca banguela. Esse palavrório parece querer dizer grande coisa. Sem definir o que é "energia histórica", nada aí faz sentido. Como acha que se explicou o suficiente, o trecho seguinte começa com "portanto"!

Portanto, vi esse manifesto na internet como mais uma Marcha da Família com Deus pela Liberdade expressando-se de forma verbal. Não vi meu nome entre os assinantes (não fui olhar a lista de pseudônimos marchadeiras): apenas acreditei em quem me disse que ele estava lá. Indigna-me que brinquem assim com ele.

Caetano sempre foi um pensador amador — ele próprio já admitiu ter o miolo meio mole, o que já havia sido detectado por José Guilherme Merquior. Mas esperava mais dele. Brandir o espantalho da tal "marcha" para desqualificar adversários, quando se nota que está desinformado, é coisa de polemista vagabundo, de quinta. Está matando em 2010 o velhote inimigo que morreu em 1984! Esquece que ele próprio já foi, em certo momento, o espantalho. Tivesse consultado a lista — e escrito, pois, seu texto, com mais informação —, teria verificado que foram os ditos "amigos" de Chico que meteram lá o seu nome; os mesmos que me xingam a valer. Em linguagem menos educada, não são muito diferentes de Caetano: "Reinaldo Azevedo nos ofendeu com a sua crítica, então vamos xingá-lo." E percebam: a religião não entrou nessa polêmica em nenhum momento. Caetano resolveu introduzi-la. Ele acredita que devo ser demonizado também porque sou católico — sinônimo, obviamente, de "reacionário" quando não se é do tipo que faz aquelas rezas heréticas de Frei Betto...

Meu pai ficaria tão revoltado quanto o pai de Chico.

Então tá! O meu, creio, diria: "Vocês são bem grandinhos. Virem-se!" Cresça, vovô! Ou, ao menos, aprenda a envelhecer!

Fiz questão de não votar em Dilma e de dizê-lo. Alegro-me por ter reagido duramente à arrogância eufórica de Lula durante a longuíssima campanha de sua candidata. E de nunca ter me submetido à pressão popular que quer fazer de Lula um pai eterno — nem à outra pressão, não propriamente popular, que faz do PT um representante das esquerdas e destas, uma posição religiosa dogmática.

Caetano sempre fez sucesso no mundo da polêmica porque não quer estar nem à esquerda nem à direita, mas acima — e sempre muito amigo dos amigos. Julgando que já hostilizou bastante a direita, então agora decide demonstrar que também não se alinha com o petismo. De fato, fez campanha eleitoral para Marina Silva, sintoma, já direi por quê, de confusão mental, não de clareza.

Detesto que me queiram confinar num ambiente mental que se excita com Chávez, se alimenta do sindicalismo operário e do corporativismo dos servidores públicos, indulge no ressentimento contra os Estados Unidos e desculpa o indesculpável no Irã. Mas menos ainda me identifico com reacionários carolas e grosseiros. Ou com defensores de privilégios assentados e indevidos.

Caso se refira a mim, "reacionário" e "carola" talvez, "grosseiro" acho que não. Vamos ver. Começo com uma observação prévia: o "mulato que fala português" (*ver abaixo*) deve andar batendo muito papo com Mangabeira Unger, daí a palavra inglesa *indulge* — satisfazer-se, saciar, ser indulgente, condescender (ou *indulge in* = entregar-se, se dar a, deliciar-se...). A origem é latina. Em português, até rola um "indulgenciar" (Camilo Castelo Branco empregou...), mas nada de "indulger" ou "indulgir". O trecho é de uma covardia intelectual espantosa, ridícula num homem de 68 anos, que deveria estar um pouquinho mais seguro de si. Prestem atenção!

Todas as críticas que Caetano faz acima estão diariamente no blog, na contramão das conhecidas falanges do ódio. Desde 2006, quando a página entrou no ar, ataca-se a arrogância eufórica de Lula; seu paternalismo bocó; a ideia de que a voz do povo é necessariamente a voz de Deus; o chavismo; o corporativismo; o antiamericanismo vigarista; o alinhamento do governo com a tirania iraniana. Caetano é contra todas essas coisas, como sou. Mas ele o é por boas razões; e eu, pelas más! À diferença do que parece, está pagando pedágio à patrulha: "Olhem, não me confundam com a direita, hein?, com esse *Ronaldo* aí..." Ele se opõe a esses horrores porque é um bom rapaz; eu, porque reacionário. O nome disso é vigarice intelectual. Caetano quer o privilégio assentado e indevido de ser o monopolista das boas intenções ao criticar as esquerdas.

Dilma é o melhor resultado das eleições se pensarmos pragmaticamente. Serra não teria personalidade para enfrentar Lula como opositor. E Dilma está mais perto de Mangabeira. Quem sabe os planos ambiciosos deste para o Nordeste serão agora levados em consideração. E sua visão da questão amazônica. Não penso mais em Dilma como Dutra. Torço por ela. Torci até por Collor. Já consigo vê-la descolada de seu criador. Penso em como ela encarnará o destino que se desenha do Brasil.

É penoso ter de comentar opiniões políticas de um cantor. É claro que pode e até deve tê-las. O problema, no caso, é que não sabe o que diz. No ambiente de ignorantes ilógicos que o incensam, Caetano fala o que bem entende e passa por gênio também da política. Serra não teria personalidade para enfrentar Lula como opositor, certo? Assim, acha que a eleição de Dilma é um bem porque a criatura vai se descolar do criador; vale dizer: ela teria personalidade para enfrentar Lula como aliada... Alguns chamarão isso de dialética, mas é só besteira.

Quanto a Mangabeira Unger... Caetano está entre aqueles que julgam ter entendido o que o professor quer para o país. Deve ser o único! Nem Mangabeira entendeu, já que denunciou o "governo mais corrupto" da República e era um seu ministro pouco tempo depois. O curioso nessa história toda é que o cantor fez campanha para Marina Silva, do PV. Dilma e Mangabeira são os dois motivos principais por que a senadora deixou o ministério de Lula — e depois o PT. Lula entregou a Coordenação do Plano Amazônia Sustentável (PAS) para a Secretaria de Assuntos Estratégicos, e Marina detestou o projeto de Mangabeira. Por uma questão de honestidade intelectual, tenho de destacar que a proposta dele fazia mais sentido do que o discurso dela — mas até uma litania em búlgaro arcaico faz...

O Brasil está me parecendo um lugar ruim nesta semana de tardio reconhecimento por parte do governo do estado do Rio da relação entre a criação das UPPs e os atos paraterroristas das facções criminosas (então Cabral e Beltrame não tinham nenhuma mirada estratégica?).

Vejam que coisa! Caetano concorda comigo nessa questão. Mas os motivos dele certamente são bons, e os meus, maus. Afinal, tem de avisar aos progressistas que pagam ingresso que ele, não sendo um petista, também não é um desses reacionários...

Vejo ainda longe a superação do horror que é haver pobres presos sem julgamento, prisioneiros provisórios jogados no lixo tóxico das prisões, essas heranças horrendas dos porões dos navios negreiros. Quando canto com Gadú, ela com 23 e eu com 68 anos, sinto fisicamente a história. E, diante das amarguras da nossa vida, percebendo as plateias sentirem a história na carne também, comovo-me. Quase desanimo. Mas gosto da vida e nasci aqui, falo português, sou mulato: minhas esperanças estão atadas à existência do Brasil. Nem mitos esquerdistas nem a retórica da reação me desviam da trilha que vejo de onde estou.

Caetano vê uma trilha clara para o país, apesar da dor. Que bom! Malditos são os outros — reacionários porque, afinal, contestam um prêmio que já estava concedido a Chico Buarque antes mesmo que se soubesse o resultado da votação. O fim do texto é patético. José Maria Eymael, o eterno presidenciável do PDC, era mais criativo: "*Nem o comunismo que esmaga a liberdade nem o capitalismo que não promove a Justiça.*"

Não seria difícil apontar que Chico Buarque endossa todos — sem exceção — os mitos esquerdistas daqui e de fora. Em recente pronunciamento em favor de Dilma, afirmou, referindo-se ao governo FHC, que aquele era um governo que falava "fino com Washington e grosso com o Paraguai e com a Bolívia", o que é uma boçalidade. Caetano não quer papo com essa história. Certo! Eu desafio o "mulato que fala português" a demonstrar que eu "induljo" — a conjugação é essa, mestre? — nas ou com as (qual é a regência do verbo?) forças da reação.

A história também se faz e pulsa fora dos palcos. Em 1977, eu militava num grupo trotskista havia mais de um ano já, e Caetano lançou o disco *Bicho*, que trazia a música "Odara". As esquerdas detestaram e tomaram como um símbolo da alienação do cantor. Afinal, corríamos riscos ao combater a ditadura, e ele ficava lá com aquelas frescuras... Convivo ainda com amigos que me conhecem desde aquele tempo. E sabem que considerava aquela crítica uma boçalidade. Ao contrário: eu já achava que cantor fazia bem em cantar, dançarino em dançar, e Caetano em *caetanear*, entenderam? Sempre detestei a contaminação do domínio da arte, mesmo a mais bastarda, por aspectos e valores que lhe são estranhos.

Reacionária é a justificativa do mal em qualquer momento da história, senhor Caetano Veloso, e eu o desafio a demonstrar que algo em algum texto meu faça essa escolha. O velho polemista resolveu atender a um pedido de socorro de seu editor (que perdeu a batalha; ou o Jabuti muda ou já era), pegou a rabeira de uma polêmica cujo conteúdo ignora, falou besteira e evidenciou o lado covarde de sua propalada coragem. Incidiu no mais manjado, vulgar e vigarista dos truques, aquele que acho mais desprezível: só consegue falar mal das esquerdas se antes pagar pedágio aos aiatolás anunciando: "Mas não me confundam com a direita!"

PRÊMIO JABUTI MUDOU! [22/03/2011]

Bem, chega ao fim uma patacoada; acaba o elogio da irracionalidade. O Prêmio Jabuti mudou. Além de laurear algumas novas categorias, decidiu-se que os livros do ano de ficção e de não ficção só poderão ser escolhidos entre os vencedores de cada categoria! Não parece razoável? Não parece óbvio? Todos sabemos, no entanto, quanta desqualificação e xingamento isso custou, não é? Faltou pouco para que os puxa-sacos de Chico Buarque evocassem a cólera dos deuses olímpicos em defesa de sua musa!

Se vocês entrarem no site da Câmara Brasileira do Livro, que promove a premiação, verão que se tenta dar um jeito de esconder a mudança, mas está lá: a partir de agora, haverá apenas UM vencedor em cada categoria e pronto! Entre esses vencedores, escolhem-se os respectivos livros do ano (ficção e não ficção), CONFORME SEMPRE DEFENDI, CERTO? E olhem que não há nada de tão exótico nisso, não é? Como é mesmo? A principal função de Tio Rei na imprensa brasileira é revelar o óbvio!

E agora? O que os espadachins da reputação alheia vão dizer?

Fui bonzinho com Chico Buarque. Não serei mais! Se esse critério, que é tão elementar, vigorasse nas outras jornadas, ele não teria recebido três Jabutis, mas apenas um. Em 2004, *Budapeste* ficou em 3º lugar na categoria "romance"; em 2010, *Leite derramado* ficou em 2º.

É o caso de dizer: "CHICO, DEVOLVA DOIS JABUTIS!"

"Mico do Ano"?

Em sua retrospectiva de fim de ano, o caderno "Prosa e Verso", de *O Globo*, conferiu o "Mico do Ano" a Sérgio Machado, o presidente do Grupo Record, que se retirou do Prêmio Jabuti justamente porque defendia essa mudança. Acho que é o caso de o "Prosa e Verso" cassar a concessão e outorgar o prêmio a si mesmo, dividindo a láurea com Luiz Schwarcz, o dono da Companhia das Letras, que ficou a um passo de chamar até o João Pedro Stedile para defender o indefensável.

CAETANO VELOSO NÃO QUER DANÇAR. E UMA BITOCA? [28/03/2011]

É triste o que está a acontecer com alguns dos chamados "ícones" da MPB: 25 anos de democratização os conduziram à obsolescência! Isso não deixa de ter seu lado bom! Nunca mais chamaremos artistas de "ícone". Acho correto recuperarmos o sentido original da palavra, que remete ao sagrado, o que não é o caso dessa gente — nem dessa turma nem de ninguém. Havia mesmo uma disfunção na política brasileira: artistas eram confundidos com pensadores; letristas, com poetas; metáfora, com solução administrativa. A ditadura lhes facultava falar por símbolos, o que deixava entrever a suspeita de sublime e pensamento superior. Na democracia, podem falar com clareza. É um Deus nos acuda! Quantos de nós não imaginávamos que Chico Buarque, por exemplo, tivesse um bom Brasil na cachola? Sempre que lhe foi dado escolher um país como exemplo de sua "luta", ele nos exibiu Cuba e seus assassinos.

Quem faltava à polêmica sobre a Lei Rouanet? Aquele que não falta a nenhuma polêmica, procedimento com que, de certo modo, recauchuta a própria obra: Caetano Veloso! Nesse caso, ele vem com menos dendê e mais fúria porque também está defendendo a irmã. Louvo-lhe o amor fraterno e, uma vez mais, lamento o entendimento que tem da República. Fala como um aristocrata, um fidalgo, um defensor de privilégios.

Sabem qual é o grande e fundamental babado no Brasil? O desrespeito à propriedade privada! Como? Qual é a tese, Reinaldo? O dinheiro público — e renúncia fiscal é dinheiro público —, no Brasil, é considerado de ninguém ou, no máximo, "do governo", como se governos produzissem bens e, portanto, valor. É mentira! Ele vive do que arrecada — e, pois, do confisco de uma parte da produção, prerrogativa que lhe facultamos em nome do bem comum. Deve ser usado para financiar operações que, se entregues às iniciativas privadas (no plural mesmo!), gerariam uma confusão dos diabos. Num caso escandaloso de inversão da finalidade, o dinheiro que aceitamos ser público é usado, com frequência, para financiar operações privadas — e não só de artistas. Curiosamente, e o caso da Vale está aí como evidência escandalosa, a propriedade privada é expropriada de seus direitos em nome do chamado "interesse público": o governo Dilma quer Roger Agnelli fora da direção da empresa porque teria pensado apenas no bem dos acionistas, ignorando supostas necessidades do Brasil...

Se o dinheiro da Lei Rouanet fosse privado, ninguém teria de torrar a paciência de Maria Bethânia ou de Caetano Veloso. Cada um faz com a sua grana o que bem entender, excetuando-se as práticas que os códigos legais consideram criminosas. Ninguém teria de se meter! Mas não é! Se a Vale fosse uma estatal, dentro do que a lei prevê, o governo direcionaria livremente suas estratégias. Mas não é! Qual é a melancólica constatação? Um país que desrespeita a propriedade privada também não vê motivos para respeitar a propriedade pública: o privado passa a ser do estado, e o que é do estado passa a ser de ninguém — ou dos espertalhões que se organizarem com mais eficiência. Essa é a questão de fundo!

Caetano resolveu usar a sua coluna no jornal *O Globo* para tratar do "caso Bethânia". E diz não querer dançar comigo, chamando-me, pois, para o arrasta-pé. E eu topo, claro! Sempre topo. Esse meu texto vale mais pelo que segue acima, porque Caetano está se mostrando bem menos interessante do que eu próprio supunha. Mas vamos lá. Ele segue em negrito e itálico. Eu, nos caracteres de sempre.

Bethânia

Não concebo por que o cara que aparece no YouTube ameaçando explodir o Ministério da Cultura com dinamite não é punido. O que há afinal? Será que consideram a corja que se expressa na internet uma tribo indígena? Inimputável? E cadê a Abin, a PF, o MP? O MinC não é protegido contra ameaças? Podem dizer que espero punição porque o idiota xinga minha irmã. Pode ser. Mas o que me move é da natureza do que me fez reagir à ridícula campanha contra Chico ter ganho o prêmio de livro do ano. Aliás, a **Veja** ***(não, Reinaldo, não danço com você nem morta!) aderiu ao linchamento de Bethânia com a mesma gana. E olha que o André Petry, quando tentou me convencer a dar uma entrevista às páginas amarelas da revista marrom, me assegurou que os então novos diretores da publicação tinham decidido que esta não faria mais "jornalismo com o fígado" (era essa a autoimagem de seus colegas lá dentro). Exigi responder por escrito e com direito a rever o texto final. Petry aceitou (e me disse que seus novos chefes tinham aceito). Terminei não dando entrevista nenhuma, pois a revista, achando um modo de me dizer um "não" que Petry não me dissera — e mostrando que queria continuar a "fazer jornalismo com o fígado" —, logo publicou ofensa contra Zé Miguel, usando palavras minhas.***

Se não quer dançar "nem morta", acho que não rola beijinho, certo? Que bom! Caetano é experiente no negócio das polêmicas. Atacar a *Veja*, em casos assim, sempre rende — ele não lograria o seu intento xingando a *Carta Capital*, certo? Sua obsessão com a revista o faz ter, a cada hora, uma memória nova: trata-se de uma obra aberta, que vai crescendo e se modificando na medida do seu desagrado. É matéria psicanalítica! Eu nem sei de que vídeo fala. Eu, de qualquer modo, sou contra ameaças terroristas e, sobretudo, ações terroristas — e em qualquer tempo. Isso tem me custado caro!

Nem *Veja* nem eu aderimos a linchamento nenhum! A revista dedicou uma pequena matéria ao assunto e não se referiu apenas a Bethânia. Eu escrevi vários textos sobre o tema e sempre deixei claro que sou contra a Lei Rouanet em si; o caso da irmã de Caetano se tornou emblemático, vamos convir, por causa dos valores envolvidos. O bom-senso considerou excessivo que ela cobrasse R$ 600 mil para dirigir... Bethânia em pílulas poéticas na internet.

A histeria contra Chico me levou a ler o romance de Edney Silvestre (que teria sido injustiçado pela premiação de* Leite derramado*). Silvestre é simpático, mas, sinceramente, o livro não tem condições sequer de se comparar a qualquer dos romances de Chico: vi o quão suspeita era a gritaria, até nesse pormenor. Igualmente suspeito é o modo como* Folha, Veja *e uma horda de internautas fingem ver o caso do blog de Bethânia. O que me vem à mente, em ambas as situações, é a desaforada frase obra-prima de Nietzsche: "É preciso defender os fortes contra os fracos." Bethânia e Chico não foram alvejados por sua inépcia, mas por sua capacidade criativa.

Trata-se de uma abordagem intelectual e historicamente desonesta. O juízo de valor que Caetano faz do livro de Edney Silvestre é, como todo juízo de valor, arbitrário. Direito dele! A crítica ao Prêmio Jabuti estava relacionada ao critério, QUE MUDOU! Eu já disse por que os romances de Chico são ruins. Caetano não consegue dizer por que são bons! Prefere apelar à torcida, um jeito covarde de debater. Como o autor de *Leite derramado* tem uma legião de fãs, apela aos admiradores de seus trinados para que defendam a sua prosa. Eu duvido, mas não dá para comparar aqui, que Caetano seja um leitor de Nietzsche mais dedicado do que sou. Descolada a frase do contexto, pode servir à justificação da tirania, assim como a irmã do filósofo tentou fazê-lo um justificador do nazismo. Sem essa, Caetano Veloso! Nietzsche não ampara o nazismo nem explica o capilé para Maria Bethânia.

***A* Folha *disparou, maliciosamente, o caso. E o tratou com mais malícia do que se esperaria de um jornal que — embora seu dono e editor tenha dito à revista* Imprensa, *faz décadas, que seu modelo era a* Veja**

— se vende como isento e aberto ao debate em nome do esclarecimento geral. A Veja *logo pôs que Bethânia tinha ganho R$ 1,3 milhão quando sabe-se que a equipe que a aconselhou a estender à internet o trabalho que vem fazendo apenas conseguiu aprovação do MinC para tentar captar, tendo esse valor como teto. Os editores da revista e do jornal sabem que estão enganando os leitores. E estimulando os internautas a darem vazão à mescla de rancor, ignorância e vontade de aparecer que domina grande parte dos que vivem grudados à rede. Rede, aliás, que Bethânia mal conhece, não tendo o hábito de navegar na web, nem sequer sentindo-se atraída por ela.*

Não debato a *Folha*. Isso é coisa lá entre eles. No que diz respeito à *Veja*, Caetano mente de forma vergonhosa. A revista, reitero, tratou do assunto apenas na edição desta semana, sem uma única incorreção. Eu, no meu blog — e não sou "a" *Veja* —, escrevi vários posts a respeito. Respondendo à ex-cria da ARENA Jorge Furtado [o endereço do artigo encontra-se ao fim deste texto], expliquei o que era Lei Rouanet, deixei claro que autorização para "captação" não era concessão de verba do Orçamento e que o dinheiro, se conseguido, é público porque vem de renúncia fiscal. Como Caetano não consegue responder à crítica com fundamento, responde à que não tem fundamento porque precisa dizer alguma coisa. É uma das técnicas que Schopenhauer denunciava para se tentar ganhar um debate mesmo sem ter razão. É interessante saber que Bethânia "mal conhece a rede", como entidade que pairasse acima dessa vulgaridade. Vai ver é por isso que pediu logo de cara seiscentos paus para dirigir-se a si mesma, né, Caetano?

Os planos de Bethânia incluíam chegar a escolas públicas e dizer poemas em favelas e periferias das cidades brasileiras. Aceitou o convite feito por Hermano como uma ampliação desse trabalho. De repente vemos o Ricardo Noblat correr em auxílio de Mônica Bergamo, sua íntima parceira extracurricular de longa data. Também tenho fígado. Certos jornalistas precisam sentir na pele os danos que causam com suas leviandades. Toda a grita veio com o corinho que repete o epíteto "máfia do dendê", expressão cunhada por um tal Tognolli, que escreveu o livro de Lobão, pois este é incapaz de redigir (não é todo cantor de rádio que escreve um Verdade tropical*). Pensam o quê? Que eu vou ser discreto e sóbrio? Não. Comigo não, violão.*

Nessa baixaria, não entro. Aí deixo para o fígado de Caetano Veloso. Fato: nada disso torna explicável o benefício concedido a Maria Bethânia.

O projeto que envolve o nome de Bethânia (que consistiria numa série de 365 filmes curtos com ela declamando muito do que há de bom na poesia de língua portuguesa, dirigidos por Andrucha Waddington) recebeu permissão para captar menos do que os futuros projetos de Marisa Monte, Zizi Possi, Erasmo Carlos ou Maria Rita. Isso para só falar de nomes conhecidos. Há muitos que desconheço e que podem captar altíssimo. O filho do Noblat, da banda Trampa, conseguiu R$ 954 mil. No audiovisual há muitos outros que foram liberados para captar mais. Aqui o link: http://www.cultura.gov.br/site/wp-content/uploads/2011/02/Resultado-CNIC-184%C2%AA.pdf. Por que escolher Bethânia para bode expiatório? Por que, dentre todos os nossos colegas (autorizados ou não a captar o que quer que seja), ninguém levanta a voz para defendê-la veementemente?

Muitos erros não fazem um acerto. Caetano, a *soninha-toda-pura*, na definição de Wally Salomão, faz de conta que não entendeu a reação do distinto público. Aquela gente toda a que se refere, convenham, ao menos se dispôs a pôr o pé na estrada. Bethânia enviou um projeto ao Minc em que receberia R$ 50 mil por mês para... dirigir-se!

Não há coragem? Não há capacidade de indignação? Será que no Brasil só há arremedo de indignação udenista? Maria Bethânia tem sido honrada em sua vida pública. Não há nada que justifique a apressada acusação de interesses escusos lançada contra ela. Só o misto de ressentimento, demagogia e racismo contra baianos (medo da Bahia?) explica a afoiteza.

Ah, a velha acusação de racismo! Pra começo de conversa, "baiano" não é raça, Caetano. Raça nem mesmo existe!

Houve o artigo claro de Hermano Vianna aqui neste espaço. Houve a reportagem equilibrada de Mauro Ventura. Todos sabem que Bethânia não levou R$ 1,3 milhão.

E ninguém afirmou o contrário. Pare de responder a uma mentira!

Todos sabem que ela tampouco tem a função de propor reformas à Lei Rouanet. A discussão necessária sobre esse assunto deve seguir.

É o que todos estão fazendo, tendo como emblema um caso escandaloso.

Para isso, é preciso começar por não querer destruir, como o Brasil ainda está viciado em fazer, os criadores que mais contribuem para o seu crescimento. Se pensavam que eu ia calar sobre isso, se enganaram redondamente. Nunca pedi nada a ninguém. Como disse Dona Ivone Lara (em canção feita para Bethânia e seus irmãos baianos): "Foram me chamar, eu estou aqui, o que é que há?"

Ninguém pensava que Caetano fosse calar, convenham! Há anos ele é tomado como símbolo do homem que opina sobre tudo, e com mais convicção em assuntos sobre os quais não entende nada. O choque provocado pelo caso Bethânia foi até uma deferência à cantora. Como é um medalhão da MPB — aquilo que antigamente os tontos chamavam "ícone" —, não se esperava dela um projeto que previsse aquele desfrute.

Caetano responde àquilo que ninguém disse porque não teria como responder àquilo que se disse. Se não quer dançar comigo "nem morta", santa!, então tem de me deixar fora de sua cantilena nepotista. Se evoca o meu nome, é fatal que a gente se esbarre no salão!

(Endereço do artigo citado neste texto: http://veja.abril.com.br/blog/reinaldo/?s=Jorge+Furtado+Arena)

LUAN SANTANA GERA EMPREGO. E OS BUARQUE DE HOLANDA?

[01/08/2011]

É o fim da picada que a netinha de Lula consiga autorização do Ministério da Cultura para captar R$ 300 mil com intuito de montar *A megera domada*. A concessão nada tem a ver com Shakespeare. O que conta é o sobrenome desta grande atriz. É a cultura posta sob o tacão da *esquerdalha* chique dos Buarque de Holanda (no caso de Ana, "de Hollanda") e companhia, com a conivência dos "críticos" dos segundos cadernos. O que o "povo brasileiro", em nome de quem falam, ganhou até agora com a Lei Rouanet?

Luan Santana, o ídolo sertanejo-pop, é um dos maiores vendedores de CDs e DVDs do país (num tempo em que esses produtos estão em declínio no mundo!), faz uma média de cinco shows por semana, reúne perto de um milhão de pessoas por mês, emprega oitenta pessoas fixas e mobilizou nada menos de oitocentas para gravar um DVD, numa megaprodução como nunca houve no país, segundo dados do programa *Profissão Repórter*, da Globo. Ele tem vinte anos. Que eu saiba, não pega dinheiro da Lei Rouanet. Ao contrário: a renda de seus CDs e DVDs vai para obras assistenciais. Já fez doações milionárias para o Hospital do Câncer de Barretos e de Campo Grande, sua cidade natal.

Isso quer dizer que o Brasil de Luan Santana gera riqueza, empregos e distribui benefícios; o dos Buarque de Holanda mete a mão no bolso dos brasileiros na suposição de que os pobres, os desdentados e os sem-escola têm a obrigação de financiar suas metáforas. Aí vem o bobalhão e diz: "Ah, mas o que Luan faz não é arte..." Não chega a ser uma prioridade do blog, mas talvez fosse o caso de fazer um concurso de metáforas, metonímias e alegorias para a gente saber quem ganharia o concurso de cretinismo. Esse troféu Luan não levaria... Música é diversão, entretenimento. O debate sobre a qualidade pode ser feito, sim, segundo o gênero de cada um — de preferência, sem o financiamento do estado.

Com um pouco mais de esforço, dá até para arriscar alguma sociologia. Boa parte dos cantores pop-sertanejos vem da região Centro-Oeste, do interior do Brasil, em suma, as áreas que mais crescem e que têm sustentado a economia. Há, para sintetizar, os brasileiros que geram riquezas, das quais saem os impostos que financiam tanto os serviços de que são carentes os pobres como a farra, e há o Brasil que *chupinha* (não tem no dicionário; vem de *chupim*) quem trabalha, vendendo-nos a preço de ouro suas metáforas vagabundas e sua preguiça.

CHICO, LUAN E UMBERTO ECO [02/08/2011]

Sou fascinado por correntes de protesto, de opinião, gente organizada que entra no blog para rosnar contra isso e aquilo. E, como alguns já repararam, esse tipo de coisa só me assanha a sede, não é mesmo? Afirmei ontem [no texto imediatamente anterior a este] que Luan Santana, em certa medida, representa um Brasil superior àquela canalha que fica mamando nas tetas do estado, arrancando dinheiro dos pobres, via Lei Rouanet, para vender suas metáforas mixurucas, como se fossem artigo de primeira necessidade dos brasileiros. E, claro, lá veio a turma contestar o que não escrevi, a saber: "Que Luan Santana é superior a Chico Buarque."

Não escrevi, mas não estou dizendo que seja inferior, não. Eles são diferentes e cantam a públicos distintos. O povão, a quem o colecionador de Jabutis sempre tentou vender a sua "revolução socialista", ouve Luan Santana. Isso não qualifica obra de ninguém, claro! Mas o esquerdista que serve de modelo aos intelectuais do complexo Pucusp é o "intelectual" Chico Buarque, não o pop-sertanejo Luan. E, de resto, não tenho preconceito de nenhuma natureza. Aliás, sou caipira, todo mundo sabe. Dia desses, ao telefone, Gerald Thomas mangou dos meus "erres" interioranos, que até achou simpáticos. O garoto canta bem no seu gênero, e noto que é patrulhado por certo *bom-gostismo* vigarista, alimentado pela falsa profundidade.

Há mais: o samba reformado de Chico não diz quase nada a, calculo, uns 70% dos brasileiros. Milhões de nativos compartilham outra metafísica popular, que é a sertaneja. Já cansei de ler que "fulano é bom porque renovou o samba". Isso é, por si, um valor? Por quê? O Brasil deve ser o único país do mundo em que a música popular foi privatizada pelos intelectuais da contestação ou por especuladores da suposta alma do povo. E, bem, não custa notar: "Como é bom poder te amar!" será sempre superior a "amar uma mulher sem orifício". A primeira prática serve ao menos à reprodução do capital, não é mesmo?

O Brasil continua, em larga medida, a ser um país de nhonhôs, de aristocratas, de fidalgos, de intocáveis. Rodrigo Levino, na *Veja.com* [o endereço da resenha encontra-se ao fim do artigo], foi dos poucos com coragem para apontar, num texto pra lá de respeitoso, a ruindade do novo disco de Chico Buarque. No mais, o que se viu foi elogio haurido das rebarbas do mito — apelando, como afirmei, à tal falsa profundidade.

Umberto Eco tem um texto delicioso sobre a linguagem incompreensível dos catálogos de exposição de arte. Digamos que o crítico tenha de falar sobre a obra de Prosciuttini, um artista hipotético, que "há trinta anos pinta fundos ocre e, por cima deles, no centro, um triângulo isósceles azul com a base paralela à borda sul do quadro, à qual se sobrepõe, em transparência, um triângulo escaleno vermelho, inclinado na direção sudeste em relação à base do triângulo azul". Muito bem. O que dizer? Eco sugere algumas saídas impagáveis. Uma delas é esta:

> "A interpretação política. Observações sobre a luta de classes, sobre a corrupção dos objetos conspurcados por sua transformação em mercadoria. A arte como revolta contra o mundo das mercadorias. Triângulos de Prosciuttini como formas que recusam ser valores de troca, abertos à inventiva operária, expropriada pela rapina capitalista. Volta a uma idade de ouro, ou prenúncio de uma utopia, ou sonho de uma coisa."

Entenderam? Mas há outras vertentes interpretativas, como esta:

> "Naturalmente, o triângulo azul atravessado pelo triângulo vermelho é a epifania de um desejo que persegue um outro, com que jamais poderá identificar-se. Prosciuttini é o pintor da Diferença, ou melhor, da Diferença na Identidade. A diferença na identidade encontra-se também na relação 'cara-coroa', numa moeda de cem liras, mas os triângulos de Prosciuttini se prestariam igualmente para que neles fosse reconhecido um caso de Implosão, como, por sinal, também nos quadros de Pollock e na introdução de supositórios por via anal (orifícios negros). Nos triângulos de Prosciuttini, há, contudo, também a anulação recíproca de valor de uso e de valor de troca."

Eco ironiza, naturalmente, aqueles que deixam a obra de lado e passam a fazer da própria crítica um monumento à mistificação — já que é obrigatório falar bem de Prosciuttini, afinal de contas.

Muito bem. Li outro dia a crítica que Arthur Nestrovski, diretor artístico da Osesp (um nomão!), fez do novo disco de Chico Buarque. Lembrei-me do texto de Umberto Eco. Foi publicada no *Estadão*, que nos informa tratar-se de uma versão ampliada da apresentação que o crítico fez do CD do cantor. Em suma, o texto do jornal era uma variante espichada de um release. Ao menos o aviso está lá. Nestrovski não se aperta com o seu Prosciuttini de olhos glaucos. Escreve sobre a obra:

> "(...) No extremo oposto do CD, na penúltima faixa que espelha esta segunda, a própria canção se recria, ou se rouba, agora em forma de irresistível samba, 'Barafunda': 'Era Aurora/ Não, era Aurélia/ Ou era Ariela/ Não me lembro agora...' E quem será que está ali cantando, nessa canção em que mulheres apaixonantes do passado — incluindo, impossivelmente, a Ariela de *Benjamin* — vão se confundindo com grandes craques de futebol, em lembranças mal desfiadas que também abrem espaço para fulgurações da história e exultações de carnaval?
>
> Alguém tem dúvida? Só pode ser aquele campeão do esquecimento seletivo, o inesquecível ancião Eulálio, de *Leite derramado*, cujo monólogo vê-se agora roubado e transformado em samba-do-crioulo-doido, em que se cruzam paixão, futebol e política. Mas este é um Eulálio feliz, reencarnado em Elza Soares (já que a canção cita diretamente 'Dura na queda', escrita para Elza) e com direito até a uma aparição da musa Maristela.
>
> Em retrospecto, a forma do disco se desenha assim, em espelho. São oito canções de amor, de 'Rubato' (que alude a *Budapeste*) a 'Barafunda' (que evoca *Leite derramado*)."

Quem acompanha sabe: o crítico citou aí os livros de Chico Buarque e se entende, então, que um dos valores da obra do cantor é remeter à do escritor, de sorte, então, que citar-se passa a ser, em si, uma virtude. O crítico gostou especialmente de "Meu querido diário", aquela da "mulher sem orifício" porque, atenção!, a música é "entoada por um personagem que entra de cara para o acervo das grandes criações do Chico, captando disfunções sociais do Brasil com uma antena que só ele tem". Ou, para voltar a Umberto Eco, "a arte como revolta contra o mundo das mercadorias; triângulos de Prosciuttini como formas que recusam ser valores de troca".

Meus queridos, já passei há muito do ponto de referendar unanimidades para não parecer esquisito ou de contestá-las necessariamente para me fazer de diferente. A segunda postura é típica dos jovens em busca de espaço — não é o meu caso —, e a primeira, dos coroas covardes: idem; meio coroa sim; covarde não. Se bem que já vai longe o tempo mesmo da rebeldia juvenil; a molecada hoje em dia, quase sem exceção, se comporta como mera despachante do pensamento politicamente correto. Os de dezoito, com frequência, estão mais velhos do que os de cinquenta...

Eu não tinha feito uma avaliação estética de Luan Santana. Só disse por que, numa pegada puramente econômica, ele representa um Brasil mais honesto, mais dinâmico, mais decente, mais empreendedor, do que o dos pilantras que ficam mamando nas tetas do estado, montando shows, fazendo discos e criando "arte" com dinheiro dos pobres. Mas também não estou dizendo que ele esteja abaixo de algumas reputações ditas "superiores" da cultura popular.

Não é difícil desmontar, como se vê, a falácia intelectual de certas leituras supostamente doutas da obra dos supostamente doutos. Sem contar que a balança comercial do Brasil caipira é superavitária! Adoro que me provoquem. Pode vir mais. Eu cedo a certas provocaçoes.

(Endereço da resenha de Rodrigo Levino, publicada em *Veja.com*, para o disco de Chico Buarque: http://veja.abril.com.br/noticia/celebridades/novo-chico-buarque-da-saudade-do-velho.)

3.4 Do sindicalismo gay

O MEC E "ATÉ ONDE ENTRA A LÍNGUA" [31/03/2011]

Há um vídeo [endereço ao fim do texto] que reproduz parte da sessão da Comissão de Legislação Participativa da Câmara, ocorrida no dia 23 de novembro de 2010. Apresentou-se ali o material didático sobre homossexualidade que o Ministério da Educação pretendia distribuir nas escolas. O destaque da sessão, acho eu, é a intervenção de André Lázaro, então secretário de Educação Continuada, Alfabetização e Diversidade do MEC. Ao discutir um dos filmes que o MEC preparou para as escolas, deixa claro que houve uma certa hesitação da equipe: "até onde entrava a língua" num beijo lésbico. Essa era a única dúvida, pelo visto. As palavras são dele, como vocês poderão ver se assistirem ao filme, não minhas. Lázaro não está mais no Ministério da Educação. Agora é secretário executivo de Direitos Humanos da Presidência da República. Na sessão, também foi apresentado o filme em que um adolescente chamado José Ricardo diz ser, na verdade, "Bianca". O vídeo é bem ruim, mas é bastante ilustrativo.

Na plateia, não havia pais, educadores ou coisa parecida. Era composta, basicamente, de correntes, as mais variadas, do movimento gay. Os gays têm todo o direito de reivindicar direitos, proteção, o que seja. Na democracia, todos são livres para se organizar. Mas não lhes cabe dizer como os nossos filhos devem ser educados, eis o ponto. Não só isso: NÃO CABE AO ESTADO FAZER ESSA ESCOLHA EM LUGAR DAS FAMÍLIAS.

Que a escola deva defender valores como tolerância, convivência com a diferença, respeito ao outro, disso tudo não tenho a menor dúvida. Mas tomar o lugar dos pais, da família, em matéria que diz respeito a valores morais? Aí não dá! É simplesmente espantoso que uma autoridade do MEC se dê ao desfrute de, numa comissão da Câmara, afirmar que a equipe só divergiu quanto à profundidade do beijo de língua entre duas meninas. É um troço acintoso. "Oh, que moralismo! Oh, que carola!"

Ainda que fosse isso, o estado, como elemento neutro, tem de assumir que lida com valores diversos e que não lhe cabe abrir mão dessa neutralidade. Mas meu ponto é outro. Será mesmo esse o papel da escola? Os professores são incapazes de debater conceitualmente um assunto? É preciso mostrar o beijo lésbico para que se possa falar em tolerância? É preciso exibir um garoto cantando outro no banheiro para que se possa tratar do assunto? Daqui a pouco alguém advoga que não se poderá falar de educação sexual sem exibir o ato em sala de aula. Tenham paciência!

O Brasil tem uma das piores escolas do mundo! Se formos estabelecer uma relação entre o tamanho da economia e a qualidade do ensino, certamente é aquele que exibe a pior relação. Nessa toada, entraremos, em breve, num processo de involução. A educação, na média, é um lixo. Em contrapartida — como se contrapartida fosse —, devemos ter um dos ensinos mais ideologizados do planeta. Há alguma coisa muito errada no país que tem, então, o pior ensino "progressista" do mundo, não é mesmo?

Não adianta me satanizar. Já disse que não dou bola pra isso. Os gays querem casar? Por mim, tudo bem! Defendo, para escândalo de muitos, sob certas condições que também devem ser exigidas de heterossexuais, que possam adotar crianças. Não acho, à diferença do deputado Bolsonaro, que alguém se torne homossexual em razão da convivência com homossexuais etc.

Mas há escolhas que são das famílias.

(Endereço do vídeo: http://www.youtube.com/watch?feature=player_embedded&v=PTW-1WsaoMs)

O AI-5 DA DEMOCRACIA [06/05/2011]

Se o texto constitucional não vale por aquilo que lá vai explicitado, então tudo é permitido. Vivemos sob a égide do AI-5 da democracia: o politicamente correto. Aquele suspendia todos os direitos, ouvidas certas instâncias da República, que a Carta assegurava. Na sua violência estúpida contra a ordem democrática, tinha ao menos a virtude da sinceridade. O politicamente correto também pode fazer da lei letra morta, mas será sempre em nome, diz-se, da democracia e da justiça.

É uma burrice ou uma vigarice intelectual analisar a decisão de ontem do Supremo [Nota do Editor: o STF reconheceu a união civil entre homossexuais, assegurando a esses casais os mesmos direitos dos heterossexuais] segundo o gosto ou a opinião pessoal. E daí que eu seja favorável ao casamento gay e mesmo à adoção de crianças por casais "homoafetivos"? Não está em debate se a decisão é "progressista" ou "reacionária". O fato é que o Supremo não pode recorrer a subterfúgios e linguagem oblíqua para tomar uma decisão contra o que vai explicitado no Artigo 226 da Constituição. O fato é que o Supremo não pode tomar para si uma função que é do legislador. E a Carta diz com todas as letras:

Art. 226.

A família, base da sociedade, tem especial proteção do Estado.

§ 3º — Para efeito da proteção do Estado, é reconhecida a união estável entre o homem e a mulher como entidade familiar, devendo a lei facilitar sua conversão em casamento.

Gilmar Mendes, diga-se, chamou a atenção para esse aspecto legiferante da corte nesse particular. Será sempre assim? Toda vez que o Supremo acreditar que o Parlamento falhou ou que está pautado por inarredável conservadorismo vai lá e resolve o problema? Que outras falhas as excelências julgam que o Congresso está cometendo? Em que outros casos pretendem legislar?

SE, NA DEMOCRACIA, NENHUM PODER É SOBERANO, ENTÃO, ONTEM, O SUPREMO FOI SOBERANO E FRAUDOU A DEMOCRACIA.

Desconheço país (se o leitor souber de algum caso, me diga) que tenha aprovado o casamento gay ou "união homoafetiva" — para usar essa linguagem docemente policiada — por decisão dos togados. Isso é matéria que cabe ao Legislativo. Não no Brasil. Por aqui, os membros da nossa corte suprema consideraram que o legislador estava demorando em cumprir a sua "função".

Uma das características do politicamente correto, na sociedade da reclamação inventada pelas minorias influentes, consiste justamente na agressão a direitos universais em nome da satisfação de reivindicações particularistas. O que se viu ontem no STF, por dez a zero, reputo como agressão grave ao princípio da harmonia entre os Poderes. De fato, igualar o casamento gay ao casamento heterossexual não muda em nada o direito dos heterossexuais. Fazê-lo, no entanto, contra o que vai explicitado na Carta agride a constitucionalidade. E, então, sobra a pergunta: quando é o próprio Supremo a fazê-lo — e por unanimidade —, apelar a quem?

Vivemos tempos em que a interpretação capciosa — mas para fazer o bem, claro! — da Constituição se sobrepõe ao sentido objetivo das palavras. Sim, é verdade, a Carta tem como cláusula pétrea o princípio de que todos os homens são iguais perante a lei. Mas não é ela mesma a admitir desigualdades em situações específicas? Os indivíduos adquirem maioria civil e penal aos dezoito anos — e a suposição é a de que sejam plenamente responsáveis por seus atos. Mas atenção! Nessa idade, ainda estão privados de alguns direitos. Não podem se candidatar a certos cargos públicos. Vejam as idades mínimas necessárias até a data da posse, previstas no Artigo 14:

a) trinta e cinco anos para Presidente e Vice-Presidente da República e Senador;

b) trinta anos para Governador e Vice-Governador de Estado e do Distrito Federal;

c) vinte e um anos para Deputado Federal, Deputado Estadual ou Distrital, Prefeito, Vice-Prefeito e juiz de paz;

d) dezoito anos para Vereador.

4º — São inelegíveis os inalistáveis e os analfabetos.

Assim como a lei desiguala os iguais ao estabelecer precondições de elegibilidade, desiguala-os, também, ao reconhecer a união estável, o casamento: ela existe entre "homem e mulher". O ministro Ricardo

Lewandowski torce a verdade, vênia máxima, quando afirma que aquilo está ali só a título de exemplaridade. Não! Nada no texto sugere isso. Não chega a ser nem mesmo uma interpretação. Que especial maturidade tem um homem de 35 anos que não tenha um de trinta? Podemos até achar a restrição idiota. Mas está no texto constitucional, assim como está a definição do que é, aos olhos do estado, "união estável".

Acredito que não haja jurista no país, ainda que no silêncio do claustro, que não tenha confrontado a decisão do Supremo com a Constituição e constatado que, a rigor, a partir de agora, tudo é possível. A propósito: como é que se pode admitir a existência de cotas raciais, por exemplo, se o princípio da igualdade, usado para fraudar o Artigo 226, for aplicado? Nesse caso, a falácia intelectual é de outra natureza: dadas as desigualdades históricas entre negros e brancos, então só se pode praticar a igualdade que o texto prevê praticando a desigualdade benigna, entenderam?

É... Haverá o dia em que João Pedro Stedile descobrirá o caminho do Supremo para abençoar suas invasões porque, afinal, a Constituição prega a "função social" da propriedade. Submetendo o texto constitucional a torções, pode-se até mesmo censurar a imprensa em nome do direito à privacidade. Os bobinhos que ficam soltando foguetes para a decisão de ontem do Supremo não percebem que direitos fundamentais podem estar em risco — se não for com esta composição da corte, pode ser com outra, algum dia. Uma decisão do Supremo que agride a Constituição não é nem progressista nem reacionária: só é perigosa Mas dizer o quê? Quantos são os nossos jornalistas que leram efetivamente a Constituição?

Argumentações

Separei alguns trechos de votos lidos no Supremo. Vejam o que disse, por exemplo, Lewandowski:

> "Com efeito, a ninguém é dado ignorar — ouso dizer — que estão surgindo, entre nós e em diversos países do mundo, ao lado da tradicional família patriarcal, de base patrimonial e constituída, predominantemente, para os fins de procriação, outras formas de convivência familiar, fundadas no afeto, e nas quais se valoriza, de forma particular, a busca da felicidade, o bem-estar, o respeito e o desenvolvimento pessoal de seus integrantes."

Segundo entendi, a família "patriarcal", "de base patrimonial", para "fins de procriação", é a heterossexual. Já a "homoafetiva" é fundada no "afeto" e na "busca da felicidade". Que eu saiba, Lewandowski não é gay, mas me parece ter sido um tanto heterofóbico... Os gays transam porque amam; os héteros, para fazer neném... Nada de sacanagem, pelo visto, nem num caso nem no outro! A família hétero é de "base patrimonial" (credo!; que cheiro de propriedade privada!). A família gay só quer ser feliz, nem que seja numa cabana. É Dirceu com Dirceu e Marília com Marília na cabana! E muito amor! Tome tento, ministro! Mas atenção para o que afirma depois:

> "Assim, muito embora o texto constitucional tenha sido taxativo ao dispor que a união estável é aquela formada por pessoas de sexos diversos, tal ressalva não significa que a união homoafetiva pública, continuada e duradoura não possa ser identificada como entidade familiar apta a merecer proteção estatal, diante do rol meramente exemplificativo do art. 226, quando mais não seja em homenagem aos valores e princípios basilares do texto constitucional."

As palavras fazem sentido, ministro Lewandowski! Ou bem o texto constitucional é "taxativo" ou bem é "exemplificativo". E ele é taxativo!

Lewandowski foi de uma impressionante pureza neste trecho:

> "Cuida-se, enfim, a meu juízo, de uma entidade familiar que, embora não esteja expressamente prevista no art. 226, precisa ter a sua existência reconhecida pelo Direito, tendo em conta a existência de uma lacuna legal que impede que o Estado, exercendo o indeclinável papel de protetor dos grupos minoritários, coloque sob seu amparo as relações afetivas públicas e duradouras que se formam entre pessoas do mesmo sexo."

Vale dizer: o ministro admite que o casal gay não está abrigado no Artigo 226 e aponta uma lacuna legal. No mundo inteiro, lacunas legais são preenchidas por aqueles que têm a função de preencher lacunas legais: os legisladores. Às cortes, cabe a aplicação da lei.

Para encerrar, e a coisa poderia ir longe, destaco um trecho do voto da ministra Carmen Lúcia, que também reconhece, na prática, o desrespeito ao Artigo 226:

> "É exato que o § 3º do art. 226 da Constituição é taxativo ao identificar que *'Para efeito da proteção do Estado, é reconhecida a união estável entre o homem e a mulher como entidade familiar'*. Tanto não pode significar, entretanto, que a união homoafetiva (...) seja, constitucionalmente, intolerável e intolerada, dando azo a que seja, socialmente, alvo de intolerância, abrigada pelo Estado Democrático de Direito. Esse se concebe sob o pálio de Constituição que firma os seus pilares normativos no princípio da dignidade da pessoa humana, que impõe a tolerância e a convivência harmônica de todos, com integral respeito às livres escolhas das pessoas."

Assim como homem é homem, mulher é mulher, uma coisa é uma coisa, e outra coisa é outra coisa. Há uma definição na Constituição do que é "união estável", que goza da proteção do estado. E não cabe ao Supremo reescrever o que está lá ou ignorá-lo. A intolerância social é outro departamento — que não se resolve por medida cartorial, especialmente quando um Poder resolve usurpar as prerrogativas de outro.

Alguém até poderia dizer: "Pô, Reinaldo, alguém tem de legislar no Brasil, né? Você, por acaso, acha que o Congresso vai fazer isso?" Pois é.

É isto: o STF agora virou a tenda dos milagres. Façam fila! Em nome da "dignidade" e da "igualdade", tudo é permitido. Inclusive ignorar a Constituição numa corte constitucional. E isso, meus caros, nada tem a ver com gays ou héteros. Isso tem a ver com os brasileiros, gays e héteros.

AS BARBIES LÉSBICAS E DOIS KENS NA BANHEIRA [17/05/2011]

Então... Aí o deputado Jair Bolsonaro (PP-RJ), com aquele seu estilo muito característico, diz que a militância gay quer ensinar "gayzismo" para as crianças, e os progressistas ficam todos arrepiados, acusando-o de "reducionista", "reacionário", sei lá o quê. Nota à margem: militante gay é tão sinônimo de "homossexual" quanto um sindicalista da CUT é sinônimo de trabalhador, e chefão do MST, de homem do campo. Entenderam?

A *Folha* de hoje traz um artigo espantoso, escrito por Leandro Colling, identificado como "professor da Universidade Federal da Bahia, presidente da Associação Brasileira de Estudos da Homocultura e membro do Conselho Nacional LGBT" [o endereço do texto encontra-se ao fim deste]. Será professor de quê?

Leandro deixa claro o seu propósito: não quer apenas a afirmação das "identidades" sexuais LGBTTTs, WXYZ, XPTO... Nada disso! Ele também quer "problematizar" as demais identidades, compreenderam? Em particular, seu texto deixa claro, quer "problematizar a heterossexualidade" para discutir a "heteronormatividade". Ele acha que os heterossexuais vivem na "zona de conforto". Certo! Leandro é do tipo que acredita que ninguém pode estar em paz com a sua sexualidade, especialmente se for hétero... Santo Deus!

Numa manifestação de rara estupidez, fornecendo munição, inclusive, para a homofobia, escreve, contrariando a história, a psicanálise, a psicologia, a biologia, a sociologia, a Lei da Evolução...

> "Ela [heterossexualidade] é a única orientação que todos devem ter. E nós não temos possibilidade de escolha, pois a heterossexualidade é compulsória. Desde o momento da identificação do sexo do feto, ainda na barriga da mãe, todas as normas sexuais e de gêneros passam a operar sobre o futuro bebê. Ao menor sinal de que a criança não segue as normas, os responsáveis por vigiar os padrões que construímos historicamente, em especial a partir do final do século 18, agem com violência verbal e/ou física. A violência homofóbica sofrida por LGBTTTs é a prova de que a heterossexualidade não é algo normal e/ou natural. Se assim o fosse, todos seríamos heterossexuais. Mas, como a vida nos mostra, nem todos seguem as normas."

Se bem entendi, as grávidas também terão de ser vigiadas. Tão logo o ultrassom aponte o sexo do bebê, os pais dos meninos comprarão roupinha cor-de-rosa para contestar a "heteronormatividade", e os das meninas, azul. Assim que o Júnior nascer (o nome será proibido), ganha uma boneca, que não será "heteronormativa" nem "louro-normativa". Que tal uma cafuza ou mameluca, vestida com as roupas do Ken? Num raciocínio de rara delinquência intelectual, ele conclui que, se a heterossexualidade fosse normal e/ou natural, não haveria homossexuais... E é professor universitário! É... Nas outras espécies animais, não se debate outra coisa: como acabar com a heteronormatividade dos cães, dos golfinhos, dos gatos e dos pica-paus...

Kit gay

É o militante quem confessa, com todas as letras, qual é o objetivo do "kit gay" preparado pelo MEC:

> "Precisamos desenvolver, simultaneamente, estratégias que lidam mais diretamente com o campo da cultura, a exemplo de ações nas escolas, na mídia e nas artes. O projeto Escola sem Homofobia, assim, não correria o risco de apenas interessar a professores/aos alunos/e aos LGBTTTs."

Entenderam? O "kit gay" é mesmo para patrulhar as crianças que correm "o risco" de cair na "heteronormatividade"... A "vitória" no STF foi só o primeiro passo. O segundo é aprovar a chamada lei que criminaliza a homofobia, fazendo da "questão de gênero" um tema de polícia. E a terceira é levar o proselitismo "homoafetivo" para as escolas. Colling esclarece, e devemos confiar no que diz porque é militante da causa: não é para provar que todos somos iguais perante a lei; é para tirar os heterossexuais da "zona do conforto". Como poderia dizer o ministro Ayres Britto, ele acha que os héteros ainda não pensaram suficientemente sobre o seu "regalo", o seu "bônus", o seu "plus a mais"...

Agora estou entendendo melhor aquele livro [*Por uma vida melhor*, obra abordada numa sequência de textos publicados neste livro, a partir da página 333] aprovado pelo MEC! A língua portuguesa considerada culta é a heteronormatividade da gramática. O próximo passo é acabar com a aritmético-normatividade, a geométrico-normatividade e a científico-normatividade.

Está tudo aí, senhores parlamentares! Decidam!

(Endereço do artigo de Leandro Colling: http://www1.folha.uol.com.br/fsp/opiniao/fz1705201107.htm)

PROSELITISMO GAY E ERRO DE MATEMÁTICA [25/05/2011]

A presidente Dilma Rousseff suspendeu o chamado "kit gay" que seria distribuído nas escolas. Um dos filmes que compõem o material certamente vai partir os corações dos que acreditam que é preciso fazer proselitismo "homoafetivo" nas escolas [o endereço do vídeo encontra-se ao fim do texto]. Se tiverem paciência, vejam. Vale a pena. O problema não está só na tese, não! O filminho até poderia ser sério ao tratar da homossexualidade — não é! Faço um breve resumo do roteiro.

No filminho do MEC, Leonardo é um garoto heterossexual que muda de cidade. Sofre porque deixa para trás a namorada, Carla. Na nova escola, conhece Mateus. Ficam amigos e acabam alvos da chacota dos colegas. O outro revela ser gay. Numa festa, Leonardo conhece Rafael, primo de Mateus. E, vejam só, o hétero Leonardo, o ex-namorado de Carla, se apaixona e sente atração sexual pelo rapaz. Fica confuso. "Será que ele era gay?" Mal conseguia prestar atenção à aula de matemática... Mas, diz o filme, na "aula de probabilidade", aprendeu que não precisava escolher. Poderia ficar com meninas e meninos.

Huuummm...

E aí se dá a maravilha matemática. Segundo o filme, "foi copiando a lição de probabilidade, que Leonardo teve um estalo: por que precisaria decidir ficar só com garotas ou só com garotos se ele se interessava pelos dois? E ele não era de ficar com qualquer um. Mas, quando ele gostava, não importava se era garoto ou garota. E, gostando dos dois, a probabilidade de encontrar alguém por quem sentisse atração era quase 50% maior. Tinha duas vezes mais chance de encontrar alguém (...)!"

Bem, vocês entenderam o, digamos assim, sentido moral da coisa. A mensagem é a seguinte: qualquer um que assiste ao vídeo, qualquer daqueles estudantes presentes, pode, a exemplo de Leonardo, ser gay e não saber — ou, no caso, bissexual. Implicitamente, incita-se a experimentação. Se não tentar, como sabê-lo, não é mesmo? A tese é obviamente furada, basta vocês procurarem qualquer pessoa que estude o assunto a sério.

Agora a matemática. Não! Se Leonardo, antes, colhia os seus namoros em apenas 50% do público namorável — as meninas — e poderia, descoberta a sua bissexualidade, fazer a coleta também nos outros 50%, então a probabilidade de encontrar alguém por quem sentisse atração "era 100% maior", não 50%. Erro de matemática. Bando de ignorantes! O professor que ensinou probabilidade para o Leonardo deveria ser um craque em homoafetividade, mas um estúpido na sua disciplina.

Há outro erro, este de matemática e de língua. Se tenho uma laranja e você tem duas laranjas, você não tem "duas vezes mais laranja do que eu", mas apenas uma. Quando a chance de alguém dobra, aumentou uma vez, não duas.

Por que setores da imprensa estão cegos para essa questão? Em primeiro lugar, por ignorância. Boa parte dos jornalistas jovens aprendeu "cidadania" na escola, não matemática. De resto, que importância tem essa disciplina quando é preciso provar que todo mundo, no fundo, bem lá no fundo, é gay e não sabe?

Assinam essa porcaria as entidades estrangeiras Pathfinder (EUA) e Gale (Holanda) e as ONGs Reprolatina, Comunicação em Sexualidade e ABGLT. A turma que aprova um troço com um erro crasso desses para ser exibido nas escolas merece é demissão. Fora, Fernando Haddad! Em nome do não preconceito, este senhor promove a violação da língua portuguesa e, agora, da matemática. Atenção! Esta porcaria foi aprovada por uma "comissão" do MEC e ninguém se deu conta do erro.

(Endereço do filme: http://www.youtube.com/watch?feature=player_embedded&v-=TEcra9BBOdg)

A MARCHA DA INTOLERÂNCIA [10/04/2012]

Escrevi aqui alguns posts sobre o processo que o Ministério Público Federal move contra o pastor Silas Malafaia, da Assembleia de Deus [o endereço para a sequência de textos a respeito encontra-se ao fim deste artigo]. A maioria de vocês deve conhecer o assunto, mas sintetizo para quem está chegando agora. Em junho do ano passado, a passeata gay levou à avenida modelos caracterizados como santos católicos em situações homoeróticas. Também prometeu imprimir as imagens em 100 mil invólucros de camisinha. Não sei se realmente o fez. Malafaia censurou o comportamento das lideranças gays e recorreu a determinadas palavras que o MP caracterizou como incitamento à violência. Dada a transcrição de sua fala que circulava por aí, o processo já me parecia absurdo. Agora que vi o vídeo, vai além do absurdo: trata-se de um troço acintoso, típico de sociedades totalitárias, o que ainda não somos (embora estejamos no rumo). Sei que muitos vão ficar indignados com o que vem agora, mas paciência! Quem está sendo vítima de preconceito é Malafaia! Antes que o demonstre, algumas considerações de ordem geral.

Não vou colaborar, com o meu silêncio, para a reinstalação da censura no Brasil, dê-se ela pela via judicial ou por força do barulho de grupos de pressão que repudiam a democracia. Quando rompi com a esquerda lá atrás, na juventude, foi exatamente por isto: não aceito que partido, grupo ou grupelho decidam o que posso pensar ou não — em especial quando essa patrulha se exerce na contramão de direitos garantidos por uma Constituição democrática. Desde o fim do regime de exceção, não percebo tão presente a patrulha. Corri um risco razoável sendo um adolescente meio bocudo contra a ditadura. A democracia nos permitiu o suspiro de alívio. Agora, ameaça-nos uma nova censura: não pensar de acordo com os que se organizam em grupos e hordas para definir "a verdade". Não raro, é gente que depreda a liberdade que outros conquistaram. Modéstia às favas, estou entre esses "outros". Volto ao caso.

Não sou evangélico. Não conheço Silas Malafaia. Nunca falei com ele. Discordo de algumas de suas teses, e, se leu uma coisa ou outra que escrevo, sabe disso. Mas tentar processá-lo por aquilo que não fez!? Acusá-lo de crime que não cometeu!? E tudo porque seus acusadores formam, afinal, um grupo hoje influente, organizado a tal ponto que o país pode votar uma dita lei anti-homofobia que é uma espécie de AI-5 Constitucional filtrado pela teoria da "diversidade sexual"? Aí, não dá! Não será com o meu silêncio.

Esses grupos militantes — gays, feministas, racialistas, minorias várias — são muito ligeiros em acusar seus adversários de "fascistas", de "autoritários", de "reacionários", mas impressionam a rapidez e a desenvoltura com que defendem a censura, a punição de quem pensa diferente, a exclusão dos adversários do mundo dos vivos. Esses intolerantes são, em suma, intoleráveis.

Quem me acompanha sabe o que penso. Ninguém é gay porque quer — fosse escolha, todos seriam heterossexuais. Sou favorável à união civil, por exemplo. Mas considerei, e considero, absurda a decisão do Supremo que igualou legalmente os casais gays aos héteros. A razão é simples. A Constituição é explícita ao afirmar que a união civil se estabelece entre homem e mulher. Sem a mudança da Carta — o que só pode ser feito pelo Congresso —, o Supremo legislou e fez feitiçaria constitucional. Atrás desse precedente, podem vir outras "interpretações criativas" da nossa Lei Maior.

De fato, a tal Lei Anti-Homofobia é um mimo do autoritarismo, sob o pretexto de proteger uma categoria. Entre outros absurdos, um chefe ou dono de uma empresa, ao dispensar um funcionário gay ou ao não contratar um candidato gay, teria de provar que não age movido por "homofobia". Uma lei que torna, de saída, suspeita a esmagadora maioria dos brasileiros não é uma boa lei.

A proteção a minorias não pode ser maximizada a ponto de pôr em risco direitos fundamentais — entre eles, a liberdade de expressão. Esse caso envolvendo Malafaia me incomodou especialmente porque é preciso pôr um ponto final à ousadia dessas hordas fascistoides que saem por aí satanizando pessoas na internet, atribuindo-lhes coisas que não disseram e não escreveram. Eu mesmo sei que sou saco de pancada de alguns grupos militantes — e da rede suja alimentada por dinheiro oficial. É claro que toda essa gente tem motivos de sobra para me detestar. Mas que o fizessem, ao menos, com coisas que realmente me pertencem, que saíram do meu teclado. Não! Em nome do que dizem ser a "democracia", a "igualdade de direitos", "o combate ao preconceito", mentem de forma deslavada, metódica, decidida.

Vocês podem assistir ao vídeo [o endereço está no fim deste artigo] em que ele critica a decisão dos gays de levar os "santos homoeróticos" para a avenida. Ninguém precisa concordar, reitero, com a sua análise, o seu estilo, as suas escolhas. Mas será mesmo que pregou agressão física aos gays? Vamos ver.

Em 1min27s, criticando o silêncio da imprensa diante da agressão cometida contra os símbolos católicos, o pastor afirma: "E a imprensa não diz nada. Não baixa o porrete." Ora, é óbvio que não está censurando a imprensa por esta não ter batido nas lideranças gays, certo? "Não baixar o porrete" quer dizer, simplesmente, não criticar, omitir-se, silenciar. Malafaia conta que é alvo constante de sites gays, que o chamam de "doente" e que exploram a sua imagem, associando-o a coisas não muito boas. A gente sabe bem como é isso. Aos 2min26s, referindo-se a interlocutores que lhe recomendam que processe seus detratores, conta o que lhe dizem: "Pastor mete o pé; entra contra eles [na Justiça]." E emenda: "Eu lá vou perder meu tempo com isso?" Evidentemente, não lhe estão recomendando que chute as lideranças gays, mas que recorra à Justiça.

Aos 3min22s, Malafaia se refere explicitamente à Igreja Católica. Assim:

> "É pra Igreja Católica entrar de pau em cima desses caras, baixar o porrete em cima, pra esses caras aprenderem. É uma vergonha. Protestar, sabe? Pra poder anunciar... Botar pra quebrar. Pagar em jornais notícias! Não querem dar? Paguem aí vocês da Igreja Católica, botem notícia pro povo saber. Isso é uma afronta, senhores! É o que eles querem! Depois querem chamar a gente de doente. Quem são os doentes, afinal de contas, que não respeitam a religião de ninguém, que debocham da religião dos outros, que debocham dos outros? Quem são os doentes?"

Resta escandalosamente claro que expressões como "baixar o porrete" e "entrar de pau" sugerem uma reação no terreno da comunicação. Ele é explícito ao sugerir que a Igreja Católica pague anúncios na grande imprensa protestando contra a ofensa. É isso o que quer dizer "baixar o porrete".

Cadê o incitamento à violência? Cadê a discriminação? Cadê a homofobia? Então os militantes gays — que trato como grupo distinto dos cidadãos gays — podem não só vilipendiar símbolos católicos (e não estou sugerindo medidas legais contra eles, não! Mas têm de aguentar a reação da sociedade, certo?) como agora têm o poder, também, de decidir o que é e o que não é crime porque contam com um Ministério Público sensível à sua causa? Ora, vão plantar batatas!

Até o senador Lindberg Farias (RJ), que é do PT — e isso quer dizer que não é da minha turma ideológica —, num rasgo de bom-senso, afirmou que Malafaia não tinha incitado a violência coisa nenhuma. Foi alvo de um protesto veemente do setor GLTBXYZ do partido. Na carta que lhe enviaram, curiosamente, nem entram no mérito da acusação. Contentam-se em tratar o pastor como inimigo. Vale dizer: se é inimigo, que importa que possa ser injustamente acusado?

Não vou silenciar diante disso! Posso discordar de Malafaia em muita coisa. E daí? Mas concordo plenamente com o seu direito de dizer o que pensa. Mais ainda: concordo que ele deve arcar com o peso do que disse — como qualquer um de nós —, mas jamais com o peso daquilo que não disse.

Agora que vi o vídeo, digo com todas as letras: a ação do Ministério Público é ridícula. Serve apenas para alimentar a militância com uma causa. E se trata, obviamente, de mais uma tentativa de molestar quem não reza segundo a cartilha. O MP não é polícia do pensamento. E me parece que deve ser, sim, apurada a falha funcional de quem mobilizou recursos públicos para mover uma ação que se caracteriza, por seus próprios termos, como uma falsa imputação de crime.

O movimento gay tem todo o direito de combater as ideias de Malafaia — como reivindico o direito de criticar as coisas de que não gosto. Mas que tal fazer um embate honesto de pontos de vista? O único tratado com preconceito até agora, nessa história, é o pastor. Odiar o que ele diz é um direito. Tentar processá-lo pelo que não disse é coisa de ditadores, de totalitários, de intolerantes.

(Endereço do vídeo: http://veja.abril.com.br/blog/reinaldo/geral/a-marcha-da-intolerancia-ou-a-unica-vitima-de-preconceito-e-o-pastor-ou-os-fascistoides-do-bem-estao-cada-vez-mais-assanhados/)

(Endereço da sequência de textos sobre a questão: http://veja.abril.com.br/blog/reinaldo/?s=Malafaia+Minist%C3%A9rio+P%C3%BAblico/)

(Nota: a Justiça extinguiu a ação contra Malafaia.)

PLC 122 CONTINUA AUTORITÁRIO [15/05/2012]

A dita lei anti-homofobia, mesmo na versão amenizada que está no Senado, é um coquetel de inconstitucionalidades. Isso não quer dizer que, se submetida à análise do Supremo, não vá ser considerada mais um primor do "direito criativo", uma área em que o Brasil está virando craque. Sabe-se, por exemplo, que a senadora Marta Suplicy quer pressão da sociedade para aprovar a tal lei. "Pressão da sociedade" significa a organização de grupos da militância gay em favor da lei — e, obviamente, o silêncio de quem é contra o texto. E é evidente que se pode ser contra não por preconceito contra os gays, mas porque a lei ofende o bom-senso e cria uma casta de aristocratas sob o pretexto de combater a homofobia.

Como sempre faço, exponho a lei que está sendo discutida, em vez de escondê-la, como faz a maioria. Abaixo, em itálico, segue o texto com as alterações feitas por Marta. Os demais trechos já constavam do Código Penal.

PROJETO DE LEI DA CÂMARA Nº 122, DE 2006

Define os crimes resultantes de preconceito de sexo, orientação sexual ou identidade de gênero, altera o Código Penal e dá outras providências.

O CONGRESSO NACIONAL decreta:

Art. 1º Esta Lei define crimes resultantes de preconceito de sexo, orientação sexual ou identidade de gênero.

Art. 2º Para efeito desta Lei, o termo sexo refere-se à distinção entre homens e mulheres; orientação sexual, à heterossexualidade, homossexualidade ou bissexualidade; e identidade de gênero, à transexualidade e à travestilidade.

Art. 3º O disposto nesta Lei não se aplica à manifestação pacífica de pensamento decorrente da fé e da moral fundada na liberdade de consciência, de crença e de religião de que trata o inciso VI do art. 5º da Constituição Federal.

Discriminação no mercado de trabalho

Art. 4º Deixar de contratar ou nomear alguém ou dificultar sua contratação ou nomeação, quando atendidas as qualificações exigidas para o posto de trabalho, motivado por preconceito de sexo, orientação sexual ou identidade de gênero:

Pena — reclusão, de um a três anos.

Parágrafo único. Nas mesmas penas incorre quem, durante o contrato de trabalho ou relação funcional, confere tratamento diferenciado ao empregado ou servidor, motivado por preconceito de sexo, orientação sexual ou identidade de gênero.

Discriminação nas relações de consumo

Art. 5º Recusar ou impedir o acesso de alguém a estabelecimento comercial de qualquer natureza ou negar-lhe atendimento, motivado por preconceito de sexo, orientação sexual ou identidade de gênero:

Pena — reclusão, de um a três anos.

Discriminação na prestação de serviço público

Art. 6º Recusar ou impedir o acesso de alguém a repartição pública de qualquer natureza ou negar-lhe a prestação de serviço público motivado por preconceito de sexo, orientação sexual ou identidade de gênero:

Pena — reclusão, de um a três anos.

Indução à violência

Art. 7º Induzir alguém à prática de violência de qualquer natureza, motivado por preconceito de sexo, orientação sexual ou identidade de gênero:

Pena — reclusão, de um a três anos.

Art. 8º O Decreto-Lei nº 2.848, de 7 de dezembro de 1940 — Código Penal, passa a vigorar com as seguintes alterações:

Art. 61

São circunstâncias que sempre agravam a pena, quando não constituem ou qualificam o crime:

I. a reincidência;

II. ter o agente cometido o crime:

a) por motivo fútil ou torpe;

b) para facilitar ou assegurar a execução, a ocultação, a impunidade ou vantagem de outro crime;

c) à traição, de emboscada, ou mediante dissimulação, ou outro recurso que dificultou ou tornou impossível a defesa do ofendido;

d) com emprego de veneno, fogo, explosivo, tortura ou outro meio insidioso ou cruel, ou de que podia resultar perigo comum;

e) contra ascendente, descendente, irmão ou cônjuge;

f) com abuso de autoridade ou prevalecendo-se de relações domésticas, de coabitação ou de hospitalidade, ou com violência contra a mulher na forma da lei específica;

g) com abuso de poder ou violação de dever inerente a cargo, ofício, ministério ou profissão;

h) contra criança, maior de 60 (sessenta) anos, enfermo ou mulher grávida;

i) quando o ofendido estava sob a imediata proteção da autoridade;

j) em ocasião de incêndio, naufrágio, inundação ou qualquer calamidade pública, ou de desgraça particular do ofendido;

l) em estado de embriaguez preordenada.

m) motivado por preconceito de sexo, orientação sexual ou identidade de gênero.

Art. 121

Matar alguém:

Pena — reclusão, de 6 (seis) a 20 (vinte) anos.

(...)

§ 2º

Se o homicídio é cometido:

I. mediante paga ou promessa de recompensa, ou por outro motivo torpe;

II. por motivo fútil;

III. com emprego de veneno, fogo, explosivo, asfixia, tortura ou outro meio insidioso ou cruel, ou de que possa resultar perigo comum;

IV. à traição, de emboscada, ou mediante dissimulação ou outro recurso que dificulte ou torne impossível a defesa do ofendido;

V. para assegurar a execução, a ocultação, a impunidade ou vantagem de outro crime:

Pena — reclusão, de 12 (doze) a 30 (trinta) anos.

(...)

VI. motivado por preconceito de sexo, orientação sexual ou identidade de gênero.

Art. 129

Ofender a integridade corporal ou a saúde de outrem:

Pena — detenção, de 3 (três) meses a 1 (um) ano.

§ 12. Aumenta-se a pena de um terço se a lesão corporal foi motivada por preconceito de sexo, orientação sexual ou identidade de gênero.

Art. 136

Expor a perigo a vida ou a saúde de pessoa sob sua autoridade, guarda ou vigilância, para fim de educação, ensino, tratamento ou custódia, quer privando-a de alimentação ou cuidados indispensáveis, quer sujeitando-a a trabalho excessivo ou inadequado, quer abusando de meios de correção ou disciplina:

Pena — detenção, de 2 (dois) meses a 1 (um) ano, ou multa.

§ 1º — Se do fato resulta lesão corporal de natureza grave:

Pena — reclusão, de 1 (um) a 4 (quatro) anos.

§ 2º — Se resulta a morte:

Pena — reclusão, de 4 (quatro) a 12 (doze) anos.

§ 3º — Aumenta-se a pena de um terço, se o crime é praticado contra pessoa menor de 14 (catorze) anos, ou é motivado por preconceito de sexo, orientação sexual ou identidade de gênero.

Art. 140

Injuriar alguém, ofendendo-lhe a dignidade ou o decoro:

Pena — detenção, de 1 (um) a 6 (seis) meses, ou multa.

§ 1º — O juiz pode deixar de aplicar a pena:

I. quando o ofendido, de forma reprovável, provocou diretamente a injúria;

II. no caso de retorção imediata, que consista em outra injúria.

§ 2º — Se a injúria consiste em violência ou vias de fato, que, por sua natureza ou pelo meio empregado, se considerem aviltantes:

Pena — detenção, de 3 (três) meses a 1 (um) ano, e multa, além da pena correspondente à violência.

§ 3º — Se a injúria consiste na utilização de elementos referentes a raça, cor, etnia, religião, origem, condição de pessoa idosa ou portadora de deficiência, sexo, orientação sexual ou identidade de gênero.

Art. 286

Incitar, publicamente, a prática de crime:

Pena — detenção, de 3 (três) a 6 (seis) meses, ou multa.

Apologia de crime ou criminoso

Parágrafo único. A pena é aumentada de um terço quando a incitação for motivada por preconceito de sexo, orientação sexual ou identidade de gênero.

Art. 9º Esta Lei entra em vigor na data de sua publicação.

Voltei

Muito bem! A lei já enrosca numa questão de linguagem no Artigo 2º. O *Vocabulário Ortográfico da Língua Portuguesa* registra, sim, "transexualidade" e "travesti", mas não abriga a *travestilidade*, seja lá o que isso queira dizer na linguagem militante ou no vocabulário da senadora.

Um homem que não seja habitualmente um "travesti" pode estar em "situação de travestilidade" transitória, por exemplo. Sei lá, deu na veneta do sujeito, ele vestiu um tubinho listrado e saiu por aí; em vez de parati, resolveu tomar chá com torrada; em vez do canivete no cinto, um leque na mão... Lembram-se do cartunista Laerte? Ao fim deste artigo, encontra-se o endereço de alguns textos que escrevi a respeito. Ele é homem (sexo), diz-se bissexual (orientação) e, vestido de mulher, tentou usar um banheiro feminino (naquele dia, dividia o ambiente com uma criança do sexo feminino)? Aquilo era exercício de *travestilidade*? Sigamos.

O Artigo 3º — e os militantes xiitas já ficaram bastante irritados com ele — tenta minimizar a reação negativa da "bancada cristã" no Congresso. Especifica que o que vai na lei não se aplica à "manifestação pacífica do pensamento" em razão de crença, religião etc. Huuummm... A questão é saber quando um pensamento é considerado "pacífico" ou não. Ocorre que a agressão à liberdade religiosa, minimizada no texto do Senado, era apenas um dos problemas da lei. Os outros continuam.

Peguemos a questão da "discriminação no mercado de trabalho". O diretor ou diretora de uma escolinha infantil, por exemplo, que rejeite um(a) professor(a) que se encaixe no grupo da "transexualidade" ou da *travestilidade* pode pegar até três anos de cadeia. Em caso de denúncia, o diretor ou a diretora da escolinha teria de provar que só não contratou a tia Jehssyka — que, na verdade, era o tio Waldecir — por motivos técnicos. A eventual consideração de que uma criança de quatro ou cinco anos não está, digamos, preparada para entender a *travestilidade* — que nem o *Vocabulário Ortográfico da Língua Portuguesa* abriga — não pode, evidentemente, ser levada em conta.

Nessa e nas demais situações previstas da lei, a pessoa acusada terá de produzir a chamada "prova negativa" — vale dizer, demonstrar que não agiu movida pelo preconceito. Vamos adiante.

Que tal pensar um pouquinho no Artigo 5º? Transcrevo:

Art. 5º

Recusar ou impedir o acesso de alguém a estabelecimento comercial de qualquer natureza ou negar-lhe atendimento, motivado por preconceito de sexo, orientação sexual ou identidade de gênero:

Pena — reclusão, de um a três anos.

Leio e me contam que são cada vez mais frequentes as lojas de roupas femininas sem provadores. Como é um ambiente para mulheres, vão pondo e tirando peças por ali mesmo, entre as araras e os armários, ficando nuas ou seminuas (pare de ficar sonhando, leitor heterossexual reacionário!).

Mas nada de impedir o Laerte (tomo-o como uma metonímia) — aquele que, em situação de *travestilidade*, quis dividir o banheiro feminino com uma mulher e uma criança — de fazer o mesmo, entenderam? Se ele quiser ficar pelado ali no meio da mulherada, expondo os seus balangandãs, estará protegido por uma lei! Ou é isso ou cana de três anos! E se, sei lá eu, por qualquer razão, o homem (sexo), bissexual (orientação) e travesti (identidade) tiver uma ereção, ainda que involuntária (vocês sabem, isso acontece), em meio a calcinhas e sutiãs? Um pênis, como a rosa de Gertrude Stein, é um pênis é um pênis. Nem Marta Suplicy consegue mudar isso! O sujeito em situação de *travestilidade* poderá ser acusado de assédio, por exemplo, ou isso também seria discriminação de identidade?

Código Penal

O texto muda ainda seis artigos do Código Penal. Se aprovada a proposta de dona Marta Suplicy, o Brasil estará dizendo ao mundo que matar um gay é coisa muito mais grave do que matar um heterossexual — ou, se quiserem, o contrário: matar um heterossexual é coisa muito menos grave do que matar um gay.

Vejam lá: qualquer crime, segundo a redação proposta para o Artigo 61, terá pena agravada quando praticado em razão de orientação ou identidade sexual, valendo, como já disse, mesmo para o caso de homicídio (Artigo 121). Ofender a integridade ou a saúde de alguém (Art. 129) dá de três meses a um ano de cana. No caso de ser um gay, um terço a mais de pena. O mesmo vale para o caso de expor uma pessoa a riscos (Art. 136) ou injúria (Art. 140). Em suma, tudo aquilo que já é crime passa a ser "ainda mais crime" caso se acuse o criminoso de ter agido em razão do preconceito.

Pressão

Marta pede a "pressão popular" — que, na verdade, é pressão da militância porque sabe que, caso a lei seja conhecida em seus detalhes e implicações, não seria aprovada de jeito nenhum. Os tempos são favoráveis a reparações dessa natureza. A imprensa é majoritariamente favorável ao texto e tende a satanizar os que o criticam, como se fossem porta-vozes do mundo das trevas — e não da velha e boa igualdade de homens e mulheres perante a lei (pouco importa o que façam de sua sexualidade). Se há preconceito e discriminação, é preciso resolver a questão com educação, não com a aprovação de uma Lei de Exceção, que cria uma casta de indivíduos especialmente protegidos.

Fantasia estatística

Ocorre que a militância gay consegue vender fantasias como se fossem provas irrefutáveis de que o Brasil é o país mais homofóbico do mundo. Uma delas é o tal "número de homossexuais assassinados por ano". Em 2010, segundo os próprios militantes, foram 260. Duvido que esse dado esteja correto! DEVE SER MUITO MAIS DO QUE ISSO. Sabem por quê? Em 2010, mais de 50 mil brasileiros foram assassinados. Dizem os militantes que são 10% os brasileiros gays. Logo, aqueles 260 devem ser casos de subnotificação. O que é um escândalo no Brasil é o número de homicídios em si, isto sim, pouco importa o que o morto fazia com o seu bingolim quando vivo.

Mas seria interessante estudar mesmo esse grupo de 260. Aposto que a larga maioria era composta de homens. O assassinato de lésbicas é coisa rara. Houvesse um preconceito tão arraigado a ponto de se matar alguém em razão de sua orientação, haveria um quase equilíbrio entre os dois grupos. Mas não há! A maioria é composta de homens homossexuais assassinados por... michês! Que também são homossexuais — ou, por acaso, não são? Muitos dos crimes atribuídos à chamada homofobia são praticados por... homossexuais. Eu diria que são ocorrências que se encaixam em outro escaninho da experiência humana: a prostituição.

Reitero: o que é um escândalo, o que é inaceitável, o que é um absurdo é haver mais de 50 mil homicídios por ano no país, incluindo o de homossexuais, sim, que certamente não se limitam a 260, dado o número provável de gays no país. Mas convém não tomar como expressões do preconceito algumas ocorrências que decorrem do estilo de vida. Se a sexualidade não é uma escolha, o estilo é.

Não é correto tomar comportamentos que são marginais — que se situam à margem, entenda-se — como parâmetro para elaborar políticas públicas. A chamada lei de combate à homofobia constitui, isto sim, uma lei de concessão de privilégios. Não será pela via cartorial que se vai reeducar a sociedade. Seu efeito pode ser contraproducente: a menos que haja imposição de cotas nas empresas, aprovada a lei da homofobia, pode é haver restrições à contratação de homossexuais em determinados setores da economia — em alguns, já são maioria. Afinal, sempre que um homossexual for demitido, haverá o risco da acusação: "Homofobia!" E lá vai o acusado ter de provar que não é culpado.

Só as sociedades totalitárias obrigam os indivíduos a provar que não têm culpa!

(Endereço da sequência de textos sobre o cartunista Laerte: http://veja.abril.com.br/blog/reinaldo/?s=cartunista+Laerte)

3.5 Da descriminação das drogas

DROGAS, ELEIÇÃO, IMPRENSA E O "REACIONÁRIO" [24/05/2010]

- "Para cheirar, prefira um canudo individual a notas de dinheiro";
- "Faça uma piteira de papel se for rolar um baseado";
- "Compartilhe a droga, nunca o material a ser usado"...

Essas frases — empregando, inclusive, a linguagem do drogado, numa espécie de Método Paulo Freire para Cheirar e Fumar — estavam numa cartilha distribuída pelo Ministério da Saúde na Parada Gay de 2007. Trazia aquele emblema hipercolorido do governo Lula: "Brasil, Um País de Todos." O que escrevi a respeito? Segue um trecho [a íntegra está ao fim do texto]:

> "Se o Ministério Público tiver um pouco de brios, processa os responsáveis por essa cartilha — aliás, de quebra, poderia verificar se há dinheiro público, de qualquer esfera (União, estado e cidade), e, sendo o caso, acionar também esses entes. É um acinte. Um achincalhe. Uma vigarice. Redução de danos coisa nenhuma! Isso é apologia da droga, feita de forma descarada. Apologia e estímulo ao consumo. Com que então alguém precisa ser instruído? Não precisa."

Como dar pico na veia? O Ministério da Saúde ensina

No dia 18 de junho de 2007, denunciei [o endereço que leva à sequência de artigos a respeito encontra-se ao fim deste texto] uma página do Ministério da Saúde que informava qual era o melhor lugar para tomar pico! Tão logo meu texto foi ao ar, o do governo desapareceu da rede. Era a época em que o ministro José Gomes Temporão — o meu "preferido" depois de Celso Amorim — considerava o "Zeca-Feira" (lembram-se?) uma coisa muito perigosa. Mas o seu ministério anunciava:

> "PONTOS PARA INJETAR
>
> Pontos seguros
> - veias dos braços e dos antebraços
> - veias das pernas
>
> Pontos a considerar
> - pés (veias pequenas, muito frágeis, injeção dolorosa)

Pontos perigosos
• pescoço
• rosto
• abdômen
• peito
• coxas
• sexo
• pulsos"

Entenderam? O Ministério da Saúde considerava "seguro" injetar cocaína nas "veias dos braços, dos antebraços e das pernas"!

Cachimbo de crack, redução de danos e vigarices afins

Já lhes contei que ONGs, em São Paulo, distribuem "cachimbos de crack" e kits para drogas injetáveis. É a chamada "política de redução de danos", uma jabuticaba que, como política ampla de combate às drogas, só funciona — ou melhor: não funciona! — no Brasil. Admitindo-se que tal "método" possa levar um consumidor severo de droga a ser um consumidor moderado, é evidente que se trata de uma experiência restrita a grupos rigidamente controlados. Critiquei também um estudo, feito com dinheiro oficial, que edulcorava o ecstasy. E, todos vocês sabem, oponho-me radicalmente à descriminação da maconha.

Apanhei muito. E agora?

Apanhei muito, como cão sarnento, todas as vezes em que tratei do assunto. O lobby em favor da descriminação das drogas, especialmente da maconha, é grande. Pessoas as mais capazes podem se equivocar enormemente a respeito, como o ex-presidente Fernando Henrique Cardoso. No caso do ecstasy, houve, para não variar, até abaixo-assinado de quase intelectuais!

Pois é... Agora o crack está aí. Não! Não é agora! Há anos o crack está aí. Agora, é um flagelo. Se o ecstasy é a droga dos "modernos"; se a coca é a dos endinheirados; se a maconha é a dos "cabeças", o crack é a dos miseráveis e dos que, atenção!, se tornam miseráveis por causa dela.

Em algum grau, todas as drogas são degradantes. Mas o crack devasta a vida dos consumidores com uma rapidez espantosa. Conduz o viciado à abjeção. O índice de grávidas nesse grupo deve ser muito superior ao de qualquer outro que se estude porque desaparecem os limites. A maioria das mulheres que está nas ruas admite que se prostitui para conseguir a pedra. Estima-se, mas é chute, em 500 mil os viciados, a esmagadora maioria vagando pelas ruas como zumbis porque os laços com a família foram rompidos.

E agora?

O que fazer daquele misto de desídia e leniência com que o caso foi tratado até agora? Há coisa de três anos, pressionado a agir, o governo federal respondeu que se tratava de um problema restrito à cidade de São Paulo. Não! Já chegou a... tribos indígenas!

Desapareceram da imprensa os prosélitos da descriminação das drogas. Cadê o padre de passeata para discursar como monopolista dos, como é mesmo?, "moradores em situação de rua"? Sumiram todos. E o governo Lula, que se comportou com a responsabilidade com que se vê acima, lança um "plano de combate ao crack", casado com a agenda de sua candidata, como se a política oficial não tivesse sido caracterizada, até agora, pela leniência e, às vezes, querendo ou não, pelo incentivo ao consumo.

Nem governo nem oposição pegaram essa bandeira porque, estranhamente, no Brasil, defender o combate severo, sem concessões, ao tráfico E AO CONSUMO de drogas é considerado uma coisa "de direita". E, como sabemos, por aqui, todos são insuportavelmente progressistas.

Nessa área, o resultado de tanto "progressismo" são 500 mil vidas destruídas. E milhares de outras a elas se seguirão. E só para lembrar ainda uma vez: a questão tem um alcance que vai além do trabalho de repressão da polícia. A maior parte da cocaína que hoje entra para consumo no Brasil é destinada ao crack.

Entre 80% e 90% da coca vendida por aqui vem da Bolívia, do "companheiro" Evo Morales. Sob a sua gestão, cresceram a produção da droga e a área plantada de folha de coca — inclusive em novos campos de cultivo que ele estimulou na fronteira com o Brasil. A política de Evo facilita a entrada da droga no Brasil, mas o governo Lula reage à altura, né? Deu-lhe a Petrobras de presente e financiamento do BNDES...

A questão é, de fato, política. Mas parece que ninguém mais quer, se me permitem o gracejo, politizar a política!

(Endereços dos artigos citados, pela ordem: http://veja.abril.com.br/blog/reinaldo/geral/cartilha-com-apoio-oficial-ensina-como-consumir-drogas/; http://veja.abril.com.br/blog/reinaldo/2007/06/18/)

O "MACONHEIRAMENTE" CORRETO [18/04/2011]

O que tem me divertido um tantinho no debate sobre a descriminação da maconha é o vocabulário *maconheiramente* correto.

Eu fumo tabaco — Hollywood, que se compra em padaria e boteco. Não me orgulho. Tentei parar uma única vez. Parei. Achei que era mais feliz com ele. Voltei. É vício! Ninguém pode se orgulhar daquilo que o escraviza. Ponto! Jamais teria a cara de pau de dizer que sou um "fumante recreativo". Sou um viciado.

O deputado Paulo Teixeira, do PT de São Paulo, quer que os "consumidores recreativos" de maconha possam plantar seu próprio produto! Uau! Essa gente gosta tanto de "recrear" — o verbo existe — que se organiza para ser... produtor rural! Mas notem que seria agricultura de subsistência! Coragem, deputado! Elabore um projeto para que esses novos homens da terra tenham acesso ao crédito subsidiado do Pronaf! Depois do incentivo à "agricultura familiar", vamos financiar os agricultores que não são tão de família...

Vejam bem: num estado organizado como o brasileiro, com uma estrutura impecável de vigilância de fronteira, que consegue coibir com espantosa eficiência a entrada de armas e drogas no país, o monitoramento das CMPT — "Cooperativas de Maconha Paulo Teixeira" (sugiro que a turma da recreação o homenageie) — será tarefa banal.

"Mas e o cigarro?" A turma que está a fim de enfiar o pé na jaca adora confundir as coisas, comparando alhos com bugalhos para tentar vender bugalho por alho. Cigarro não altera a consciência de ninguém. Ainda assim, é claramente reconhecido como um mal. Tanto é verdade que se vem fechando o cerco a fumantes mundo afora. A turma da maconha quer fazer o contrário: conquistar a simpatia da sociedade. E mente de maneira descarada. Assegura, contra todas as evidências, que a substância é inócua como droga e, o mais escandaloso, que não vicia: só recreação.

"Mas o álcool altera a consciência, né, Reinaldo?" Altera e é um dos graves males sociais do Brasil, todo mundo sabe. Está na raiz, por exemplo, de boa parte das mortes no trânsito. "Se as demais drogas são proibidas, por que não o álcool?" Ora, entenda-se uma coisa: não se trata de "fazer justiça" com os usuários das outras substâncias, mas de não agravar o que já é bastante difícil de controlar. A propósito: quem argumenta assim quer proibir o álcool ou liberar as outras drogas? Ninguém precisa responder. Conheço a resposta. A comparação, no entanto, não é de todo despropositada: se, um dia, as drogas hoje proibidas forem liberadas, haverá uma explosão de consumo, a exemplo do que ocorre com álcool e cigarro. É tão óbvio!

Maconheiro não é viciado, sei disso — viciado sou eu, este reles consumidor de tabaco. São apenas um pouco teimosos e apaixonados pela sua recreação e pretendem que o debate sobre o "direito" de consumir se dê no vácuo, como se o Brasil não estivesse no mundo e não se relacionasse com ele, inclusive na definição do que é e do que não é crime. Se o Brasil legalizasse as "comunidades verdes" de Paulo Teixeira, iria se transformar na meca latino-americana de drogados e traficantes.

De todos os argumentos, o mais fraquinho é o que prevê o fim do poder do narcotráfico com a legalização da maconha. Bem, então estamos falando de todas as drogas, certo?, sem exceção. A maconha é só a fachada mais "benigna" da tese. Já que o estado não consegue ser eficiente para impedir que o crack, por exemplo, devaste a vida de milhares de brasileiros, vamos para o liberou-geral!

Não dá! A tese é insustentável e, de resto, conta com o repúdio da esmagadora maioria dos brasileiros — exceção feita aos "bacanas" e endinheirados que consomem os produtos proibidos porque não se sentem obrigados a cumprir a lei que vale para o populacho. Vá perguntar às mães pobres da periferia, cujos filhos vivem sendo assediados por traficantes, o que pensam a respeito. Por ali, meninos que caírem em desgraça não terão recursos para frequentar clínicas de reabilitação, psicólogos etc. Também não têm um futuro garantido. Quanto mais distante estiver a droga do seu dia a dia, melhor.

Nesse caso, os amantes do povo não querem nem saber o que pensa o "povão". Ele só é uma instância sagrada quando se trata de usá-lo como pretexto para endossar as teses "progressistas". Se ele se mostra "reacionário", então é sinal de que tem de ser educado.

HUMANISTAS PERVERSOS [10/05/2011]

A descriminação da maconha — na verdade, das drogas em geral — é um daqueles quase consensos desastrosos que se vão formando entre os bem-pensantes e que passam ao largo das necessidades e dos problemas reais da esmagadora maioria das pessoas. Infelizmente, os efeitos deletérios de certas escolhas não são, depois, percebidos pelos tais bem-pensantes. As maiorias que se lixem; os outros fizeram a sua parte: foram generosos...

Querem um exemplo escandaloso? O chamado Movimento Antimanicomial, dado o horror dos hospitais e entidades destinadas a receber doentes mentais, conseguiu acabar com as instituições designadas à internação de doentes irrecuperáveis ou que necessitam de atenção permanente.

Com um pouquinho de Michel Foucault aqui — oh, a loucura é apenas uma das várias formas DE ser DO ser! — e muito de desídia do estado brasileiro, conseguiu-se satanizar a internação de doentes mentais. Em vez de se dispensar tratamento adequado aos portadores de patologias, decidiu-se que o melhor era entregá-los mesmo ao deus-dará. E ao deus-dará ficaram. Reiterados estudos demonstram, por exemplo, que a esmagadora maioria dos chamados "moradores de rua" — nome politicamente correto para a mendicância — são portadores de graves distúrbios. Deveriam estar tomando remédio. Em vez disso, o Movimento Antimanicomial os entregou ao consumo de crack e, agora, de oxi. Um plano para exterminá-los, segundo a mais eficiente estratégia da eugenia nazista, não teria sido mais eficiente. Enquanto não morrem à míngua — ou assassinados por seus próprios pares de vício —, vagam pelas cidades como zumbis, literalmente: são mortos-vivos.

Quando os chamados manicômios foram extintos, os "foucaultianos" chegaram às suas casas e acenderam uma vela moral ao guru da sanidade alternativa, do "outro modo de ser", da conformação psíquica que não estava rendida ao produtivismo reacionário do capital. Pegaram *O nascimento da clínica*, deleitaram-se de horror ainda uma vez com as páginas iniciais de *Vigiar e punir* — com a narrativa da mais horripilante cena de tortura e execução que conheço —, tudo acompanhado de um bom papo, quem sabe de um bom vinho (os mais ousados queimaram um matinho...), e deram seu trabalho por concluído.

Ocorre que a Dona Gislaynne e o Seu Uóxiton ficaram lá na periferia, sem ter o que fazer com o seu maluco. Como ela tem de sair de casa para trabalhar, vê-se, muitas vezes, na contingência de acorrentar o seu adolescente viciado em crack ou algum outro parente sem condições de viver em sociedade. O risco é algum vizinho denunciar, e ela acabar em cana. O Seu Uóxiton também tem uma vida dura e não pode cuidar dos seus doentes. Com má sorte, um repórter ainda enfia um microfone na sua cara e pergunta como tem coragem de ser tão cruel; não entende, afinal, que seu filho ou filha ou é um ser alternativo ou é apenas um doente das drogas, que merece um tratamento humano?

Merece, sim! Mas onde?

O fim dos manicômios é filho do mesmo aparelho mental que pede agora a descriminação das drogas. "Já que os hospitais psiquiátricos se mostram inúteis; já que são fontes de violência e agressão aos direitos humanos; já que os doentes são tratados como cães sarnentos; já que tudo isso ofende o nosso senso de dignidade e de humanidade, então a única coisa decente a fazer é extingui-los." E assim se fez! E os zumbis vagam por aí, nem mortos nem vivos, como lhes é próprio.

Por que evoquei a questão de renda? Porque as pessoas com dinheiro têm o que fazer com seus loucos e com seus drogados. Clínicas que atuam do modo como deveriam atuar os tais manicômios, mas a um preço proibitivo para a esmagadora maioria das pessoas, oferecem aos ricos aquilo de que estão privados os pobres. É a forma que tomou o *libertarismo* dos bem-pensantes.

O mesmo se daria — ou se dará, já que o movimento é crescente — em relação às drogas. Para as classes médias endinheiradas e para os ricos, com efeito, não haveria grandes mudanças. Já hoje a maconha e outras porcarias são vistas como parte de escolhas individuais. O futuro de boa parte dos consumidores está mais ou menos garantido; se necessário, sempre haverá uma clínica à disposição.

Com os pobres, a coisa é bem outra. À medida que a maconha — e as outras drogas; por que só ela? — pudesse circular livremente nas escolas, por exemplo (ainda que não fosse consumida no local), é evidente que aumentaria brutalmente a base de potenciais consumidores, como, aliás, é estupidamente maior a base de pessoas que experimentam álcool. Trata-se de uma droga que altera o comportamento; que potencializa — e isto está cientificamente provado — o efeito de outras doenças psíquicas, como esquizofrenia; que induz o consumidor, sob seu efeito, a imaginar uma vida interior mais rica do que efetivamente é no mundo dos não consumidores.

Que assistência terão esses pobres? A mesma que já têm hoje para o álcool, o crack, o oxi e outras drogas: nenhuma! Ficarão, a exemplo dos loucos das "classes inferiores", sem ter a quem apelar. O estado brasileiro estará lhes facultando uma chance a mais de se tornarem dependentes químicos sem uma resposta adequada como política pública. É A MESMA LIBERDADE QUE MATA DO MOVIMENTO ANTIMANICOMIAL.

A descriminação das drogas será mais um presente que os bem-pensantes darão à humanidade ideal, ignorando os homens reais.

TROPA DE ELITE, HIPÓCRITAS E COVARDES [19/09/2011]

Não tenho receio de discutir tema nenhum! E jamais sou ambíguo ou anfíbio. Também não tenho medo do que penso ou das minhas próprias opiniões porque me situo nos parâmetros da Constituição da República Federativa do Brasil — uma Constituição elaborada segundo as regras da democracia. Tenho muito aguçado é o tal sentimento da vergonha alheia diante da covardia.

Vamos ver. Escrevi, sim, na *Veja* de 17 de outubro de 2007, um texto elogioso ao filme *Tropa de elite I*, de José Padilha [o endereço do artigo encontra-se ao fim deste]. O filme era um estouro de bilheteria (e de pirataria) e apanhava pra chuchu nos segundos cadernos. À época, o cineasta era chamado de "fascista" pelos "descolados". Havia um motivo principal: não eximia os consumidores de drogas de sua responsabilidade. Numa cena bastante forte, Capitão Nascimento fazia um "maconheiro" de classe média focinhar no abdômen aberto de um traficante e indagava, aos tapas e pontapés: "Quem matou esse cara? Quem matou esse cara?" O maconheiro balbuciava: "Foram vocês [os *policiais*]." Respondia o policial: "Não, foi você, maconheiro filho da puta."

A cena deixou indignados todos os drogados descolados do país. No Brasil, consumidor de substâncias ilícitas se sente um perseguido pelo estado. Ele acha que não tem responsabilidade nenhuma pelo tráfico, pela violência urbana, pelas mortes. Pensa candidamente: "Se as drogas fossem legais, eu não cometeria crime." Claro! É o que qualquer criminoso poderia dizer: "Se fosse legal..." Não vou entrar agora no mérito da legalização.

Além de notoriamente bem-feito, o filme trazia uma abordagem que me pareceu correta. E escrevi o que achava. Como a esquerda batia na turma mais do que o Capitão Nascimento nos seus malandros, meu texto foi elogiado por duas pessoas ligadas à produção. Os nomes não vêm ao caso porque foram conversas privadas. Se quisessem que o elogio fosse tornado público, eles o teriam feito publicamente. Por mais que a fala criticando diretamente o usuário de droga fosse de uma personagem, era evidente que aquele era também o ponto de vista da obra. Num país em que todos estão acostumados a responsabilizar "o outro", era uma inovação.

No YouTube, vocês encontram, procurem lá, o vídeo de uma entrevista que Padilha concedeu a Jô Soares por ocasião do lançamento de *Tropa de elite I*. Embora se diga favorável à descriminação das drogas — eu sou radicalmente contrário —, deixa claro o que pensa sobre o consumidor de entorpecentes. Reproduzo trecho de sua fala:

José Padilha *— O que eu acho que é importante entender e o seguinte: as escolhas que as pessoas fazem numa sociedade, elas não são feitas no vazio. Então eu vou dar um exemplo, do cara que vai consumir maconha. Ele pode achar, na cabeça dele: "Olha, eu tenho o direito de fazer isso; pô, sacanagem que tenha essa lei, tá cerceando uma liberdade minha etc. etc." Eu concordo com isso. Porém, no Brasil, com as regras do jogo que a gente joga, se ele comprar maconha, ele vai estar comprando de um traficante, que está numa favela, altamente armado e dominando aquela população. Isso é um fato. Contra fatos, não existem argumentos.*
Jô Soares *— E não é só isso. E armando meninos de quinze anos, de catorze anos...*
José Padilha *— É isso aí...*
Jô Soares *— Que estão já matando gente...*
José Padilha *— ...que, por sua vez, vão atirar nos policiais que vão subir lá pra... O que explica o ódio dos policiais pelos consumidores de maconha, que é mais ou menos o que cê viu nessa cena agora...*
Jô Soares *— Sobretudo fica claro no filme que essa tropa de elite não é absolutamente corrupta...*

Voltei

Exceção feita à defesa da legalização das drogas, é rigorosamente o que penso e aí está o motivo essencial, do ponto de vista da visão de mundo, que me levou a elogiar o filme. E, por razão análoga, critiquei *Tropa de elite II*, num texto publicado em 5 de novembro de 2010 [cujo endereço encontra-se ao fim deste artigo]. O título não poderia ser mais eloquente:

"Capitão Nascimento foi fazer ciências sociais na USP ou na UnB e já está pronto para ser militante do PSOL."

Gosto quando, empregando apenas a lógica — já que não tenho dons especiais —, consigo ser premonitório.

Pouco me importam as motivações subjetivas de Padilha. O fato é que o segundo filme nega a essência do primeiro. Se um apostava na ética da responsabilidade de cada um, o segundo enveredou pelo caminho da cascata sociológica: "Ou se muda o sistema ou nada feito!", abraçando, então, a tese do PSOL e de esquerdas congêneres. O filme, escrevi, era uma espécie de glorificação do deputado Marcelo Freixo. Ele teve e tem uma atuação meritória contra as milícias, mas daí a achar que sua visão de mundo expressa, digamos, toda a física e a metafísica do problema vai uma distância imensa. Padilha é um rapaz esperto. Deve saber que Rousseau já achava que o problema era do... "sistema".

Leio que o cineasta vai fazer, ou dar suporte técnico, sei lá, à campanha de Freixo à Prefeitura do Rio. Resolveu, parece, passar do terreno principalmente estético, onde se situa a arte, para o terreno principalmente ético (ou aético), onde se situa a política. E vai de PSOL — o que significa abraçar também um ideário. "Errado! É apoio a um homem do PSOL." O socialismo, como querem os socialistas, compreende toda a legião... Cuidado adicional: a estética que se pretende uma ética é coisa de Leni Riefenstahl... É melhor uma ética que se pretende uma estética...

Padilha faça o que quiser. Até que o PSOL não vença as eleições presidenciais, é livre pra isso. Escrevo este texto para deixar claro, ainda uma vez, que ele cometeu o que entendo ser um dos grandes pecados de um artista: ficou com medo da própria obra e resolveu "se explicar" a seus críticos. Aquela fala no programa de Jô Soares, exceção feita ao flerte com a legalização, parecia-me correta, madura, séria. Coerente com o que penso, sem precisar ceder a patrulha nenhuma, elogiei o *Tropa de elite I* e critiquei o *Tropa de elite II*. Em público.

Eu não costumo debater as ideias políticas de cineastas, atores, dançarinos, sapateadores, engolidores de espada etc. Prefiro que se dediquem à sua arte. A maioria fala um monte de bobagem, abusando da celebridade adquirida numa área para pontificar nas outras. Não há diferença entre a opinião de um ator consagrado e a de Tiririca quando nem um nem outro estudaram o assunto sobre o qual se pronunciam. No geral, essa gente quer ser reconhecida por uma espécie de revista *Caras* do pensamento politicamente correto. Se você perguntar dois ou três dados objetivos sobre o assunto a respeito do qual fazem digressão, só saem abobrinhas recheadas de boas intenções. É gente que não posa na banheira com champanhe cenográfico, mas usa um livro com peças de Shakespeare como alegoria de mão... Vão se instruir, porra!

Abordo essa questão porque *Tropa de elite I* revelou os fascistas de esquerda, que só aceitam o debate entre pessoas que concordam. E *Tropa de elite II* revelou os covardes. Mas que fique a síntese: concordo com o cineasta José Padilha quando diz:

> "Se ele [*consumidor*] comprar maconha, ele vai estar comprando de um traficante, que está numa favela, altamente armado e dominando aquela população. Isso é um fato. Contra fatos, não existem argumentos."

Parece que ele é que parou de concordar consigo mesmo.

É isso aí. Culpar o "sistema" é tão velho quanto o... sistema!

(Endereços dos artigos citados, pela ordem: http://veja.abril.com.br/171007/p_090.shtml; http://veja.abril.com.br/blog/reinaldo/geral/capitao-nascimento-foi-fazer-ciencias-sociais-na-usp-ou-na-unb-e-ja-esta-pronto-para-ser-militante-do-psol-que-pena/)

A REPRESSÃO QUE É LIBERDADE [22/01/2012]

Aqui e ali, vejo tentativas de reproduzir ou sintetizar o que tenho escrito sobre a Cracolândia e, mais genericamente, sobre as drogas — e a descriminação —, e constato sínteses absolutamente erradas. Acho que escrevo com razoável clareza. Mas o debate é mesmo complexo, e é grande o bombardeio de opiniões, informações e difamações. Tudo acaba na tal zona cinzenta. Vamos lá.

Polícia para quem precisa

Eu não acho que a retomada do centro de São Paulo pelo Poder Público, devolvendo-o ao estado democrático e de direito, seja uma medida para combater o vício, socorrer os viciados ou liquidar o tráfico de drogas. Eu considero que a retomada daquela área é apenas a retomada daquela área, a saber: o que é de todos não pode ser privatizado por um grupo que cultiva um hábito, um vício ou mesmo um conjunto de valores.

Se, amanhã, cinco mil apreciadores de tubaína decidirem tomar um pedaço da cidade, hostilizando quem não é da grei, ameaçando, sitiando as pessoas em suas casas, emporcalhando a área, acho que a polícia tem de entrar em ação. A propósito: acho que nem mesmo os admiradores da Bíblia, da minha religião ou de qualquer outra, têm o direito de se impor, cerceando liberdades garantidas pela Constituição. Essa história de que drogado precisa de médico, não de polícia, é uma falácia, uma picaretagem. Para se livrar do vício, pode ser. Se estiver cerceando o direito de outros, precisa mesmo é de polícia, ora! Aliás, defendo que se faça o mesmo com quem estaciona seus carrões fora do local permitido. É preciso acabar com essa coisa estúpida, muito comum entre nós, de que "o público não é de ninguém". É, sim! É de todos!

A repressão e a prevenção

Vocês sabem: sempre digo tudo, ainda que possa aborrecer. Mas há questões que me mobilizam mais e questões que me mobilizam menos. Atenção para os passos seguintes.

Sou contrário — e não entrarei no mérito neste post porque há dezenas no blog a respeito [ao fim do artigo, encontra-se o endereço que leva ao conjunto de textos sobre o assunto] — à descriminação das drogas. O crack, aliás, é o argumento "quase-vivo" de por que não. Acho que cabe ao estado reprimir, com dureza máxima, o tráfico de drogas e, sim, as, sei lá como chamar, "cidades dos viciados", espetáculos deprimentes de crueldade. Traficar e consumir drogas devem ser atividades malvistas pela sociedade. Não há um só motivo para que o Poder Público seja um facilitador de uma coisa ou de outra. Mas atenção! Não sou exatamente um crente na estratégia da medicalização, não!

Inútil medicalização

O que quero dizer com isso? As sociedades não vão se livrar de todos os seus viciados. Desde que o mundo é mundo, eles nos assombram. Na Bíblia, não há exemplos de comunidades reunidas para cultivar ou celebrar uma substância, mas Sodoma e Gomorra já são exemplos de uma organização contra os costumes, não? Sempre houve; sempre haverá! A melhor prevenção que se pode fazer — além, claro!, da educação (sem superestimá-la) — é criar dificuldades para que a droga chegue ao consumidor; vale dizer: é mesmo a repressão. Acreditar que vamos nos livrar de nossos viciados espalhando clínicas país afora é, se querem saber, uma ilusão. Não vamos, não!

Mas não darei este murro em ponta de faca. Dou muitos outros; este não! E digo por quê. Há, sim, a possibilidade de se curarem uns tantos gatos pingados nesse esforço. Sou cristão. Uma vida humana, qualquer uma, já me é muito cara. Se um homem se salvar, rejubilo-me. Como escolha de política pública, no entanto, trata-se de custeio, não de investimento. Vivemos dias em que se acredita que só os loucos e os doentes fazem escolhas erradas. Não é verdade! Convém que a gente lide com a hipótese de que muita gente só sabe viver daquele modo, experimentando aquele limite!

Qual seria a minha escolha? Reitero: reprimir o tráfico e deixar claro que nem viciados em crack nem viciados em tubaína imporão a sua (in) disciplina a terceiros. Garantido isso, que cada um viva segundo a sua escolha até o limite em que não passe a ser uma ameaça pública. O suicídio é uma abominação, mas nenhum estado é tão abominável a ponto de proibi-lo... Caso se leve mesmo a sério a proposta de espalhar clínicas país afora (duvido um pouco), veremos o óbvio: muito dinheiro será torrado, e o resultado será pífio. Sim, é verdade: neste momento, milhões de pessoas se entopem de barbitúricos, analgésicos etc. É uma forma do vício. Só que seus usuários não saem por aí ameaçando pessoas. "Ah, é só porque é legal!" Mentira! O crack não era (ou não é) reprimido nas cracolândias, e a gente viu no que se transforma aquilo.

Essas clínicas, como política pública contra as drogas, serão inúteis, e ainda há o risco — fiquemos atentos! — de estimular o consumo, sugerindo que há uma "cura" para o mal. Mais: a seguir a cartilha do Ministério Público, o viciado fura a fila até para conseguir uma moradia financiada pelo Estado. Pretende-se estupidamente que a droga encurte o caminho para benefícios sociais, o que é um acinte à inteligência. Volto à questão daqui a pouco, ao tratar das internações forçadas.

Os limites da educação

Muito se fala também de um trabalho amplo de "educação" contra o crack. É... Olhem aqui: fosse esse um fator realmente decisivo, não haveria mais transmissão do vírus da AIDS pela via sexual — aconteceria, eventualmente, em rincões de desinformação, e olhem lá! E, no entanto, a contaminação continua grande. Falta informação? Não! Falta conhecer os riscos? Não! Falta camisinha? Não! Não há política pública eficaz, lamento escrever, contra "o tesão de correr riscos". Ora, bem pouca gente ignora os efeitos deletérios das drogas ou o perigo do sexo sem proteção. Não se inventou prevenção maior contra uma coisa e outra do que cultivar valores que sejam hostis a um e a outro.

E, nesse caso, cometem-se, com frequência, verdadeiros crimes morais e educacionais. Lembro-me, por exemplo, de uma propaganda na TV contra AIDS que mostrava um grupo numa festa animada e tal. Corte! O rapaz dá um pulo de susto na cama, olha do lado, vê um desconhecido, apavora-se, mas relaxa ao ver o invólucro aberto de uma camisinha no criado-mudo. Isso é campanha contra AIDS? Não! Isso é uma campanha a favor! O VALOR que afasta a AIDS é o sexo responsável. A camisinha é só a barreira física. No caso, responsabilidade não havia. O sujeito nem mesmo tinha memória da transa.

Finalmente, trato das internações forçadas. Quando já não conseguem mais encontrar uma resposta, as famílias têm recorrido a esse expediente. Mas há, sim, casos em que o viciado já rompeu também esse vínculo — não raro, acometido de moléstias mentais as mais variadas. Como sociedade, podemos — e acho que devemos — retirá-los das ruas e procurar tratá-los. Mas é só uma medida de segurança e de caráter humanitário, não necessariamente para acabar com o vício. Se ocorrer, muito bem — mas não sou exatamente um otimista nessa matéria, já disse. Creio que é preciso fazê-lo para que deixem de ser uma ameaça pública e para que possam receber um tratamento digno. Quanto estaremos dispostos a investir nisso?

Concluindo

Considero as eventuais clínicas e centros de recuperação públicos, quando e se os houver em número significativo, uma expressão da CARIDADE, não de uma política de combate às drogas. A educação deve cuidar da informação. Em tese ao menos, quanto mais se sabe sobre um assunto, melhor é a escolha. Mas nenhum trabalho do estado é tão importante quanto a repressão ao tráfico e, sim!, ao consumo. Não será com o estado-babá que se vai manter a questão sob controle. A cada vez que alguém é flagrado com droga — ainda que apenas para seu consumo —, sem que isso gere alguma consequência ou obrigação junto ao estado, há um pequeno investimento no caos social e na calamidade. Nessa matéria, a verdadeira prevenção é a repressão eficaz.

Podemos — e até devemos — criar as tais clínicas como expressão da nossa caridade. Mas não podemos ser generosos com o vício. Vender droga será sempre um bom negócio, e é preciso meter em cana os traficantes. Mas consumi-la tem de ser um mau negócio. Cuidemos, sim, de nossos doentes. Mas não podemos e não devemos ser tolerantes com os viciados em transgredir as regras e, pior, recompensá-los por isso.

(Endereço para o conjunto de textos sobre descriminação das drogas: http://veja.abril.com.br/blog/reinaldo/tag/descriminacao-das-drogas/)

4. AIATOLULA

A SINDROME DA INVEJA DO PRÓPRIO PÊNIS [28/04/2011]

Luiz Inácio Lula da Silva declarou que está com "coceira", com aquela "comichão" para cair nos braços do povo... Na impossibilidade de tomar uma boa dose de *simancol*, deveria ingerir um antimicótico moral. Talvez lhe fizesse bem. Santo Deus! Esse sujeito não aprende nada nem esquece nada. Agora sabemos por que o silêncio de Dilma parece música aos nossos ouvidos. O Apedeuta participou ontem do 8º Congresso Nacional de Metalúrgicos da CUT, em Guarulhos (SP). Estava desesperado para ouvir de novo o som da própria voz. Falou por mais de uma hora.

Diagnostiquei o seu mal psíquico no fim do ano passado [ao fim deste artigo, encontram-se os endereços dos textos a respeito], quando afirmou que sentia certa inveja de Dilma Rousseff porque seria ele a passar o governo para ela: Síndrome da Inveja do Próprio Pênis. Lula se adora, mas não se basta. Apaixonou-se pelo mito. Vive num permanente processo de adoração da personagem que inventou e a inveja. Ontem, lançou um novo bordão: "Nunca antes na história da humanidade" houve um governo como o seu. O "nunca antes na história *destepaiz*" era só a expressão de sua modéstia decorosa. Em meio a uma pletora de bobagens, ditadas por sua megalomania, disse ao menos uma coisa bastante séria — que não é novidade para os leitores do blog, em especial para aqueles que seguem as considerações deste escriba desde *Primeira leitura*.

Discursando aos metalúrgicos, afirmou, referindo a si mesmo e a Dilma:

> "Eu sei que, às vezes, vocês ficaram chateados, ficaram decepcionados, mas, neste momento, vocês têm de dizer: 'Ele cometeu um erro, mas ele era nosso. Ela cometeu um erro, mas ela é nossa.' Portanto, é nossa obrigação dar sustentação para ela [Dilma] para que tenhamos uma Copa do Mundo maravilhosa. Depois vamos fazer uma Olimpíada maravilha."

É uma fala mais cheia de significados do que parece. Os trabalhadores não devem analisar os governos segundo seus acertos e seus erros. Isso os tornaria indivíduos com a faculdade de julgar. Nada disso! O que interessa é saber se o governante é ou não "um dos nossos" (deles). Se for, então é uma "obrigação" apoiá-lo. A exortação, obviamente, deve ser lida também em sentido inverso. Não sendo o governante "um dos nossos", que importa que acerte? Nesse caso, a "obrigação" é desestabilizá-lo. Não foi o que fizeram o PT e Lula com todos os governos que o antecederam, estivessem certos ou errados? "O Plano Real é feito por um deles? Então somos contra! A Lei de Responsabilidade Fiscal é proposta por um deles? Então somos contra." Há dias, petistas e sindicalistas endossaram milhares de demissões na usina de Jirau. Se quem demite é "um dos nossos", então será por bons motivos. Ai se fosse "um deles"!

Isso, meus caros, não é democracia! A noção que Lula tem do poder guarda certa semelhança com uma guerra de gangues ou de bandos. Não por acaso, neste fim de semana, o PT recebe de braços abertos o disciplinadíssimo Delúbio Soares! Que companheiro! Que homem honrado! Que grandeza de espírito! Ficou calado! Aceitou, por um bom tempo, ser a Geni do Brasil, mas agora será reabilitado. E volta ao partido com o patrocínio de Lula, segundo quem o mensalão nem mesmo existiu.

Mas a fala de Lula tem ao menos mais um significado. Notem o espírito de tutela em relação ao governo Dilma e a consideração, ainda que por vias oblíquas, de que ela está cometendo erros — que ele admite ter cometido também, claro, claro... Ocorre que, no momento, é ela quem governa.

O gerente está na área. Outro recado ainda foi mandado a Dilma:

> "Estou com uma saudade, uma comichão, uma coceira esquisita, com vontade de fazer caravana, viajar pelos estados, fazer plenárias, visitar quilombos e indígenas. Eu estou com vontade de tudo, mas eu tenho de me controlar pois somente com autocontrole é que eu vou conseguir desencarnar e assumir o papel de ex-presidente de verdade."

Pois é... Vai que não consiga, não é?, ou que ela "erre" demais...

O homem que está levando Delúbio Soares de volta ao partido agradeceu aos metalúrgicos o apoio recebido durante a crise do mensalão:

> "No momento difícil, de uma crise delicada neste país, quem assumiu a defesa do governo não foi nenhum jornal, televisão ou empresário. Foi o movimento sindical e o movimento popular."

Lula demonstra a sua gratidão àqueles que foram mais do que tolerantes com a corrupção: foram coniventes. Dado esse padrão imoral, é impressionante que seja a oposição a viver uma crise avassaladora. Lula até foi generoso, em sua boçalidade, ao compará-la a carrapicho. No momento, não incomoda ninguém, a não ser os próprios parceiros... Sem ter uma minoria organizada que consiga, ao menos, fazer a crítica dos desacertos na área econômica, ainda sobrou tempo ao Apedeuta para dizer que as dificuldades que estão aí, especialmente a inflação, são coisas produzidas pelos gringos...

Nunca antes na história da humanidade...

(Endereços para dois textos a respeito da "síndrome da inveja do próprio pênis" de Lula: http://veja.abril.com.br/blog/reinaldo/geral/ha-uma-categoria-nova-na-psicanalise-"a-inveja-do-proprio-penis"/;http://veja.abril.com.br/blog/reinaldo/geral/a-sindrome-da-inveja-do-proprio-penis-siip-e-uma-doenca-antiga-caligula-por-exemplo-padecia-desse-mal/)

OS LULAS, UMA NOVA ARISTOCRACIA [02/08/2011]

Há dezenas, centenas talvez, de protestos porque publiquei o vídeo, que está no YouTube, com a festa dos quinze anos de Bia Lula, a neta do "Cara", atriz — amadora, segundo se sabe — cujo grupo de teatro conquistou o direito de captar R$ 300 mil pela Lei Rouanet. A Oi, a quem Lula prestou tão relevantes serviços, e a empresa sempre lhe soube ser grata, já se apresentou. A mamata foi garantida pelo Ministério da Cultura, cuja titular é Ana de Hollanda. É a velha aristocracia de esquerda garantindo benefícios à nova.

Vivemos este estado de coisas, em que os ladrões reivindicam o direito de assaltar os cofres públicos em nome do bem comum, porque devem ser raros os países a juntar tantos bananas. Aquela indagação feita por Juan Arias, o correspondente do *El País*, ainda está insuficientemente respondida: "Por que os brasileiros não se indignam?" Já ensaiei algumas respostas a sério [à página 387 deste livro, encontra-se o artigo "Por que o brasileiro não se indigna?"]. Talvez a verdade esteja no sarcasmo. Porque adoramos ter um *nhonhô* com o chicote na mão, dando ordens.

O sistema indica a origem de algumas visitas ao blog. Vi lá que veio um monte de gente do site "Amigos do Presidente Lula", ou coisa assim. Espero que seja ao menos gente a soldo, que ganha uns trocos para fazer esse trabalho. Torram o saco: "Ah, você mistura tudo; trata-se de vida privada." Quem mantém, ou permite que se mantenha, "vida privada" no YouTube quer que ela seja pública. Isso só para começar a conversa.

Não sabendo qual é a contribuição de Bia Lula à estética, tenho mais do que o direito — tenho é o dever — de saber por que o seu grupo mereceu a graça de Ana de Hollanda e vai fazer o seu "trabalho" com o meu dinheiro. E então pus a festa no ar. Ali está esboçado um padrão, um entendimento, por assim dizer, da "arte". Como tudo está exposto para toda gente, esses deslumbrados reivindicam a força do exemplo. Ao divulgar a sua obra, em certa medida, cumpro a sua vontade. Mas não sou obrigado a gostar do que vejo.

Nota à margem: os que vêm com aquele papinho de que gostavam do meu blog até ontem, mas, depois daquele post, não mais, respondo: a porta da rua é a serventia da casa. Há blogueiros implorando por leitores. É claro que gosto de ser muito lido, mas jamais deixarei de dizer o que penso porque "não pega bem". Os "meus" leitores de fato sabem que não lhes puxo o saco, dizendo apenas coisas com as quais concordam. Às vezes, discordam de mim. É do jogo. Não sou populista. Não disputo eleição. Não sou candidato a blogueiro simpático do ano. Quem gosta fica aqui; quem não gosta vai embora. Ocorre que os que vêm com essa besteira não são nem leitores nem admiradores do blog.

Pobrismo

Escrevi nesta manhã que o "oprimido" que chega ao poder e continua a falar a "linguagem do oprimido" é só um fascista. Alguns bobalhões tentaram acusar meu preconceito; eu estaria mangando da cafonice da festa — e, pois, "do povo", que seria também daquele jeito: cafona. Um: a família Lula da Silva não representa os brasileiros; ele foi eleito (e seu mandato já terminou, embora não pareça); ela não foi. Dois: "povo" uma ova! A festa é brega, mas é rica, conforme demonstra uma fartura de fotos, disponíveis a quem quiser ver. Está na internet, diga-se, para que seja vista. Até os rótulos da Coca-Cola traziam o nome da garota.

Os idiotas não me venham com a tese da natural humildade que simbolizaria o povo brasileiro. Que humildade? Que pobreza? Lula é político desde 1975, quando assumiu a direção de um sindicato. Tornou-se, por excelência, o burguês do capital alheio. Se ele próprio ou a família não souberam se aproveitar de determinados bens culturais que talvez traduzam com mais complexidade os matizes do ser humano — vale dizer: o que presta —, não foi por falta de oportunidade. Há muito ele e a família vivem como não vive boa parte dos ricos brasileiros, que têm de zelar, sim, pelos negócios, ou a vaca vai para o brejo. São poucos os que vivem do puro *rentismo* (se me permitem a palavra) ou da simples usura. Lula, o burguesão do capital alheio, este, sim, é um usurário da esperança. E cobra muito caro por isso — inclusive institucionalmente.

Sim, senhores! O ambiente em que floresce essa nova aristocracia é relevante porque nos diz muito do nosso presente e do nosso futuro. A concessão da autorização para a captação pela Lei Rouanet é mais uma evidência de que Lula transmite privilégios à sua descendência, como se não bastasse a grana da Oi na Gamecorp, de Lulinha, ou os passaportes diplomáticos concedidos a seus familiares.

Houve exageros nos comentários, e procurei cortá-los. Se escapou algum, volto lá e excluo. Aliás, não cheguei a publicar a metade do que foi enviado. Alguns ainda se indignam, sim, e isso é bom sinal. Mas é preciso ter medida nas coisas, e renovo o apelo nesse sentido. Dizer, no entanto, o que esses caras fizeram e fazem do que lhes concedeu, vá lá, o destino é mais do que um direito; trata-se de uma obrigação. Sobretudo porque estão por aí, abusando de privilégios. A festança foi tornada pública de vários modos e em várias linguagens. Tudo posto na internet para deleite das massas. Não recorri aos métodos do *News of the World*... A propósito: escrevi que só faltara um poema de Gabriel Chalita para abrilhantar a festa. Se houve poema, não sei, mas o "poeta" estava lá, como revelam as fotos. O evento deve render o seu 9.763º livro...

O NOME DA DOENÇA DO BRASIL É LULA [18/08/2011]

Quatro ministros caíram em menos de oito meses de governo Dilma. Se considerarmos que Luiz Sérgio deixou a coordenação política para não fazer *borra* nenhuma na pesca, são cinco, três deles porque não conseguiram explicar o inexplicável no terreno ético: Antônio Palocci (Casa Civil), Alfredo Nascimento (Transportes) e Wagner Rossi (Agricultura). Nelson Jobim (Defesa) foi demitido porque falou demais. As demissões se deram de junho pra cá, à média, portanto, de mais de uma por mês. São os sintomas. Afinal, qual é a doença que acomete a política brasileira? Chama-se Luiz Inácio Lula da Silva, o homem que hoje atua de modo claro, desabrido e insofismável para desestabilizar o governo da presidente Dilma Rousseff, sua criatura eleitoral.

Esse modelo de governo necrosado, que recende a carniça, não chega a ser uma criação genuína de Lula. Ele não cria nada. Mas é o sistema por ele reciclado, submetido ao *aggiornamento* petista. Este senhor é hoje o maior reacionário da política brasileira. De fato, é o maior de todos os tempos:

nunca antes na história *destepaiz* um líder do seu porte — e os eleitores quiseram assim; não há muito o que fazer a respeito — atuou de forma tão determinada, tão clara, tão explícita para que o Brasil andasse para trás, desse marcha a ré nas conquistas do republicanismo, voltasse ao tempo da aristocracia dos inimputáveis. Enquanto Lula for uma figura relevante da política brasileira, estaremos condenados ao atraso.

O governo herdado por Dilma é aquele que seu antecessor construiu. Aqui, é preciso fazer um pouco de história.

No modelo saído da Constituição de 1988, o presidente precisa do Congresso para governar. Se o tem nas mãos, consegue transformar banditismo em virtude, como prova o mensalão. É impressionante que Lula tenha saído incólume daquela bandalheira — e reeleito! Há diversas razões que explicam o fenômeno, muitas delas já conhecidas. O apoio do Congresso foi vital — além da sem-vergonhice docemente compartilhada por quem votou nele. Não dá para livrar os eleitores de suas responsabilidades.

Fernando Henrique Cardoso governou com boa parte das forças que acabaram migrando para o lulo-petismo — o PMDB inclusive. Surgiram, sim, denúncias de corrupção. Não foi certamente um governo só com vestais. Mas era uma gestão com alguns propósitos, boa parte deles cumprida. Era preciso consolidar as conquistas do Plano Real, promover privatizações essenciais à modernização do país, tirar o bolor da legislação que impedia investimentos, criar bases efetivas para a rede de proteção social. FHC percebeu desde logo que essa agenda não se cumpriria com um alinhamento do PSDB à esquerda. E foi buscar, então, o PFL, o que foi considerado pelos "progressistas" do "Complexo Pucusp" um crime de lesa-moralidade. Em boa parte da imprensa, a reação não foi diferente. Falava-se da "rendição" do intelectual marxista — o que FHC nunca foi, diga-se — ao patrimonialismo. Um "patrimonialismo" que privatizava estatais... Tenha paciência!

FHC venceu eleição e reeleição no primeiro turno e implementou a sua agenda, debaixo do porrete petista. Teve, sim, de fazer, muitas vezes, o jogo disso que se chama "fisiologia". O modelo saído da Constituição de 1988, reitero, induz esse sistema de loteamento de cargos. O estado brasileiro, infelizmente, é gigantesco. Quanto mais cargos há a ocupar, pior para a ética, a moral e os bons costumes. Mas, repito, o governo tinha um centro e uma agenda das mais complexas.

Lula surfou no bom momento da economia mundial, manteve os fundamentos herdados do seu antecessor — é faroleiro e assumidamente bravateiro, mas não é burro — e foi muito saudado por jogar no lixo o programa econômico do PT (até eu o saúdo por isso; sempre que algo do petismo vai para o lixo, é um dever moral aplaudir). Procedam a uma pesquisa: tentem encontrar um só avanço estrutural que tenha saído de sua mente divinal; tentem apontar uma só conquista de fundo, que tenha contribuído para modernizar as relações políticas no país; tentem divisar um só elemento que caracterize uma modernização institucional.

Nada!

Ao contrário. Lula fez o Brasil marchar para trás algumas décadas nos usos e costumes da política e atuou de maneira pertinaz para engordar ainda mais o balofo estado brasileiro, o que lhe facultou as condições para elevar a altitudes jamais atingidas o clientelismo, o fisiologismo, a estado-dependência. E aqui é preciso temperar a história com características da personagem.

Déficit de credibilidade

Lula e seu partido chegaram ao poder em 2002 com um déficit imenso de credibilidade. Muita gente pensava que eles próprios acreditavam nas besteiras que diziam sobre economia. Daí a especulação enlouquecida na reta final da eleição e no começo de 2003. O modelo, insisto, requer uma base grande no Congresso. E Lula, por intermédio de José Dirceu, foi às compras. A relação do PT com os outros partidos passou a ser mais ou menos aquela que existe no mercado de juros: se o risco oferecido pelo tomador do empréstimo é alto, a taxa sobe; se é baixo, desce. Os petistas eram considerados elementos um tanto tóxicos. Eles haviam se esforçado durante anos para convencer disso seus adversários. Logo, os candidatos à adesão levaram o preço às alturas.

Lula aceitou lotear o governo como nenhum outro havia feito antes. Os ministérios eram oferecidos de porteira fechada — prática que continuou e se exacerbou no segundo mandato; nesse caso, já não era déficit de credibilidade, não. Lula, o sindicalista, que fazia discurso radical para as massas e enchia a cara de uísque com a turma da Fiesp, viu-se feliz como pinto no lixo quando passou a ser o doador das benesses oficiais. Encontrou-se. Descobriu seu elemento. Gostava mesmo era daquilo. E não foi só com os políticos, não!

Parte importante do empresariado e do mercado financeiro viu nele o lampejo do gênio. Com ele, sim, era fácil negociar, dizia-se a pregas largas, não com aquele sociólogo metido... Com Lula, tudo podia, tudo era permitido, tudo era *precificável*. Políticos e empresários se surpreenderam com a facilidade com que fazia concessões. Não! Nada de tentar baixar carga tributária, por exemplo. O modelo consolidado pelo PT é outro: é o dos incentivos a setores escolhidos, o dos empréstimos subsidiados a rodo, o da escolha de "vencedores". Lula não formava a sua clientela apenas com os miseráveis do Bolsa Família (que não criou; só lhe deu viés politiqueiro). Os tubarões também passaram a ser clientes do lulo-petismo. Tinha bolsa pra todo mundo.

O grande gênio

Surfando num momento formidável da economia mundial, Lula pôde, então, se dedicar à sua obra: revitalizar o clientelismo; profissionalizar o aparelhamento do estado; comprar apoios loteando ministérios, estatais e autarquias. Mas para fazer qual governo mesmo? Para deixar qual herança de fundo, destinada às gerações futuras? O homem transformou-se num quase-mito agredindo alguns dos fundamentos do republicanismo, que foram duramente construídos ao longo dos oito anos de seu antecessor. Lula avançou contra a herança bendita de FHC para deixar uma herança maldita a seus sucessores e a várias gerações de brasileiros. Nessas horas, os petralhas sempre entram para provocar: "Ah, mas só uma minoria acha isso; o povão apoia." E daí? "Povões" já endossaram gente até mais nefasta do que Lula história afora.

Essa gente asquerosa que se demite ou é demitida e faz esses discursos patéticos, em que sugerem que só estão deixando seus cargos porque pautados pela mais estrita decência e por uma competência inquestionável, é expressão do modo lulista de governar. Eu, pessoalmente, ainda não estou convencido de que estamos diante da evidência da incompatibilidade de Dilma com esse padrão moral. Afinal, ela era a "gerente" do governo anterior, certo? Mas estou plenamente convencido de que ela não tem a devida destreza para comandar isso que se transformou NUMA VERDADEIRA MÁQUINA CRIMINOSA de gestão do estado.

A *rataiada* com a qual Lula governou o país durante oito anos tinha certo receio dele, de sua popularidade — até as oposições evidenciaram esse temor mais de uma vez —, mas não reverencia Dilma. Para se associar, mais uma vez, ao PT, o PMDB, por exemplo, exigiu participar efetivamente do governo, e isso quer dizer liberdade para executar a "sua" política nos ministérios. O mesmo se diga dos demais partidos. A infraestrutura já foi à breca há muito tempo, mas o país que se dane. Os "aliados" têm de cuidar dos seus interesses porque assim combinaram com Lula.

Em 2010, o prêmio exigido para a adesão foi alto não porque o PT padecesse daquele déficit de credibilidade de 2002. A candidata é que se mostrava difícil. A costura da aliança, por isso, elevou o preço de novo. A tal "base" está revoltada porque o modelo de Lula não comporta a ingerência do poder central nos feudos dominados por partidos. Afinal, quem Dilma pensa que é? O acordo não foi feito com ela. Os patriotas se dizem, sem qualquer constrangimento, traídos. "Lula pediu para a gente apoiar essa mulher, e agora ela acha que pode se meter no nosso quintal?" Consideram-se credores da presidente e acham que o governo os trata como devedores.

Nostalgia

Eles todos estão com saudade de Lula. Querem retomar a tradição. Consideram que roubar dinheiro público é uma paga natural pelo apoio, é parte das regras do jogo. Não deploram em Dilma a sua falta de projeto, de norte, de rumo. Estão inconformados é com a "falta de apoio" do governo contra esta maldita imprensa, que insiste em apontar irregularidades. Cadê o Apedeuta para pedir o controle dos meios de comunicação? Cadê o Franklin Martins para articular a "resistência"? Até o secretário de Imprensa do Planalto parece cobrar um "confronto" com a "mídia". Eles querem Lula. E Lula quer de volta o lugar que acha que lhe pertence.

Encerro voltando aos tais intelectuais e àquela parte do jornalismo que ajudou a fundar o quase-mito Lula. Quando FHC fez a coligação com o PFL, falaram em crime de lesa-democracia. Quando Lula se juntou à escória mais asquerosa da política, saudaram o seu pragmatismo. O pragmatismo que transformou a *cleptocracia* numa categoria progressista de pensamento.

Lula é o nome da doença. É para ela que precisamos de remédio.

EU NÃO SOU A *SUPERNANNY* DO "POVO" [18/08/2011]

Escrevi um texto [artigo imediatamente anterior a este] em que afirmo que o nome da doença da política brasileira é Luiz Inácio Lula da Silva. Está dando o que falar. E está porque tenho milhares de leitores. É assim mesmo. Quem escreve só para si não tem ninguém a espiá-lo a não ser o silêncio, e o texto vira um exercício de expiação da própria irrelevância. Deve ser difícil. Um leitor ou outro me enviam ataques de fúria desse ou daquele: "Você viu o que disse Fulano, como reagiu Beltrano?" Não vi. Eles me leem; não os leio. Não enviem os links porque não lerei. Não tenho tempo. A opinião de bem pouca gente da imprensa — ou da subimprensa — me interessa. Meu diálogo é com OS MEUS LEITORES, não com quem tenta usar os meus textos para conseguir leitores. Faltam horas no meu dia para ler o que presta. Por que desperdiçar as que tenho com quem não presta? Faz tempo que me atacar é uma boa forma de tentar aparecer. A torcida é para que eu reaja. Mas essa decisão é minha. Às vezes, decido me divertir um pouco. Ponto. Parágrafo.

Escrevi aquele texto de madrugada, ainda estava meio escuro. Agora eu o reli à luz de um sol um tanto pálido que entra pela janela — saudade de todos os verões, Deus meu!, do verão ancestral! Sim, agora que o releio sob nova luz, concluo: o nome da doença da política brasileira é Luiz Inácio Lula da Silva. É ele quem comanda hoje a resistência — no seu partido, na base aliada, nos setores pouco salubres da imprensa — a isso a que chamam (jamais o fiz de própria pena) "faxina" na administração. A exemplo de Dilma, também não gosto muito da palavra. Faz supor que é só uma questão de espanar a poeira, pôr pra fora o lixo e passar um lustra-móveis. Não é! Há mudanças de natureza estrutural que precisam ser feitas. Tenho tratado delas. O voto distrital, por exemplo, representaria um ganho formidável de qualidade.

Sim, afirmei que Lula escapou do mensalão, entre muitos fatores, porque tinha maioria no Congresso, destacando outro elemento: a "sem-vergonhice docemente compartilhada por quem votou nele". E emendei: "Não dá para livrar os eleitores de suas responsabilidades." E não dá mesmo! Não sou a *supernanny* do "povo". Aliás, nem mesmo reconheço a existência dessa categoria. Quem gosta de especular sobre o "espírito do povo" são os descendentes intelectuais e políticos do fascismo, seja o fascismo de direita, seja o de esquerda. É aquela turminha *esquerdopata* do que chamo "Complexo Pucusp" (é bem possível que *Pucusp* seja uma palavra criada por Bruno Tolentino, mas não estou certo). Reconheço a existência de pessoas. Quem votou em Lula, mesmo sabendo do mensalão e do esquema que era comandado pelo seu partido — e, exceção feita a alguns bolsões de ignorância extrema, era impossível não saber — endossou aquelas práticas, entregou-se à "sem-vergonhice docemente compartilhada". A democracia é o regime de responsabilização disso a que chamam "povo" — e que eu chamo "pessoas".

Foi só isso? Claro que não! Não dá para escrever todos os textos num só. Há centenas deles no blog cobrando a responsabilidade das oposições sobre os erros cometidos, a falta de combatividade e de clareza ao longo dos quatro primeiros anos do governo Lula, com repeteco nos outros quatro etc. Mas essa entidade sacrossanta a que populistas dos mais variados matizes classificam como "povo" é responsável pelos governos que elege, ora essa! E se torna corresponsável por seus métodos. Se a maioria do eleitorado tivesse achado o mensalão grave o bastante, não teria dado um segundo mandato a Lula. "Ah, para a população, os benefícios que ele representava eram superiores aos malefícios." Não seria difícil contestar tal afirmação no terreno dos argumentos objetivos. Mas digamos que tenha sido essa a percepção. Não só não muda o que escrevi como referenda: fez-se uma escolha. E essa escolha compreendia acolher a lambança.

Não me considero superior a isso a que chamam "povo"; não sou seu intérprete, seu psicanalista, seu educador ou o que seja. Por isso mesmo, não preciso vê-lo com compreensiva e compassiva generosidade. Acima da linha da sanidade, qualquer homem da rua é meu igual, é meu irmão. Tenho asco do paternalismo de qualquer natureza. Dei aula durante muito tempo. Meus alunos estão por aí, alguns deles na imprensa. Nunca fui um professor "gugu-dadá", "cúti-cúti"... Tenho horror a essa postura. E, como sabem os que me leem, não puxo o saco nem mesmo dos leitores. Mais de uma vez contrariei algumas expectativas. Lê quem quer.

Se alguém está tentando desestabilizar o governo Dilma Rousseff, esse alguém é Luiz Inácio Lula da Silva, que se apresenta como o condestável da República e que exerce uma coordenação paralela da aliança que conduziu Dilma ao poder. O recado é mais do que claro: ou ela joga segundo as regras que ele estabeleceu — que supõem aquela penca de malefícios que elenquei no texto anterior — ou ele se apresenta como a alternativa, que é o que tem feito de maneira sistemática, organizada, metódica.

E encerrei aquele artigo assim: "Lula é o nome da doença. É para ela que precisamos de remédio."

Mas qual é o remédio?

O REMÉDIO CONTRA LULA. OU: AMEAÇAS DE MORTE [18/08/2011]

Há muito tempo não recebia tantas ameaças de morte — acontece todo dia, saibam — como voltei a receber hoje, por causa do texto "O nome da doença do Brasil é Lula" [publicado neste livro à página 179] Leitores me enviam comentários publicados em alguns blogs, sites e afins que são de arrepiar. É claro que alguns ditos "colunistas" do JEG (Jornalismo da Esgotosfera Governista) estão dando corda, como sempre. A eliminação do adversário, considerado um inimigo, passou a ser um valor no país. Lula ajudou a cultivar esta, digamos, metafísica. Sua prática política é pautada por um permanente assassínio da história e da biografia política de seus opositores. Note-se à margem que ele também tem o dom de ressuscitar moribundos, como sabe José Sarney.

E por que essa gente fala em "morte" com tanta desenvoltura? Bem, porque sua moral comporta — não faz tempo, um desses "intelectuais" de esquerda escreveu um texto em que o terrorismo era tratado como expressão política legítima. Embora sejam bestas morais e éticas, têm ao menos conhecimento do certo e do errado. Ameaçam-me, mas atribuem a mim a responsabilidade pelo molestamento, entenderam? Afinal, dizem, naquele texto, eu teria defendido golpe de estado e, o que é espantoso!, até mesmo a eliminação física de Lula. Logo, quem tem de ser eliminado sou eu! Não é fantástico?

O remédio contra Lula são a democracia e a democratização da sociedade. Acreditam na morte como resposta para conflitos os que mataram Celso Daniel, os que mataram Toninho do PT, de Campinas, os que mataram milhões de adversários história adentro. O meu papo é de outra natureza. Alguns bestalhões que vêm me dar aula de democracia nunca levantaram a bunda do sofá para combater a ditadura, enquanto eu tomava algumas borrachadas. Abordo pouco essa questão porque isso, por si, não torna ninguém certo ou errado. Mas há as pessoas que têm uma trajetória comprometida com as liberdades públicas e há as que não têm; há as que estão sempre alinhadas com a defesa da liberdade de expressão, e há aquelas que modulam essa defesa segundo os interesses a que atendem na hora.

O petismo empobreceu dramaticamente o debate político no Brasil, inclusive no terreno da esquerda. Se digo que Lula é o nome da doença política, é evidente que não bastaria eliminá-lo, ainda que isso fosse moralmente aceitável (não é!), para que tudo estivesse resolvido. Ele não se resume ao homem que é; representa um conjunto de procedimentos; simboliza uma forma de ver a política; expressa uma visão das relações do estado com a sociedade. Fez-se um emblema, cheguei a usar esta expressão, do não republicanismo.

Lula é o símbolo da farsa moral — e ética — segundo a qual, em nome da promoção da igualdade, tudo é permitido. E não é!

Não! Eu não imagino qualquer outra maneira de combater o lulopetismo que não seja pela via eleitoral. Eles podem, ainda que apenas retoricamente (tomara que seja só isso!), me querer morto; eu só os quero derrotados nas urnas. Mas também cobro que as LEIS DEMOCRÁTICAS QUE ESTÃO EM VIGÊNCIA SEJAM APLICADAS. Quando lembro que Lula, na presidência da República, mudou uma lei só para permitir a fusão de duas empresas de telefonia e que o BNDES decidiu financiar a operação antes mesmo da existência da tal lei — comprometendo-se, pois, com uma operação ainda ilegal —, me dou conta do grau de esculhambação legal e institucional a que chegamos.

As próprias instituições foram contaminadas pelo "espírito companheiro". E isso tem de ser permanentemente denunciado. Lula é o nome da doença porque é o fundador de uma espécie de nova aristocracia, à qual tudo é permitido, com privilégios que se estendem à descendência. Renovou o que há de mais nefasto entranhado na cultura política brasileira: a desigualdade dos homens perante a lei — com a diferença de que essa desigualdade que ele cultiva seria uma forma de resistência. Essa cultura já chegou ao Supremo!

Qual o remédio contra o que Lula simboliza? O aprimoramento dos mecanismos da democracia representativa e a aplicação das leis previstas na democracia, tudo o que os vagabundos dos mais diversos matizes ideológicos, hoje pendurados nas tetas do estado, não querem: no capital, no trabalho, na academia, no subjornalismo, na rua, na chuva, na fazenda ou numa casinha de sapé (é a variante paulista, também admitida, de "sapê").

Eu quero é democracia. E combato a canalha que decide usar o regime democrático para solapá-lo. O nome da doença é Lula.

#DESENCARNALULA! [19/08/2011]

As palavras fazem sentido. Essa é uma das mais antigas batalhas deste escriba. Têm aquele sentido estanque, do dicionário, elucidado por sinônimos ou perífrases. E têm o sentido que lhes conferem as circunstâncias, o contexto. Luiz Inácio Apedeuta da Silva, a face mais visível da doença que toma conta da política brasileira, esteve ontem em Minas. E, mais uma vez, nos deu a oportunidade de ler as palavras pelo sentido que elas têm e interpretá-las pelos silêncios que enunciam. Voltou a negar que possa ser o candidato em 2014. E se pergunta então: "Por que um ex-presidente da República, que já havia anunciado que não seria candidato, nega que pretenda se candidatar se não for com o objetivo de que sua candidatura seja

debatida como realidade plausível?" Vale dizer: as palavras de Lula devem ser lidas pelo avesso. Ele afirma o que nega; nega o que afirma.
Foi adiante: "Dilma só não será candidata se não quiser." A oração subordinada adverbial condicional — "se não quiser" — traz uma hipótese com a qual ninguém contava até outro dia, muito menos os petistas, especialmente quando a mandatária não concluiu ainda o seu oitavo mês de governo. Então está dado que existe a possibilidade de Dilma não querer. É Lula quem sustenta isso. Em política, "querer" ou "não querer" depende mais da vontade de terceiros do que da própria. O Babalorixá, ele próprio, faz de tudo, já está claro a esta altura, para que ela não queira. Ou não se moveria no tabuleiro da política com tanta saliência.

Não estamos diante daquela situação em que a criatura se volta contra o criador, como o monstrengo criado por doutor Victor Frankenstein. De certo modo, é o contrário: Lula padece de uma inveja patológica da sua criatura. Considera-se o dono de Dilma Rousseff. E está profundamente insatisfeito com os rumos que as coisas estão tomando. A imagem da faxina, ainda que uma expressão usada pela imprensa, colou. Só se limpa o que está sujo. E a sujeira foi, sim, a herança maldita que caiu no colo da sucessora. É evidente que ela era da turma. E figura de proa. Tanto é que foi escolhida para conduzir o navio — ou, ao menos, para representar esse papel. Mas a dinâmica da política não depende, reitero, só de vontades. A sujeira começou a aparecer. E os "descontentes" só não estão na rua porque os nossos *esquerdopatas* transformaram sindicatos, ONGs, movimentos sociais e entidades de classe em sucursais do partido. O PT está hoje mais presente na sociedade do que o Baath no auge do poder de Saddam Hussein. Os tolos dirão: "Mas foi pela via democrática." O aparelhamento é sempre uma afronta à democracia, jamais a sua expressão.

É inaceitável que um ex-presidente da República se coloque, de peito aberto, como uma espécie de articulador informal do governo, seu intérprete mais avalizado, seu condestável. E é o que Lula está fazendo, tentando empurrar Dilma para fora do tabuleiro, embora reafirme, claro, seu apoio à sucessora.

Ele é popular? E daí?

Estou pouco me lixando se o Apedeuta é ou não popular. Aliás, falar mal de impopulares é coisa que qualquer covarde pode fazer. Lula é, sim, o nome da "doença" da política brasileira — e vamos, então, ampliar a briga, porque aí o barulho fica bom —, assim como Getúlio Vargas já foi um dia e, em muitos aspectos, ainda é. As pessoas têm os seus valores, e eu também. Não nutro a menor simpatia por um líder fascistoide, que prendeu, torturou e matou nas masmorras. "Ah, mas ele fundou o Brasil moderno!" Que Brasil moderno? O Getúlio do Estado Novo compôs com todas as forças reacionárias com a qual a dita Revolução de 30 prometia acabar — de fato, em certo sentido, Lula mimetiza Getúlio... Não leio a sua carta de suicídio sem atentar para o seu lado patético, sua literatice chula, seus contrastes vigaristas entre os "bons" e os "maus", sua irresponsabilidade fundamental. Não se deve especular, por pudor, sobre a razão dos suicidas — desde que o sujeito não decida "sair da vida para entrar na história". Arghhh... Politicamente, e é de política que falo, teria sido bem mais corajoso enfrentar seus acusadores. Era grande a chance de que terminasse deposto e na cadeia.

Essas almas "intensas", "amorosas", " passionais", "carismáticas" deseducam o povo e conduzem os países, com frequência, ao desastre. Muito bem: Getúlio era fruto de um tempo que produziu várias formas do fascismo mundo afora — e aqui também, portanto. Mas os outros países exorcizaram seus fascistas. Nós amamos os nossos. Ou melhor: "eles" (porque não sou da turma) amam os deles. É claro que a "moral revolucionária" das esquerdas, muito especialmente dos comunistas, colaborou para isso. Luiz Carlos Prestes saiu da cadeia, onde tinha sido barbaramente torturado pela polícia de Getúlio — sua mulher, Olga, fora deportada grávida para a Alemanha, onde foi morta — para subir no palanque do ditador contra "as forças do imperialismo". Olga estava longe de ser a heroína pintada pelo chavista (e agora biógrafo de Lula) Fernando Morais. Mas isso não livra a cara de Getúlio.

Não opero com uma balança em que a canalhice é posta num prato, e as conquistas, noutro, em busca de um equilíbrio. Findo o Estado Novo, o lugar de Getúlio era a cadeia, não tentando voltar ao poder, aí pela via democrática, com o apoio dos comunas, que odiavam a democracia... Que circo nojento! Por que falo de Getúlio? Porque *estepaiz* ainda vive à mercê desses redentores — e Lula ocupou esse papel, à custa de uma máquina de mentiras e de manipulação da informação de fazer inveja ao DIP getulista. Não! Não tenho absolutamente nada de pessoal contra o Babalorixá. Até me policio um pouquinho para não me deixar tocar minimamente por sua inegável simpatia pessoal — quando não está sobre um palanque, possuído pelo ogro eleitoral. É a sua figura política que é nefasta, que deseduca, que desinforma, que dá sobrevida ao que há de mais atrasado na política.

O mito Lula precisa morrer — não o Lula! Que tenha tataranetos, mas sem passaporte diplomático! — se um Brasil minimamente afinado com a contemporaneidade quer nascer. O homem está mobilizando o seu partido e outros da base aliada contra um movimento — ainda incipiente, que é mais da sociedade do que de Dilma, é óbvio — contra a corrupção! Esse Shrek do Mal está tentando nos convencer de que a sem-vergonhice é um preço que o Brasil precisa pagar para avançar. E não é! Uma coisa é admitir que o malfeito existe, é parte da política e precisa ser extirpado. Outra, distinta, é encará-lo como virtude.

No momento em que ministros atolados em lambanças perdem seus cargos, o que faz o "pai do povo"? Sai por aí estimulando, na prática, o debate sobre a sucessão de Dilma, que está no poder há menos de oito meses. Em defesa do quê mesmo? De quais princípios? Se isso não é uma forma de chantagem política, é o quê?

O Brasil avança, sim! Avança apesar da corrupção e do permanente assalto ao dinheiro público. Avança pela força dos brasileiros que trabalham, apesar dos vagabundos que vivem do esforço alheio; avança pela capacidade empreendedora dos seus empresários, apesar daqueles que vivem do compadrio e dos favores do estado; avança pela força — e eles existem — dos políticos honestos, apesar da escória que entra na vida pública para se arrumar.

E é isto que precisamos ter muito claro: os defeitos da vida pública brasileira defeitos são, e não virtudes! Por mais que pareça absurdo a muitos, o Brasil avança apesar de Lula, não por causa dele.

Ele havia prometido "desencarnar", vocês se lembram. Mais uma vez, não cumpriu uma promessa. É chegada a hora de fazer uma campanha pública: #DesencarnaLula!

COMO TRATO LULA E COMO FUI TRATADO [31/10/2011]

Critiquei um ator de quinta, um palhaço dos petralhas, que afirmou na CBN que os leitores do meu blog estavam se dirigindo a Lula de maneira imprópria [o endereço para o texto está no fim deste artigo], o que teria me levado a fechar a área de comentários — uma mentira óbvia. Todos sabem que assumi, em relação à doença do ex-presidente, a mesmíssima postura que adotei em 2009 [o endereço do texto encontra-se ao fim do artigo], quando Dilma anunciou que estava com câncer. Mas e "eles"? E a rede petralha?

Em junho de 2007, um ano e quatro meses depois de eu ter passado pelas minhas cirurgias, num desses embates sobre descriminação da maconha, recebi de um sujeito chamado "Jorge Cordeiro" uma mensagem extremamente agressiva, que não poupava das vilanias nem mesmo a minha família. Na parte publicável de sua mensagem, que dizia respeito só a mim, lia-se isto: "Talvez, se vc fumasse maconha, não teria tido as tais bolotinhas na cabeça, né dodói?"

É isso mesmo que vocês entenderam. O cara estava dizendo que só tive tumores no crânio porque não fumei maconha.

Aí dirá alguém: "Mas que importância tem esse cara, Reinaldo? Por que falar dele?" Pois é. Ele foi nomeado, pouco tempo depois, o blogueiro oficial de Lula. Passou a ser o chefão do "Blog do Planalto". A voz de Lula na internet achava que as pessoas tinham ou deixavam de ter tumores em razão de seu bom ou de seu mau comportamento. No caso, Cordeiro estava sugerindo que o bom comportamento era fumar maconha. Como eu não havia fumado, estaria arcando com as consequências.

Reproduzo a resposta que lhe dei em junho de 2007. Volto em seguida.

> "Vamos ver, Cordeiro, se, ao imolá-lo, ao menos diminuo os pecados do mundo. Cordeiro não deve ter bolotinhas na cabeça, o que me faz supor que fume maconha. Problema dele, não meu. Como a consegue? Bem, aí é problema da polícia, já que o tráfico continua a ser um crime. É um pedacinho do que essa gente pensa. Em uma ou duas linhas, todo o horror das suas utopias se revela. Observem que lida com a máxima de que o doente é culpado por sua doença. Por que me nasceram tumores na cabeça? Ora, porque não 'relaxei e gozei' — ao menos não à moda deles.
>
> Exceção feita à contaminação por transfusão, a Aids, por exemplo, é uma doença associada a comportamentos de risco. Nem assim, é claro, faz sentido dizer que a culpa é do próprio doente. Não era a doença que buscava, mas o prazer. Daí decorre que a arma eficaz para combater a sua expansão é conjugar a divulgação de métodos preventivos (o que o Brasil faz) com o apelo às escolhas morais (o que o Brasil não faz). Há comportamentos de risco também no que respeita a formações tumorais, claro. Mas é certo que ninguém fuma, consome gordura em excesso ou deixa de se alimentar com fibras em busca de um tumor.
>
> O remelento, vejam só, não está nem mesmo me dizendo que, se eu tivesse tido, até os tumores, uma vida mais asséptica, mais comedida, mais regrada, a doença não teria me atingido. Nada disso. Deve acreditar nas virtudes relaxantes da maconha e em seus mistérios gozosos, que teriam me faltado — daí os tumores. Pior do que isso: a minha não adesão a um comportamento que considera bacana fez com que pensasse essas coisas que penso. E as bolotas me vieram como uma punição. Cuidado: não ser petralha ou maconheiro provoca câncer."

Esse foi um dos milhares de agressões que recebi e recebo ainda. São os mesmos que, diante de um acidente aéreo que mata quase duas centenas de pessoas, fazem a mímica do estupro, imaginando que atraem com violência o corpo de terceiros contra a própria pélvis, num prazer extraído sabe-se lá de que baixeza d'alma.

Nem assim, minhas caras, meus caros, vou liberar certos comentários. Não aceitarei que se pague na mesma moeda; não lhes darei o prazer perverso de supor que somos iguais. Pela simples, óbvia e boa razão de que não somos. O homem que Lula escolheu para cuidar do seu blog foi capaz de me escrever aquela enormidade. Essa é uma das razões por que não pertencemos à mesma categoria de humanos.

Continuarei a desejar sorte a Lula. Continuo a achar que isso nada tem a ver com punição ou sei lá o quê. Também não vejo ironia nenhuma do destino. Todos os dias, mundo afora, milhares de pessoas que nada fazem senão se ocupar da própria vida e da vida daqueles a que amam são colhidas por infortúnios, sem que se possa inventar uma narrativa cheia de nexos causais ou simbolismos.

Os que sofrem merecem ser consolados, o que não quer dizer que precisemos concordar com seus atos. Trata-se apenas de escolher um padrão mínimo de civilidade e passar a operar a partir dele Se Lula quis levar gente capaz de escrever aquele troço para dentro do Palácio, muito bem! No meu blog, exijo mais respeito do que o vigente no ambiente palaciano.

(Endereços para os textos citados neste artigo, pela ordem: http://veja.abril.com.br/blog/reinaldo/geral/na-cbn-o-papagaio-de-pirata-do-cancer-alheio/; http://veja.abril.com.br/blog/reinaldo/geral/cancer-no-palanque-um-case-comunicacao/)

A DEMOCRACIA NO HOSPITAL [22/03/2011]

Sempre que alguém decide agredir a democracia ou submetê-la à canga de um líder ou de um partido, eu sou tomado por uma obsessão, para usar uma palavra que é do gosto de Lula: reafirmar os valores democráticos. Assim, eu lhes trago um vídeo [cujo endereço encontra-se ao fim do texto] em que o então presidente da República fala sobre saúde. Trata-se do discurso que fez há exatos dois anos, no dia 3 de novembro de 2009, no 9º Congresso Brasileiro de Saúde Coletiva, em Olinda. É aquele em que diz que vai tentar convencer Barack Obama a criar o SUS.

O Brasil vive já há alguns anos sob o signo de um misto de censura e mistificação. E esse monstrengo antidemocrático é encarnado pela figura de Lula. Só por isso algumas pardalocas desarvoradas chegaram a pedir censura na internet para que as pessoas parassem de dizer aquela "coisa horrível", "aquela baixeza", "aquela canalhice". E o que era essa coisa tão terrível? "Vai se tratar no SUS, Lula!"

"Fascistas" são aqueles que consideram "ofensivo" que se possa oferecer a alguém como Lula o que é oferecido ao povo. Não! Eu não acho que ele esteja moralmente obrigado a se tratar no SUS, reitero! Afirmar, no entanto, que tal sugestão é uma "ofensa grave" — a maioria dos portais da internet cortou comentários com esse teor! — corresponde a ignorar as palavras do próprio petista.

A estupidez foi longe! Leio aqui e ali que Lula colaborou com a "transparência do poder" ao admitir a sua doença e permitir que os médicos concedessem uma entrevista coletiva. Uau! Definitivamente, o homem foi alçado à condição de condestável da República. Nem sabia que ele estava no poder! Considerava, na minha santa inocência, que a presidente era Dilma Rousseff. Para mim, o Apedeuta era só o seu antecessor. Notaram o que está em curso? Todo o tratamento dispensado à questão e a *mise-en-scène* preparada por sua assessoria simulam, com efeito, as agruras de um chefe de estado, de um líder mundial, que ombreia com o próprio papa.

Há muito tempo setores da imprensa procuram proteger Lula de si mesmo, de sua história, de suas próprias palavras, o que ajudou a criar o mito e a espalhar mistificações. A figura do notável comunicador "que veio de baixo" — e isso parece suspender o juízo de muitos, o que é uma forma de preconceito às avessas — faz com que se ignorem suas bobagens, parolagem e incongruências. E ai daquele que decidir apontá-las! Só pode ser por preconceito! Se Lula já era um super-homem quando saudável, tende a se tornar, doente, um guia espiritual. Caso se cure, o que é o mais provável (continuo a rezar por ele, enquanto petralhas pedem ao capeta que me leve), vira herói; caso se dê o pior, mártir. Bom católico, neste nosso mundo aqui, só sei lidar com pessoas. Deus pertence a outro domínio. Doença não é categoria de pensamento. Também não faz de ninguém um filósofo. Tampouco melhora biografias.

E por que tantos se ajoelham no milho para demonstrar que sempre reconheceram os méritos sobre-humanos do petista? Porque são reféns morais e ideológicos do PT e temem as hordas da internet. Não sou nem temo. Rezo, sim, por ele. Não acho que "mereça" ficar doente. Isso é uma ignomínia — essas palavras corrompem a alma de quem as pronuncia. Mas continuarei a tratar Lula como um acontecimento deste mundo! Não é o ungido, não é o Filho de Deus. Ainda que ele próprio possa ficar chocado com a revelação, não é... Deus!

Agora o vídeo

Eu continuo tentando entender por que tantos ficaram tão "chocados" com o "Vai se tratar no SUS, Lula!". Por que insistem, afinal, em ignorar a pregação do próprio mestre? Segue a transcrição da fala em negrito e itálico, seguida de comentários meus.

(...) na questão da saúde, muitas vezes, nós fazemos uma discussão, eu diria, equivocada ou menor do que o tema da saúde precisa que seja feita. Muitas vezes nós discutimos problemas menores, nós não damos importância necessária a um direito elementar que é o de todos os brasileiros terem direito a uma saúde de qualidade.

É uma tática antiga de Lula, desde os tempos de sindicalista: anunciar que vai dizer algo inédito, um aspecto no qual ninguém pensou. E qual é? "A saúde é um direito elementar!" Uau!!!

Eu, vira e mexe, participo de debate em que as pessoas falam: "O Estado não serve para nada. Eu, para ter saúde, pago o meu plano médico." Só que essa pessoa que paga o plano médico, quando declara o Imposto de Renda, restitui uma grande parte do que pagou. Portanto, é o Estado que garante para ela a assistência médica. E assim vale para outras coisas.

É um argumento fraudulento, estupidamente fraudulento. A verdade é o exato oposto. Começa que não existe "restituição" porcaria nenhuma, mas dedução. E ela se deve ao fato justamente de todo brasileiro pagar impostos para ter a saúde que não tem. Mais: à medida que milhões recorrem ao setor privado de saúde, isso desonera o setor público. Ou não? É que Lula só conhece uma linguagem: a do confronto. Sempre opera na lógica do "nós contra eles". Nesse caso, quer jogar quem não tem plano privado de saúde contra quem tem. Reparem na mudança de voz quando imita os supostos reclamantes. Ele faz uma caricatura. Atenção para o que vem agora.

Eu, por exemplo, minha querida Josefa, quando vou fazer um check-up... Porque só rico tem check-up. Rico, autoridade e gente...

Bem, sua assessoria divulgou que seu plano de saúde vai pagar os serviços do Sírio-Libanês, onde fez check-up. Não sendo mais autoridade, então é rico, certo?

Porque quando eu vou fazer um check-up, nenhum médico pergunta para mim: "Ô, Lula, você está sentindo isso? Você sente isso? O que você passou ontem?". É uma máquina, uma fileira de máquina. Máquina um, deita; máquina dois, levanta; máquina três, faz; e máquina quatro, vai. É como... Não, obviamente que tudo chique, tudo necessário. Mas eu me sinto o próprio Charlie Chaplin, naquele filme Tempos Modernos. *Entra... Você não tem contato, não tem mais a figura daquele companheiro que pergunta: "Escute aqui, você tem dor de barriga? A sua barriga incha, seu pé dói, sua cabeça dói?" Não tem. Hã, Humberto?*

Vejam que, a um só tempo, elogia as máquinas "chiques", a que a esmagadora maioria dos brasileiros não tem acesso, mas o faz sugerindo que o tratamento está desumanizado, sem aquele "companheiro" médico para dar assistência ao doente. Por alguma razão que não entendi, a plateia urra de felicidade.

Eu falo isso porque eu vivi os dois lados. Eu sei o que é esperar sentado, com a bunda em um banco de um balcão de hospital, três ou quatro horas ou cinco horas, e, às vezes, depois que a gente está lá, dizem: "O médico não está." Eu sei o que é isso e sei o lado do atendimento vip que tem um Presidente da República, eu sei os dois lados.

Lula também tem atendimento vip, como sabemos, mesmo sendo ex-presidente — e, por isso, não foi para o SUS. Um dos truques prediletos do petista é o tal "argumento de autoridade". Ele sempre sabe tudo. Tem autoridade para falar como pobre — e, portanto, ninguém pode ocupar esse nicho. E agora sabe como vive um rico. Na verdade, é um homem rico.

Então, neste assunto eu falo de cátedra que ainda falta muito para que a gente possa dar às pessoas mais humildes o tratamento respeitoso que todo ser humano precisa ter no mundo. E aí, obviamente que precisa de dinheiro. Ninguém faz saúde sem dinheiro; ninguém faz saúde. De vez em quando se fala muita bobagem de dizer: "Olha..." Tem gente que fala: "Eu vou dar...", candidato a prefeito fala: "Eu vou dar transporte de qualidade, gratuito." E depois percebe que não é possível. A qualidade impõe determinados custos que alguém tem que pagar. A saúde de qualidade necessita de dinheiro.

Ah, não me diga! Lula prometeu criar quinhentas UPAs, as Unidades de Pronto Atendimento. Entregou 91. Sua candidata prometeu entregar mais quinhentas — mil até 2014. Até setembro, tinha feito UMA! Só neste ano, garantiu construir 2.175 UBSs (Unidades Básicas de Saúde). Não se tem notícia até agora. Alguém dirá: "Mas e o dinheiro?" O GOVERNO

LULA, COMO ADMITE DILMA, USOU OS RECURSOS DA CPMF PARA OUTRAS FINALIDADES, QUE NÃO A SAÚDE. Não faltava dinheiro, mas competência.

E aí a sociedade como um todo tem que se autofinanciar. Veja o que o Obama está passando nos Estados Unidos com a questão da saúde. E lá tem 50 milhões de pobres que não têm direito a nada. Ah, se tivesse um SUS nos Estados Unidos, como seria bom para os pobres. Eu, na próxima conversa que eu tiver com o Obama, eu falo: "Obama, faça o SUS. Custa mais barato, é de qualidade e é universal", porque... e veja o que ele está apanhando, porque os conservadores não querem mudar nada. Ou seja, as pessoas não querem abrir um milímetro para atender a uma parte da população que não teve direito a nada. Como eu acho que o mundo vai ter que ser cada vez mais solidário para que a gente possa sobreviver neste planeta, porque está cada vez mais apertado, cada vez tem mais gente e cada vez tem mais problemas, eu acho que nós vamos caminhar para uma sociedade em que a gente, de vez em quando, vai abrir mão de algumas coisas nossas para que outros possam ter acesso àquilo que a gente já tem.

Eis o Lula no seu melhor estilo. Depois de ter lembrado que, afinal, era um dos que ficavam horas com "bunda" na cadeira esperando atendimento, mostra a intimidade com Obama, mas não uma intimidade qualquer. Ele é superior. Está na condição de quem pode dar conselhos àquele, sugerindo que copie o nosso modelo, "de qualidade e universal". Na sequência, mais uma vez, "nós" (os progressistas) contra "eles" (os conservadores). Em seguida, fala o profeta planetário, que está pensando coisas cujo alcance é a humanidade.

Esses dias, eu fiquei indignado, porque nós fizemos uma revista bonita, do Ministério do Desenvolvimento Agrário para levar para a Europa, traduzida. E tem um casal bonito trabalhando na roça, e aparece um companheiro, uma figura humana belíssima, sorrindo, sem um dente na boca. Eu falei: "Companheiro, não é possível que a gente não... antes de tirar a foto, não mandou consertar, arrumar." Porque tem gente que acha que pobre gosta de ser banguela. Então, essa é uma coisa que nós ainda temos que avançar. E, muitas vezes, não basta ter dinheiro, esse é o problema, é que não basta ter dinheiro. É preciso ter um conjunto de cabeças pensantes e uma palavra nova que eu vou criar: um conjunto de pessoas executantes para que as pessoas possam dar certo. Porque, também, no país, entre você pensar e fazer fica mais fácil atravessar o Oceano Atlântico a nado e ir para a África. Não é uma coisa fácil.

A palavra "executante" pertence ao léxico; não é uma invenção. Numa coisa ele tem razão: não basta ter dinheiro; é preciso também ter competência, o que seu governo não demonstrou na saúde. Ao contrário: essa é uma área que sofreu um notável retrocesso, embora, segundo ele, o Brasil deva ser um exemplo para Obama...

Eu não discuto pessoas, mas políticas públicas. Os primeiros a prometer coisas para pensar no dinheiro depois, fazendo justamente o que Lula condena, foram os petistas. Mais: ficaram durante longos cinco anos com a arrecadação da CPMF, e, como admitiu Dilma, o dinheiro foi desvirtuado. Longe da perfeição, a saúde brasileira certamente não serve de modelo para ninguém. Ainda é preciso ficar horas, meses, com, como é mesmo?, "a bunda" sentada na cadeira...

Reacionários, senhores colunistas patrulheiros e patrulhados, é usar a saúde do povo para construir uma mitologia pessoal e depois recorrer aos serviços do Sírio-Libanês. Eu, a propósito, recorro ao Einstein, mas não dou conselhos a Obama nem digo que o SUS está bem perto da perfeição. Como sintetizou Augusto Nunes, "Lula pode internar-se onde quiser, desde que pare de mentir sobre o sistema de saúde".

Quanto ao colunismo inconformado com a democracia, resta a saída "Coreia do Norte". A alternativa seria a leitura de alguns livros. Mas jamais cobro das pessoas o que sei que está além do seu alcance.

(Endereço para o vídeo: www.youtube.com/watch?&v=Ra5vjf0c_xQ)

LULA ESTÁ COM ÓDIO E ABRAÇADO A SEU RANCOR [05/05/2012]

Não gosto da expressão "passar a história a limpo". Tem apelo inequivocamente totalitário. Fica parecendo que vivemos produzindo rascunhos e que a história verdadeira nos aguarda em algum lugar. Para tanto, teríamos de nos submeter às vontades de um líder, de uma raça, de uma classe ou de um partido para atingir, então, aquela verdade verdadeira. A gente sabe aonde isso já deu. Nos milhões de mortos dos vários fascismos e do comunismo. Assim, não existe história a ser "passada a limpo". Os países que alcançaram a democracia política, como alcançamos, têm é de lutar para tirar da vida pública os corruptos, os aproveitadores e os oportunistas. Isso é "passar a limpo"? Não! Isso é melhorar quem somos. Não por acaso, antes que prossiga, noto que Luiz Inácio Lula da Silva é um dos herdeiros dessa visão totalitária supostamente saneadora — daí o seu mentiroso "nunca antes na história *destepaiz*", como se fosse o fundador do Brasil.

A CPI do Cachoeira poderia ser mais uma dessas oportunidades em que práticas detestáveis dos subterrâneos da política vêm à luz, permitindo punir aqueles que abusaram dos cofres públicos, das instituições e da boa-fé dos brasileiros. Ocorre que há uma boa possibilidade de que isso não aconteça. E por quê? Porque Lula está com ódio. Um ódio injustificado. Um ódio de quem não sabe ser grato. Um ódio de quem não encontra a paz senão exercendo o mando. É ele quem centraliza hoje os esforços para que a CPI se transforme num tribunal de acusação da Procuradoria Geral da República, do Supremo Tribunal Federal e da imprensa independente. E já não esconde isso de seus interlocutores.

A presidente Dilma Rousseff, cujo governo não é do meu gosto — e há centenas de textos dizendo por que não, vários publicados neste livro —, já deve ter percebido (e, se não o percebeu, então padece de um grave déficit de atenção política): o risco maior de desestabilização de seu governo não vem da oposição ou do jornalismo que leva a sério o seu trabalho. O nome do risco é Lula.

Ele quer se vingar. Mas se vingar exatamente do quê? Não há explicação racional para o seu rancor, como vou demonstrar abaixo. Já foi, sim, um elemento que ajudou a construir a democracia brasileira — não mais do que isto, friso: uma personagem que participou de sua construção. Nem sempre de modo decoroso. Em momentos cruciais, para fortalecer seu partido, atuou como sabotador. Mas o sistema que se queria edificar era mais forte do que a sua sabotagem. Negou-se a homologar a Constituição; recusou-se a participar do Colégio Eleitoral; opôs-se ao Plano Real; disse "não" às reformas que foram a base da estabilidade de sua gestão... A lista seria longa. Mesmo assim, ao participar do jogo institucional (ainda que sem ter a devida clareza de sua importância), deu a sua cota. Agora que o regime democrático está estabelecido, Lula se esforça para arrastar na sua pantomima e na do seu partido alguns dos pilares do estado democrático e de direito.

Por quê? Seria seu senso de justiça tão mais atilado do que o da maioria? É a sua intolerância com eventuais falcatruas que o leva hoje a armar setores do seu partido e da base aliada para tentar esmagar a Procuradoria, o Supremo e a imprensa? Não! Lamento ter de escrever que é justamente o contrário: o que move a ação de Lula, infelizmente, é o esforço para proteger os quadrilheiros do mensalão. Uma coisa é certa: outros líderes, antes dele, já deram guarida a bandidos. O PT não inventou a corrupção no Brasil. Mas só Lula e seu partido a transformaram num fundamento ético a depender de quem é o corrupto. Se aliado, é só um herói injustiçado.

Ódio imotivado

E Lula, por óbvio, deveria estar com o coração pacificado, lutando para fortalecer as instituições, não para enfraquecê-las. Um conjunto de circunstâncias — somadas a suas qualidades pessoais (e defeitos influentes) — fez dele o que é. Em poucas pessoas, o casamento da "virtù" com a "fortuna" foi tão bem-sucedido. O menino pobre, retirante, tornou-se presidente da República, eleito e reeleito, admirado país e mundo afora. Podemos divergir — e como divergimos! — dessa avaliação, mas nada disso muda o fato objetivo. Quantos andaram ou andarão trajetória tão longa do ponto de partida ao ponto de chegada?

Lula deveria ser grato aos aliados e também aos adversários. Qualquer um que tenha um entendimento mediano da história sabe como os oponentes ajudam a formar a têmpera do líder, oferecendo-lhe oportunidades. Não há, do ponto de vista do Apedeuta, o que corrigir no roteiro. O destino lhe foi extremamente generoso. Sua alma deveria estar em festa. E, no entanto, sai proclamando por aí que chegou a hora de ajustar as contas. Com quem? Com quê?

Não farei aqui a linha ingênuo-propositiva, sugerindo que o ex-presidente deixe a CPI trabalhar sem orientação partidária, investigando quem tem de ser investigado, ignorando que há forças políticas em ação e que é parte do jogo a sua articulação para se defender e atacar. Isso é normal no jogo democrático. O que não é aceitável é esse esforço para eliminar todas as outras — à falta de melhor designação, ficarei com esta — "instâncias de verdade" da sociedade. Instâncias que são, reitero, instituições basilares da democracia.

Lula e seus sectários chegaram ao ponto em que acreditam que o PT não pode conviver com uma Procuradoria Geral da República que não seja um braço do partido; com um Supremo Tribunal Federal que não seja uma seção do partido; com uma imprensa que não seja uma das extensões do partido. Todos têm de ser desmoralizados para que, então, o PT surja no horizonte realizando a sua vocação: ser a única instância da verdade. Na conversa que manteve anteontem com petistas, em que anunciou — por conta própria — que o governo vai avançar sobre a mídia, Rui Falcão, presidente do PT, foi claríssimo:

"(...) [a mídia] é um poder que contrasta com o nosso governo desde a subida do Lula, e não contrasta só com o projeto político e econômico. Contrasta com o atual preconceito, ao fazer uma campanha fundamentalista como foi a campanha contra a companheira Dilma [nas eleições presidenciais de 2010]."

Ou por outra: o bando *heavy metal* do PT considera que as instituições da democracia ocupam o seu espaço vital, sufocam-no. Se o partido foi vitorioso e chegou ao poder segundo os instrumentos democráticos, uma vez no topo, é preciso começar a eliminá-los. Esses petistas entendem a política segundo uma linha supostamente evolutiva de que seriam os mais aptos. Qualquer outra possibilidade significa um retrocesso. É um mito da velha esquerda, herdado, sim, lá do marxismo — ainda que o partido não seja mais marxista nos fundamentos econômicos. Da velha teoria, herdou a paixão pelo totalitarismo.

Já vimos isso antes e alhures

Já vimos isso antes na história. Na América Latina, a Argentina assiste a um processo ainda mais agressivo. Os regimes autoritários ou a depredação da democracia não surgem sem justificativas verossímeis e sem o apoio de muitos inocentes úteis e inúteis. Procedimentos corriqueiros do jogo democrático e do confronto de ideias começam a ser ideologicamente demonizados para que venham a ser considerados crimes. Voltem à fala de Rui Falcão. A simples disputa eleitoral, para ele, é chamada de "manifestação de preconceito" das oposições. A vigilância que toda imprensa deve exercer numa democracia é tratada como ato de sabotagem do governo. E ninguém estranha, é evidente, que *Veja* esteja entre os alvos preferenciais dos autoritários.

Aqui e ali alguns tontos se divertem um tantinho achando que a pinima de Lula e de seus extremistas é com a revista em particular. Não é, não! É com a imprensa livre. Se *Veja* está entre seus alvos preferenciais, deve ser porque foi o veículo que mais o incomodou. Então se tira da algibeira a acusação obviamente falsa, comprovadamente falsa, de que a publicação participou de conspirações contra esse ou aquele. Ora, digam aí os nomes dos patriotas, com carreiras impolutas, que foram vítimas desse ente tão terrível. *Veja* não convidou os malandros do mensalão a fazer malandragens. Também não patrocinou as sem-vergonhices no Dnit. Também não responde pela montanha de dinheiro liberado que não se transformou nem em estradas nem em obras de reparo. A revista relatou essas satadezas. Com quem falou para obter informações que eram do interesse de quem me lê e de outros milhões de brasileiros? Isso não é da conta de Lula! Ele, como sabemos, só dialoga com a fina flor do pensamento... Só que há uma diferença importante: um jornalista que se respeita não fala com vigaristas para ser ou manter o poder. Se o faz, é para denunciar o poder! E assim foi, o que rendeu a demissão de corruptos e a preservação do patrimônio público.

É claro que isso excita a fúria dos totalitários. Na Argentina, a tropa de Cristina Kirchner costuma ser ainda mais criativa — e, em certa medida, grosseira — do que seus pares brasileiros. Por lá, a agressão à imprensa chegou mais longe. Começou com uma rusga com o *Clarín*, que apoiava o casal Kirchner. Agora, trata-se de um confronto com o jornalismo livre. A exemplo do que ocorre no Brasil, uma verdadeira horda está mobilizada pelo oficialismo para destruir a democracia. Também lá, a subimprensa alugada pelo poder, conduzida por anões morais, ajuda a fazer o serviço sujo.

Voltando e caminhando para a conclusão

Lula e seus extremistas estão indo longe demais! Quando um secretário-geral da Presidência reúne deputados e senadores do seu partido, como fez Gilberto Carvalho, para determinar que o centro das preocupações da CPI deve ser o mensalão, esse ministro já não se ocupa mais do governo, mas de um projeto de esmagamento da boa ordem democrática; esse ministro não demonstra interesse em identificar e pedir que a Justiça puna os corruptos, mas em impedir que outros corruptos sejam punidos. E por quê?

Por que Lula está com ódio? De várias maneiras, o seu conhecido projeto continuísta se mostra, hoje, impossível. Não é surpresa para ninguém que mais apostavam no naufrágio de Dilma algumas alas do PT que nunca a consideraram petista o suficiente do que propriamente a oposição. Estaria eu flertando com o governo, como disseram alguns tontos? Ah, tenham paciência! Não mudei um milímetro a minha avaliação sobre a gestão Dilma Rousseff e sempre escrevi que as denúncias de lambanças feitas pela imprensa livre, seguidas das demissões, fariam bem à sua imagem e à sua reputação. Está no arquivo do blog. Sei o que escrevo e tenho, alguns podem lamentar, uma memória impecável. Assim, a presidente não me decepciona porque não esperava mais do que isso. Também não me surpreende porque não esperava menos do que isso. Contrariados estão alguns fanáticos do petismo que acreditam que há certos "trancos" na democracia que só podem ser dados por Lula. Sim, eles têm razão. Infeliz e felizmente, só Lula poderia fazer certas coisas. E não vai fazê-las. Não se enganem, não! A avaliação de Dilma lá nas alturas surpreende e decepciona os que apostavam no retorno de Lula. Eu não tenho nada com isso porque nunca fui dessa religião... Ou melhor: até fui, quando era menino e pensava como menino, como diria o apóstolo Paulo... Depois cresci.

Lula tenta instrumentalizar essa CPI para realizar a obra que não conseguiu quando era presidente: destruir de vez a oposição, botar uma canga na imprensa e "passar a história a limpo", segundo o padrão do revisionismo petista. Mas a democracia — e ele tantas vezes foi personagem minúscula de sua construção, quando poderia ter sido maiúscula — não vai deixar. Não conseguirá arrastar as instituições em seu delírio totalitário. Tenham a certeza, leitores: por mais que o cerco pareça sugerir o contrário, esse coro do ódio é expressão de uma luta perdida. E a luta foi perdida por eles, não pelos amantes da democracia.

AUTORITÁRIOS, VOCÊS PERDERAM! [29/05/2012]

Duas expressões do território do sagrado se confrontaram nesta segunda-feira nas redes sociais, depois que o ministro Gilmar Mendes evidenciou um dos esforços de Lula para fraudar a democracia: a falsa e a verdadeira [Nota do Editor: o autor se refere ao episódio, ocorrido no escritório do ex-ministro Nelson Jobim, em Brasília; segundo Mendes, Lula o pressionou a adiar o julgamento do mensalão com uma linguagem próxima da chantagem]. De um lado, Luiz Inácio Lula da Silva, o falso sagrado; de outro, a Constituição da República Federativa do Brasil, o verdadeiro. De um lado, a mistificação, a empulhação político-ideológica, a mesquinharia travestida de força popular; de outro, os fundamentos do estado de direito, da democracia e da liberdade.

De um lado, o vale-tudo que está na raiz das ditaduras, da violência institucional, do mandonismo; de outro, as instituições. De um lado, a lógica dos privilégios, da inimputabilidade, da impunidade; de outro, o triunfo da igualdade perante a lei, que faz de Lula um homem como outro qualquer.

E eu lhes digo: desta feita, e não tem sido assim tão usual, o bem triunfou sobre o mal; a legalidade rechaçou o arbítrio; a democracia repudiou a vocação tirana.

Nas redes sociais, os porta-vozes das trevas gritavam: "Não toquem em Lula, ou haverá rebelião popular!" E uma autêntica rede da legalidade tecia a sua teia para gritar em uníssono: "Demos a Lula, segundo os limites da lei, o direito de governar o país por oito anos, mas não lhe entregamos a nossa honra, a nossa dignidade, a nossa liberdade!" De um lado, em suma, um passado que não quer passar vociferava: "Ele é intocável!" Do outro, com voz ainda mais potente, ouvia-se a resposta: "Intocável é a Constituição da República Federativa do Brasil!"

E a luz se impôs sobre as trevas.

Eles bem que tentaram. Os falsos perfis e os robôs [o endereço do texto em que o autor comenta as fraudes na internet encontra-se ao fim deste artigo] atuaram com força inédita nas redes sociais, buscando dar o tom do debate, *trollando* os que ousavam manifestar uma voz divergente, molestando os adversários, atacando-os com a brutalidade oficialista, cavalgando as mentiras de sempre, esgrimindo as generalizações mais grosseiras, ressuscitando os preconceitos mais rombudos. Mas nada conseguia disfarçar o real propósito de sua ação. Ali estava uma súcia encarregada de defender bandidos, de amparar malandros, de endossar larápios, de apoiar ladrões de dinheiro público e ladrões da institucionalidade.

Lula tentou roubar do Brasil e dos brasileiros aquilo que não o faz especialmente rico, mas que nos deixa pobres como nação, como país, como povo: o império da lei. Lula vem tentando reescrever o passado à custa do futuro. A constatação indeclinável — e a verdade inescapável — é que um país que deixe impunes os mensaleiros estará assinando um compromisso com a fraude, com a mentira, com a empulhação, com a roubalheira. Um país que — desta feita sim, com a devida condenação legal — não meta algemas nos pulsos desses malandros estará condenando a si mesmo ao atraso, ao vexame, à ignomínia.

Há muito Lula ultrapassou o limite do aceitável, com seus discursos bucéfalos, com suas escandalosas falsificações da história; com sua vocação para mentir sobre o próprio passado e o passado do país; com sua disposição para empenhar o futuro em nome de arranjos presentes; com sua disposição para acomodar interesses subalternos; com sua inclinação para lavar a reputação, por mais suja que fosse, de quantos lhe prestassem vassalagem e sujar a biografia, por mais limpa que se mostrasse, de qualquer um que ousasse enfrentá-lo. Há muito Lula escandaliza o bom-senso com sua incrível capacidade de amordaçar o debate, reduzindo-o a um mero arranca-rabo de classes — já que "luta de classes" é debate para gente com mais preparo intelectual do que ele, ainda que equivocada —, enquanto, que espanto!, se beneficia dos privilégios que ele e os seus concederam e concedem a alguns eleitos da República. Não por acaso, em 2011, num ano não eleitoral, empresas doaram a seu partido mais de R$ 50 milhões! Essa é a República de Lula, que faz da concessão desses privilégios um ato de resistência ideológica.

Dada a condescendência com que sempre foi tratado, pouco importava a besteira que dissesse ou fizesse, Lula foi criando balda. Com o tempo, até ele próprio acreditou que, de fato, era o Lula criado pela máquina de propaganda e endeusado pela súcia de "funcionários" do partido. Com o tempo, passou realmente a acreditar que era aquela figura mágica que recebe títulos de doutor *honoris causa* às baciadas. Com o tempo, imaginou que o Brasil inteiro cabia naquela sala de professores e reitores áulicos, que se dispunham a lhe entregar tudo, muito especialmente a honra. E partiu, então, para o gesto tresloucado: chantagear um ministro do Supremo Tribunal Federal, depois de ter molestado, ainda que com sua famosa e falsa candura, alguns outros.

Desta feita, no entanto, deu tudo errado. Um valor mais alto se alevantou. O verdadeiro se impôs sobre o falso. Acabou a era do bezerro de ouro. Ou Lula se submete à Constituição ou diz na cadeia por que não. Este país, como estado, adora um único Deus: a Constituição!

Chega, Lula!
Chega de Lula!
Lula já era e não quer que o Brasil seja!

(Endereço do texto sobre o uso de robôs nas redes sociais: http://veja.abril.com.br/blog/reinaldo/geral/como-fraudar-a-internet-e-sequestrar-a-legitimidade-dos-debates-ou-usuarios-do-twitter-estao-sendo-vergonhosamente-manipulados/)

5. RUIM DE SERVIÇO

LULA COMEMORA A CRISE: "É GOSTOSO VER!" [30/12/2010]

O Babalorixá de Banânia finge contentamento, mas está arrasado por ter de deixar o poder. Isso o torna ainda mais agressivo e autocentrado, o que o leva a perder qualquer noção de decoro. Não vou dizer que ele atingiu ontem o limite da estupidez porque as 48 horas que lhe restam — só 48!! — ainda podem render muita bobagem, dada a sua enorme capacidade de competir consigo mesmo.

Nunca antes na história *destepaiz* um presidente da República Federativa do Brasil demonstrou contentamento com a crise econômica de outros países. Mais uma vez, este gigante assombra o mundo. Lula participou ontem de um evento do programa Minha Casa, Minha Vida e soltou a seguinte pérola:

> "Foi gostoso passar pela Presidência da República e terminar o mandato vendo os Estados Unidos em crise, vendo a Europa em crise, vendo o Japão em crise, quando eles sabiam tudo para resolver os problemas da crise brasileira, da crise da Bolívia, da crise da Rússia, da crise do México."

Poderia ter parado por aí, e a fala já mereceria entrar para a sua *antalogia,* mas faltava aquele toque especial, que personaliza a análise. Para o demiurgo, a crise, no Brasil, não foi equacionada por "nenhum doutor, nenhum americano e nenhum inglês", mas por "um torneiro mecânico, pernambucano". É bem verdade que ele lembrou que teve uma ajudazinha da equipe econômica!

Metam logo em Lula uma fantasia de Alexandre, o Grande, ou de Napoleão Bonaparte! Quem sabe, assim, estufe menos o peito. A crise que atingiu os países ricos teve um efeito reduzido nos emergentes, todos sabemos. Por enquanto. E só por enquanto. E o Brasil está nesse grupo, com resultados muito inferiores aos alcançados por China, Índia ou Rússia. Foi a natureza da crise que poupou o Brasil, não a gestão iluminada do governo.

Quanto a essa bobajada de crise resolvida por "torneiro mecânico pernambucano", não por doutores, dizer o quê? A destacar apenas a boçalidade anti-intelectualista da fala, que, mais uma vez e como sempre, faz pouco caso do estudo e do preparo. A gestão da política econômica, concorde-se ou não com ela, é feita, sim, por doutores. A equipe do Banco Central não é formada por torneiros mecânicos intuitivos, mas por profissionais com respeitável formação técnica. Sendo assim, a afirmação de Lula é nada menos do que mentirosa. Não foi a sua ignorância ousada que gerenciou a crise, mas a prudência informada, com seus acertos e erros.

Reuters dá uma mãozinha

Como se não bastassem as mistificações de Lula sobre si mesmo e seu governo, a agência de notícias Reuters decidiu dar a sua contribuição. Num despacho, informava ontem:

> "O programa, que tinha como meta 1 milhão de habitações contratadas até o fim de 2010, atingiu 1 milhão e 3 mil moradias contratadas, segundo informou no evento a presidente da Caixa Econômica Federal, Maria Fernanda Ramos Coelho."

Está errado! Essa é mais uma mentira contada pelo governo. Quando foi lançado, o programa prometia ENTREGAR 1 milhão de casas até o fim de 2010, e não CONTRATAR. O que vai acima, portanto, é falso. Lula chega ao fim do segundo mandato entregando pouco mais de 10% — SIM, LEITOR, 10% — das casas prometidas.

E olhem que Lula pode contar inverdades escandalosas sobre si mesmo sem a ajuda da Reuters. Criticando mais uma vez a imprensa, afirmou:

> "Aqueles que escreveram esta semana que a gente não ia entregar 1 milhão de casas, por favor, peçam desculpas e reescrevam a matéria de vocês. Não é feio pedir desculpa, feio é persistir no erro e na ignorância de alguns que ousaram acreditar que não seríamos capazes."

Não é espantoso!? Ele chama "contratar" casas de "entregar casas"; transforma 10% em 100%; classifica de erro o acerto da imprensa e ainda diz esperar um pedido de desculpas! Segundo um instituto aí, Lula é aprovado por 83% da população! Parabéns! Isso não torna certo o errado nem desculpa sua mediocridade agressiva. Apenas 48 horas, leitor! Amanhã, só 24! Depois, pufff...

(Nota: Dilma terminará o seu mandato sem entregar o milhão de casas que tinha sido prometido por Lula. Ela própria havia anunciado mais 2 milhões até 2014. Casas de saliva e papel.)

FALTA DE COMBATIVIDADE NÃO É AMOR AO DIÁLOGO [08/09/2011]

Além de a rede petralha organizada na internet fazer pouco das ações de protesto contra a corrupção, seus próceres indagam: "E não havia corrupção nos governos anteriores?" Ora, claro que sim! E também havia protestos... contra a corrupção, de que UNE, CUT e movimentos sociais eram parte ativa. Hoje, os dinheiristas estão calados. Não é que fossem contra a corrupção; eles se opunham à corrupção dos seus adversários.

Esta é a grande diferença: os que protestam agora não são petistas, tucanos ou sei lá o quê. São pessoas sem partido — e aí está sua força e também a sua fragilidade. Como não têm de justificar seus aliados nem obrigação de combater seus adversários, podem se apegar ao aspecto moral e ético da questão: roubar é feio, roubar é inaceitável, roubar é injustificável.

O que começa a surgir — é ainda incipiente, e, reitero, não sei aonde vai dar — é a consciência de que não há uma boa razão para o assalto aos cofres públicos. Pessoas comuns se deram conta de que não há causa social que explique a roubalheira, entenderam? Essa gente não aguenta mais olhar para a cara de Lula a abençoar todas as lambanças dos seus amigos, atribuindo tudo quanto é falcatrua a governos passados — como se ele não fosse hoje aliado de todos os governantes passados, à exceção de FHC!

Então voltamos à questão: "Mas foi o PT, por acaso, que inventou a corrupção?" Claro que não! Quer dizer que, porque não foi invenção do PT, os petistas e petralhas podem, então, ser seus alegres usuários, afirmando simplesmente: "Ah, foram eles que começaram!"? Não! O PT não inventou a corrupção, não! A obra do PT é de outra natureza. Adhemar de Barros, Paulo Maluf e Fernando Collor — para usar exemplos tornados clássicos de certo tipo de coisa — não ousaram chegar aonde os petistas chegaram: transformar a corrupção numa ética de resistência! Aí está a originalidade do método petista.

Se roubam, é para o bem do país e para combater os reacionários. Se cobram propina, é para o bem do país e para combater os reacionários. Se tentam comprar o Congresso com o mensalão, é para o bem do país e para combater os reacionários. Se recorrem a aloprados, é para o bem do país e para combater os reacionários.

Ora, já chega a quantidade de mentiras que esses caras contaram sobre si mesmos e sobre os outros, não é? Para ser extremamente sintético:

- posam de autores da estabilidade — e, de fato, eles a sabotaram;
- posam de pais dos programas sociais — e, de fato, eles os chamavam de "esmola".

E tentam agora naturalizar a corrupção como desdobramento necessário e até óbvio de seu amor pelo povo? Não dá! Qual será o alcance dessa nova consciência que começa a surgir? Não sei! O que sei é que é crescente o número de pessoas que repudiam essa abordagem, que desprezam os setores da imprensa condescendentes com esse ponto de vista e que veem com suspeição os setores da oposição que chamam de "diálogo maduro" o adesismo, a falta de combatividade e a falta de coragem.

DILMA É RUIM DE SERVIÇO [26/09/2011]

Reportagem de ontem de *O Globo* mostrou que o governo federal executou só 0,5% do programa Minha Casa, Minha Vida e que a liberação de recursos para algumas das principais promessas de Dilma Rousseff para este ano não chega a 10%.

Escrevi uma série de textos sobre o assunto [o endereço para a sequência está no fim do artigo] desde, atenção!, 31 de janeiro deste ano. "Pô, Reinaldo, a mulher estava no poder havia apenas 31 dias, e você já estava cobrando cumprimento de promessas?" Não! Naquele texto, tratei das promessas que já não havia cumprido como "gerentona" do governo Lula e listei aquelas que certamente não cumpriria como presidente — ou melhor: não cumprirá.

Além de 2 milhões de casas até 2014 (e vocês têm de se lembrar do outro milhão anunciado no governo Lula), a presidente prometeu para este ano: 3.288 quadras esportivas em escolas; 1.695 creches; 723 postos de policiamento comunitário; 2.174 Unidades Básicas de Saúde; 125 Unidades de Pronto Atendimento.

Pois bem, no Minha Casa, Minha Vida, executou-se apenas 0,5% do previsto; nos demais casos, a liberação não chega a 10%. Já demonstrei que, dado o ritmo em que se entregam as casas, serão necessários 26 anos para cumprir a promessa dos 3 milhões de moradias. Ontem, a *Folha* noticiou que, na base da pura canetada, a Infraero aumentou o número de passageiros/ano dos treze aeroportos da Copa em estupendos 107 milhões. Foi assim, num estalo de dedos: "Ooops, erramos as contas!"

Ruim de serviço

A verdade insofismável é que Dilma é ruim de serviço pra chuchu. Já era não custa lembrar:

1. Foi a "gerentona" no governo Lula e assistiu impassível ao estrangulamento dos aeroportos. Nada fez! Ou melhor, fez, sim, uma coisa muito ruim: bombardeou as propostas de privatização. Depois teve de correr atrás do capital privado, na bacia das almas.
2. O marco regulatório que inventou para a privatização das estradas federais enganou muita gente, mas não conseguiu fazer o óbvio: duplicar rodovias, melhorar o asfalto, diminuir o número de vítimas. Cobra um pedágio "barato" para oferecer serviço nenhum. Ou seja: é caro demais! Um fiasco completo!
3. O Brasil foi escolhido para sede da Copa do Mundo há 47 meses. Em apenas nove, de abril a dezembro de 2010, ela esteve fora do governo. Era a tocadora de obras de Lula e é a número um agora. E o que temos? Seu governo quer, e terá, uma espécie de AI-5 das Licitações para fazer a Copa. Quanto às obras de mobilidade, a ministra do Planejamento Miriam Belchior entrega o jogo: melhor decretar feriado.
4. Na economia, há certo clima de barata-voa. Posso não compartilhar das críticas, a meu ver exageradas, ao corte de meio ponto nos juros estratosféricos, mas isso não quer dizer que note um eixo no governo. A turma me parece um tantinho apavorada. A elevação do IPI dos carros importados é um sinal de que estão seguindo a máxima de que qualquer caminho é bom para quem não sabe aonde vai. A Anfavea foi mais eficiente no lobby. Cumpre aos outros setores fazer também o seu chororô. O único que vai perder é o consumidor...
5. Na seara propriamente institucional, Dilma deixa que prospere o debate da reforma política como se não tivesse nada com isso. Parece Obama referindo-se aos políticos como "o pessoal de Washington". Ela poderia dizer: "O pessoal de Brasília..."
6. As promessas na área social para seu primeiro ano de governo naufragaram. Não vai entregar as UPAs, as quadras, as casas, os postos policiais...

Não obstante, a presidente tem angariado algumas simpatias mesmo em setores não exatamente entusiasmados com o petismo. É compreensível. A gigantesca máquina de propaganda, como sempre, atua com grande competência. Mas não responde sozinha pelo "sucesso". A oposição no país, excetuando-se alguns guerreiros isolados, é sofrível, beirando o patético. Tornou-se refém dos pedidos de investigação das denúncias de corrupção. Como a presidente pôs na rua alguns acusados, mais fatura ela com a "faxina" do que seus adversários com as acusações. Falta uma agenda — quando não sobra, sei lá como chamar, "adesismo tático", que se finge de estratégia.

O que pensam mesmo sobre as ações do governo os candidatos a líderes do PSDB? Parece que, no momento, organizam um seminário, ou coisa assim, para exumar as virtudes do Plano Real e coisa e tal. Eu sou o primeiro a afirmar, e o faço há uns dez anos, que as conquistas do governo FHC têm de ser exaltadas — mas daí a transformar em aríete da luta política vai uma grande diferença. Como fica claro, é uma batalha que vem com uma década de atraso. O partido espera apresentar uma resposta para os problemas de 2011 quando? Em 2021? O DEM tem espasmos de acerto aqui e ali, mas consegue ser mais notícia tentando criar dificuldades para o PSD do que facilidades para si mesmo.

Como Dilma pode estar cercada de incompetentes, mas não de estúpidos — longe disso! —, percebeu que o desgaste junto ao tal "povão", se vier, está distante, com o país funcionando quase a pleno emprego e ainda consumindo bem. A inflação preocupa, sobretudo porque é visível que eles não sabem o que fazer, mas nunca ninguém viu massas saindo às ruas por causa de 6,5% ou 7%. Como disse a ministra Ideli Salvatti em entrevista ao *Estadão*: "A gente vai levando..." Os chamados setores médios estão sendo conquistados pela pose de austera da soberana, por seu decoro no poder — que é real se comparada a seu antecessor — e por não endossar certas boçalidades da tropa de choque lulo-petista no subjornalismo. Na ONU, ao falar de seu compromisso com o combate à corrupção, exaltou, e com justiça e justeza, o trabalho da imprensa — aquela mesma que a ala metaleira do PT quer debaixo de chicote.

Assim, uma das "virtudes" de Dilma consiste em não ser uma especuladora, não pessoalmente ao menos, contra as instituições, como é Lula. É claro que, estivéssemos com os meridianos democráticos bem ajustados, a defesa que o Apedeuta fez, em pleno Palácio do Jaburu, de uma Constituinte só para fazer a reforma política — tese de óbvio sabor chavista — requereria uma fala da Soberana. Mas dela nada se cobra. Do mesmo modo, teria de falar se endossa o financiamento público de campanha do modo como o propõe seu partido: uma patranha para encher os cofres do

PT e estrangular a oposição. Nada! Parece que o país em que se debate a reforma política não é aquele que preside.

Lá com os seus botões, Dilma deve pensar: "Governar o Brasil é bolinho; nem é preciso acertar. E enfrentar a oposição é fácil; difícil é aturar a base aliada..."

(Endereço da sequência de textos sobre a — não — execução de obras no governo de Dilma Rousseff: veja.abril.com.br/blog/reinaldo/?s=creches+UPAs+casas+quadras)

NESSA TOADA, O PSDB JÁ ERA! [27/09/2011]

A petralhada estava torrando a minha paciência com a tal pesquisa encomendada pelo PSDB. Tinha lido uma nota na *Veja* informando que, se a eleição fosse hoje, Dilma venceria no primeiro turno, e Serra e Marina teriam menos votos. Achei razoável, já digo por quê. E não me ocupei mais do assunto porque estava lendo um livrão sobre o fim do comunismo e estudando o Oriente Médio, tema da hora. Andava sem tempo para os Bálcãs tucanos, um assunto chato e velho.

Mas a petralhada insiste porque faz tempo que essa gente cismou que... sou tucano! Fazer o quê? Levando em conta os que acusam, é uma tentativa de ofender a mim e ao partido, já que não gostam nem de um nem de outro. Eu me ofendo porque detesto que me confundam com essa gelatina nem-nem do PSDB, esse negócio "nem isso nem aquilo". Eu sempre sou ou "isso" ou "aquilo". E o partido não gosta justamente porque considera desagradável o meu suposto "radicalismo" — eles me acham conservador demais ou meio idiota, sei lá. Por mim, tanto faz. Alguns chamam "radicalismo" a defesa da Constituição, que é a minha ocupação permanente. De toda sorte, pertencemos a enfermarias diferentes... Isso não quer dizer que não admire alguns políticos tucanos. Votei em Serra em 2002 e em 2010 e em Alckmin em 2006. E sempre em tucanos, até agora, para o governo estadual ou a prefeitura da capital. Se votasse em alguns estados, no entanto, preferiria Monga, a mulher-macaco. Não, não chegaria a escolher um petista. Abaixo da Monga, não vou...

Lá fui eu tentar saber detalhes, já que a petralhada estava tão ansiosa, da pesquisa. Já comento os dados que vieram a público, mas deixo neste parágrafo uma avaliação: se a economia brasileira afundar, se for para o vinagre — o que espero que não aconteça porque a minha vida, como a de todo mundo, vai piorar —, há a possibilidade de o PT perder a eleição em 2014 até mesmo com Lula. Se isso não acontecer, e acho que não acontece, e se não houver nenhuma surpresa na área médica —, os tucanos já contrataram uma nova derrota. E não! Não foram os dados da pesquisa que me impressionaram. A rigor, são aborrecidamente óbvios. O que me impressiona é a capacidade que o PSDB tem de pautar a imprensa contra o próprio PSDB. Ninguém faz isso com a maestria de um tucano! Não há mal que um petista possa fazer a tucanos que estes não façam a si mesmos com muito mais eficiência.

A pesquisa é feita pelo sociólogo Antônio Lavareda, que sempre trabalhou no eixo PFL (hoje DEM)-PSDB. Curioso! Em disputas passadas, ele próprio forneceu dados aos tucanos e aos agora democratas sustentando que o governo FHC deveria ficar longe da campanha eleitoral. Ao contrário: a recomendação era para que Lula e o PT jamais fossem confrontados. Agora, numa nova realidade, descobre o que escrevi, vocês são testemunhas, umas oitocentas vezes no blog: aquilo era um erro. A constatação, então, chega com alguns anos de atraso, e, se estou entendendo, a perspectiva revisionista deverá pautar o partido em 2014. Santo Deus!

Não estou aqui revelando a pedra filosofal se afirmar que o vazamento dos dados, feito por tucanos, busca, obviamente, dar uma cutucada em José Serra: "Ó, hoje você só teria 25% contra Dilma; perdeu votos." Duvido que haja um só especialista em pesquisa que reconheça alguma virtude técnica nessa questão. Dilma está na imprensa todos os dias; conquistou a simpatia de setores importantes. O seu adversário de 2010, sem cargo, quase não é notícia. Há setores do próprio tucanato que tentam bani-lo. Qualquer avaliação honesta há de reconhecer que, se ainda hoje, um em cada quatro eleitores vota nele, isso é, para ele, uma boa notícia. E, se querem saber, Marina Silva também conquistou um número expressivo, o que registro com desagrado, já que não entendo a língua que fala — e duvido que alguém entenda. Mas fato é fato.

Leitura desonesta e lanterna na popa

A turma quer emburrecer? Bom proveito! Eu não emburreço! Dilma se elegeu no segundo turno com 56,05% dos votos; hoje, neste hipotético turno único, teria 59%; Serra e Marina juntos somariam 40%, bem perto dos 43,95% que o tucano obteve. "Trapaça!", grita o bobalhão! "Você mistura segundo turno com o primeiro." Trapaça uma ova! Se é que há alguma importância nesses dados, consiste em verificar se aqueles que elegeram

Dilma estão ou não arrependidos. Segundo Lavareda, não estão. E ela ganhou ainda um pouquinho de apoio. Só faltava Serra ter mantido os seus índices sem mostrar a cara na televisão e só aparecendo nos jornais, com raras exceções, quando é sacaneado por algum "correligionário"... Dilma é mais bem tratada hoje pelo noticiário do que quando candidata.

Mas isso é o de menos. A minha questão é outra: o que se pretende com isso? Acender uma lanterna na popa? Lavareda está revendo a campanha de 2010 ou tentando fornecer dados para a campanha de 2014? Por que não tenta botar a luz na proa? Não se testou nenhum outro cenário? E se a eleição fosse hoje contra outros nomes do tucanato? Sérgio Guerra, o presidente do PSDB, não foi minimamente tomado por essa curiosidade? "Ah, você fala isso porque é serrista!" Ainda que fosse ou seja verdade, seria ou é de uma irrelevância danada. Não importa o que sou ou achem que eu seja; importa a minha questão: o que se pretendia com essa pergunta? Demonstrar que Serra perderia a disputa se a eleição fosse em 2011? Ele já a perdeu em 2010. Sem o resultado de nomes alternativos, não dá para comparar. Quem teria mais do que 25% para que a gente possa saber se isso é relativamente pouco ou muito? Pergunto: o levantamento foi feito, e o dado, amoitado, ou Guerra é um homem de curiosidade curta?

Bobajada

Parece que o PSDB divulga a pesquisa nesta terça. Segundo Cristiana Lobo, os tucanos fizeram o levantamento como parte de uma estratégia para voltar ao poder e constataram que o partido "não está identificado com lutas populares". É mesmo? Os petistas carregariam as bandeiras da valorização do mínimo e do Bolsa Família (não brinquem comigo!), mas o PSDB teria conseguido, ao menos, recuperar a paternidade do Plano Real... Por quê? Havia perdido? Mais da metade dos brasileiros não têm preferência partidária. Entre os que têm, o PT lidera, seguido, bem atrás, pelo PSDB e pelo PMDB. Zero de novidade!

Até uma questão estupidamente óbvia será usada contra a legenda — e foi produzida por tucanos: 72% sabem que PT quer dizer Partido dos Trabalhadores, mas só 28% dizem que PSDB quer dizer Partido da Social-Democracia Brasileira. 40% dizem que PV é Partido Verde. A julgar pelas sobrancelhas e olhar contraído de Cristiana, parece que os verdes estão solapando os tucanos... Sabem o que isso significa? Nada! Apenas que "trabalhadores" e "verde" são vocábulos mais corriqueiros do que "social-democracia".

Aonde isso vai dar?

Nessa toada, em lugar nenhum! O PSDB está com dez anos de atraso, como se nota. E deve se pronunciar sobre questões hoje relevantes para o Brasil só em 2021... Escrevi um texto [artigo imediatamente anterior] afirmando que os motivos para fazer oposição estão aí, mas é a oposição que não está, pois que se limita, no dia a dia, a cobrar providências contra denúncias feitas pela imprensa. As questões de fundo permanecem sem resposta. A ideia mais original que os tucanos tiveram, parece, foi fazer um seminário de peso para ver se o Real ainda rende dividendos...

Querem saber? Desse mato não sai mais tucano. Os caras deveriam estar se organizando para disputar o poder com os petistas, mas estão ocupados, como sempre, em acertar os adversários internos. Não fossem os aliados de Dilma a lhe torrar a paciência e, claro, as turbulências na economia, ela poderia dormir tranquila. Ninguém caça — e cassa — tucanos como os tucanos... O PT é ruim o bastante para merecer uma oposição melhor.

O PETISMO E O DESASTRE NA SEGURANÇA PÚBLICA [15/12/2011]

PT e PSDB são partidos cheios de peculiaridades, digamos, espelhadas: similares, mas invertidas. O PT sabe fazer propaganda de si mesmo; o PSDB também sabe fazer propaganda... do PT! O PT vive disparando alguns petardos contra o PSDB. O PSDB também vive disparando alguns petardos contra si mesmo. O PT diz que tudo o que o PSDB faz é ruim. O PSDB se mostra incapaz de dar visibilidade às coisas boas que faz.

O fato de setores consideráveis da imprensa terem passado por um processo de "petização" colabora pra isso? Sim. As pautas favoráveis aos adversários do PT costumam ficar na gaveta. A eficiente polícia de São Paulo apanha quase todo dia do noticiário. Se existem números virtuosos, são quase ignorados. Foi divulgado ontem o Mapa da Violência [cujo endereço se encontra à página 41], com dados de 2001 a 2010. Nas campanhas eleitorais de 2006 e 2010, por incrível que pareça, os petistas atacaram a segurança pública em São Paulo. Não foram os únicos. Marina Silva, com a paixão pela precisão que lhe é peculiar, chegou a afirmar que a situação estava "fora do controle".

Os números são públicos. Em 2000, São Paulo tinha 42,2 homicídios por 100 mil habitantes; em 2010, 13,9 — uma queda de 67% (de fato, hoje, está abaixo de dez). Mas Dilma não achava isso nada bom! Nem Marina! Bem, então é o caso de saber o desempenho dos petistas na área, certo? Vamos lá.

Bahia

Na Bahia do falante Jaques Wagner, está em curso uma tragédia na segurança pública. O partido chegou ao poder, em 2007, com 23,5 mortos por 100 mil habitantes; no ano passado, eram 37,7, um crescimento de 60,4%.

Pará

No Pará, o petismo mostrou do que é capaz em matéria de segurança pública. Júlia Carepa chegou ao governo em 2007 com 29,2 mortos por 100 mil habitantes. Quando o deixou, derrotada pelo PSDB, no ano passado, eles eram 45,9, um crescimento de 57,2%!

Piauí

O PT governou o estado de 2003 a 2010, quando venceu o PSB, em coligação com os petistas. Quando assumiu o governo, havia 10,9 homicídios por 100 mil habitantes; no ano passado, 13,7, um crescimento de 25,7%.

Sergipe

Quando o partido começou a governar, em 2007, os mortos eram 29,8 por 100 mil habitantes. No ano passado, atingiu a marca de 33,3, um crescimento de 11,7%.

Acre

O PT chegou ao governo em 1999. Marina, lá, é poder, é bom lembrar. Em 2000, havia no estado 19,4 homicídios por 100 mil habitantes. Em 2010, continuava no mesmíssimo patamar: 19,4.

Eis aí. Isso é o que o PT sabe fazer em matéria de segurança pública.

UM GOVERNO RUIM, MAS BOM [17/12/2011]

Para o eleitor, o governo Dilma é ruim, mas é bom. A administração é reprovada pela maioria em seis dos nove itens analisados. Qual é o "fenômeno"? Fenômeno nenhum! É tudo lógica. É claro que, estando certo (e não tenho indício nenhum de que não esteja), o resultado da pesquisa CNI-Ibope é excelente para Dilma Rousseff. Posso até achar, e acho, que não é compatível com qualidade e realizações do governo, mas e daí? Isso não muda o fato. É inesperado? Acho que não. Pensemos.

O governo Dilma, sabe-o qualquer especialista — e isso preocupa o próprio Lula, como ele próprio vaza aqui e ali —, é de baixíssima performance. O PAC está empacado; o Minha Casa, Minha Vida não anda; as creches não saem do papel; as UPAs ainda estão em regime de "upa-upa, cavalinho Alazão" (é para distrair inocentes...); boa parte das obras de mobilidade da Copa ficará no papel (daí a tentativa de se mudar até a data do recesso escolar); as licitações dos aeroportos tardam e estão enroladas numa barafunda de critérios por causa do preço mínimo... Bem, Dilma é ruim de serviço no médio e no longo prazos e arca, sim, com uma herança nada bendita. Herança de quem? De Lula e dela própria, a "gerentona".

Mas isso já chegou à população? Não! A economia, em razão de dificuldades externas, está crescendo a um ritmo muito menor. Isso está sendo percebido nas ruas de maneira clara? Ainda não! Será em algum momento? Depende de duas coisas: a) da duração; b) de o eleitor sentir que há uma alternativa na oposição, tendo onde ancorar suas insatisfações. Ninguém pode responder a questão "a" com certeza, e a "b", por enquanto, é cabeça de bacalhau. Ninguém viu.

Alguns bobinhos da oposição acham que, se jogarem parados, fazendo o discurso do bom-mocismo, vão seduzir maiorias. Besteira! Não seduzem ninguém. Como a maioria das pessoas tende a rejeitar o niilismo — ainda bem! —, fica com suas expectativas encostadas no governo mesmo... Quem não se apresenta para o jogo não recebe a bola. Esse negócio de achar que pode ficar na banheira para fazer o gol nos minutos finais é coisa do futebol de antigamente.

Muito bem! Não há grandes realizações, mas também não há uma piora sensível na qualidade de vida, que possa ser identificada como coisa deste governo. Dilma contou neste primeiro ano com uma grande ajuda: a da imprensa — e justamente daquela que aqueles larápios a soldo chamam "golpista". Ao demitir ministros pegos com a boca na botija com razoável agilidade, ganhou pontos junto à população. A grande realização de Dilma no primeiro ano foi, vejam só, a faxina. Dependesse do subjornalismo a soldo, ninguém teria sido demitido, e sua reputação, provavelmente, seria outra. Era o que eles queriam. Afinal, torcem mesmo é pela volta de Dom Lula Sebastião.

A forma como Dilma governa é aprovada, diz a pesquisa, por 72%, e isso contamina, é óbvio, a avaliação que se tem do governo. E é a própria pesquisa que o demonstra. Vamos ver. O governo é aprovado em apenas três áreas: 1) combate à fome e à pobreza (56% a 39%); 2) combate ao desemprego (50% a 45%); 3) meio ambiente (48% a 44%). Exceção feita ao item 1, a diferença é apertada.

O governo é reprovado pela maioria em nada menos do que seis áreas: 1) saúde - 67%; 2) impostos - 66%; 3) segurança - 60%; 4) taxa de juros - 56%; 5) combate à inflação - 52%; 6) educação - 51%.

Como pode ter taxa tão expressiva de aprovação geral um governo reprovado nos itens tomados individualmente? Ora, fica evidente que Dilma tem sido bem-sucedida em se descolar dos insucessos da própria gestão, como se fosse, de fato, uma gerente durona que está aí para moralizar o processo político e não tivesse nada a ver com ele.

Se souber disso, Barack Obama vai morrer de inveja. A cada vez que, nos EUA, ataca os "políticos de Washington" (como se ele tivesse caído da Lua), gostaria de estar justamente na posição em que se encontra Dilma: "Não tenho nada a ver com o que os políticos fazem de errado." Obama ainda não conseguiu isso. Há fatores que explicam a dificuldade: o eleitorado americano é menos sensível a essa tática do "não tenho nada com isso"; a economia por lá não ajuda.

Mais um ano de crescimento só medíocre e a reiteração da ineficiência em vários setores podem afetar a imagem de Dilma? Potencialmente, sim! Mas insisto: o eleitorado, para começar a descrer, tem de ancorar a sua descrença — e, pois, a sua crença — em algum lugar. Quem, na oposição, hoje ou daqui a pouco, se oferece como alternativa? O eleitor rejeita o vácuo. Se está com o saco cheio de todo mundo, acaba indo para a praça, como ocorreu na Espanha. Se não vai, é porque está convicto de que uma resposta ainda é possível. Não havendo nada no terreno oposicionista a não ser tiro no pé, vai ficando com Dilma mesmo.

A tarefa da oposição já não seria fácil tivesse uma boa estratégia! Não tendo... Por que digo isso? Dilma concorrerá à reeleição em ano de Copa do Mundo. Não me refiro ao resultado do torneio, aquela tolice segundo a qual a vitória da seleção é boa para o governo, e a derrota, ruim. O eleitor não é tonto assim, não! O ponto é outro. Dilma passará todo o segundo semestre de 2013 e o primeiro de 2014 inaugurando obras, algumas muito vistosas, ainda que a Copa vá cobrar o seu preço por muitos anos. É evidente que se trata de uma arma eleitoral poderosa. Será um clima de "Pra Frente Brasil" como não se terá visto desde 1970! Aliás, não se despreze a importância das obras prometidas na excelente avaliação que se tem da presidente.

Os petralhas batem as patinhas e soltam seus guinchinhos, dadas as manifestações que me chegam, achando que, sei lá, vou dormir na pia porque a pesquisa é boa para Dilma. Como se vê, nada perturba meu apego à objetividade. Não estou aqui para ludibriar ninguém. Quanto ao gosto, só para encerrar, não sei por quê, intuo que Lula gosta desses números muito menos do que eu...

DEMÓSTENES E JOSÉ DIRCEU: DOIS CASOS EMBLEMÁTICOS [30/03/2012]

Peço que vocês leiam com muita atenção este texto.

Já escrevi vários artigos sobre a situação do senador Demóstenes Torres (DEM-GO) [Nota do Editor: Em escutas telefônicas promovidas pela Polícia Federal, Demóstenes Torres apareceu como interlocutor frequente do contraventor Carlinhos Cachoeira, a quem teria favorecido ao longo do mandato, motivo pelo qual foi, em 11 de julho de 2012, cassado pelo Senado]. Publiquei, aliás, a primeira entrevista com ele [cuja íntegra pode ser encontrada no endereço ao fim deste texto] tão logo divulgada a reportagem da *Veja* — e foi a *Veja* a primeira a tratar do assunto em letra impressa — sobre o caso. Sabia-se bem menos do que hoje a respeito. Algumas das perguntas feitas então:

> — O senhor é um dos mais severos críticos dos desmandos do petismo. Não pega mal para alguém com esse perfil ser flagrado conversando com Carlinhos Cachoeira?
>
> — O senhor já foi secretário de Segurança de Goiás, entre 1999 e 2002. Não é impróprio alguém nessa posição ter amizade com um contraventor?
>
> — Mas que tanto o senhor tinha para falar com Cachoeira?

Alguns vagabundos, que hoje são empregados do quadrilheiro-chefe da República, tentaram ligar meu nome às acusações contra Demóstenes. Ele seria "a fonte" e o "interlocutor" de Reinaldo Azevedo, como se falar com políticos não fosse uma obrigação do jornalista — e olhem que até falo pouco... O que é impróprio para jornalista é ser cúmplice de criminosos. Aliás, jornalistas falam com políticos e com o resto da humanidade — inclusive com aquela parte que chamo "imprópria para consumo... humano". Boa parte das falcatruas que são reveladas, o que serve para proteger os cofres públicos, nasce da denúncia de pessoas envolvidas em esquemas que têm interesses contrariados. Conversar com uma fonte não é se comprometer com ela. Esse caso está ainda no começo. Eu posso lhes assegurar que os decentes da imprensa rirão por último. Mas, até lá, cumpre fazer algumas observações importantes.

As perguntas que lhe fiz, reproduzidas acima, nada tinham de "levantada de bola". Ele só está numa situação muito difícil porque não tem boas respostas pra elas e porque o que vazou até agora indica que são pouco satisfatórias. Sim, lamento profundamente a desgraça política de Demóstenes porque, em si, independentemente do mérito (e falarei, sim, do mérito), o fato é ruim para o Brasil. Qualquer democracia do mundo precisa de uma oposição atuante. É a sua existência que demonstra, como lembro sempre, que o regime é democrático. Governos existem também nas ditaduras, mas só os regimes que asseguram as liberdades públicas e individuais contam com oposições organizadas e legais.

Lamento a situação de Demóstenes — e não sou o único — POR aquilo que se conhecia de sua atuação, não por aquilo que não se conhecia. A essa altura, ele próprio deve saber que dificilmente conseguirá se recuperar politicamente. Em certa medida, nem o ex-governador José Roberto Arruda, do DF, caiu de tão alto. Havia um halo de desconfiança que o cercava em razão dos episódios ligados à quebra de sigilo do painel eletrônico do Senado. Mais: a política no Distrito Federal tem algumas características próprias que a tornam especialmente perversa mesmo para os padrões da lambança geral. Demóstenes estava em outro patamar e certamente sabe disso.

Há uma reação de justa indignação dos moralmente saudáveis com a derrocada do senador. Não eram poucos os que acreditavam na sua pregação e que, atenção!, ainda acreditam naqueles valores que anunciava. E fazem muito bem! Eram e são bons valores. Se ele próprio não levava o que dizia na ponta do lápis, isso não depõe contra aqueles fundamentos, não! Continuam corretos.

Essas são pessoas de bem! Ninguém, até agora, me enviou comentários afirmando que isso tudo é só uma tramoia do PT; que Demóstenes foi obrigado a fazer essas coisas para sobreviver politicamente; que age como agem todos; que há também petistas — e os há! — na lista de políticos amigos de Cachoeira.

Não! Os antigos admiradores de Demóstenes não recorreram a essas estratégias. Isso é desculpa de petista! Isso é desculpa de petralha! Isso é desculpa do JEG (Jornalismo da Esgotosfera Governista)! Isso é desculpa de quem dá trela para José Dirceu! Os ex-admiradores de Demóstenes estão sinceramente decepcionados e não se mostram dispostos a perdoá-lo, ainda que tenha sido alvo de uma ilegalidade continuada (as escutas), ao contrário do que diz o ministro da Justiça, José Eduardo Cardozo (já chego lá). Ocorre que essa ilegalidade não muda a natureza e o conteúdo dos diálogos.

O ainda senador sabe que aqueles que o elegeram e que o admiravam não o perdoarão politicamente. E é por isso que, segundo leio, teria comentado com pessoas de seu círculo que está politicamente liquidado. Salvo um evento formidável, vindo de outra esfera, não creio que consiga se sair bem desse inferno.

Essa é a reação das pessoas saudáveis. Mais: elas querem que Demóstenes pague pelo que fez. Não há votos em favor da impunidade, não! Os que o admiravam são muito diferentes dos, como é mesmo?, "amigos de José Dirceu". Estes defendem é impunidade mesmo! Estes acham que o Zé só estava comandando a "revolução petista" por outros meios; estes acham que o Zé só estava agindo como agem todos, mas em favor do "lado certo", o PT.

Demóstenes Torres deve saber que o seu pior inimigo é a sua própria atuação no Senado, a parte conhecida, que era excelente!, e seu segundo pior inimigo são exatamente as pessoas que o admiravam em razão desses valores. No caso de Dirceu é diferente: os valores dos seus admiradores o protegem porque iguais aos seus. Trazida à luz a relação de Demóstenes com Cachoeira, o político caiu em desgraça. Pego com a boca na botija, o Zé virou herói e começou a fazer ainda mais negócios.

A carreira de Demóstenes está acabada. Já o Zé, como a gente viu, fez fama e fortuna. Não estivesse com os direitos políticos suspensos, haveria petistas bastantes para elegê-lo deputado. Afinal, o Zé, processado no STF por formação de quadrilha, cassado pela Câmara por corrupção, virou até "colunista político", além de "consultor de empresa privada".

A reação daqueles que inviabilizam a carreira política de Demóstenes é a reação de pessoas moralmente saudáveis. A reação daqueles que garantiram a sobrevivência de Dirceu — que o transformaram, pasmem!, em oráculo, que ainda votariam nele e que agora vibram com a desgraça do senador do DEM — é moralmente doente.

E são justamente esses doentes, inclusive no colunismo político — coisa de vigaristas mesmo! — que tentam estabelecer conexões entre as ligações de Demóstenes com Cachoeira e sua oposição ao governo Dilma, como se só pessoa com vínculos suspeitos pudessem se opor ao PT. É mesmo?

• Então ninguém pode se opor ao PT do mensalão por bons motivos?

• Então ninguém pode se opor ao PT dos aloprados por bons motivos?

• Então ninguém pode se opor ao PT de Erenice Guerra, ex-braço-direito da própria Dilma, por bons motivos?

• Então ninguém pode se opor ao PT das lanchas de Santa Catarina por bons motivos?

Uma ova!

As pessoas que não aceitam a moral elástica do petismo é que estão a dizer a Demóstenes: "Assim não dá, senador! Isso é coisa da turma do lado de lá! Não somos petistas! Não justificamos os malfeitos das pessoas que estão do lado de cá!" Tão logo Demóstenes foi capturado na rede de influências de Carlinhos Cachoeira, seu caso deveria ter sido remetido ao STF. "Ah, não era ele o alvo da escuta..." Isso é conversa mole! No que diz respeito à questão propriamente criminal, dificilmente as eventuais provas contra Demóstenes não serão impugnadas. Ocorre que, politicamente — e Demóstenes é político —, isso não tem a menor relevância.

Quero chamar a atenção de vocês para outro aspecto. Repararam que o método empregado com Demóstenes é muito parecido com aquele que destruiu Arruda? Faz-se uma operação secreta, vão se colecionando provas ou indícios e depois começa o trabalho de vazamento, de modo que a pessoa colhida não tem para onde correr. Não por acaso, os "peixões" capturados são justamente lideranças da oposição.

Fizeram coisa errada? Que paguem! Quanto a isso, não há a menor dúvida. Quem gosta de impunidade são os amigos do Zé Dirceu! Mas por que essa mesma PF não emprega igual método contra petistas? Quantos resistiram a essa forma de investigação? Digamos que a Polícia Federal não tenha cometido uma só ilegalidade. Diremos, então: "Eis aí uma instituição que serve ao Estado." Ocorre que começa a ficar caracterizado que os alvos são seletivos. Ser de oposição no país passou a comportar um risco adicional. E esse particular não caracteriza uma polícia de estado, mas uma polícia política.

Dado o andamento dos fatos, pergunta-se: de quais garantias dispõem os demais senadores da República — na verdade, o conjunto dos parlamentares — de que não estão sendo monitorados, sob a desculpa de que não são os alvos da investigação? A resposta: nenhumas! (O certo é "nenhumas" mesmo...) Fica uma advertência no ar: "Tomem cuidado!"

Que Demóstenes pague pelo que fez. Aliás, os vazamentos todos já caracterizam uma antecipação de pena, é evidente. É a correta atuação do senador — a parte que conhecíamos — que, entendo, inviabiliza o seu futuro político. Mas é justamente a atuação asquerosa de um Zé Dirceu (e de outros mensaleiros que estão de volta à Câmara) que lhe dá um futuro político! Não é mesmo um paradoxo interessante?

Os crimes dos adversários do PT crimes são! E isso é correto! Os crimes do PT, ora vejam!, transformam-se em virtudes, em atos de resistência!

E isso é um crime adicional — no caso, moral. Ou não lemos ontem na coluna de Mônica Bergamo, da *Folha*, que os amigos do Zé (quem? quem?) pensam até em recorrer à OEA caso ele seja condenado!?

Vigaristas atuando a soldo na rede, notórios bandidos que vivem de joelhos para o poder, esbirros de mensaleiros, tentam comprometer até mesmo o jornalismo que se dedica ao trabalho honesto, como ficará evidente pela enésima vez. É gente que está vibrando com a destruição de Demóstenes não porque cultive bons princípios, mas porque a serviço de bandidos que estão no poder.

Encerro reafirmando aos leitores que Demóstenes está numa situação crítica não porque tenha vivido conforme o que pregava, mas porque, é bem provável, deixou de fazê-lo. Não havia e não há nada de errado com aqueles princípios. Continuam bons. Em suma, os maiores algozes de Demóstenes são aqueles que conseguiu conquistar com a sua atuação, tanto quanto os maiores defensores de Dirceu são aqueles que também conseguiu conquistar!

(Endereço para a entrevista com Demóstenes Torres: http://veja.abril.com.br/blog/reinaldo/geral/o-senador-demostenes-torres-os-"dirceu's-boys"-da-internet-e-a-turma-do-jeg/)

OS "BANDIDOS E VÂNDALOS" QUE INTERESSAM [04/04/2012]

Vocês se lembram de Gilberto Carvalho, não? É aquele senhor que ocupa a função de secretário-geral da Presidência da República e que é o braço operativo de Lula no governo Dilma. É também, na prática, o segundo homem do petismo. Depois de Lula, é ele quem mais conhece os segredos do partido — mais do que José Dirceu, que tem o domínio de uma ala importante, sim, mas que exerce menos influência na legenda do que o outro.

Quando a Polícia Militar de São Paulo, cumprindo uma decisão da Justiça — não era uma questão de gosto, mas de obrigação — promoveu a reintegração de posse da região conhecida como Pinheirinho, Carvalho foi um dos petistas que decidiram satanizar o governo de São Paulo. Segundo este valente, o Planalto tinha outro modo de lidar com as questões sociais. Representantes do governo federal enfiaram o pé na jaca da delinquência política.

Paulo Maldos, amigo de Carvalho, secretário nacional de Articulação Social, estava no Pinheirinho no dia da desocupação e anunciou ao mundo que tinha sido alvo de uma bala de borracha, mesmo depois de ter se identificado como representante do governo federal. E saiu por aí tirando fotos, exibindo artefatos não disparados da tal bala. Não mostrou o suposto ferimento. Não fez exame de corpo de delito. Nada! Vários grupos de esquerda sustentavam, sob indiscreto incentivo federal, a existência de supostos mortos e desaparecidos no Pinheirinho. Talvez tenha sido a operação de mídia mais canalha montada por essa gente nos últimos tempos.

Muito bem! Os trabalhadores da usina de Jirau botaram fogo nos alojamentos. Milhares de pessoas tiveram de ser removidas da área. As obras estão paradas. Parte dos operários de Belo Monte também entrou em greve. E agora? Bem, agora Gilberto Carvalho se mostra menos sensível à questão social. Leiam o que informa Rafael Moraes Moura, no *Estadão Online*. Volto em seguida.

> "Um dos interlocutores mais próximos da presidente Dilma Rousseff, o ministro da Secretaria-Geral da Presidência da República, Gilberto Carvalho, condenou nesta quarta-feira, 4, o incêndio criminoso ocorrido no início desta semana no canteiro de obras da hidrelétrica de Jirau (RO), que destruiu 36 dos 57 alojamentos dos operários. Para ele, foram atos de vandalismo e banditismo. Onze pessoas foram presas no episódio. 'Não consideramos essa ação que houve lá como uma ação sindical ou uma ação de mobilização, mas um vandalismo, banditismo, e como tal será tratado', afirmou Carvalho. 'Isso não é ação de trabalhador, isso não é ação sindical. Tem de ser tratado em outros termos, de questão judiciária e policial', reforçou. Em março do ano passado, o canteiro de Jirau já havia enfrentado depredação de ônibus e alojamentos."

Vamos ver. Não apoio vandalismo na USP. Mas os petistas apoiam. Não apoio vandalismo no Pinheirinho (havia até uma tropa de choque criada pelo PSTU no local). Mas os petistas apoiam. Não apoio vandalismo na Cracolândia. Mas os petitas apoiam. Não apoio vandalismo no Jirau; nesse caso, os petistas também não! Não apoio vandalismo, pouco importa o alvo do protesto. Já os petistas pensam de modo diferente: "Vandalismo contra os nossos adversários é questão social; vandalismo contra nós é banditismo." Esse é Gilberto Carvalho!

Outra questão relevante. Acho que o Brasil tem, sim, de construir Jirau e Belo Monte. Neste texto, nem vou elencar os motivos e as tolices dos que acreditam que podemos abrir mão das hidrelétricas. Elas têm de ser feitas, sim! Mas sob quais condições? Esses conflitos não são inéditos. Na vez anterior, jura Carvalho, ainda havia motivos; agora, garante, não há mais.

A afirmação não resiste a uma aproximação ainda que superficial da região, como fez há pouco o *Jornal Nacional*. Resta evidente que falta planejamento a essas grandes obras — e isso é tarefa do governo. As cidades do entorno estão inchadas; atividades econômicas estão sendo prejudicadas pela explosão populacional; falta atendimento de saúde — o posto está lá, mas não os médicos.

É claro que o Brasil precisa de energia elétrica e que todo aquele chororô natureba contra as usinas é só um misto de ignorância de bom coração com má-fé ricamente financiada por ONGs. Isso não quer dizer que o governo esteja fazendo a coisa certa e administrando com competência os impactos sociais dessas megaobras. Este é um governo que não sabe planejar.

Assim como Carvalho foi boquirroto ao condenar o governo de São Paulo no caso de Pinheirinho sem nem mesmo dispor de informações suficientes a respeito, está sendo boquirroto agora. Naquele caso, "vândalo e bandido", entendia-se, era o governo de São Paulo; desta vez, "vândalos e bandidos" são os trabalhadores. E ele, igualmente, não tem dados, o que confessa. Não tem, mas é judicioso.

Por que a diferença de tratamento? Porque este notável homem de estado estava e está fazendo apenas política partidária. Naquele caso, tratava-se de atingir o PSDB, um partido adversário; agora, trata-se de preservar o PT. Não descarto, não, que haja banditismo no Jirau. Como também não descartava que houvesse, e havia, banditismo no Pinheirinho.

Imaginem o que as esquerdas financiadas não estariam fazendo agora se conflitos dessa natureza explodissem em obras gerenciadas por governos tucanos, por exemplo. Já teriam feito denúncias à OEA. Desta vez, esse bando de vendidos não quer nem saber.

ESQUERDISTAS QUEREM DECLARAR ILEGITIMIDADE DA MORAL

[05/04/2012]

Está em curso, muito especialmente em áreas da crônica política, uma esperada, mas nem por isso menos asquerosa, operação que consiste em atribuir aos valores ideológicos que o senador Demóstenes Torres (GO) professava a causa de sua desgraça. Mais: *ex post* (isto é, depois de tudo o que se sabe de suas relações com Carlinhos Cachoeira), vê-se o que se chama agora seu "excesso de moralismo" como uma evidência de que algo realmente não estava muito certo na sua atuação. Tem-se, pois, por consequência, que o prudente, a partir de agora, será desconfiar daqueles que apontam desmandos ou arroubos autoritários do governo, como Demóstenes amiúde fazia. Doravante, o mais seguro é confiar mesmo nos sabujos, nos submissos, na turma que vive de joelhos para o Planalto. E, claro, nos ladrões que não fazem "discurso moralista". Essa seria a sua grande honestidade.

Pessoas e grupos da sociedade que têm os mesmos valores gerais que Demóstenes vocalizava — a "direita", como chamam os patrulheiros, com grande desdém — estariam de algum modo comprometidas com sua secreta atuação deletéria. No *Globo*, Ilimar Franco, por exemplo, publicou uma nota verdadeiramente abjeta, cujo evidente propósito é difamar a chapa que venceu no ano passado a disputa pelo DCE da UnB — a primeira não esquerdista da história da universidade:

> "A queda do senador Demóstenes Torres (GO), alvejado pelas ligações com Carlinhos Cachoeira, é um golpe no trabalho do DEM entre a Juventude. Ele era uma espécie de ícone da nova direita e vinha percorrendo o Brasil organizando a juventude em torno das ideias conservadoras do DEM. Crítico das cotas, ele tinha relação estreita com professores e a atual diretoria do DCE UnB Honestino Guimarães e participava de um movimento de oposição ao reitor José Geraldo de Souza Junior. No seu twitter, Demóstenes chegou a escrever: 'O que há na UnB é uma espécie de bullying ideológico, e estou aguardando relatos de outras universidades'."

Não há uma só informação objetiva no que vai acima. É texto de militância política. Para recorrer à palavra, trata-se apenas de *bullying* jornalístico contra a direção do DCE e contra um grupo não nomeado de professores. Ainda que fosse verdade — mas não é —, e o DEM e Demóstenes tivessem mesmo atuado em favor da chapa que venceu a disputa na UnB, estariam fazendo algo muito diferente do que fazem o PT e o PCdoB, partido que Ilimar conhece muito bem? Ainda que o senador estivesse atuando num movimento de oposição ao reitor José Geraldo de Souza Junior, seria apenas uma espécie de contraponto ao Magnífico do petismo.

Ocorre que se está diante de uma chance de ouro de esmagar de vez o que os "progressistas" chamam "conservadores", tentando reduzir os valores que Demóstenes vocalizava — mais identificados com o liberalismo — a suas relações com Carlinhos Cachoeira. Essa seria, então, a verdadeira face da direita. Já a verdadeira face do PCdoB, partido que Ilimar conhece muito bem, não é a roubalheira das ONGs dos esportes por exemplo. Aquilo teria sido apenas um "malfeito", como diria Dilma; um desvio.

Esquerdistas não precisam responder por Zé Dirceu e pelos mensaleiros. Esquerdistas não precisam responder pelos aloprados. Esquerdistas não precisam responder pelo Ministério da Piaba.

Mas os conservadores, os "direitistas", ah, esses estariam obrigados a explicar o caso Demóstenes. Uma ova! Aliás, são os primeiros a lastimar a derrocada do senador e a não perdoá-lo. Seus antigos admiradores estão é decepcionados com ele. Já os "amigos do Zé Dirceu" se orgulham enormemente de seus métodos. Demóstenes teve de sair do DEM para não ser expulso. Dirceu vai montar a equipe de campanha de Fernando Haddad na disputa pela Prefeitura de São Paulo.

Assistimos a uma espécie de "caça às bruxas". Voltem ao texto de Ilimar. O que faz lá a questão das cotas raciais nas universidades, por exemplo? O que a opinião do senador, que é contrário à medida — a exemplo de milhões de pessoas —, tem a ver com suas relações secretas com Carlinhos Cachoeira? Todos aqueles que pensam o mesmo devem ser perseguidos, reduzidos a uma caricatura? Estariam conspurcados? Demóstenes foi o relator da Lei da Ficha Limpa no Senado, dando-lhe amplo acolhimento. Os que defendem essa lei devem também se sentir tisnados pelas relações do senador com o bicheiro?

O debate político está se tornando algo bastante insalubre no país. Basta que se faça a defesa do óbvio no caso da Lei da Anistia, por exemplo — óbvio sustentado pelo Supremo, pela Advocacia Geral da União, pelo Ministério da Defesa e por uma multidão de juristas —, e os truculentos logo se apressam em acusar o oponente de flertar com a tortura, como se pudesse haver democracia e estado de direito sem o império da lei.

Nada disso me surpreende. Passei "por lá" e sei como funciona a cabeça dessa gente. Eu posso lhes apresentar uma pilha de títulos que evidenciam que o apanágio do liberalismo é a tolerância. Mas me apresentem um só teórico de esquerda, dos clássicos, cujo horizonte não fosse a eliminação dos adversários.

Os conservadores devem é se orgulhar de não se sentir moralmente obrigados a justificar intimidade com bicheiros — que, de resto, reitero, está ficando claro, era um culto ecumênico. Vergonha devem sentir os que precisam agasalhar seus mensaleiros. Não serão os aduladores de crimes a decidir, agora, quem é e quem não é decente.

POR QUE O BRASIL É UM DOS PAÍSES MAIS CORRUPTOS DO MUNDO
[06/04/2012]

Pois é... O que há de político em pânico a esta altura... Carlinhos Cachoeira, a gente está vendo, é como os demônios: uma legião! Políticos de uma penca de partidos aparecem se banhando em suas águas: DEM (Demóstenes Torres deixou a legenda), PT, PSDB, PTB, PP, PPS... E outros podem aparecer. Escândalo sem o PMDB, por exemplo, é só um problema de apuração... Não dá para afirmar que os comandos das respectivas legendas soubessem desse envolvimento, claro! Uma coisa, no entanto, é certa: dá pra constatar como o sistema é poroso à corrupção.

Não há sistema bom que resista intacto a homens maus. A qualidade individual dos políticos certamente faz a diferença. Isso não significa, no entanto, que o nosso sistema seja virtuoso. Muito pelo contrário. Estamos assistindo à falência moral de um jeito de organização de poder. E não se enganem: será disso para pior! Ainda que o Cachoeira da hora seja tirado de circulação e que seu esquema desmorone, será substituído por outro enquanto as regras forem as que estão aí. O sistema partidário está caduco. As legendas se juntam por causa do tempo de televisão e se mantêm unidas ou se separam a depender da fatia do estado que lhes é dado controlar. No comando de áreas da administração, de estatais ou de autarquias, ocupam-se de roubar o dinheiro público para fazer caixa para o partido — sem contar, obviamente, os que se dedicam ao enriquecimento pessoal.

Por que o Brasil está entre as nações mais corruptas do planeta? Será o nosso sangue latino? O calor dos trópicos? A miscigenação? A herança patrimonialista ibérica? Que determinismo sociológico, histórico ou climático ou, ainda, que teoria estupidamente racista explicariam tanta lambança? Bobagem, meus caros! O nome do desastre que aí está é um só: TAMANHO DO ESTADO, COM SEU CONSEQUENTE APARELHAMENTO PELA PISTOLAGEM POLÍTICA. Os Cachoeiras da vida estão sempre em busca de quem lhes possa franquear as portas da administração e garantir acesso aos cofres.

Só o governo federal dispõe de cerca de 24 mil cargos de confiança! Em 2002, quando FHC deixou o governo, eram pouco mais de 18 mil — um número já estúpido, mas os companheiros acharam pouco. Somem-se a isso os postos que os partidos disputam nas estatais. Só para comparação: na Alemanha, são quinhentos os cargos federais de confiança; no Reino Unido, trezentos. Nos EUA, 8 mil!

Veja, então, que equação explosiva: partidos sem a menor afinidade ideológica, que têm como moeda de troca o horário de TV, associam-se para disputar o poder. Querem implementar um programa? Não! O objetivo é tomar de assalto aqueles milhares de cargos de confiança e fazer, então, negócios com os Carlinhos Cachoeiras da vida, que são também os financiadores de campanha.

Para nossa desgraça, o estado só aumenta em vez de diminuir. Torna-se a cada dia mais presente na economia e na vida dos cidadãos. Votem-se quantas Leis da Ficha Limpa acharem por bem, e a simples redação de um edital de licitação — quando há licitação — pode premiar a bandidagem.

Durante muito tempo, os petistas venderam a fantasia, ainda sustentada por cretinos acadêmicos, de que viria para acabar com essa lambança, para "mudar tudo". Quem tinha ao menos dois neurônios capazes de fazer uma sinapse desconfiou desde logo de intento tão nobre. O desmonte da corrupção organizada, profissionalizada, que toma conta do país, não haveria de ser feito com o aumento do estado, mas com a redução — para que pudesse, então, efetivamente cuidar das áreas que lhe são próprias. Aconteceu o óbvio: o PT não só referendou e passou a ser usuário dos esquemas tradicionais de assalto aos cofres públicos como montou o seu próprio modelo. Por isso jamais se ocupou a sério das reformas — inclusive e muito especialmente a política.

Em nove anos de poder, este é o mais imperdoável de todos os malefícios do petismo — que também tem seus homens se banhando na cachoeira: em vez de ter dado passos para diminuir o potencial de corrupção do país, caminhou justamente em sentido contrário. E ainda teve a cara de pau adicional de nos apresentar "o bom ladrão", aquele que rouba em nome da causa, para o nosso bem.

Enquanto os governantes brasileiros tiverem à sua disposição milhares de cargos dos quais dispor livremente para acomodar os interesses e apetites dos partidos; enquanto a economia brasileira for, como é hoje, estado-dependente; enquanto tivermos um sistema eleitoral que descola o eleito do eleitor — por isso defendo o voto distrital puro; enquanto os nossos partidos forem meras agências de aluguel de tempo de TV, os Cachoeiras continuarão a assediar o estado e os políticos.

A última pesquisa Ibope, no entanto, dá conta de que os brasileiros estão satisfeitíssimos com Dilma, embora reprovem a política de segurança, a política de impostos e a política de saúde... Fazer o quê? Parecem entender que ela é a flor que nasceu no pântano; é como se, até por força do cargo que ocupa, não fosse protagonista do enredo.

A defesa de um estado mais enxuto caiu em desuso. O nosso empresariado está de olho nas desonerações do governo — ou será liquidado pela concorrência externa — e no crédito subsidiado. Precisam do estado. E o estado é ocupado, com as exceções de sempre, por uma súcia. Vocês são muito sabidos e certamente já pararam para pensar que Cachoeira tem, sim, um poder tentacular, mas é apenas um "operador" de médio porte. Imaginem a que altitudes chegam os verdadeiramente profissionais, os "grandes".

Enquanto o sistema brasileiro estiver organizado para que o poder de turno crie dificuldades, haverá gente disposta a comprar facilidades — porque o estado estará tomado de mercadores.

AS GUERRAS DE GILBERTO CARVALHO [28/01/2012]

O governo federal sabia que o governo de São Paulo, por intermédio da Polícia Militar, teria de obedecer à determinação da Justiça e garantir a reintegração de posse da região conhecida como Pinheirinho. É simplesmente mentira — mentira documentada — a história de que teria oferecido alternativas à Prefeitura de São José dos Campos. Quando percebeu que não havia saída, fingiu se interessar pelo caso e ficou como aqueles crocodilos à espera dos gnus que vão atravessar o rio: pronto para se refestelar no sangue. Mas a história não saiu conforme o figurino esperado. Não houve o banho de sangue, não houve mortos, não houve uma legião de feridos.

A canalha a soldo da internet bem que tentou inventar os mortos. A Agência Brasil chegou a publicar uma entrevista celerada em que um militante denunciava assassinatos e ocultação de cadáveres. Tudo devidamente desmoralizado pelos fatos. Num primeiro momento, Carvalho se limitou a dizer que o governo federal não agiria daquele modo e coisa e tal. Não deixou claro o que queria dizer com aquilo. O governo federal não cumpriria a lei? Falando a ONGs e militantes a portas fechadas em Porto Alegre, Dilma afirmou o que não dissera em público. Classificou a ação de "barbárie". Queria que o jornalismo fizesse o que fez: que fosse perguntar a Alckmin, em *on*, o que achava da fala da presidente, vazada numa espécie de *off*. Isso é tramoia palaciana.

Ontem, Gilberto Carvalho — de tão relevantes serviços prestados ao PT no episódio da morte de Celso Daniel —, falando no Fórum Social de

Porto Alegre, ao lado de Tarso Genro, governador do Rio Grande do Sul (PT), subiu vertiginosamente o tom e classificou a atuação da polícia de "terrorismo". A sua irresponsabilidade política e vocabular é assombrosa. Ele deveria dizer que alternativa tinham Alckmin e a Polícia Militar diante de uma ordem da Justiça. Não há um só petista que entre nesse mérito porque não estão preocupados com a verdade, mas apenas com a exploração política do caso.

Terrorismo? Ora, ora... Quanta gente falando de corda em casa de enforcado! Terrorista é Cesare Battisti, recebido no Palácio Piratini por Tarso Genro, o ministro que decidiu manter o assassino no Brasil, com apoio incondicional de Gilberto Carvalho. Terrorista é Mahmoud Ahmadinejad, o amigo do chefe de Carvalho, tratado pelo governo Lula como grande líder. Terrorista era aquele membro da Al Qaeda preso no Brasil — e solto em seguida — porque o país não dispõe de uma lei para punir os crimes de terror. E só não dispõe porque o PT não quer e considera a proposta "reacionária". Terroristas são as Farc, com as quais o petismo e o governo brasileiro, em graus variados, já flertaram. Terroristas são as ameaças feitas à família de Celso Daniel, que teve de deixar o país. Terroristas são alguns grupos com os quais os petistas convivem ainda hoje no tal fórum.

Em São Paulo, cumpriu-se uma reintegração de posse. Infelizmente para o partido de Carvalho, a operação não saiu ao gosto dos crocodilos, e ninguém pôde se refestelar no sangue que não houve. O secretário da Casa Civil do Estado, Sidney Beraldo, reagiu.

> "É inadmissível o oportunismo político do ministro. Antes de fazer ataques covardes a São Paulo, ele deveria explicar por que, desde o início da ocupação, em 2004, o governo federal não ofereceu solução concreta para as famílias. O ministro demonstra que não está à altura do cargo que ocupa. Se terrorismo houve, foi na irresponsabilidade verbal do ministro."

A fala de Carvalho é própria de quem, de fato, ainda não entendeu como funciona o regime democrático. Não por acaso, o PT substituiu o desejo de censurar a imprensa por, sabe-se agora, uma nova disposição: ampliar a mídia estatal para tentar emparedar e intimidar a imprensa livre e independente. E até os evangélicos entraram na dança — é bom que se cuidem!

Leiam o que informa Bernardo Mello e Franco na *Folha* de hoje. Volto depois.

"O ministro da Secretaria-Geral da Presidência, Gilberto Carvalho (PT), afirmou ontem que a chamada nova classe média não pode ser deixada 'à mercê' dos meios de comunicação no país. Em discurso no Fórum Social Temático, ele disse que o governo deve 'radicalizar' a democracia e investir em comunicação de massa, sem uso de autoritarismo. 'Toda essa gente que emerge ficará à mercê da ideologia disseminada pelos meios de comunicação?', perguntou Carvalho a uma plateia formada por ativistas de esquerda. 'Aqui, com todo o cuidado, o Estado pode ter uma vertente autoritária. Como fomentar um processo de ampla comunicação de massa que possa ser o palco desse grande debate democrático?', questionou.

No debate, o governador do Rio Grande do Sul, Tarso Genro (PT), acusou a mídia de fazer campanha contra políticos 'em escala global'. De acordo com o governador, o objetivo seria 'a despolitização e a despartidarização na democracia'. Gilberto Carvalho disse que o governo não pode ter 'ciúme das clientelas' que não batem mais às suas portas, numa referência a quem deixou o programa Bolsa Família, e defendeu uma disputa ideológica com líderes evangélicos pelos setores emergentes."

Voltei

Ora, ora... Se Dilma não botar Gilberto Carvalho na rua, e ela não vai, então é mentira que, na sua opinião, o único controle da mídia deve ser o controle remoto. Há aí, claramente, uma anunciada disposição de pôr a força do estado para concorrer com a imprensa livre, cuja ideologia, nota-se, Carvalho não considera boa. Uau! Até parece que o jornalismo brasileiro, na média, é excessivamente crítico... Não é por acaso que o governo federal e as estatais financiam tantos delinquentes na internet. Carvalho diz que é preciso tomar cuidado para não ser autoritário... Só faltava confessar a intenção contrária, não é mesmo? A simples pretensão de que cabe ao estado enfrentar uma suposta ideologia dominante dos "meios de comunicação" já fala por si.

E é bom os evangélicos irem botando as barbas de molho. Hoje, não são poucas as correntes que foram cooptadas pelo petismo. Carvalho deixa claro que isso é só uma fase da construção da hegemonia petista. Ele já está enxergando a hora em que será preciso "concorrer" também com as igrejas, uma vez que considera que a etapa de destruição dos partidos adversários já está quase consolidada.

Encerro assim: é claro que o PT não quer mais o socialismo à moda antiga no Brasil. Seu modelo é o capitalismo de estado, com o capital de joelhos, submetido às suas vontades. Carvalho quer iniciar agora a "segunda revolução": os fagócitos petistas precisam agora digerir as empresas de comunicação e as igrejas.

CUIDADO! HÁ SEMPRE UM PETISTA NA REDE TENTANDO MOLESTÁ-LO

[30/04/2012]

Vocês conhecem a MAV? É a sigla de um troço chamado Mobilização em Ambientes Virtuais, criada pelo PT. Em vez de eu os definir, prefiro que eles mesmos o façam. Na página do MAV-SP dizem como surgiram e quem são. Leiam a seguir. Volto depois.

> "Quem são os militantes em ambientes virtuais do PT? Como eles atuam, como surgiu o MAV?
>
> Responder estas perguntas nos remete as [sic] eleições de 2008 e 2010. A internet foi ganhando um espaço cada vez mais significativo dentro do processo eleitoral. Diversas informações surgiam e ganhavam força nas redes sociais.
>
> O PT virou alvo de ataques, mentiras se propagavam nas redes de forma avassaladora e para combatê-las um grupo de militantes de diversas regiões de SP se uniram e fizeram um trabalho de defesa principalmente da nossa Presidenta Dilma e do nosso então candidato a Governador Mercadante, vitimas [sic] de mentiras e armações da oposição.
>
> Diversas ações foram realizadas pelos militantes virtuais no twitter, facebook, Orkut, e-mails, sites e blogs.
>
> Este grupo cada vez mais unido decidiu se organizar de forma a defender o nosso Partido, a levar informações aos usuários das redes sociais, e mostrar a força da militância Virtual."

Voltei

Agora vamos vê-los sem o olhar benevolente que deitam sobre si mesmos. Trata-se de um grupo organizado pelo partido para policiar a rede. É por isso que os "defensores do PT e do governo" estão em todos os portais, sites noticiosos, blogs e redes sociais. Seu interesse, obviamente, não é levar informação a ninguém. Como deixa claro a sua carta de intenções, o objetivo é combater "as mentiras e armações da oposição". Entenda-se: "mentiras e armações" são todas as informações e opiniões de que não gostam. Já as coisas de que gostam são, naturalmente, "verdades e revelações".

A oposição é apenas um de seus alvos. O outro é o jornalismo independente. Desde que chegou ao poder, o PT encetou várias ações para tentar censurar a imprensa. Duas delas foram mais descaradas: a proposta de criação do Conselho Federal de Jornalismo e a introdução de mecanismos de restrição à liberdade de pensamento no Plano Nacional de Direitos Humanos. A sociedade rejeitou as duas coisas. Isso não quer dizer que o partido tenha se dado por satisfeito e se conformado em viver num país em que informação e opinião são livres.

Na internet, no jornalismo impresso e também na TV, ex-jornalistas tiveram a pena alugada pelo petismo para agredir lideranças da oposição e, ainda com mais energia, a imprensa. Tentam desacreditá-la para dar, então, relevo às verdades do partido. Alguém poderia dizer: "Até aí, Reinaldo, tudo bem! Eles estão fazendo a guerra de opinião." Não está tudo bem, não! Esse trabalho é financiado com dinheiro público — sejam verbas do governo federal e de governos estaduais ou municipais do partido, sejam verbas de estatais. Vale dizer: é o dinheiro público que financia uma campanha suja que é de interesse de uma legenda.

Essas publicações — blogs, sites e revistas sustentados com dinheiro dos cidadãos — formam uma espécie de central de produção de difamações que a tal MAV vai espalhar pela rede. O núcleo mais forte está em São Paulo, mas o próprio partido anuncia que está criando outros país afora. Assim, meus caros, já não se pense mais no PT como o partido que aparelha apenas sindicatos, movimentos sociais, ONGs, autarquias, estatais, fundos de pensão e, obviamente, o estado brasileiro. Não! Os petistas decidiram aparelhar também a internet.

Aqui não!

Entenderam por que é praticamente impossível fazer um debate honesto, entre indivíduos, em áreas de comentários de páginas abertas ao público? Vocês serão sempre espionados, monitorados e, como se diz por aí, *trollados* por um grupo organizado. Que fique claro: não são indivíduos petistas debatendo. Trata-se de uma tropa de assalto à livre expressão. Não raro, são de uma agressividade asquerosa. É por isso que expulso do blog os chamados "petralhas". Faço-o em benefício da verdade do debate — é uma mentira cretina essa história de que todos os meus leitores pensam a mesma coisa. Ora, não quero aqui patrulheiros da opinião alheia. Pior ainda: falando em nome da "verdade oficial".

Qual é, no que diz respeito à informação, a natureza da internet? É, ou deveria ser, o território dos indivíduos, que têm, finalmente, a chance de se expressar com seu pensamento, suas sentenças, seus conhecimentos e até seus preconceitos — afinal, no confronto e no convívio com outros, têm a chance de aprender e de mudar de opinião. E, por certo, políticos e partidos podem e devem criar suas páginas. Não há mal nenhum nisso. Desde que fique claro de quem é aquela voz.

O MAV subverte e corrompe a essência da liberdade na rede. A tropa que esse núcleo mobiliza nunca deixa claro que está cumprindo uma tarefa. O debate se dá de maneira desigual: de um lado, um indivíduo com suas opiniões, suas angústias, suas dúvidas; de outro, o oficialismo organizado para impedir a livre circulação de ideias, tentando confiná-las nos escaninhos da verdade partidária.

Não é só aqui

No dia 23 de fevereiro, publiquei uma resenha [“Humanos de todo o mundo, uni-vos!”, à página 251 deste volume] do livro *Aguanten Los K*, do jornalista argentino Carlos M. Reymundo Roberts. Ele trata justamente do fenômeno da patrulha exercida pelos *kirchneristas* na Argentina. Referindo-se aos blogueiros oficialistas, escreve (vejam como não há diferença):

> “Já sei o que quero ser quando crescer: um blogueiro K. Se a vida quer me dar um presente, peço este: fazer parte de um exército de homens e mulheres deste país que, dia após dia, faça chuva ou faça sol, tomam a lança e saem em defesa do seu governo, mais para matar do que para morrer.
>
> A cena há de ser comovedora: milhares de jovens (bem, assim pensava eu, mas me dizem que os há de todas as idades), por pura vocação, movidos por suas mais profundas convicções democráticas e em defesa da pátria, acordam quando ainda está escuro, leem rapidinho jornais e sites na internet, detectam um inimigo e, antes mesmo de tomar um café ou de escovar os dentes, já estão armados, na frente de seus PCs. Convictos, entusiasmados, dão início à segunda parte de seu trabalho, que, na verdade, nem é tão complicada: consiste, basicamente, em destruir o autor do texto que ousou criticar o governo.
>
> Destruí-lo significa isto: esmagá-lo, mexer com a sua vida, com a sua história, com seu nome, até com a sua aparência, pouco importa. Não é uma guerra de argumentos, claro! Eles não são necessários, e isso é o mais tentador do trabalho: se alguém critica os Kirchner, isso se deve ao fato de ser reacionário, fascista, atrasado; de estar a serviço da sociedade rural, do neoliberalismo e do capitalismo selvagem; ou, então, só o faz porque os donos do veículo de comunicação o obrigaram a escrever aquilo.”

Retomo

Tudo igual! Infelizmente para os argentinos, Cristina Kirchner já foi mais longe no ataque à imprensa livre. Não por acaso, é muito admirada aqui pelos brucutus. Também por lá o governo lançou uma campanha feroz para tentar desmoralizar a imprensa. Chegou-se ao extremo de tentar ligar a família que controla as ações do grupo Clarín ao sequestro de filhos de pessoas mortas durante a ditadura. A denúncia correu o mundo. Era falsa. Por aqui, busca-se criminalizar o jornalismo que denuncia os crimes do poder.

Agora o TSE

O Tribunal Superior Eleitoral, num daqueles surtos legiferantes que têm caracterizado a Justiça no Brasil, decidiu proibir pré-candidatos e candidatos à prefeitura de recorrer ao twitter para tratar do pleito. Só quando a campanha tiver oficialmente começado. É um absurdo em si. Twitter é perfil pessoal. Você segue alguém se quiser e tem como bloquear mensageiros indesejáveis. Muito bem: referindo-se à decisão, o tucano José Serra apontou o óbvio: o PT dispõe de uma tropa de choque na rede para fazer aquilo que o TSE não quer que os candidatos façam. E nesse caso?

Tanto a observação do tucano fazia sentido que uma representante do MAV publica na página do grupo um post endossando, sim, a observação de Serra e deixando claro que é isto mesmo: o MAV pode fazer aquilo que o TSE proíbe os pré-candidatos de fazer. Ocorre que o grupo é expressão de um partido. Isso demonstra o óbvio: a decisão do TSE não é neutra; ela beneficia os... petistas! Eis a prova.

Encerrando

Há várias formas de fraudar o jogo democrático. Os petistas exercitam muitas delas — inclusive essa. O constante trabalho de molestamento da divergência da rede, avançando, com frequência, para a truculência, é um deles. Os petistas inauguraram a *Sturmabteilung* (SA) da internet, a divisão de assalto do mundo virtual.

O mais engraçado é que seus soldados têm a cara de pau de entrar na área de comentários deste blog para cobrar o que chamam "democracia", acusando-me de "censurá-los". Ora, conhecemos o amor do partido pela liberdade de expressão, não é mesmo? Não sou estado. Não censuro ninguém. Esta página é minha. Querem o quê? Promover a nojeira que promovem em blogs e sites dos pistoleiros de aluguel, que permitem qualquer baixaria porque, afinal, são pagos pra isso.

Aqui não! Vão ter de ficar confinados às páginas do JEG e dos que se conformam em ficar entregues aos truculentos da SA petista.

6. FINDOMUNDISTÃO

6.1 Estados Unidos

DEFAULT AMERICANO E ÓDIO À DEMOCRACIA [27/07/2011]

Critiquei um editorial do *New York Times* que chegou perto de pedir a extinção do Partido Republicano porque, ora vejam!, no braço de ferro com Barack Obama para aumentar o teto do endividamento, o partido teria perdido de vista o "interesse público". É mesmo, é? Muito simplesmente, a avaliação traz embutida a ideia de que o governo — e o presidente em particular — defende o dito-cujo sem qualquer outro viés. Já os republicanos... Tenham paciência!

Em tempo, alguns tolos resolveram ironizar: "O Reinaldo agora começou a discordar até do *New York Times*." Por que esse "até"? Usem "até" quando for para falar do Altíssimo ou, vá lá, do papa: "O Reinaldo agora discorda do papa, até de Deus..." Nesse caso, sim, o advérbio é aceitável. Eu não sabia que o *NYT* era uma categoria de pensamento acima da contestação...

Os autoritários no geral gostam da ideia de um Comitê de Salvação Pública ou algo do gênero — como não me deixa mentir a Revolução Francesa. Sei lá se a economia americana caminha ou não para o *default*. Impressionante e estupidamente mentirosa é a consideração de que isso só vai acontecer, como sugere o *NYT*, se os republicanos quiserem. O jornal, pelo visto, não conta com a possibilidade de que Obama tenha de ceder. Perguntinha básica: por que não? Por acaso, os republicanos que o pressionam ocupam ilegalmente as posições que ocupam no *establishment*?

"Ah, a direita (sempre ela!) quer manietar o presidente!" Ou ainda: "Essa turma do Tea Party é irresponsável!" Digamos que seja tudo verdade. Digam-me: se Obama fosse, sei lá, 10% do que imaginavam que fosse, a situação teria chegado a tal ponto? Estamos em julho. Em março, a questão do endividamento já estava colocada, e o presidente sabia que teria de enfrentar uma parada difícil no Congresso. Mesmo assim, fez o quê? Precipitou-se e deflagrou a campanha pela reeleição em... 2012, com vinte meses de antecedência. E a imprensa democrata vem agora acusar os republicanos de se perderem num confronto meramente político, de natureza eleitoral?

Vênia máxima, um presidente da República, num regime democrático, não pode ir à televisão para pedir à população que pressione o Congresso a fazer o que ele quer — como se não houvesse alternativa. Ao fazê-lo, expôs-se ao contra-ataque: o republicano John Boehner, presidente da Câmara, fez o mesmo. Quem está certo? Ninguém!

Mas não vou ficar naquele empate que é o refúgio dos covardes intelectuais, no famoso "nem-nem". O líder do país é Barack Obama. A tal "radicalização" a que muitos se referem não foi construída só pelos republicanos, como se fizessem política sozinhos. Trata-se de uma parceria entre os litigantes.

Também nesse caso, a tendência a esconjurar "a direita" revela, no fundo, ódio à democracia e o desejo de eliminar o adversário em vez de vencê-lo.

OBAMA É O FINDOMUNDISTÃO! [30/07/2011]

Há coisas que têm tudo para dar errado e que, vejam vocês, dão! É o caso de Barack Obama nos EUA. O que sempre pensei a respeito deste senhor está nos arquivos do blog. Sempre vi nele o traço inconfundível de um populista do Terceiro Mundo. É claro que isso nada tem a ver com a sua cor ou origem, mas com os seus métodos. Achava detestável sua mania de se referir a "Washington" como o lugar da picaretagem, como se não fosse, afinal, alguém de... Washington! No Brasil, Lula atacava — e ataca ainda — as "elites".

Ambos têm histórias, origens e formações muito distintas. Mas algo os reúne de maneira inegável: não estão nem aí para as instituições; acreditam que uma de suas tarefas é atropelá-las. E as atropelam. Obama, só para citar um caso, foi à guerra contra a Líbia sem pedir autorização para o Congresso e, na prática, jogou no lixo os termos da resolução da ONU que autorizava a ação naquele país. Sim, ele acha que pode.

Nego-me a discutir a questão estúpida sobre se a crise é ou não herança do governo Bush. Deixo isso para o Arnaldo Jabor. Essa é outra marca da mentalidade tacanha terceiro-mundista. Quem se apresenta como candidato e se dispõe a ganhar uma eleição está afirmando que sabe como resolver o impasse — se há um. Se o governo Bush tivesse sido um espetáculo, Obama não teria sido eleito. É simples assim. E ele se tornou presidente justamente porque o outro se deu mal. O que lhe garantiu a ascensão não pode ser fonte permanente de desculpa para o seu insucesso. É uma questão óbvia, de lógica elementar.

Os republicanos não fizeram sozinhos a crise sobre o limite do endividamento. Aliás, Obama passou dois anos com maioria nas duas Casas.

Foram os seus apoiadores que ajudaram a extrapolar o limite de gastos. E, numa democracia, ele tem de negociar com o Congresso — quem lhe tirou a maioria na Câmara foi o eleitorado, não uma conspiração. Não gostam do Tea Party, é? Troquem o eleitorado americano, então! Ou ele é legítimo quando elege Obama, mas ilegítimo quando dá mandatos à direita republicana? Tenham a santa paciência!

Obama transformou os EUA no Findomundistão, um paiseco ridículo, em que o presidente da República se comporta como um propagandista vulgar. Em meio a uma das maiores crises da história recente dos EUA, sabem o que fez o homem ontem? Um tuitaço, jogando a população contra o Congresso. Ou melhor: tentando incitar as massas contra os republicanos. Leiam este trecho de reportagem da *Folha*:

> "Ontem, o twitter @BarackObama, mantido pela campanha de 2012, passou a tarde listando contatos de republicanos que os eleitores deveriam pressionar a ceder.
>
> A primeira mensagem foi enviada pelo próprio presidente, que assina como 'BO': 'A hora de pôr o partido em primeiro plano acabou.
>
> Se você quer ver um acordo (#compromise) bipartidário, diga ao Congresso. Ligue. Mande e-mail. Tuíte'."

Vocês entenderam direito: o endereço criado para a campanha presidencial do ano que vem foi usado para insuflar os americanos contra os republicanos. Isso tudo porque, afinal, o presidente quer se apresentar como um magistrado! Num de seus milionésimos pronunciamentos na TV, referindo-se ao plano dos republicanos, aprovado na Câmara e depois rejeitado no Senado, afirmou: "Esse plano nos forçará a reviver essa crise em poucos meses, mantendo nossa economia cativa da politicagem de Washington outra vez." O homem que usa o seu twitter de candidato para pressionar em favor de uma questão que interessa ao presidente ataca a "politicagem" de Washington... Ele, afinal de contas, faz o quê?

A verdade insofismável é que Obama é ruim de doer; trata-se de um dos mais vistosos fiascos da história política dos EUA. Ontem, irritados com a pressão, nada menos de 37 mil seguidores do presidente no twitter resolveram desertar. Perceberam que estavam sendo vítimas de uma espécie de assédio — e que Obama, afinal, está molestando as instituições do país. Não por acaso, hoje seu governo é aprovado apenas por 40% dos americanos.

O homem pode até vir a ser reeleito — como mais um sintoma da crise, diga-se. Um presidente dos EUA, diante de um caso dessa gravidade, senta para negociar com o Congresso em vez de sacar do bolso o BlackBerry... Foi eleito para governar o país mais importante do mundo e se comporta como um tuiteiro do Findomundistão... É patético! É ridículo! É perigoso!

Um colunista brasileiro comparou a situação dos EUA à estabilidade brasileira e concluiu que o que falta ao presidente americano, acreditem ou não, é um PMDB! Essa sabedoria convencional, que vê no partido um, digamos assim, monumento à fisiologia e ao troca-troca, é só uma visão reacionária de mundo. O PMDB seria, segundo entendi, o grande fator de estabilidade do Brasil. O PR também, claro... É, vai ver é isto mesmo: a política americana anda muito ideologizada, né, gente? Faltam alguns larápios para fazer a moderação, cobrando o devido pedágio...

O mundo é bárbaro.

MONOPOLISTAS DA COMPAIXÃO [02/08/2011]

O socialismo começou a acabar em Cuba, o que não quer dizer que a democracia esteja mais próxima. É perfeitamente possível conciliar mecanismos de mercado — ou o pleno funcionamento do dito-cujo — com ditadura, de direita ou de esquerda. A China é hoje uma tirania capitalista, como a todos é óbvio, conduzida por um partido único que se diz comunista. Não existe democracia sem economia de mercado — a humanidade, ao menos, não conheceu essa experiência —, mas a economia de mercado pode existir sem democracia.

Já cheguei a pensar que povo próspero não suporta ditadura, mas era uma visão um tanto idealista do mundo, confesso. Não existe democracia se não se luta por ela. Deixadas à vontade, as sociedades aderem naturalmente ao mercado; é a nossa segunda natureza — a primeira, como todo bicho, é lutar pela sobrevivência. Com o regime democrático, é diferente. Trata-se de uma escolha — e, se querem saber, é a mais difícil. A ditadura é uma tentação permanente das sociedades e até, ou sobretudo, dos sábios. Deixadas à vontade, sem a vigilância permanente, elas caminham para a... tirania, não para a democracia!

O mundo está entrando numa quadra difícil. Desde que me ocupo da política — e comecei a me interessar muito cedo por isso, como sabem alguns dos meus professores do ginásio, que, felizmente, ainda estão por aí, firmes e fortes —, não me lembro de momento em que valores fundamentais da democracia estivessem sob tão forte especulação. Se o mercado venceu a batalha contra as chamadas economias planificadas — a esta altura, ninguém mais contesta isso; talvez só Fernando Haddad, que anteviu a sobrevivência do regime soviético, pouco antes de ele acabar... —, tenho certo receio de que a democracia representativa esteja perdendo a batalha para formas autoritárias de governo que trazem, vejam que curioso!, a marca da suposta "democracia direta", que viria a substituir a outra (como se houvesse "outra"), considerada ineficaz para responder às demandas dos "oprimidos". Num regime democrático, os "oprimidos", noto à margem, são uma construção ideológica daqueles que falam em seu nome. A questão é lógica: se oprimidos, não se organizam nem se expressam; se o fazem, oprimidos não são, mas uma força política que disputa o poder. Se, mesmo no poder, querem conservar a aura de oprimidos, então são fascistas. Adiante.

Não é só no Brasil que valores essenciais da organização política democrática estão na linha de tiro. O que se viu nos últimos dias nos Estados Unidos, especialmente nos aparelhos ideológicos que servem ao Partido Democrata, evidencia de maneira insofismável que a tentação autoritária pode abalar valores que se julgavam inquebrantáveis. Depois que um editorial do *New York Times* acusou o Partido Republicano de ter deixado de lado o interesse do país para se ocupar só da guerra política — como se Barack Obama exercesse uma outra profissão —, então tudo passaria a ser permitido. E vozes daquele lugar que antes se chamava "A América" passaram a flertar abertamente com um *bypass* no regime democrático. Paul Krugman escreveu literalmente que o presidente deveria "evocar a lei" para ampliar o limite do endividamento, autorizasse o Congresso ou não! Mas qual lei? Não existe. Só um golpe!

Ora, mas o país não está em perigo? Se está, que diferença faz, então, haver ou não uma lei que discipline a ação do governante? Digam-me cá, meus queridos: que ditador, que tirano, que líder socialista ou fascista não alegou justamente a urgência e a necessidade de preservar os elevados interesses do povo para impor a sua vontade e a de seu partido ou grupo? Ah, ocorre que, desta feita, haveria uma justificativa muito verossímil. Como disse o *NYT*, o Partido Republicano teria perdido de seu horizonte o interesse do povo, contaminada por uma suposta extrema direita reacionária e racista — se o presidente não fosse mestiço, não se poderia alegar essa segunda condição; como é, então serve... Vale dizer: é a condição objetiva do adversário dos republicanos que definiria o caráter destes...

Discutiram-se menos as propostas republicanas — ou do minoritário Tea Party — do que, e isto é estupefaciente, o seu direito de propor. À medida que ao grupo são atribuídos interesses perversos, malévolos, de contornos conspiratórios, então é evidente que perde a legitimidade para participar do jogo democrático, e suas ações deixam de ser vistas como parte da política para ser encaradas como sabotagem da democracia. O que foi que disse, por exemplo, o nosso Apedeuta-chefe em recente palestra na Escola Superior de Guerra? Segundo ele, ninguém deve se enganar com a oposição; ela quer que o Brasil dê errado, que a inflação dispare, que o desemprego cresça. O bem se torna um monopólio do governante de turno, como rezam aquele editorial do *NYT* e a quase totalidade da imprensa brasileira, que passou a demonizar "a direita americana", que estaria planejando levar o país ao *default* só para tentar derrotar Obama em 2012.

Trata-se de um raciocínio escandaloso porque conduz ao óbvio: à oposição não caberia disputar eleição com uma pauta diferente daquela do partido do governo. Ou bem se concorda com as premissas e com os fundamentos dos detentores de turno do poder, ou bem pesará a suspeita de... sabotagem. Ao longo de oito anos, os petistas exploraram como ninguém, no Brasil, esse raciocínio torpe. Aliás, fazem-no ainda agora. Diante da impressionante avalanche de escândalos, acusa-se a oposição de estar em busca de uma pauta, qualquer uma; de torcer, em companhia da imprensa, para que o país quebre a cara, como anunciou o Babalorixá de Banânia.

Correntes de opinião de vários países democráticos, que disputam eleições e participam do jogo político, com um ideário que cabe em suas respectivas constituições, passam a ser tratadas como párias. Quantos textos bucéfalos vocês leram sustentando que aquele psicopata norueguês e assassino revelaria a real face da chamada extrema direita europeia e até americana? Procurem: a delinquência intelectual de certos "progressistas" chegou a associar o homicida ao Tea Party. Aprende-se, assim, que todas as forças políticas europeias ou americanas que lutam pela preservação de alguns valores que consideram inegociáveis — muitos deles são pilares da democracia — seriam de inspiração fascista; toda proposta que tenta conter a imigração ilegal (que acaba sempre "legalizada") seria necessariamente xenófoba; toda e qualquer contestação mesmo dos aspectos mais obscurantistas do islamismo seria necessariamente preconceituosa. Vale dizer: a única pauta legítima, então, é a das esquerdas europeias ou dos liberais americanos. Na Europa, a cascata não está colando junto ao eleitorado;

nos EUA, vamos ver. Na América Latina, os especuladores contra a ordem democrática vivem, digamos assim, um "bom momento".

O multiculturalismo — justificador das maiores violências, mundo afora, contra mulheres, crianças e os direitos individuais — passou a ser visto como um valor a ser preservado; todos aqueles que advogarem a supremacia moral dos valores democráticos estariam exibindo o seu compromisso com a discriminação, a xenofobia e a violência. Porque aquele delinquente assassino da Noruega enxerga, por exemplo, o risco de islamização da Europa, críticas ao islamismo remeteriam a seu ato tresloucado. Perguntem o que pensam a respeito a somali exilada Ayaan Hirsi Ali e a iraniana e Prêmio Nobel da Paz (que não foi recebida por Dilma) Shirin Ebadi. Ora... Quando aquele vagabundo fez o que fez, vocês se lembram, afirmei que estava prestando um enorme favor aos inimigos "progressistas" da democracia. Não por acaso, foi chamado de pronto de "direitista" e "fundamentalista cristão".

Apontei [no texto "Default americano e ódio à democracia", publicado neste livro à página 241] que a intransigência no Congresso americano tinha mão dupla; se havia irresponsabilidade dos republicanos, não era menor a dos democratas e, sobretudo, a de Barack Obama. Muita gente protestou. O plano adotado pelo presidente, o possível ao menos, foi aprovado ontem na Câmara e deve ser aprovado hoje no Senado, de maioria democrata. Pois bem: a proposta que acabou contando com o apoio presidencial teve apenas 95 votos democratas — outros 95 contra; apenas 66 republicanos disseram "não". Na votação de ontem, quem apostou no impasse?

Remeto-os ao livro *Fascismo de esquerda*, de Jonah Goldberg. Ele explica direitinho o comportamento dos democratas, do *NYT*, de Paul Krugman e de amplos setores da imprensa ocidental — a brasileira também. Leiam com atenção. Volto para arrematar.

> "A ameaça peculiar representada pelas atuais religiões políticas de esquerda está, precisamente, em sua afirmação de que são livres de dogma. Em vez disso, professam ser campeãs da liberdade e do pragmatismo — que, a seu ver, são bens autoevidentes. Elas evitam preocupações 'ideológicas'. Portanto, tornam impossível discutir suas ideias mais básicas e extremamente difícil expor as tentações totalitárias que residem em seus corações. Elas têm um dogma, mas o consideram fora de discussão. Em vez disso, nos forçam a argumentar com suas intenções, seus motivos, seus sentimentos. Os liberais [esquerdistas] estão certos porque 'se preocupam',

é o que nos dizem, e transformam 'compaixão' na palavra de ordem da política americana. Desse modo, os liberais controlam a discussão sem explicar aonde querem chegar e sem contar por onde andaram. Eles conseguiram sucesso onde os intelectuais fascistas acabaram falhando. Fizeram isso transformando paixão e ativismo em medidas de virtude política e fazendo os motivos parecerem mais importantes que os fatos. Além disso, numa brilhante manobra retórica, eles conseguiram isso, em grande parte, sustentando que seus oponentes é que são os fascistas."

É isso aí. Vale para a política americana, vale para a política brasileira, vale para toda parte. Leiam o noticiário. A síntese que colou é a seguinte: os democratas querem ampliar o limite da dívida e cortar os privilégios dos ricos; já os republicanos querem cortar programas sociais e manter as mamatas. Afinal, os democratas, a exemplo dos nossos petistas por aqui, são os monopolistas da compaixão, têm sempre bons motivos e um coração de ouro.

E, como vimos, muitos deles acham que, por isso, podem até mandar a democracia para o diabo que a carregue.

UM EXTREMISTA DE DIREITA [02/08/2011]

Em 2006, o governo do republicano George W. Bush também precisava aumentar o limite do endividamento. Como os democratas nos ensinaram de modo dramático neste 2011, ou aumentava, ou sobreviria o caos. E ninguém pode ser tão irresponsável a ponto de dizer "não", certo? Leiam, no entanto, o que disse um senador extremista naquele ano, num discurso do dia 20 de março:

"O fato de estarmos aqui hoje para debater o aumento do limite da dívida da América é um sinal de falha da liderança. É um sinal de que o governo dos EUA não pode pagar suas próprias contas. É um sinal de que agora dependem da ajuda financeira de países estrangeiros para financiar a política fiscal irresponsável do nosso governo. Aumentar o limite de endividamento da América nos enfraquece nacional e internacionalmente. Liderança significa dizer *the buck stops here*. Em vez disso, Washington está transferindo para as costas de nossos filhos e netos as responsabilidades das más escolhas de agora. A América tem um problema com a dívida e uma liderança fraca. A América merece mais."

The buck stops here é uma derivação, de sentido oposto, da expressão *to pass the buck*, que é transferir responsabilidades. Harry Truman tinha sobre a sua mesa uma plaquinha com aquela inscrição. Significa algo assim: "É aqui que se decide." Ou: "Daqui não passa." Ou: "Cabe a mim decidir." Ou: "Não há desculpa para não agir." Ou: "Não sou o Guido Mantega."

O trecho do discurso está reproduzido no site da *National Review*. Muito bem! O senador em questão não se importava em criar certas turbulências no presente, desde que fosse para preservar o futuro dos "filhos e netos" da América. E fazia esta coisa hedionda que se notou, desta feita, nos republicanos (que gente horrível!), que é usar o endividamento para acusar a "falha da liderança".

Quem era o gajo? Barack Obama, senador democrata por Illinois! Dois anos depois, ele se elegeu presidente dos EUA. Melhor que tenha sido voto vencido em 2006, né? Ele poderia, agora, ter feito ao menos uma espécie de mea-culpa... Lula uma vez se ofereceu para dar algumas instruções ao Apedeuta harvardiano deles. Queria ensinar ao outro a Teoria da Bravata. É bem verdade que Obama tem pouco a aprender nessa área, certo?

6.2 América Latina

OS REAIS GOLPISTAS DE HONDURAS [28/06/2009]

Quem é golpista em Honduras? Os militares? Por enquanto, não! Por enquanto, eles estão cumprindo sua função constitucional. Constatar o que digo é fácil: basta saber ler. Manuel Zelaya, presidente que foi levado à Costa Rica pelos militares, é um palhaço chavista, teleguiado por Caracas. Tentou reproduzir em Honduras o modelo de instalação de ditaduras posto em prática na Venezuela, na Bolívia e no Equador. O Beiçola de Caracas lidera uma fila de delinquentes que decidem recorrer à democracia para implementar regimes de força.

Zelaya queria fazer um referendo que foi declarado ilegal pelo Congresso, pela Promotoria e pelo Poder Judiciário. Nada menos. No seu próprio partido, o apoio não foi unânime. Deu ordens aos militares consideradas inconstitucionais pela Justiça. Nesses casos, fazer o quê? Boa questão, não é mesmo? É preciso chamar a democracia de uniforme se todo o resto vai para o brejo.

Basta ler a Constituição hondurenha. Reproduzo (em espanhol) os artigos 184, 185 e 186 da Carta:

ARTÍCULO 184 — Las Leyes podrán ser declaradas inconstitucionales por razón de forma o de contenido. A la Corte Suprema de Justicia le compete el conocimiento y la resolución originaria y exclusiva en la materia y deberá pronunciarse con los requisitos de las sentencias definitivas.

ARTÍCULO 185 — La declaración de inconstitucionalidad de una ley y su inaplicabilidad, podrá solicitarse, por quien se considere lesionado en su interés directo, personal y legítimo:

1. Por vía de acción que deberá entablar ante la Corte Suprema de Justicia;

2. Por vía de excepción, que podrá oponer en cualquier procedimiento judicial; y

3. También el Juez o Tribunal que conozca en cualquier procedimiento judicial, podrá solicitar de oficio la declaración de inconstitucionalidad de una ley y su inaplicabilidad antes de dictar resolución. En este caso y en el previsto por el numeral anterior, se suspenderán los procedimiento elevándose las actuaciones a la Corte Suprema de Justicia.

ARTÍCULO 186 — Ningún poder ni autoridad puede avocarse causas pendientes ni abrir juicios fenecidos, salvo en causas juzgadas en materia penal y civil que pueden ser revisadas en toda época en favor de los condenados, a pedimento de éstos, de cualquier persona, del ministerio público o de oficio. Este recurso se interpondrá ante la Corte Suprema de Justicia. La ley reglamentará los casos y la forma de revisión.

Está claro, não? O presidente da República não tem autoridade para desrespeitar uma decisão da Justiça — e Honduras vive uma democracia depois de um triste passado de golpes militares. Mas e se o chefe do Executivo insiste? E se usa seu poder para fraudar a Constituição que lhe confere legitimidade? Voltemos à Constituição, artigo 272:

ARTÍCULO 272 — Las Fuerzas Armadas de Honduras, son una Institución Nacional de carácter permanente, esencialmente profesional, apolítica, obediente y no deliberante. Se constituyen para defender la integridad terri-

torial y la soberanía de la República, mantener la paz, el orden público y el imperio de la Constitución, los principios de libre sufragio y la alternabilidad en el ejercicio de la Presidencia de la República.

Leram? Cumpre às Forças Armadas a garantia do cumprimento da Constituição quando todo o resto, como foi o caso, falha. E só falhou porque havia um vagabundo empenhado em jogar a Constituição democrática no lixo. Quem explicou direito a atuação de Zelaya foi Evo Morales, o índio de araque que governa a Bolívia: "É uma outra forma de governar, subordinada ao povo." Traduzindo em linguagem civilizada, quer dizer que é uma forma de governar que manda a Constituição às favas e opta pela ditadura na base de sucessivas "consultas populares".

Bem, a ditadura dessa esquerda proxeneta, Honduras parece ter rejeitado. Tomara que rejeite qualquer outra. Por enquanto, as Forças Armadas exercem o seu papel constitucional e tiram Honduras da rota da bagunça bolivariana. Que as Forças Armadas deem sequência a seu papel institucional e declarem o triunfo da Constituição, uma vez que um civil tentou golpeá-la.

HUMANOS DE TODO O MUNDO, UNI-VOS! [23/02/2012]

Um amigo jornalista me deu um presente delicioso: o livro *Aguanten Los K* ("Aguentem os K"), do jornalista argentino Carlos M. Reymundo Roberts, publicado pela editora Sudamericana. E quem são "los K"? São os petralhas da Argentina; é como são conhecidos os partidários furiosos, ensandecidos, fanáticos mesmo, do casal Kirchner — no momento, de Cristina; Néstor, que morreu no dia 27 de outubro de 2010, já virou mito e estátua. No Brasil, o livro poderia se chamar *O país dos petralhas*, hehe... *Aguanten Los K* reúne uma coletânea de artigos publicados na coluna "De no creer" entre 15 de janeiro de 2010 e 20 de agosto de 2011. Jornalista experiente, Roberts cobriu duas guerras (a do Golfo, em 1991, e a do Peru com o Equador, em 1995), é professor universitário, um dos comandantes da redação do *La Nación* e colunista do jornal, onde trabalha há mais de trinta anos. Conhece o seu ofício.

Néstor Kirchner, amparado pela mulher, que o sucedeu, ascendeu ao poder com o apoio majoritário da imprensa. Dada a penúria a que havia chegado a Argentina e considerando a razoável, mas precária, estabilidade alcançada, o casal foi se tomando de ares imperiais. Hoje, Cristina pode ser colocada na galeria dos líderes latino-americanos que nutrem um desprezo muito pouco solene pelas regras da convivência democrática, na companhia de Hugo Chávez, Rafael Correa e Daniel Ortega. A sua investida contra a imprensa independente do país é só a face mais visível de seus arroubos autoritários. Não me estenderei agora sobre esse particular. Quero falar sobre o livro de Roberts — de que traduzo um artigo que nos fala de perto, como vocês lerão.

Liberal convicto, o autor recorreu a um truque inteligente em sua coluna. Resolveu escrever como alguém que tivesse se convertido à religião Kirchner. Criou um alterego adesista, governista a mais não poder, entusiasmado mesmo! Apresenta-se, assim, com uma personalidade dividida, esquizofrênica. O editor se obriga a ser imparcial, crítico, severo, guardião dos valores democráticos. Mas o colunista... Deixemos que os dois se apresentem:

O jornalista

"Quero me apresentar: sou Carlos María Reymundo Roberts, jornalista do *La Nación* há mais de trinta anos. Profundamente liberal, estou entre os antípodas do kirchenerismo. Trabalho, porém, num diário que não faz oposição, mas jornalismo independente."

O colunista

"Quero me apresentar: sou Carlos M. Reymundo Roberts e, sob esta rubrica, publico há pouco mais de um ano uma coluna política no diário *La Nación*. No início, foi, reconheço, um espaço editorial duro com os Kirchner, ainda que não só com eles. Na verdade, nem era tão duro, porque a minha não é a linguagem de quem pontifica, mas a de quem tem um olhar bem-humorado, mordaz, dos acontecimentos políticos. Como a muitos argentinos, a morte de Néstor, no fim de outubro de 2010, produziu em mim uma forte comoção. Primeiro em meu espírito; depois em minhas ideias. Dois meses depois, eu era um kirchnerista puro e duro e, por isso, pus minha coluna a serviço da causa."

O editor reconhece que o modelo Kirchner é intolerante, aniquila a institucionalidade e destrói os valores republicanos. Já o colunista adesista acha que isso não é assim tão mau... Pode não ser, diz, uma "institucionalidade clássica, mas é a nossa". O editor admite, atenção!, que "o governo cooptou e neutralizou todos os organismos de controle, que comprou prefeitos, governadores, opositores, juízes, intelectuais, sindicalistas, empresários, jornalistas". Já o colunista adesista pensa que "os prefeitos, governadores, sindicalistas, empresários e jornalistas se convenceram das bondades do modelo; os juízes julgam acertado o que estamos fazendo, e os intelectuais abraçam a causa nacional e popular porque nós os reconciliamos com suas velhas ideias e lhes demos uma razão para existir".

Vejam só! O que em Roberts é uma blague, uma graça, uma saída irônica, é, em boa parte do jornalismo brasileiro, uma esquizofrenia verdadeira. Quantas vezes vocês já não viram colunistas muito vetustos e severos a anuir com arroubos autoritários do petismo, achando que, afinal, é preciso mesmo pagar um preço "pela mudança"? As duas faces do jornalista argentino, separadas pelo humor, assumem, em certo jornalismo brasileiro, a gravidade de uma categoria de pensamento.

Humor

Como alguém que pretende se irmanar com os petralhas — ooops!, com "Los K" —, Roberts é desmedido no seu amor pelo governo e elogia, é claro!, algumas notáveis barbaridades. E aqui está uma graça adicional do livro. A cada artigo, segue-se a publicação de uma série de comentários. E a gente se dá conta da miséria intelectual destes tempos. Alguns admiradores e adversários do *kirchnerismo* percebem a ironia; os primeiros o desqualificam; os outros o aplaudem. Mas há aqueles, de um lado e de outro, que tomam tudo ao pé da letra, e as posições, então, se invertem: os K o elogiam largamente, e os críticos do oficialismo lhe dão uma carraspana.

A exemplo de *O país dos petralhas* no Brasil — modéstia às favas —, a seleção de artigos de Roberts serve como retrato de um período infeliz da política argentina; é visível que os instrumentos da democracia são usados pelo governo para solapar a própria democracia. Roberts inova, no entanto, ao criar esse alterego governista, que expõe, pelo caminho da adesão, o ridículo do oficialismo. Fiquei cá pensando em dar vida à versão vermelha do Reinaldo Azevedo... Garanto que essa minha versão abestada saberia elogiar o governo com mais competência do que algumas expressões momescas do lulo-petismo.

Blogs

Também na Argentina — e em toda parte —, é na internet que a canalha fascistoide se manifesta com mais virulência. Traduzo, abaixo, um dos artigos do livro, que nos fala — a mim e a vocês — mais de perto. Vejam como a "classe petralha é internacional" e como os esbirros do poder nunca surpreendem. Vocês lerão um artigo de Roberts sobre o atual momento da política argentina e ficarão com a impressão de que fala do Brasil.

Divirtam-se:

O sonho de minha vida: ser um blogueiro K

Já sei o que quero ser quando crescer: um blogueiro K. Se a vida quer me dar um presente, peço este: fazer parte de um exército de homens e mulheres deste país que, dia após dia, faça chuva ou faça sol, tomam a lança e saem em defesa do seu governo, mais para matar do que para morrer.

Em tempos de descrença generalizada, de fim das ideologias, de individualismo feroz, eles se agrupam para uma batalha diária contra os meios de comunicação e seus esbirros, os jornalistas.

A cena há de ser comovedora: milhares de jovens (bem, assim pensava eu, mas me dizem que os há de todas as idades), por pura vocação, movidos por suas mais profundas convicções democráticas e em defesa da pátria, acordam quando ainda está escuro, leem rapidinho jornais e sites na internet, detectam um inimigo e, antes mesmo de tomar um café ou de escovar os dentes, já estão armados, na frente de seu PCs. Convictos, entusiasmados, dão início à segunda parte de seu trabalho, que, na verdade, nem é tão complicada: consiste, basicamente, em destruir o autor do texto que ousou criticar o governo.

Destruí-lo significa isto: esmagá-lo, mexer com a sua vida, com a sua história, com seu nome, até com a sua aparência, pouco importa. Não é uma guerra de argumentos, claro! Eles não são necessários, e isso é o mais tentador do trabalho: se alguém critica os Kirchner, isso se deve ao fato de ser reacionário, fascista, atrasado; de estar a serviço da sociedade rural, do neoliberalismo e do capitalismo selvagem; ou, então, só o faz porque os donos do veículo de comunicação o obrigaram a escrever aquilo.

Para esse exército de esforçados servidores, não importa, ou importa muito pouco, o que diz o artigo em questão. Coitados! No apuro, nem tiveram tempo de lê-lo. Sabujos treinados, o título já lhes dá a pista. Temo que, de forma maliciosa, um dia alguém ainda escreverá um longo elogio ao governo, deixando claro na última linha que tudo o que veio antes é uma farsa. Que horror!

Quantos blogueiros K vão cair na armadilha! Algum deles chegará até a última linha?

O slogan dos nossos heróis parece ser este: é preciso entrar logo nos fóruns da internet, nos blogs, no twitter e deixar a marca. É preciso pautar o debate e fazê-lo antes dos inimigos: aqueles que gostaram do texto. Para estes, também haverá fogo, é claro!, mas sem perder de vista que são apenas soldados. O general é o autor do artigo. É preciso convencê-lo de que teria sido melhor escrever na revista dos bombeiros voluntários de seu bairro.

Será que é a admiração que me leva a identificar um blogueiro K e a não confundi-lo com qualquer outro defensor do governo? Não, não é a admiração, mas o cheiro! Há um certo ar de família nos blogueiros oficiais. Eles são madrugadores, são furiosos, não perdem tempo discutindo motivos; ficam horas diante das telas de computador, amam a desqualificação e não mostram a menor intenção de ceder nada a ninguém, nunca!

Outra característica comum é a sua reação quando alguém os descobre e os acusa — com total injustiça, é claro! — de trabalhar a soldo da Casa Rosada. Então seus mais baixos instintos despertam (se é que já não estavam despertos) e atacam sem piedade. Alguém comentava outro dia que era muito fácil entrar em um fórum e distingui-los: "Não argumentam; só insultam e agridem."

Dias atrás, publiquei no twitter a suspeita de que essa tropa de choque da internet também tem a sua divisão nos programas de rádio que veiculam as mensagens dos ouvintes. Alguns telefonemas em certo programa da manhã me pareceram muito suspeitos. Alguém respondeu que era assim mesmo: são os telefonadores K, superiores, na hierarquia, aos tuiteiros K, mas inferiores aos blogueiros K, uma espécie de tropa de elite. Concluí que nem mesmo os Kirchner, tão igualitários, conseguiram impedir que, em suas fileiras, reine a luta de classes e a discriminação.

Dada a minha intenção de ser um dia um desses soldados, estou cheio de perguntas. Quem os comanda? Quantos são? Como são recrutados? Quantas horas é preciso dedicar à causa? E o grande tema: ok, aceito que não recebam um peso, que seja tudo vocação, que seja tudo espontâneo..., mas alguém poderia me dizer a quanto chega esse soldo que não cobram?

A propósito: também me pergunto como este corpo tão coeso, tão uniforme, lerá este texto que lhe dedico. Entenderão que está escrito com a intenção do elogio, do reconhecimento, ou vão acreditar, numa leitura superficial, que isto é uma crítica, mais uma das muitas que recebem nestes tempos? Há apenas uma forma de sabê-lo: dar o texto por terminado e ouvi-los. Soldados, se chegaram até aqui, sigam em frente; vocês têm a palavra.

DILMA, CUBA E O PARAGUAI [26/06/2012]

Alguns bananas dizem que escrevo com raiva. Eu não! Escrevo com amor! Amor aos fatos! O contraste acima é forte? Não me pergunto isso. Pergunto-me se é verdadeiro.

A revolta paraguaia não aconteceu! Os governos sul-americanos, o Brasil inclusive, esperavam muitos milhares nas ruas para que pudessem declarar, então, a ilegitimidade do governo de Federico Franco, mesmo, ponderariam, que fosse, como é, legal. Sem o povo na praça, nem mesmo se pode dar o golpe (este, sim, golpe!) da ilegitimidade. Ou por outra: a Constituição diz que o governo é legal; o Congresso diz que o governo é legal; as cortes superiores Eleitoral e de Justiça dizem que o governo é legal. E a população, ela própria, assim o considera na prática. Logo, em nome de quem falam os governos sul-americanos quando reafirmam a ilegitimidade do processo?

Em seu próprio nome! Buscam imunizar-se do alcance da lei e se colocar acima do Parlamento e da Justiça. Que o governo brasileiro esteja nessa, eis um sinal da miséria da nossa diplomacia. Ontem, quem veio a público se pronunciar, como se lhe coubesse, foi Gilberto Carvalho, secretário-geral da Presidência. Afirmou que o Brasil não tomará nenhuma decisão isolada e que está em contato com outros países. Em suma e por incrível que possa parecer, o país que deveria exercer a liderança no subcontinente está sendo conduzido em vez de conduzir.

E conduzido por quem? Pela diplomacia... argentina! É isto o que a política de Celso Amorim — que sobrevive na gestão de Antônio Patriota — conseguiu: tornar o Brasil ora caudatário dos humores de Hugo Chávez, o Bandoleiro de Caracas (como se deu no caso de Honduras), ora dos humores de Cristina Kirchner, a Doida de Buenos Aires, como agora. Convenham: que a crise tenha explodido aqui do lado sem que o Itamaraty tivesse se dado conta previamente — alertando, como deveria ter feito, a presidente Dilma Rousseff —, isso, por si, já é um escândalo.

O Brasil não só faz fronteira com o Paraguai como divide com aquele país a hidrelétrica de Itaipu, que responde por 20% da energia consumida por aqui. Mais: há uma vasta comunidade de brasileiros que lá trabalha, produz e prospera, especialmente no setor agropecuário. No governo de Fernando Lugo, estavam submetidos a uma perseguição implacável, sob o silêncio cúmplice do Planalto. Atenção! Esses brasileiros estavam ameaçados de perder tudo o que construíram ao longo de muitos anos — às vezes, de décadas.

Pragmatismo?

O mais espantoso é que, quando criticado em razão das bobagens que protagoniza na política externa, o governo petista costuma pôr na mesa a carta do pragmatismo. Fez isso ao longo da gestão de Lula. Quando muitos censuravam a intimidade com o Irã, lá vinha a ladainha: o Brasil não queria satanizar ninguém e estaria interessado nos negócios. O mesmo se argumenta quando o assunto é Venezuela. No fim de janeiro, Dilma visitou Cuba. Dez dias antes de sua chegada, o dissidente Wilmar Villar Mendoza havia morrido na cadeia em razão de uma greve de fome. Evento idêntico acontecera em 2010, por ocasião da visita do Apedeuta à ilha: naquele caso, a vítima era Orlando Zapata. Lula, vocês se lembram, comparou presos de consciência cubanos a delinquentes comuns do Brasil. Dilma não chegou a tanto, mas deu declaração igualmente infeliz.

Indagada sobre a questão dos direitos humanos, respondeu que o Brasil não estava na posição de quem podia jogar pedra nos outros nessa matéria. Huuummm... Agora entendi: quando Dilma visita uma tirania, em que os partidos políticos, exceto o comunista, estão proscritos, com os adversários do regime em cana, ela evita "jogar pedras" porque não quer dar lições. Quando se trata de lidar com uma democracia, que cumpre os rigores da Constituição, então joga logo um caminhão de pedras. Ao Paraguai, a suspensão do Mercosul; a Cuba, levou uma linha especial de crédito de US$ 523 milhões, elevando o financiamento brasileiro à ilha para US$ 1,37 bilhão.

A Dilma que deu posse à Comissão da Verdade no Brasil trata tiranos com montanhas de dólares e governos democráticos a tapas e pontapés. ISSO NÃO É DIPLOMACIA DO PRAGMATISMO PORCARIA NENHUMA! ISSO É DIPLOMACIA DA IDEOLOGIA! Repete, nesse particular, o pior do governo Lula, que tratava o então governo de Álvaro Uribe, da Colômbia, aos trancos e barrancos — Marco Aurélio Garcia chegou a declarar que o então presidente colombiano estava isolado no continente — e o facinoroso Hugo Chávez como grande democrata. Não custa lembrar que, na gestão do Babalorixá de Banânia, as Farc foram mais aduladas do que o governo constitucional de Uribe.

Dados os interesses que o Brasil tem no Paraguai, o seu papel seria liderar a temperança e impor limites aos dos destrambelhados, a começar de Cristina Kirchner. Mas renuncia ao papel que lhe cabe, abre mão de ser protagonista e se coloca como mero caudatário da retórica inflamada do governo argentino. Ora... Cristina, Chávez, Rafael Correa e Evo Morales enfrentam, em seus próprios países, embates institucionais. Todos eles, uns mais outros menos, avançaram contra prerrogativas democráticas e transgrediram a legalidade. Se não foram punidos ainda, é porque a situação política não permite. Cedo ou tarde, a menos que seus respectivos países se transformem em ditaduras sanguinolentas sob o seu comando, terão de responder por seus crimes e por violações à Constituição e a direitos fundamentais de seus povos. Isso pode acontecer com eles dentro ou fora do poder, a depender da deterioração da situação política. Morales já enfrentou o levante de uma parte do país.

Assustam-se com o destino de Lugo — aliás, destino suave por enquanto; por tudo o que se sabe da ação dos sem-terra, que eram sua base de apoio, tem de ser processado criminalmente — porque sabem que eles próprios, que vivem ultrapassando o limite do institucionalmente aceitável, correm riscos. Essa gente quer continuar a golpear a democracia e o estado de direito sem enfrentar qualquer reação. Ou chama de "golpistas" as forças da legalidade.

Até onde se sabe, Federico Franco, do Paraguai, tem as mãos limpas de sangue, presidente Dilma! Não se pode dizer o mesmo de muitos aos quais Vossa Excelência já deu as mãos.

6.3 Oriente Médio

A FARSA DA CONDENAÇÃO DE ISRAEL [04/04/2011]

Caras e caros,

No dia 3 de janeiro de 2009, o governo de Israel deu início à ofensiva contra a Faixa de Gaza, governada pelo Hamas. Era uma resposta aos milhares de foguetes que o grupo terrorista disparava — e dispara ainda — contra o país. Este escriba, como sempre, lamentava a guerra, mas reconhecia o direito que o agredido — Israel — tinha e tem de se defender. A imprensa mundial, majoritariamente anti-israelense, gritava: "Crimes de guerra! Ação desproporcional!" Por "desproporcional", queriam dizer que os foguetes do Hamas matavam poucos israelenses... O raciocínio é uma nojeira moral porque parte do princípio de que o Hamas deveria ser mais eficiente como máquina mortífera. Nesse caso, então, a resposta seria... proporcional! Em suma, faltavam cadáveres israelenses no conflito para que o confronto parecesse justo. Mais: como o Hamas disparava (e dispara) foguetes a esmo, sem querer saber onde cairiam — felizmente, costuma ser em áreas pouco habitadas —, então se supunha que a resposta israelense devesse ser a mesma, certo? Disparar também a esmo, "proporcionalmente"! Imaginem o que isso não causaria na abarrotada Gaza...

Apanhei uma barbaridade! Um colunista de esquerda de um grande jornal, anti-israelense como quase todos, chegou a me acusar, imaginem só!, de considerar que, "diante do Hamas, não há saída a não ser bombas sobre criancinhas" e de afirmar que, "diante do terrorismo, podem ser ingênuos os que criticam a tortura". Obviamente, não tinha escrito nada disso — isso faz parte do enorme livro das coisas que não escrevi. Mas sabem como é... Os "inimigos" precisam ser caracterizados como satãs... Quem sabe, assim, os seus próprios capetas passem por anjinhos...

A coisa seguiu adiante. Os relatos da imprensa ocidental, quase todos, tinham origem em fontes palestinas, sobretudo nas chamadas "organizações humanitárias", supostos médicos descompromissados, que estariam em Gaza com o único propósito de ajudar a população civil. Fazia-se de conta que o Hamas não se apresenta à população, antes de tudo, como uma... organização humanitária! Bem, as coisas ficaram feias pra valer quando veio o chamado Relatório Goldstone, em outubro de 2009. O texto, com efeito, acusava tanto Israel como o Hamas de cometer "crimes de guerra", mas a censura ao grupo terrorista era não mais do que lateral. Quem apanhava mesmo era o país agredido. E a turma babava seu ódio: "Vamos ver o que você vai escrever agora, Reinaldo Azevedo!" E escrevi, sim, no dia 18 de outubro de 2009, o que segue. Escrevi porque li o relatório.

"O Brasil votou no dia 16 a favor do chamado Relatório Goldstone, que acusa Israel e o Hamas de crimes de guerra em Gaza. O texto foi aprovado pelo Conselho de Direitos Humanos da ONU, composto de 47 membros, por 25 votos a seis e onze abstenções. Cinco países se negaram até a votar. O nome do relatório é uma referência ao juiz sul-africano Richard Goldstone. Aparentemente, o relatório condena os dois lados. De fato, as acusações contra Israel são muito mais severas e ocupam quase todas as 575 páginas do documento. Entre outras delicadezas, omite as evidências de que o Hamas usou a população palestina como escudo. O conjunto revela uma farsa estupenda. E o papel do Brasil é mais detestável do que parece à primeira vista. Vamos ver.

Está tudo errado com esse relatório. Aliás, está tudo errado com o próprio Conselho de Direitos Humanos, cujo vice-presidente é o egípcio Hisham Badr. O Egito é uma das ditaduras mais truculentas no planeta. No conselho, é apenas uma das tiranias. Também têm assento por lá as seguintes democracias exemplares: Angola, Bangladesh, China, Cuba, Gabão... Esses três últimos países, além do próprio Egito, fizeram parte do grupo que propôs a investigação. Trata-se, obviamente, de uma piada.

A mentira já começa na escolha do 'juiz' Richard Goldstone, que é judeu. Quando se escolhe um judeu para averiguar se Israel é culpado ou inocente, o que se espera é que, em nome da isenção, ele declare a culpa do país, entenderam? Nem farei considerações aqui sobre a cultura judaica da autocrítica — 'mal' de que não padecem seus adversários. Aponto a má-fé óbvia da escolha: se concluísse pela inocência de Israel, diriam: 'Também, foram entregar a tarefa logo para um judeu...' Como concluiu que o país é culpado, a imprensa mundial destaca: 'E olhem que Goldstone é judeu...' Judeu só é isento se condena Israel.

Para começo de conversa, ele não foi designado para saber se Israel cometeu crimes de guerra e sim para colher evidências do que já era dado como certo. Não precisava investigar nada. Bastava buscar algumas narrativas que endossassem o que o Conselho de Direitos Humanos, coalhado de facínoras, já havia decidido.

Provo o que digo. A decisão de criar a comissão é do dia 3 de abril deste ano, mas a resolução, de 13 de janeiro, já condenava Israel. Por que fazer investigação se as conclusões já estavam prontas? O item 473, nas páginas 144 e 145, é patético. Traduzo: 'A missão perguntou a diversas testemunhas em Gaza por que elas ficaram em suas casas apesar dos bombardeios e da invasão israelense. Elas declararam que decidiram ficar porque já conheciam incursões anteriores e, com base naquela experiência, não pensaram que correriam algum risco se permanecessem dentro de casa e porque não tinham lugar seguro para ir. Além disso, algumas testemunhas declararam que decidiram ficar porque queriam cuidar de sua casa e de sua propriedade. A missão não encontrou evidências de que os civis foram forçados por grupos palestinos armados a permanecer nas suas casas.'

Como se vê, não é que o relatório omita a existência de escudos humanos. Ele os nega. O texto é um primor. Até o suposto autoengano das vítimas ('com base em experiências anteriores'...) é responsabilidade de Israel. Pergunto: aquelas pessoas se imaginavam seguras, não tinham aonde ir ou queriam cuidar de suas propriedades? É o fim da picada! O Relatório Goldstone é um calhamaço de acusações contra Israel. A crítica ao Hamas é só um tributo do vício à virtude. Na prática, o único ato errado que Goldstone atribui ao grupo é ficar jogando foguetes contra civis israelenses. Mas, como não costumam matar quase ninguém, isso não parece ser tão grave. Assim, o que parece aliviar a culpa daqueles humanistas é o fato de que não há cadáveres judeus o bastante. Se os israelenses querem ver o Hamas ser realmente criticado na ONU, terão de permitir que sejam mais eficientes, deixando-se matar. É um troço nojento. Se vocês quiserem saber mais sobre o Relatório Goldstone, entrem nesta página: www.goldstonereport.org. Há links com opiniões também favoráveis ao texto."

Voltei

Pois bem... Na sexta-feira, 1º de abril de 2011, o juiz Richard Goldstone, o mesmo que redigiu o relatório que levou à condenação de Israel, escreveu um artigo [cujo endereço encontra-se ao fim deste] *no Washington Post* em que, na prática, se desculpa por seu relatório. Num recuo como raramente, ou nunca!, vi nesses casos, afirma que, se soubesse em 2009 o que sabe hoje, seu texto teria sido outro. Goldstone está dizendo: "Vejam só! Esse Reinaldo levanta da cadeira apenas para comprar cigarros (é preciso parar com esse vício...), mas estava certo, e eu, que fui a Gaza, que vi tudo de perto, que colhi depoimentos, estava errado." É claro que é uma brincadeira; há petralhas lendo, e eles só entendem ironias com manual de instrução...

Leiam vocês mesmos. Aqui vai uma síntese do que afirma:

1. Sabe-se muito mais agora do que se sabia quando fez o relatório a pedido da ONU. Hoje, o texto seria outro.
2. O relatório final, da juíza Mary McGowan Davis, que se seguiu ao seu, reconhece que Israel tem feito esforços e investido recursos para apurar as acusações de má conduta. Já o Hamas, até agora, não fez investigação nenhuma.

3. O relatório aponta evidências de possíveis crimes de guerra tanto de Israel quanto do Hamas. Que os do Hamas tenham sido propositais, isso é evidente. Afinal, dispararam os foguetes.
4. As acusações de que Israel atacou civis intencionalmente foram feitas com base em relatos de campo, a partir da constatação de mortos e feridos; parecia não haver outra conclusão possível. Apurações posteriores reforçam alguns incidentes apontados naquela apuração de campo, mas indicam que os civis não eram alvos intencionais das forças israelenses. Ou seja: o núcleo do relatório é falso!
5. O caso mais grave do relatório, a morte de 29 membros da família al-Simouni, tudo indica, foi mesmo decorrente de um erro de interpretação de um soldado, mas está sendo investigado de maneira adequada, ainda que o processo seja lento.
6. Goldstone saúda a disposição de Israel de fazer a investigação, endossa preocupação do relatório McGowan, segundo o qual poucos casos foram investigados até agora, diz que as apurações de Israel não negam a morte de civis, mas reconhece que não tinham evidências de que os civis foram alvos deliberados das ações israelenses, conforme consta do relatório.
7. Goldstone chega a dizer que a falta de colaboração de Israel com a investigação acabou impedindo a tal comissão de distinguir, entre os mortos, quantos eram realmente civis e quantos eram combatentes.
8. Goldstone diz que o objetivo nunca foi condenar Israel por princípio, reconhece que a resolução da ONU que pediu a investigação tinha um viés anti-israelense (o que apontei) e que ele sempre achou que Israel tem o direito de se defender dos ataques externos (Hamas) e internos (terrorismo dentro do país). Tentando salvar um pouco a honra do seu relatório, exalta o fato de que foi o primeiro a reconhecer também as culpas do Hamas.
9. Goldstone diz que o seu relatório nunca foi um processo judicial, mas uma conclamação para que cada parte procedesse à devida investigação. O relatório McGowan admite que Israel está fazendo a sua parte. O Hamas não está fazendo nada!
10. Atenção, leitor, para o trecho mais sensacional do relatório: Goldstone diz que alguns acusam a ingenuidade do seu relatório ao supor que o Hamas, que quer destruir Israel, faria uma investigação. O juiz confessa a esperança de que o Hamas pudesse fazê-lo, especialmente se Israel cumprisse a sua parte. Mais: diz que esperava, quando menos,

que o grupo reduzisse os ataques a Israel. "Infelizmente, não foi o caso", constata. E diz, como se tivesse me lido, que o fato de o Hamas matar poucos israelenses com seus foguetes não muda a natureza do seu crime, o que merece uma condenação mais forte da ONU.

11. No fim das contas, pedir ao Hamas que investigue os próprios crimes é perda de tempo. A ONU deveria exigir que a morte recente, a sangue-frio, de um casal israelense e seus três filhos fosse investigada.
12. Goldstone tenta salvar alguma coisa de seu relatório. Diz que contribui para que se tomem cuidados adicionais nas guerras em áreas urbanas, limitando o uso de fósforo branco; que levou a Autoridade Nacional Palestina a investigar os crimes praticados na Cisjordânia pelas forças do Fatah contra o Hamas, mas que o Hamas, em Gaza, não fez absolutamente nada para apurar as acusações de crimes de guerra e crimes contra a humanidade.
13. O Hamas não está menos obrigado a seguir determinados procedimentos na guerra do que Israel. É preciso que todas as forças cooperem para proteger os civis.

Concluo

Israel exigiu ontem a anulação do Relatório Goldstone. E faz muito bem! "O relatório tem de ir para a lata de lixo da história", afirmou Binyamin Netanyahu, primeiro-ministro de Israel. Tem razão. "Nós nunca atacamos civis de forma deliberada (...), enquanto o Hamas nunca verificou nada [quem iria ser atingido]." Está certo de novo! Aquele que acusou Israel agora reconhece isso.

Não basta um artigo no *Washington Post* para repor a verdade.

Ah, sim: o Brasil de Lula e Celso Amorim, claro!, votou contra Israel.

(A íntegra do artigo de Goldstone: www.washingtonpost.com/opinions/reconsidering-the-goldstone-report-on-israel-and-war-crimes/2011/04/01/AFg111JC_story.htmlv)

A TORCIDA FÁCIL E ÓBVIA DOS TOLOS [25/08/2011]

Fui professor. Tenho paciência infinita com quem quer aprender. Fui e sou aluno. Tenho uma disposição insaciável para saber mais. Mas não tenho tempo para a burrice arrogante, que substitui os fatos pelos votos de bons princípios. Não é preciso ser muito esperto para ser contra as ditaduras. Mas já é preciso ter alguma inteligência e ter lido alguns livros para combatê-las sem ferir os princípios em nome dos quais estão sendo combatidas. É questão de método e de rigor intelectual.

Não venham alguns cretinos tentar me dar aula sobre as ditaduras árabes. É fácil fazer discurso contra Muamar Kadafi, Bashar Al Assad ou Hosni Mubarak quando estão sendo combatidos por seus adversários internos. Quero ver é coragem para, por exemplo, contestar o vitimismo palestino que explode bombas em Israel e justifica seu gesto como expressão da revolta do oprimido. Que todos sejam favoráveis ao bem, ao belo e ao justo, convenham, não há grande novidade nisso. É possível que Gengis Khan não dissesse algo muito diferente sobre si mesmo. Hitler e Stálin não tinham outra coisa em mente que não uma humanidade ajustada, não é mesmo? Todos são favoráveis às boas intenções... Alguns matam milhões por isso!

Quando boa parte dos coleguinhas babava a sua satisfação com Celso Amorim, o Megalonanico do Itamaraty, eu estava na contramão. Não comecei a criticar as maluquices da política externa brasileira em 2009, mas em 2003, quando Celso Amorim, numa votação de jornalistas, foi considerado o melhor ministro, ao lado de Antonio Palocci... Aquele antiamericanismo chulé parecia, assim, uma coisa tão altiva, tão à altura das expectativas redentoras dos bobalhões!

A queda de Hosni Mubarak no Egito é, em si, uma boa notícia? Em si, é. Quando Hitler desmantelou a SA, do tarado Ernst Röhm, aquela era, em si, uma boa notícia. Não estou fazendo paralelo nenhum entre os dois eventos. Estou apenas destacando que, em história, "boas notícias" não existem em si; é preciso ver o que anunciam e prenunciam e analisar as circunstâncias em que se dão. Que Mubarak tenha caído, aplausos! Que terroristas palestinos passem pelo Sinai para ir praticar atentados em Israel, bem, eis um péssimo sinal. O mundo não é plano!

Bashar Al Assad é um carniceiro desprezível? É, sim! Também no caso sírio se revelam as desditas da política externa brasileira? Sim! Era perfeitamente possível fazer o discurso regulamentar, segundo o qual os sírios devem resolver seus próprios problemas, sem precisar ir lá bater papo com o sanguinário, como fez o Itamaraty. Mas eu quero saber, sim — é o dever de todo bípede que não tem o corpo coberto de pelos ou penas — quem é que está mobilizado para depô-lo. Acreditam os idealistas que a democracia é uma ideia que está no éter e que toma corpo com o facebook e o twitter? Adiante! Não é a minha crença.

Sim, a queda de Kadafi é, em si, uma boa notícia, mas a participação da Jihad Islâmica — comprovada! — no movimento que o derrubou é uma péssima notícia. A queda de Kadafi é, em si, uma boa notícia? Sim, mas o prêmio por sua cabeça, instituído por um governo que ainda nem se consolidou, é uma péssima notícia. Trata-se do prenúncio de um método. Se é democracia o que se quer por lá, o tirano tem de ser entregue ao Tribunal Penal Internacional. Não lido com a morte, mas com a vida. Questão de princípio — e, se quiserem, de fé também. Não tenho vergonha da minha fé. Eu me orgulho dela.

Otan, ONU, Obama e outros

É puro obscurantismo das supostas luzes ignorar que Barack Obama, David Cameron e a Otan jogaram no lixo a resolução da ONU, mesmo aquela, redigida numa linguagem cheia de intenções subterrâneas, o que, em si, já é uma lástima. Nenhum deles tinha mandato para entrar na guerra civil e atuar em favor de um dos lados do conflito. E o fizeram. Nenhum deles tinha mandato para fornecer armas aos rebeldes. E forneceram. Nenhum deles tinha mandato para tentar matar Kadafi. E tentaram. Estou com pena daquele vagabundo? Não! Estou com pena das instituições! O tirano apanhava aqui quando se abraçava a Lula, sob o silêncio cúmplice de alguns entusiastas de agora da "democracia na Líbia".

Quero que gente como Kadafi vá para o diabo que a carregue porque quero um mundo organizado segundo regras, não segundo o triunfo da vontade de quem pode mais — numa vila ou no planeta. Não reconheço aos senhores Barack Obama ou David Cameron o direito de violar uma resolução da ONU porque o objetivo da ação da Líbia era combater um notório violador de qualquer princípio civilizado. Ou não era isso? Este escriba reconhecer ou não o direito da dupla é irrelevante na ordem das coisas, sei bem. Não se trata de uma decisão com desdobramento prático. É só uma questão de princípio.

E também deploro a má consciência desses iluministas de meia-tigela. Quando Bush invadiu o Iraque, teve início uma grita que não cessou até hoje. Atribuem-se as atuais dificuldades dos EUA ainda àquela guerra, o que é, para dizer pouco, uma afirmação estúpida. "Bush invadiu o Iraque ao arrepio da ONU." A ONU não tinha votado resolução nenhuma — e, ao menos, o "odiado" presidente não pode ser acusado de ter violado um mandato conferido pela organização. Obama violou. O republicano foi à guerra com autorização do Congresso; Obama se dispensou de pedi-la.

Alguém duvida que um republicano qualquer, se estivesse no lugar de Obama, estaria apanhando como um cão sarnento? E que se note: do jornalismo, nem cobrei a crítica a Obama ou a especulação sobre os riscos de os EUA entrarem numa guerra civil ao lado da Jihad Islâmica. Cobrei apenas a informação, para o arbítrio dos leitores, de que a Otan, sob o patrocínio de Obama e Cameron, desrespeitou a resolução da ONU.

Isso é tão certo quanto dois e dois são quatro. E nem por isso Kadafi deixa de ser um tirano asqueroso, que merece terminar seus dias na cadeia. Acho que o fim do ditador pode conviver com a verdade.

(Nota: Uns bobocas estão dizendo que a minha opinião se parece com a de Chávez. É coisa de gente estúpida, que ignora o que pensa o bandoleiro e o que penso. Mas atenção! Ainda que houvesse uma coincidência nesse particular, e não há, não mudaria de opinião por isso. Chávez não está entre as minhas referências. Jamais levo em consideração o que pensa ou deixa de pensar. Quem primeiro avalia a opção de seus inimigos ou adversários para depois fazer a sua escolha se torna refém daqueles a quem repudia. Faço o blog porque sou livre e porque tenho leitores igualmente livres. E até envio um último recado: recomendo aos que têm a ambição de me combater que parem com a tolice de sempre tentar dizer o contrário do que digo. Libertem-se de mim! Passem a ter vida própria.)

"PRIMAVERA" E MASSACRE DE CRISTÃOS [10/10/2011]

Pois é... Às vezes se paga um tanto por enxergar um pouco além da bruma — inclusive das brumas da esperança... Mas se paga mesmo um alto preço por ir além da espessa nuvem da tolice. Assim é com a dita Primavera Árabe, aquele movimento que Arnaldo Jabor colou outro dia a Steve Jobs, por arte daquele mecanismo de pensamento em que uma coisa leva à outra, sem que precise haver entre elas nexo lógico: tudo se resolve com uma metáfora, um joguinho de palavras qualquer, um chiste metafísico. Pois é.

A polícia matou ontem no Egito 23 pessoas num conflito entre cristãos coptas — que compõem 10% da população do país — e as forças de segurança. Era o velho método Mubarak, só que, desta feita, matando gente sem muita importância: eram apenas cristãos! Milhares de pessoas protestavam contra um ataque ocorrido contra uma igreja — um entre centenas.

Desde o início da badalada "revolução egípcia", casas e templos dos cristãos têm sido incendiados por milícias radicais árabes. O novo governo é, para dizer pouco, tolerante. Os cristãos decidiram demonstrar sua insatisfação — com protestos um tanto violentos, parece. Seja como for, a Junta que governa o país deu uma de Bashar Al Assad. O que são 23 cristãos massacrados diante da democracia árabe, não é mesmo? Morressem

23 palestinos num conflito com Israel, o mundo viria abaixo. O caso é o seguinte: palestinos têm pedigree humanista; cristãos do Egito não têm...

Isso estava escrito nas estrelas — ou, se quiserem, no Crescente Verde. No fim de março, Duda Teixeira, da *Veja*, entrevistou Esam El-Erian, porta-voz da Irmandade Muçulmana no Egito, e ele deixou claro que seu grupo tem como objetivo assumir o poder no país no prazo de cinco anos e que tem uma agenda pronta para quando isso ocorrer. A entrevista foi feita no escritório de El-Erian na capital egípcia, próximo a um hospital popular sustentado pela Irmandade. El-Erian evidencia ter o controle de milícias, acusa os partidários de Mubarak de incendiar as igrejas e censura as próprias vítimas! Leiam a entrevista. Volto em seguida.

> **"A irmandade pretende construir um estado islâmico no Egito, a exemplo do que ocorreu no Irã após a revolução de 1979? Criará leis para proibir o consumo de álcool ou saias curtas, por exemplo?**
>
> O Egito não é o Irã. Não é a Arábia Saudita. Não é a Turquia.
>
> **Então, qual é o objetivo político da Irmandade Muçulmana?**
>
> Isso depende da atmosfera e do contexto em que nos encontrarmos. Atualmente, nossa meta é conseguir a unidade nacional e instituir uma nova ordem no Egito. Isso significa uma nova Constituição, leis melhores e a retomada da economia, o que será muito importante nos próximos cinco anos.
>
> **Por que cinco anos?**
>
> Alguns políticos dizem que a transição vai durar seis meses. Outros falam em um ano. Nós achamos que essas estimativas estão equivocadas. A transição vai demorar cinco anos.
>
> **Por que a Irmandade declara que não almeja mais do que um terço das cadeiras no próximo Parlamento, cuja eleição deve ocorrer neste ano?**
>
> Nós não queremos a maioria no Congresso.
>
> **Por que não?**
>
> Porque, como eu disse, este é um momento de união, não de competição.
>
> **Será sempre assim? A Irmandade nunca vai querer mais do que um terço do Congresso?**
>
> Esta é a nossa estratégia há 25 anos. Estamos em um momento de transição, preparando o país para nossa próxima estratégia, a qual será iniciada após cinco anos. Só então haverá competição. Agora não há tempo para isso. O momento atual é de união.
>
> **Qual é o projeto de país da Irmandade Muçulmana para daqui a cinco anos, quando acabar o período que o senhor considera de união entre as forcas políticas?**
>
> Por favor, pare de fazer essas perguntas. Volte daqui a cinco anos e faça essa mesma indagação. Daí, sim, eu responderei (El-Erian dá uma risada).

Como será o Egito daqui a cinco anos?

Por favor...

Que opinião o senhor tem a respeito das brigas recentes entre muçulmanos e cristãos coptas?

Isso é a contrarrevolução.

O Egito conseguirá manter-se estável durante essa transição, mesmo com esses conflitos religiosos?

Se conseguirmos evitar as intervenções de americanos e de israelenses, será muito bom. São eles os grandes perdedores dessa revolução, e não Hosni Mubarak.

O senhor está dizendo que americanos e israelenses incentivam as disputas religiosas?

Claro! Mubarak era um parceiro estratégico para eles.

Se é assim, por que americanos e israelenses não agem para permitir que Mubarak volte ao poder?

Se ele fizer isso, será morto.

Morto?

Depois de um julgamento, claro.

Eu e meu fotógrafo viajamos até Soul, onde uma igreja e casas de cristãos foram incendiadas. Os moradores muçulmanos nos impediram de entrar na vila, acusaram-nos de ser espiões estrangeiros e nos ameaçaram... Parece-me improvável que estivessem a serviço de americanos e israelenses.

Se quiser, posso dar o telefone de uma pessoa na vila de Soul para acompanhá-los em segurança.

Quem está ateando fogo às igrejas?

O pessoal do Partido Nacional Democrático (de Mubarak), os agentes da segurança de estado e os criminosos. Estou triste porque bispos e o papa Shenouda III (da Igreja Ortodoxa Copia) apareceram em público para reclamar dos ataques apresentando-se como cristãos. Isso não é bom.

Eles não podem declarar abertamente sua fé?

Os cristãos devem se defender como civis, não em nome de um setor da sociedade. Somos todos egípcios.

O clérigo muçulmano Yusuf al Qaradawi, apresentador de um programa na rede Al Jazira, do Catar, e membro da Irmandade Muçulmana, diz que o marido tem o direito de bater na mulher, defende os atentados suicidas e acredita que os países islâmicos devem ter armas nucleares para aterrorizar inimigos. Qual será o papel de Qaradawi no novo Egito?

Ele visitou nosso país, ficou por três dias e voltou ao Catar. Aqui, é apenas uma voz entre muitas outras. Qaradawi apresentou um islamismo moderado, tolerante e pacífico para muitas pessoas. Por isso, muita gente confia nele. É um sábio."

Eis aí. Os cretinos acreditam que uma "revolução" feita com alguma (não mais do que isso) influência do facebook ou do twitter será necessariamente progressista, como se esses canais não facilitassem também a divulgação de coisas estúpidas. No Irã pré-revolucionário, as mensagens do aiatolá Khomeini, o fascista islâmico, eram passadas em fitas cassete, a modernidade possível. A chamada Primavera Árabe tem muito de inverno da esperança. Por enquanto, quem está vencendo a parada são os sectários.

Então vamos aborrecer dizendo tudo. O sanguinário Bashar Al Assad mata na Síria para conservar o poder. Está enfrentando milícias armadas. EUA, França e Reino Unido estão chocadíssimos. A Junta Militar que governa o Egito massacra — e não é a primeira vez — cristãos desarmados. E haverá, no máximo, um muxoxo. Se houver.

O cristianismo, a religião mais perseguida no mundo hoje, pode ceder mais alguns mortos à causa islâmica diante dos bananas do Ocidente, não é? Convenham... Não será a primeira vez.

EU ESCOLHO O SIGNO DA CRUZ! [11/10/2012]

Demorou, mas os bananas de pijama se manifestaram contra o massacre de 24 cristãos por forças de segurança do Egito, ainda que o tenham feito de um modo acovardado, pusilânime. Barack Obama, a mão invisível — e pouco me importa se voluntária ou não — que dá suporte ao extremismo islâmico que ganha terreno no Oriente Médio (incluindo o Norte da África), mandou seu porta-voz dizer algumas palavras regulamentares. Segundo Jay Carney, "o presidente está profundamente preocupado com a violência no Egito que levou à perda de vidas de manifestantes e de forças de segurança". Mais: "Chegou a hora de todas as partes darem mostras de moderação para que os egípcios possam avançar juntos na elaboração de um Egito forte e unido." Não me diga!

Chanceleres de governos europeus (Reino Unido, Espanha e Portugal) também expressaram a sua preocupação. Ban Ki-moon, secretário-geral da ONU, que não chega a ser notável nem como o idiota rematado que é, também mobilizou seu porta-voz, Martin Nesirky: "O secretário-geral está profundamente triste pela perda de vidas no Cairo na noite passada. Ele convoca todos os egípcios a permanecer unidos e a preservar o espírito das mudanças históricas do início de 2011."

Não houve um só banana, desse enorme cacho, com coragem moral para levantar a própria voz e condenar pessoalmente o massacre, como se fazia contra Muamar Kadafi e se faz hoje contra Bashar Al Assad, um tarado sanguinário, sim, mas que enfrenta uma guerra civil, a exemplo do tarado sanguinário já deposto, o de Trípoli. A questão é saber por que os tarados sanguinários do Egito merecem tratamento especial.

A verdade, já escrevi aqui, é que cadáveres cristãos rendem poucas perorações humanistas, embora seja o cristianismo a religião mais perseguida no mundo — a rigor, é a única cassada e caçada em vários cantos do planeta. Um cadáver cristão jamais atingirá a altitude moral de um cadáver palestino, por exemplo, porque lhe faltam as carpideiras da ideologia e do vitimismo profissional. Os cristãos não aprenderam, por exemplo, a divulgar mundo afora fotos de crianças perseguidas por seus algozes, um dos elementos obrigatórios da iconografia e da *martiriologia* palestinas. E, com isso, não estou negando que sofram. É que estou abordando aqui um aspecto da formação da opinião pública. Israelenses também são ruins nesse negócio de marketing do vitimismo. Cristãos e judeus parecem ficar bem só no papel de culpados, não é mesmo?

A cobertura que a imprensa tem dispensado ao massacre dos cristãos não é menos asquerosa. Mundo afora se fala em "violência sectária". Como? "Violência sectária" de quem exatamente? Desde o início da chamada "revolução egípcia", templos e casas dos cristãos têm sido incendiados. Milícias muçulmanas os têm expulsado de suas aldeias. Trata-se de uma ação organizada, sistemática. Mas Obama manda dizer que todos devem dar provas de "moderação". Vai ver, consoante com o símbolo que carregam, a moderação dos cristãos consiste na humilhação silenciosa. Sempre que alguém pede moderação à vítima, sinto no ar o cheiro da canalhice moral.

Está em curso no Egito uma "limpeza" religiosa, conduzida pela Irmandade Muçulmana, cuja "vocação democrática e pluralista" foi descoberta só por intelectuais ocidentais. E é o que vai acontecer na Síria se Assad, o carniceiro, cair. Escolha o seu carniceiro quem quiser. Eu escolho o signo da Cruz porque escolho a civilização. Não flerto com a barbárie moderada. Deixo isso para Obama e os demais bananas de pijama.

Os cristãos do mundo inteiro têm de se organizar para defender seus irmãos de fé. Até porque o cristianismo não tenta se impor como religião única em nenhum lugar do mundo. Assim, a defesa do cristianismo é uma das formas que assume a defesa da liberdade.

7. PHOTOSHOP NA HISTÓRIA

NADA DEVEMOS AOS TERRORISTAS [06/08/2008]

Uma das falácias mais bem urdidas pelas esquerdas é a de que os atos terroristas cometidos durante o regime militar eram a única forma de contestação política num ambiente sufocado pela ditadura. Trata-se de uma mentira histórica, de uma mentira política e de uma mentira moral, a que só se pode aderir ou por alinhamento ideológico ou por falta de bibliografia específica.

Mentira histórica

A mentira é histórica porque a decisão de certas correntes de partir para a luta armada antecede em muito a decretação do AI-5, em dezembro de 1968. Pior ainda: antecede o próprio golpe militar de 1964. Vale dizer: correntes de esquerda discutiam abertamente a luta armada como opção para chegar ao poder, embaladas pela revolução cubana, embora o país fosse uma democracia. Mais: João Goulart havia levado a subversão para dentro do governo. E notem: sei que a palavra "subversão" deixa muita gente indignada. Não me refiro necessariamente à pauta da esquerda, não. Refiro-me ao desrespeito às regras do estado democrático e de direito que garantiam a legitimidade do próprio Jango.

Ora, quem rompe com as regras que garantem a sua própria legitimidade está ou não está se expondo a um golpe? Está ou não está abrindo o caminho para que outros o façam — e com pauta própria? Não são pequenas, aliás, as evidências de que Jango preparava o autogolpe. Seja como for, a Presidência da República optou pela desordem. Isso justifica o golpe? A pergunta está errada. Isso explica o golpe. O primeiro dever de um democrata é preservar as leis que garantem o seu poder e a sua legitimidade, elegendo o foro adequado para mudá-las: o Congresso. E nem ao Congresso é dado todo o poder, já que também não pode extinguir a base legal que o sustenta. Leis nascem de pactos. Mas, no estado de direito, já disse um jurista de primeiro time, nenhum Poder é soberano — ou se joga Montesquieu no lixo. "Mas a gente não pode jogar Montesquieu no lixo?" Pode, claro. É preciso ver o que se vai pôr no lugar.

Os remanescentes do esquerdismo revanchista agem como se forças absolutas, essencialmente puras — o Bem de um lado e o Mal de outro — tivessem quebrado lanças durante o regime militar, com a vitória temporária do Mal, para que o Bem pudesse, finalmente, triunfar.

Não há um só documento, um miserável que seja, produzido pelas esquerdas antes ou depois do golpe, que evidencie que faziam a defesa da democracia. Ao contrário, sob a inspiração marxista, e leninista em particular, a democracia era vista apenas como uma trapaça, uma forma de a burguesia e de o imperialismo imporem a sua vontade por meio de instituições fajutas. Lamento dizer: é o que pensam, até hoje, algumas correntes do PT e alguns partidos que se dizem comunistas.

Será que se trata apenas de "algumas correntes do PT?" Não acreditem em mim quando falo deles; acredite neles quando falam de si mesmos. No vídeo convocatório para o seu Terceiro Congresso, ocorrido no fim de agosto do ano passado, o partido diz com todas as letras:

> "Para extinguir o capitalismo e iniciar a construção do socialismo, é necessário realizar uma mudança política radical. Os trabalhadores precisam transformar-se em classe hegemônica e dominante no poder de estado. Não há qualquer exemplo histórico de uma classe que tenha transformado a sociedade sem colocar o poder político de estado a seu serviço."

E mais adiante: "Não basta chegar ao governo para mudar a sociedade. É preciso mudar a sociedade para chegar ao governo."

Ora, sei que não conseguiriam reconstruir um estado soviético nem que quisessem. Mas podem muito bem corromper a democracia, como estão fazendo com seu arremedo de estado policial.

Então não venham me dizer que a opção pelo terrorismo e pela luta armada, durante o regime militar, era o caminho possível para reagir à falta de democracia porque, de fato, não queriam democracia nenhuma — como fica evidente nos remanescentes daquelas batalhas, que não a querem até hoje. A sua "democracia" corresponde ao que chamam, apelando a Gramsci, de construção da "hegemonia". De novo: não se trata de uma hegemonia ao velho estilo. O que procuram é tornar irrelevante o processo de alternância de poder por meio do domínio das instituições do estado. Não sou eu que os acuso disso. Eles é que o confessam.

Pré e pós-64, até o esmagamento das forças terroristas, as esquerdas ambicionavam chegar ao poder pela luta armada — e a democracia que se danasse. Depois da redemocratização, lutam pelo controle absoluto da burocracia do estado, usando como esbirros os tais movimentos sociais — e a democracia que se dane de novo.

Mentira moral

O vitimismo de que se fazem caudatários é uma mentira moral porque pretendem que o horror da tortura era mais condenável do que o horror do terrorismo: sequestros, assassinatos, justiçamentos. Um torturador vagabundo que submeteu um prisioneiro a sevícias não nos livrou do comunismo e ainda corrompeu a luta de quem a ele se opunha com dignidade. Mas e o coronel da PM que teve a cabeça esmagada a coronhadas por esquerdistas? Lustra "atos revolucionários"? Temo que sim. Na verdade, tenho a certeza de que, para eles, sim. Porque aquelas esquerdas, afinal de contas, nunca se opuseram à tortura nos estados comunistas. E as remanescentes, vejam que curioso, jamais criticaram o regime cubano pela tortura de presos políticos. Pior do que isso: aplaudiram Fidel Castro quando executou três prisioneiros sem direito de defesa. Crime: tentaram fugir da ilha. O facinoroso, aliás, é 2.700 vezes mais assassino, já provei [o endereço do artigo a respeito encontra-se ao fim deste texto], do que os ditadores brasileiros.

Isso justifica moralmente os torturadores nativos? Não! Mas o país encontrou um caminho para sair daquela cilada: a Lei da Anistia, que decidiu ignorar os execráveis excessos de todos os porões: os do regime e os das esquerdas. Foi uma escolha política. Inicialmente, de fato, foi negociada por um Congresso ainda não plenamente livre. Mas, depois, na prática, foi adotada pela sociedade e, de fato, no que concerne à política, pacificou o país. De tal modo passamos a encarar a democracia como um imperativo, que, três anos depois da primeira eleição direta para presidente pós-ditadura, depôs-se o eleito. E sem crise de qualquer natureza.

Mas a mentira moral não se esgota no conteúdo ideológico do que pretendiam — ou pretendem — as esquerdas. Aceitar que o terrorismo era a única forma de luta contra a ditadura implica supor que a ação pacífica para depor o regime era uma tolice, uma inutilidade ou um capricho. E, claro, tal versão é uma indignidade. O que preparou o terreno para a volta da democracia foi a resistência pacífica dos que aqui ficaram e daqueles que, não podendo voltar ao país, endossaram a boa conspiração dos pequenos atos que foram fraturando o regime — finalmente quebrado sob os auspícios de uma crise econômica.

Mistificadores e ignorantes adoram afirmar que devemos as liberdades que temos ao sangue das vítimas que tombaram... MENTIRA! Lamento pelas vítimas que tombaram de um lado e de outro. Lamento por aqueles que foram submetidos a sevícias depois de presos — como ocorre hoje, habitualmente, nas cadeias brasileiras, sem que Paulo Vannuchi ou Tarso Genro soltem um pio —, mas não devemos as nossas liberdades aos mortos ou torturados do PCdoB, aos mortos ou torturados da ALN; aos mortos ou torturados do MR-8. Se essa gente tivesse vencido, nós lhe deveríamos, isto sim, é o paredão. Devemos a nossa liberdade a gente como Ulysses Guimarães, como Alencar Furtado, como Franco Montoro, como Mário Covas, como Fernando Henrique Cardoso. Ah, sim, como Petrônio Portella, vindo lá da ditadura. E, acreditem, até como Golbery do Couto e Silva.

Aos terroristas mortos ou vivos? Não devemos nada! Assim como não devemos aos torturadores a derrota do comunismo. Devemos às esquerdas, isto sim, a mentira, ainda em curso, de que queriam o nosso bem, o que dá a seus herdeiros políticos licença para trapacear, para roubar, para mentir. Tudo em nome de um novo amanhã.

Não deixem que prospere a falácia.

(Endereço do texto citado neste artigo: http://veja.abril.com.br/blog/reinaldo/geral/os-revanchistas-brasileiros-anistia-cuba/)

FRANKLIN MARTINS, TERRORISTAS E TORTURADORES [25/08/2010]

Vocês sabem quão fascinante acho o pensamento de Franklin Martins, ministro da Verdade de Luiz Inácio Babalorixá da Silva. Ainda anteontem, na inauguração da TV do Sindicato dos Metalúrgicos de São Bernardo, este ex, mas jamais conformado, militante do MR-8 prometia quebrar as pernas da imprensa brasileira, acabando, como disse, com o poder dos "aquários", referindo-se aos comandos das redações de jornais, revistas e TVs Brasil afora. Franklin já teve uma arma na mão e péssimas ideias na cabeça. As péssimas ideias continuam. Sua arma, hoje, é a publicidade oficial — incluindo a de estatais —, que distribui segundo seus critérios "democráticos".

Os cineastas Silvio Da-Rin e Suzana Amado filmaram cenas para um documentário chamado "Hércules 2456" [um trecho do filme está no endereço ao fim do texto], mesmo nome de registro do avião que transportou ao México, no dia 7 de setembro de 1969, os sequestradores do embaixador americano Charles Elbrick. Os diretores do filme reuniram alguns dos que participaram daquela ação para ouvir seus depoimentos e saber como viam a história — para glorificá-los, é claro! Participam da mesa-redonda Cláudio Torres, Paulo de Tarso, Franklin Martins, Manoel Cyrillo, Silvio Da-Rin e Daniel Aarão Reis.

Transcrevo o diálogo porque se trata de um registro histórico. O primeiro a dar seu desassombrado depoimento é Cláudio Torres, que dirigiu o carro da embaixada, tomado então pelos terroristas. Com Franklin, ele era membro da DI-GB — "Dissidência Guanabara", grupo que havia saído do PCB porque optara pela luta armada, contra a orientação do partido. A DI-GB daria origem ao MR-8. Vamos lá.

Cláudio Torres — Se os caras [o governo] ***não aceitassem a troca*** [de Charles Elbrick pela libertação de presos], ***nós executaríamos ou não o embaixador? Essa pergunta foi feita para mim no Cenimar*** [risos] ***no intervalo de duas sessões de porrada.***

O Cenimar a que ele se refere era o Centro de Informações da Marinha. Durante os piores anos do regime militar, funcionou como um centro de interrogatório de presos políticos e de tortura — Torres faz alusão às "sessões de porrada". Voltemos com eles. Notem que, para a voz que fala em *off*, "matar ou não matar" é uma questão "babaca".

Voz em off — É a famosa pergunta babaca!

Aí entra o contundente depoimento de Franklin Martins, com aquele seu ar sério, próprio de quem era um terrorista muito consciencioso, ciente de seus deveres. Vamos à sua fala inequívoca, escandindo com as mãos as sílabas para que a gente também não tenha dúvida nenhuma.

Franklin Martins — Eu não tenho dúvida nenhuma! A decisão era de executar. Você pode chegar e dizer: "Podia na hora o cara tremer?" Bom, mas a decisão era de executar. Disso eu não tenho a menor dúvida. E, felizmente, não chegamos a isso. E eles não tinham dúvida nenhuma sobre isso...

Volta Cláudio Torres para expressar a moral elevada da turma, evidenciando que concorda com aqueles princípios até hoje — com o apoio evidente de Franklin.

Cláudio Torres — Quando eu fui questionado sobre isso, foi dentro do Cenimar, no meio da porrada. E o cara me perguntou, o cara da Marinha lá: "Você executaria o embaixador?"

Atenção, agora, para este trecho. Com a leveza de um anjo da morte, ar cínico, como se falasse de uma mosca, Torres responde:

Cláudio Torres — Sim, eu cumpro ordens. Se me mandassem executar, eu executaria [sorrindo].

Deve haver um tanto de bravata aí, de autoglorificação. É que Torres deve achar heroica, ainda hoje, a possibilidade de matar alguém. Por que digo isso? Os torturadores atuavam para quebrar a resistência dos presos, obrigá-los a denunciar seus parceiros. Por que ele confessaria a intenção de matar o embaixador se essa informação era irrelevante para quem o interrogava e para a causa e só poderia prejudicá-lo? Torres não liga em parecer burro para parecer herói — ainda que um "herói" que se confessa um potencial assassino ao menos. E, então, entra Franklin Martins para fazer a síntese escandalosa da fala. Prestem atenção! É ele quem resume como ninguém a moral profunda do grupo:

Franklin Martins — Bom, e a lógica, ele entendeu perfeitamente!

Cláudio Torres [como quem tivesse recebido uma iluminação] — ***É a lógica dele*** [do torturador]***!***

Todos gargalham satisfeitos. Alguém ainda diz, num contexto não muito claro: "Mas era você que dava ordens, cara!"

Conforme sempre quis demonstrar

Analisando a fala "babaca" de Franklin Martins na inauguração da TV sindical, escrevi [o endereço para a íntegra do texto encontra-se ao fim deste artigo]:

> "A gente sabe que Franklin é determinado no confronto com o 'inimigo'. Quando lutava para implantar uma ditadura comunista no Brasil, sequestrou um embaixador e ameaçou matá-lo caso algumas exigências não fossem atendidas. A ameaça está na carta que ele redigiu, de que tanto se orgulha. Tem em comum com Dilma o indisfarçável orgulho de ter pertencido a um grupo terrorista. Sua guerrilha, agora, é outra: quer minar o poder da 'mídia', dos 'aquários', com o apoio aos meios 'independentes' de divulgação da notícia. O interessante é que essa 'independência' é financiada com dinheiro público e é sempre favorável ao governo."

Até houve algumas reclamações de boa-fé: "Pô, Reinaldo, você não exagera?" Não! Não exagero. Acredito no que Franklin fala: eles, de fato, iriam matar o embaixador porque, como confessa o agora ministro de Lula, a "lógica dos torturadores e dos terroristas era a mesma". É Franklin quem confessa isso! É Cláudio Torres quem confessa isso. Reconhecem: assim como os agentes do Cenimar torturavam "cumprindo ordens", os terroristas matavam — e eliminaram muita gente — também "cumprindo ordens".

Qual era mesmo a diferença de moral entre os torturadores e eles? Nenhuma! Se diferenças há, são de outra natureza. Os torturadores encontraram seu justo lugar na lata de lixo da história. Já os terroristas redigiram a versão do próprio "heroísmo", transformaram-na em "história oficial", e muitos deles foram bater a carteira dos brasileiros, pedindo, e obtendo, indenizações.

A tortura e o terrorismo estão entre os crimes mais asquerosos da política — até porque política não são. O que dizer de um agente do estado que faz um prisioneiro, culpado ou não, e o submete a sevícias? O que dizer de um "libertador do povo" que sequestra um inocente e confessa que pode matá-lo se suas exigências não forem cumpridas?

Notem que não há a menor sombra de arrependimento em Torres e Franklin. Como, não custa lembrar, não há em Dilma. Nada! É como se aqueles mesmos sequestradores e potenciais assassinos estivessem ali, vivinhos da silva, em todos eles. Isso nos força a um desdobramento puramente lógico: se, em nome da causa, podiam matar, e muitos mataram, inocentes, o que não fazem hoje em nome das causas de agora?

Não sei que pito toca esse tal Torres aí. Franklin Martins eu sei muito bem o que faz. De trabuco na mão — se matou alguém, não sei; o MR-8, a que pertenceu, tem diversos assassinatos nas costas —, ele sequestrou um embaixador e confessa, entre gostosas gargalhadas, que o homem seria, sim, executado se as exigências não tivessem sido satisfeitas. Hoje, até onde sei, não anda com um revólver na cinta. Tornou-se o czar da publicidade oficial e está empenhado em derrotar a "mídia". Entenda-se por "mídia" qualquer texto jornalístico que não cante as glórias do presidente Lula e que não endosse as suas mistificações. E, aí, vale tudo mesmo.

O mais curioso é que, durante um bom tempo — no governo FHC —, o rapaz, então contratado da Globo, fez a linha "progressista moderno", interessado apenas em fazer uma análise sem paixões da política. Um monte de gente caiu no truque. A chegada de Lula ao poder foi lhe despertando, parece, antigos apetites. Demitido da emissora, vimos despertar o antigo militante da DI-GB, do MR-8. Mas agora com alguns bilhões para "fazer política". Ora, se ele não renega, como se nota acima, o passado terrorista e ainda explica a sua estranha racionalidade, vai ver a publicidade oficial é só o terrorismo exercido por outros meios.

(Endereço para o trecho do filme referido: www.youtube.com/watch?v=lXcP8b-TAK04)

(Endereço para o artigo citado no texto: http://veja.abril.com.br/blog/reinaldo/geral/franklin-nao-se-cansa-nem-descansa-ele-quer-vinganca/)

DILMA E O JORNALISTA PORTUGUÊS [31/03/2011]

Publiquei ontem um pequenino trecho, até engraçado, da entrevista da presidente Dilma Rousseff ao jornalista português Sousa Tavares, concedida no Brasil, antes de sua viagem a Portugal [o endereço do texto que traz a passagem está ao fim deste artigo].

Se a gente se deixar levar apenas pelo vai da valsa, sem pôr atenção ao que ela diz, julgará que foi muito bem, que se saiu com desenvoltura. Está, sem dúvida, mais solta, mais leve. É bem verdade que, num determinado momento, a ausência de um intérprete e a pouca intimidade com a língua de Eça podem ter prejudicado o seu entendimento das questões, mas nada que não tenha se resolvido no ambiente da própria conversa. Ainda que enrolando um tantinho, deu até uma resposta razoável sobre a razão por que o Brasil se absteve na votação do Conselho de Segurança da ONU que determinou a intervenção na Líbia. Mas esteve longe de ser a melhor. Poderia ter lembrado que o Brasil não foi voto isolado. Abstiveram-se também, por exemplo, Rússia, China e Alemanha. Preferiu carregar na defesa dos direitos humanos para apagar a má impressão deixada pelo governo do Apedeuta. Muito bem! Hoje é um dia particularmente interessante para escrever este texto.

Pela primeira vez desde 1965, o aniversário do movimento militar de 31 de março de 1964 está fora do calendário de comemorações do Exército. Só os clubes militares, comandados por oficiais da reserva, saudaram a data num comunicado comum. Na Presidência da República está uma ex-militante de dois movimentos terroristas, que disputou e venceu eleições segundo as regras da democracia, que os movimentos a que pertencia repudiavam. Os militares se limitam a cumprir o papel que lhes reserva a Constituição democrática. Muito bem!

Sousa Tavares fez a essa presidente, com esse presente e com esse passado, a seguinte pergunta e obteve a seguinte resposta:

***Sousa Tavares** — O que [a senhora] vai fazer, se é que vai fazer alguma coisa, com relação aos arquivos desse tempo [da ditadura], que estarão guardados aqui a apodrecer em Brasília. Os arquivos onde se julga poder encontrar o destino, o que aconteceu aos quinhentos brasileiros, mortos sem sepultura, cujas famílias não sabem quando é que morreram, onde, onde é que estão?*

***Dilma** — A Comissão da Verdade, que é a proposta que nós mandamos ao Congresso, ela tem por objetivo resgatar uma coisa que é algo fundamental, qual seja: o direito sagrado de as pessoas enterrarem seus mortos. Enterrar não é um ato físico apenas. Muitas vezes, enterrar é um gesto simbólico, psicológico, moral e ético. Então essas milhões... Não... Milhões não é... Centenas de pessoas e algumas milhares que tiveram seus filhos mortos, elas têm todo o direito de enterrá-los, dessa cerimônia. E o estado deve a elas uma explicação.*

Agora eu

Muito bem, muito bem, leitor! Comecemos pelo essencial: os dois estão mal informados, tanto quem pergunta como quem responde. Dilma, vê-se, não tem ideia de quantos são os desaparecidos, embora essa história esteja mais perto dela do que de qualquer um de nós. Milhões? Não! Milhões é coisa de grandes psicopatas, assassinos em massa, a maioria de esquerda: Hitler, Stálin, Mao Tsé-Tung, Pol Pot... Milhares? Aí já é coisa de alguns gorilas latino-americanos: há os gorilas mais modestos, como Pinochet, que matou três mil. Há os mais robustos, como os ditadores argentinos: 30 mil. E há os gorilaços, como os irmãos Castro: 100 mil.

Sousa Tavares deve uma correção aos telespectadores portugueses, e Dilma Rousseff deu curso a uma mentira histórica. É bem provável que a maioria que me lê agora não saiba quantos são os chamados desaparecidos da ditadura militar brasileira. Nem milhões, nem milhares, nem centenas: são 133. Não deveria ter havido um único, é claro!, mas as esquerdas brasileiras investem na imprecisão como estratégia de *heroicização* do próprio passado e de demonização do adversário.

Saiba Sousa Tavares que os "mortos da ditadura" no Brasil, incluindo aqueles que pereceram de arma na mão, são 424 — e aí se contam quatro justiçamentos, isto é, pessoas assassinadas pelos próprios "tribunais revolucionários" das esquerdas porque supostos traidores. Os dados não são meus, não! Estão no livro *Dos filhos deste solo*, escrito pelo petista Nilmário Miranda. Que se encontrem esses 133 corpos. Não estou me opondo, não! Mas que não se dê curso a uma fantasia. Aliás, num raciocínio puramente comparativo, os esquerdistas conseguiram ser mais letais do que as chamadas forças de repressão, indício de que, se tivessem chegado ao poder, teriam seguido seus ancestrais históricos: juntos, os vários movimentos mataram 119 pessoas. Não há uma só família que receba indenização. Espero que a verdade dos fatos não seja considerada "reacionária".

Já que a entrevista foi concedida a uma TV portuguesa e agora está disponível na internet, seria conveniente que a Secretaria de Comunicação da Presidência emitisse uma nota de correção para que uma mentira não prosperasse pela boca da mandatária. O 31 de março de 1964 saiu do calendário de comemorações do Exército. Cumpre que a mitologia esquerdista abandone as mentalidades. Não há mal nenhum, para ninguém, em se lidar apenas com a verdade. Uma comissão com esse propósito não pode começar sob o signo da mentira.

(Endereço do texto em que se encontra o trecho da entrevista: http://veja.abril.com.br/blog/reinaldo/geral/dilma-em-bom-portugues/)

ELE É UM APAIXONADO PELA MORTE [20/05/2011]

Queridos, um daqueles textos longos. Mas façam um esforço. Diz muito do passado. Mas também do presente. Leiam este relato de um assassino contando como se comportou a sua vítima.

> "Eu, atrás [do banco do carro] com um fuzil Mauser 762, que é um fuzil muito bom para execução, de muita precisão. E quando ele [a vítima] chega na esquina da alameda Casa Branca, ele tinha de parar porque tinha uns dois carro [sic] na frente (...). Ele teve que parar. Quando ele parou, eu tava no banco de trás do carro e falei 'Vou dar um tiro nele'. Peguei o fuzil, o companheiro que tava na frente, no Fusca, baixou a cabeça e já dei um primeiro tiro de fuzil. Não acertei de cheio porque eu sou destro; eu atiro nessa posição [ele mostra a maneira; notem o verbo no presente], como eu tava atrás, no Fusca, eu tive que inverter e atirei assim, então pegou aqui, de cabeça, no occipital dele, mas já começou a sangrar. Ele abre a porta do carro e sai do carro. Nós saímos. Só o motorista que não

> sai porque o motorista tem que ficar ali, assegurando a fuga. Saímos eu e outro companheiro. Ele sai com a metralhadora, eu saio com o fuzil. Ele [a vítima] saiu correndo em direção à feira, o companheiro metralhando ele, e eu acertando com dois, três, quatro [tiros], acertei três tiros nas costas dele, e o companheiro, com a metralhadora, acertou vários. Aí, de repente, ele caiu; quando ele caiu, eu me aproximei, e, com a última bala, a gente [sic] sempre dá o último tiro de misericórdia, que é para saber que a ação realmente foi cumprida até o fim."

O que é isso? Algumas considerações prévias. Depois volto ao testemunho do herói que fala acima.

Exibi um vídeo em que o deputado Jean Wyllys (PSOL-RJ) afirma que o povo é ignorante demais para opinar sobre certos temas, especialmente quando sua opinião não coincide com a de Wyllys. Não obstante, o ex-BBB, que chegou à Câmara com uma merreca de votos, tendo Chico Alencar (PSOL-RJ) como o seu Tiririca, está sendo saudado aqui e ali como um verdadeiro pensador progressista. A palavra "povão" num texto de FHC, retirada do contexto e distorcida pelo mau-caratismo, gerou uma onda de protestos. Já a afirmação do deputado faz dele um pensador de respeito. Afinal, abraça uma causa considerada "do bem". Em nome do "bem", no Brasil, podem-se cometer os piores crimes. Pode-se, inclusive, pregar o desrespeito à democracia, tese que já começa a ser influente em certas áreas da imprensa. Sigamos.

O SBT exibe um lixo chamado *Amor e revolução*, uma novela feita pela emissora de Silvio Santos, aquele que quebrou um banco e saiu incólume, sem dever um tostão. Está pagando sua dívida política com o governo dia após dia, contando a história da luta armada segundo a ótica da esquerda. Assisti a dois capítulos. O didatismo bucéfalo do texto e o desempenho melancólico dos atores, tudo amarrado numa direção primária, transformam o que pretende ser um drama com muito sangue — "revolucionário" — numa comédia involuntária. Silvio Santos trocou *A Semana do Presidente*, programa com que puxou o saco de sucessivos governos, por *O Passado da Presidenta*. O resultado não poderia ser pior.

Ao fim de cada capítulo, ex-revolucionários prestam um depoimento, relatando a sua história. José Dirceu já esteve lá. Aguarda-se, um dia, o testemunho da própria Dilma. Com uns vinte pontos no Ibope, talvez aparecesse; como a novela se arrasta entre quatro e seis pontos, não sei, não... O autor, Tiago Santiago, já apelou até a um beijo lésbico para ver se o índice se mexia. Nada! Ele promete outro beijo lésbico. Ainda acaba exibindo cenas de sexo explícito dos bonobos... Aí só restará sortear cartelas da Tele-Sena...

Uma das pessoas que deram seu testemunho sobre o período é um homem chamado Carlos Eugênio da Paz. Foi chefão da ALN (Ação Libertadora Nacional), um dos grupos terroristas mais ativos e violentos, comandada por Carlos Marighella.

No vídeo [cujo endereço está ao fim deste artigo] de que extraí o depoimento que abre este texto, Carlos Eugênio conta, com riqueza de detalhes, como assassinou o empresário Henning Albert Boilesen (1916-1971), então presidente do grupo Ultra, que era acusado de organizar a arrecadação de dinheiro entre empresários para financiar a Operação Bandeirantes (Oban), que combatia os terroristas de esquerda. Notem bem: não estou fazendo juízo de valor neste momento. Deixo qualquer questão ideológica de lado. Peço que vocês avaliem com que desenvoltura, precisão e até entusiasmo Carlos Eugênio fala da morte.

O que mais impressiona na fala deste senhor é que, com todas as letras, justifica a violência que era cometida, naquele período, pelo estado, que prendeu e matou pessoas ao arrepio das leis do próprio regime militar. Carlos Eugênio deixa claro que ele próprio fazia o mesmo. Leiam este outro trecho:

> "Um Tribunal Revolucionário da Ação Libertadora Nacional do qual eu fiz parte, um grupo de dez ou doze pessoas, decidiu que, se a pessoa faz parte da guerra e está do outro lado, ele [sic] merece ser executado."

E aí se segue aquela narrativa macabra. Não há a menor sombra de arrependimento, constrangimento, pudor. Boilesen, para Carlos Eugênio, era alguém que merecia morrer — e, como se nota, com requintes de crueldade. Os torturadores do período pensavam o mesmo sobre as esquerdas. A diferença é que foram parar na lata de lixo da história — o que é muito bom. Já o senhor que fala acima é tido, ainda hoje, como um homem muito corajoso e um gênio militar. Atenção: sem jamais ter sido preso ou torturado, assassino confesso, Carlos Eugênio é um dos anistiados da tal Comissão de Anistia. Isso quer dizer que ainda teve direito a uma indenização, reconhecida numa das caravanas lideradas por Tarso Genro, em 13 de agosto de 2009.

Observem que quando fala sobre o modo como atira, o homem põe o verbo no presente. Parece que ainda é um apaixonado pelo Mauser, que, segundo ele, é um "fuzil muito bom para execução". Evidenciando que nada entende da ética da guerra, mas sabe tudo sobre a morte, afirma: "Quando ele [Boilesen] caiu, eu me aproximei, e, com a última bala, a gente [sic] sempre dá o último tiro de misericórdia, que é para saber que a ação realmente foi cumprida até o fim." Percebam: "A gente sempre dá [verbo no presente] o último tiro..." Atenção! Tiro de misericórdia, como o nome diz, é aquele disparado para encerrar o sofrimento da vítima, mesmo inimiga, não para "saber se a missão foi realmente cumprida". É asqueroso!

O "anistiado" e indenizado Carlos Eugênio deixa claro que era apenas a outra face perversa da tortura. Leiam:

> "Em tempo de exceção, você tem tribunal de exceção. Eles não tinham o deles lá, que condenava a gente à morte, informalmente? A gente nunca condenou ninguém à morte informalmente. Nós deixamos um panfleto no local dizendo por que ele tinha sido condenado à morte, o que é que ele fazia..."

Viram? Para ele, um tribunal da ALN nada tinha de "informal"! Reconhece, ao menos, que era de exceção. Aí está o retrato da democracia que teriam construído se tivessem vencido a guerra. Com esse humanismo, com essa coragem, com essa ética.

Mais um assassinato

Foi seu único crime? Não! Já confessou num texto que tem sangue pingando das mãos — sem arrependimento. Aquele era o seu trabalho. O "Tribunal Revolucionário" de Carlos Eugênio também matava companheiros. No dia 19 de novembro de 2008, Augusto Nunes narrou, no *Jornal do Brasil*, um outro assassinato cometido pelo valentão. A vítima era Márcio Leite de Toledo, membro da cúpula da ALN. Reproduzo um trecho:

> "Márcio Leite de Toledo tinha dezenove anos quando foi enviado a Cuba pela Aliança Libertadora Nacional para fazer um curso de guerrilha. Ao voltar em 1970, tornou-se um dos cinco integrantes da Coordenação Nacional da ALN. Com dezenove anos, lá estava Carlos Eugênio Sarmento Coelho da Paz. Em outubro, durante uma reunião clandestina, os generais garotões souberam da morte de Joaquim Câmara Ferreira, que em novembro do ano anterior substituíra o chefe supremo Carlos Marighella, assassinado numa rua de São Paulo. Márcio propôs uma pausa na guerra antes que fossem todos exterminados.

Já desconfiado de Márcio — não era a primeira vez que divergia dos companheiros —, Carlos Eugênio convenceu o restante da cúpula de que o dissidente estava prestes a traí-los e entregar à polícia o muito que sabia. Montou o tribunal que aprovou a condenação à morte e ajudou a executar a sentença no fim da tarde do dia 23 de março de 1971, no centro de São Paulo. Antes de sair para o encontro com a morte, o jovem que iria morrer escreveu que 'nada o impediria de continuar combatendo'. Não imaginava que seria impedido por oito tiros.

O assassino quase sessentão admite que o crime foi um erro, mas não se arrepende do que fez. 'Na guerra, essas coisas acontecem', explica o justiceiro impiedoso. Depois do crime, ele se tornou muito respeitado pelos companheiros, que o conheciam pelo codinome: Clemente."

Carlos Eugênio, acreditem, responde a Augusto, nestes termos:

"A lembrança dessa época, para mim, é lembrança de uma luta que não me arrependo de ter travado. Era uma luta armada, era dura, precisamos todos, humanistas que éramos, aviltar nossas entranhas, nossos sentimentos, nossas convicções. (...) Tenho sangue em minhas mãos? É claro que tenho. Não era pra lutar? Não era pra fazer uma guerra de guerrilhas? Dá para medir quem estava mais certo? Todos estávamos errados, pois fomos todos derrotados. (...) Mas não se esqueçam também de que o sangue que escorre de minhas mãos escorre das mãos de todos aqueles que um dia escolheram o caminho das armas para libertar um povo. E que defenderam a luta armada, mesmo sem ter dado nenhum tiro (...)"

Numa coisa, ao menos, ele está certo, não é? Se a pessoa integrou um bando armado, que matava, traz sangue nas mãos, ainda que não tenha dado um tiro...

Retomo

Vocês conhecem alguém mais "clemente" do que Carlos Eugênio? Não é a primeira vez que a gente assiste a um vídeo em que os terroristas de esquerda justificam os métodos que eram empregados pelos torturadores e paramilitares, deixando claro que faziam e fariam o mesmo, evidenciando que compartilhavam a mesma lógica perversa. Já tratei [no artigo "Franklin Martins, terroristas e torturadores", publicado na página 276 deste livro] do filme em que Franklin Martins — aquele — e seus amigos deixam claro que teriam, sim, matado o embaixador americano Charles Elbrick se o governo militar não tivesse cedido às exigências dos sequestradores. E o fez dando gargalhadas e justificando a decisão.

Carlos Eugênio escreveu um livro chamado *Viagem à luta armada*, publicado em 1997. Sabem quem fez um prefácio elogioso e quase emocionado? Franklin Martins!

Marighella, o ídolo de Carlos Eugênio, escreveu até um "Minimanual da guerrilha urbana". Lá está escrito:

> "Hoje, ser 'violento' ou um 'terrorista' é uma qualidade que enobrece qualquer pessoa honrada, porque é um ato digno de um revolucionário engajado na luta armada contra a vergonhosa ditadura militar e suas atrocidades."

E mais adiante:

> "Esta é a razão pela qual o guerrilheiro urbano utiliza a luta e pela qual continua concentrando sua atividade no extermínio físico dos agentes da repressão, e a dedicar 24 horas do dia à expropriação dos exploradores da população. (...) A razão para a existência do guerrilheiro urbano, a condição básica para a qual atua e sobrevive é a de atirar. O guerrilheiro urbano tem que saber disparar bem porque é requerido por este tipo de combate. Tiro e pontaria são água e ar de um guerrilheiro urbano. Sua perfeição na arte de atirar o faz um tipo especial de guerrilheiro urbano — ou seja, um franco-atirador, uma categoria de combatente solitário indispensável em ações isoladas. O franco-atirador sabe como atirar, a pouca distância ou a longa distância, e suas armas são apropriadas para qualquer tipo de disparo."

O sobrenome de Carlos Eugênio é "da Paz". E seu codinome no terrorismo era "Clemente". Essa é a paz dos clementes. Nada mais a acrescentar neste texto.

(Endereço do vídeo citado: http://www.youtube.com/watch?v=rWZUhnGsavc)

A FOTO DE DILMA E O PHOTOSHOP NA HISTÓRIA [05/12/2011]

Peço que leiam com muita atenção este texto e outros que se seguem. No conjunto, caracterizam, entendo, a metafísica de um período da nossa história. É raro podermos relatar, em tempo real, a falsificação da história. No geral, o trabalho fica para os pósteros. Podemos fazer nós mesmos esse trabalho. A petralhada ficou excitadíssima com a foto da jovem Dilma Rousseff numa audiência militar. Enxergam ali uma heroína. Muitos críticos da agora presidente, na rede, afirmam tratar-se de uma montagem. Outros dizem que o photoshop atuou pra valer. Há quem desconfie que tenha sido, de fato, torturada porque estaria muito bem etc. Nada disso importa muito.

Dilma foi presa em 16 de janeiro de 1970, e o interrogatório foi feito em novembro. Daria tempo para ter se recuperado de eventuais maus-tratos. O ponto que interessa é outro. Sessões de tortura ao longo de 22 dias, conforme a versão influente, não eram prática dos trogloditas dos porões. As coisas costumavam ser mais rápidas e letais. Mas não! Não vou especular a respeito e, já escrevi em outras ocasiões, acho que não se deve fazê-lo. Até porque havia, sim, torturadores operando nos porões do regime. Ninguém precisa negar a prática da tortura para dizer as coisas certas a respeito daquele tempo.

A foto teria sido resgatada por seu hagiógrafo no arquivo oficial. Não há razão para duvidar de sua veracidade. Tampouco acredito que tenha havido qualquer manipulação técnica. Atenção, meus caros, o photoshop que tem de ser combatido é outro. O que se pretende com o escarcéu em torno dessa fotografia é operar um photoshop na história. É isso que tem de ser combatido. Não caiam na cilada de desconfiar da veracidade da imagem. Tenham, isto sim, é a clareza para desconfiar do novo oficialismo.

As esquerdas não eram compostas de anjos rebeldes, mas essencialmente bons, que estavam combatendo os dragões da maldade. Essa narrativa que a foto sugere é uma falsificação grotesca da história. A Dilma aparentemente inofensiva, que aparece sentada diante de um tribunal militar, não remete àquela que tinha cargo de direção na VAR-Palmares, uma organização que era, sim, terrorista.

Os militares, que leem papéis com o rosto coberto, geraram polêmica. Os mistificadores adoraram o contraste: ela, a jovem prisioneira, com o rosto à mostra; os fardados, que a julgavam, protegendo-se com as mãos. Estranho? Nem tanto! Cometiam eles ali alguma ilegalidade para o estado de direito da época? Não! Agiam nos porões? Não! Faziam algo que contrariasse a lei, a exemplo dos torturadores? Também não! Ocorre, e sei que alguns agora terão borborigmos estertorosos, que mostrar a cara, nesse caso, implicava um risco considerável. Uma das linhas de atuação das esquerdas armadas consistia, justamente, em matar militares... fardados!

Era uma recomendação explícita, por exemplo, do "Minimanual da Guerrilha Urbana", de Carlos Marighella:

– "Hoje, ser 'violento' ou um 'terrorista' é uma qualidade que enobrece qualquer pessoa honrada";

– "É inevitável e esperado, necessariamente, o conflito armado do guerrilheiro urbano contra os objetivos essenciais: a exterminação física dos chefes e assistentes das forças armadas e da polícia";

– "Esta é a razão pela qual o guerrilheiro urbano utiliza a luta e pela qual continua concentrando sua atividade no extermínio físico dos agentes da repressão".

Um militar era, portanto, sempre um alvo. No dia 12 de outubro de 1968, um comando da VPR assassinou, por exemplo, Charles Chandler, capitão do Exército americano que estudava sociologia e política no Brasil com uma bolsa de estudos. Era considerado agente da CIA. Na frente da mulher e de um de seus filhos, Jeffrey, de quatro anos (havia ainda Todd, de três, e Luanne, com três meses), Chandler levou seis tiros de revólver calibre 38 e catorze de metralhadora quando saía de casa, de manhã. Ah, sim: não era agente da CIA. Nomes de seus executores: Pedro Lobo de Oliveira, Diógenes José Carvalho de Oliveira e Marco Antônio Braz de Carvalho.

E o que dizer da morte do marinheiro inglês David A. Cuthberg, no dia 5 de fevereiro de 1972, decidida pela VAR-Palmares (grupo de Dilma), ALN (grupo de Marighella) e PCBR (grupo ao qual pertenceu, depois, Tarso Genro)? Leiam trecho de um texto publicado, à época, no jornal *O Globo*:

> "Tinha dezenove anos o marinheiro inglês David A. Cuthberg que, na madrugada de sábado, tomou um táxi com um companheiro para conhecer o Rio, nos seus aspectos mais alegres. Ele aqui chegara como amigo, a bordo da flotilha que nos visita para comemorar os 150 anos de Independência do Brasil. Uma rajada de metralhadora tirou-lhe a vida, no táxi que se encontrava. Não teve tempo para perceber o que ocorria e, se percebesse, com certeza não poderia compreender. Um terrorista, de dentro de outro carro, apontara friamente a metralhadora antes de desenhar nas suas costas o fatal risco de balas, para, logo em seguida, completar a infâmia, despejando sobre o corpo, ainda palpitante, panfletos em que se mencionava a palavra liberdade. Com esse crime repulsivo, o terror quis apenas alcançar repercussão fora de nossas fronteiras para suas atividades, procurando dar-lhe significação de atentado político contra jovem inocente, em troca da publicação da notícia num jornal inglês. O terrorismo cumpre, no Brasil, com crimes como esse, o destino inevitável dos movimentos a que faltam motivação real e consentimento de qualquer parcela da opinião pública: o de não ultrapassar os limites do simples banditismo, com que se exprime o alto grau de degeneração dessas reduzidas maltas de assassinos gratuitos."

O tenente da FAB Mateus Levino dos Santos não teve melhor sorte em Pernambuco. O PCBR precisava de um carro para usar no sequestro do cônsul norte-americano, em Recife. No dia 26 de junho de 1970, o grupo decidiu roubar um Fusca, estacionado em Jaboatão dos Guararapes, na Grande Recife, nas proximidades do Hospital da Aeronáutica. Ao tentarem render o motorista, descobriram tratar-se de um tenente da Aeronáutica. O terrorista Carlos Alberto disparou dois tiros contra o militar: um na cabeça e outro no pescoço. Depois de nove meses de intenso sofrimento, Santos morreu, no dia 24 de março de 1971, deixando viúva e duas filhas menores. O imprevisto levou os terroristas a desistir do sequestro.

Era perigoso pertencer à Força Pública de São Paulo, hoje Polícia Militar. No dia 22 de junho de 1969, militantes da ALN queriam as armas de dois soldados que estavam na radiopatrulha 416. Não tiveram dúvida: incendiaram o carro, mataram os soldados Guido Bone e Natalino Amaro Teixeira e lhes roubaram as armas.

No dia 1º de julho de 1968, Edward Ernest Tito Otto Maximilian Von Westernhagen, major do Exército alemão, foi assassinado no Rio, onde fazia o Curso da Escola de Comando e Estado-Maior do Exército. Foi confundido com o major boliviano Gary Prado, suposto matador de Che Guevara, que cursava a mesma escola. Seus matadores: Severino Viana Callou, João Lucas Alves e um terceiro não identificado. Sabem a que organização pertenciam? Colina (Comando de Libertação Nacional). Sabem quem era uma das dirigentes? Dilma Rousseff. Tinha tal importância na turma que foi uma das pessoas que negociaram com Carlos Lamarca a fusão do Colina com a VPR (Vanguarda Popular Revolucionária), dando origem à VAR-Palmares (Vanguarda Armada Revolucionária Palmares). E foi justamente por divergências com o grupo de Dilma que Lamarca se descolou da nova organização para refundar a VPR.

Aquele ar de musa existencialista da Dilma da foto, com cabelo *à la garçonne*, faz photoshop na história, entenderam? Esse é o retoque verdadeiramente nefasto. Acima, relato algumas execuções, e nada disso justifica a brutalidade dos porões ou a tortura. Nem remotamente. Não adianta a canalha ficar me atribuindo o que não escrevi. Mas não me venham com conversa mole. Militares, mesmo exercendo o seu papel legal, podiam estar cobrindo o rosto para preservar a vida. A tortura é uma prática asquerosa. Mas o que dizer de grupos que matam inocentes e jogam em cima do cadáver um manifesto explicando os "motivos", responsabilizando-o por sua própria morte? Será coisa, assim, tão moralmente superior?

Está em curso um processo, agora mais agressivo — e é impressionante que isso aconteça na democracia — de santificação de criminosos. O meu paradigma é a democracia, é o estado de direito. Não reconheço grandeza, legitimidade ou beleza em assassinos convictos. A presidente Dilma Rousseff é beneficiária da democracia. A contribuição que deu a esse processo se conta a partir de sua reinserção da vida política, aproveitando-se, como todos nós, dos benefícios decorrentes da luta por democracia, não da luta pelo socialismo. A luta armada era só o imaginário golpista com sinal invertido. Ou um bando que mata um homem inocente na frente da mulher e do filho de quatro anos com vinte tiros é muito diferente de uma súcia de torturadores? Com quem você dividiria a mesa do bar ou os seus afetos? Tenham paciência! Todos merecem o lixo. Ocorre que os torturadores são justamente execrados. Já aqueles assassinos são indenizados e ainda viram mártires.

Podem contar quantas mentiras quiserem a meu respeito, especialmente alguns vagabundos que foram puxa-sacos do regime militar, puxa-sacos do Sarney, puxa-sacos de FHC e que agora puxam o saco do PT. Eu tive problemas com a ditadura, tratei Sarney aos pontapés, fiz a primeira capa de revista da imprensa brasileira alertando para o apagão de energia no governo FHC (e foi apenas uma das críticas) e trato o PT como se vê. Podem contar quantas mentiras quiserem, reitero, que continuarei a contar as verdades sobre eles.

Tontos ficam babando: "Alguns leitores deste blog têm saudades da ditadura." Talvez um ou outro tenham, não sei. O que é certo é que a maioria sente uma certa nostalgia até do que não tiveram: uma democracia de direito, em que assassinos não posem (Emir Sader escreveria "pousem") de heróis e mártires.

O SEGREDO DE ABORRECER É DIZER TUDO! [11/05/2012]

Dilma nomeou a tal Comissão da Verdade. Haverá uma solenidade com a presença de todos os ex-presidentes para dar posse ao grupo etc. e tal. A presidente, nesse particular, não imita Lula. Procura dar a certas decisões de governo a inflexão de política de estado e se mostrar menos exclusivista e mais tolerante do que o antecessor. Certamente a sua vaidade não rivaliza com a dele porque a de ninguém rivaliza. Não se esqueçam de que, quando Obama se elegeu nos EUA, o Apedeuta quase deu de ombros e sugeriu que inovação mesmo teria sido aquele país eleger um operário...

Não sei se vocês entenderam esse particularíssimo ponto de vista... Mas fiz digressão. Volto. Estão nomeados os sete: José Carlos Dias (ex-ministro da Justiça no governo FHC), Gilson Dipp (ministro do STJ e do TSE), Rosa Maria Cardoso da Cunha (amiga e ex-advogada de Dilma), Cláudio Fonteles (ex-procurador-geral da República no governo Lula), Maria Rita Kehl (psicanalista), José Paulo Cavalcanti Filho (advogado e escritor), Paulo Sérgio Pinheiro (atual presidente da Comissão Internacional Independente de Investigação da ONU para a Síria).

Huuummm... Poderia ser muito pior, embora tenha algumas restrições, de que falo já. O problema não está no "quem", mas no "quê".

Qualquer historiador, não importa a corrente que abrace ou a ideologia, se tiver um mínimo de seriedade e não for mero esbirro de partido ou grupo, repudia o próprio fundamento dessa comissão: com a devida vênia, só ditaduras estabelecem verdades oficiais de estado em matéria de história! Como o Brasil não é uma ditadura, trata-se de um despropósito conceitual somado a outro despropósito aplicado. O problema dessa comissão é que ela já nasce de uma mentira inserida em sua própria redação.

Leiam a íntegra da lei que criou a Comissão Nacional da Verdade [cujo endereço está ao fim deste texto]. Vocês verão por que é importante fazê-lo caso queiram formar um juízo consequente da realidade. Não se esqueçam. Uma das causas daquela crise que alcançou centenas de militares da reserva foram declarações feitas pela ministra Maria do Rosário (Direitos Humanos), segundo quem a Comissão da Verdade poderia resultar em processos criminais. Não pode!

No dia 2 de março, podia-se ler no jornal *O Globo* o que segue:

> "O secretário nacional de Justiça, Paulo Abrão, que também é presidente da Comissão de Anistia, considera que a Comissão da Verdade terá, como primeira missão, justamente a localização de desaparecidos e a identificação dos responsáveis. Depois, vai investigar as demais violações, como mortes e torturas. Numa outra etapa, vai identificar as estruturas da repressão, a cadeia de comando e a colaboração do setor privado com a ditadura. 'Não cabe investigar as ações da resistência. Estavam no direito legítimo de lutar contra a ordem ilegítima e a opressão. A Comissão da Verdade serve para investigar os crimes de Estado. Aqueles cometidos pelo ente que deveria proteger os cidadãos e não persegui-los', disse Abrão."

Errado! Não é o que está no texto que cria a Comissão, e este é o problema das pessoas que estão lidando com esse assunto: aprovar uma coisa e tentar fazer outra. À diferença de certo jornalismo, não escondo documentos; mostro-os. O que diz a lei?

Art. 1º — É criada, no âmbito da Casa Civil da Presidência da República, a Comissão Nacional da Verdade, com a finalidade de examinar e esclarecer as graves violações de direitos humanos praticadas no período fixado no art. 8º do Ato das Disposições Constitucionais Transitórias, a fim de efetivar o direito à memória e à verdade histórica e promover a reconciliação nacional.

Muito bem! Ao remeter para o Artigo 8º do Ato das Disposições Constitucionais Transitórias, a lei estabelece que serão investigados casos de 1946 a 1988. Abrão deixa claro que isso é conversa mole. A comissão vai mesmo é se interessar pelo que aconteceu a partir de 1964. Vejamos mais.

No Inciso III do Artigo 3º, consta um dos objetivos da comissão, a saber:

Inciso III — Identificar e tornar públicos as estruturas, os locais, as instituições e as circunstâncias relacionados à prática de violações de direitos humanos mencionadas no caput do art. 1º e suas eventuais ramificações nos diversos aparelhos estatais e na sociedade.

Atenção! A versão de que os crimes cometidos pela esquerda não podem ser investigados é mentirosa! A íntegra da lei está disponível. Podem e devem ser investigadas as transgressões aos direitos humanos cometidas nos "diversos aparelhos estatais e na sociedade". Mas isso também será ignorado.

Notem como Paulo Abrão não precisa nem mesmo de uma comissão para decretar uma verdade falsa como nota de R$ 13!

> "Não cabe investigar as ações da resistência. Estavam no direito legítimo de lutar contra a ordem ilegítima e a opressão. A Comissão da Verdade serve para investigar os crimes de Estado. Aqueles cometidos pelo ente que deveria proteger os cidadãos e não persegui-los."

Há aí mentiras várias e de várias naturezas. A lei, como visto, não limita a apuração aos crimes do estado. As ações terroristas que mataram quase 120 pessoas não eram "meras ações de resistência" nem objetivavam apenas "combater a ordem ilegítima". Ora, com que isenção se vai estabelecer a "verdade" se o próprio texto da lei é distorcido com uma mentira escandalosa?

Volto à matéria do *Globo*. Lá também se lê:

"Sobre as declarações do general Luiz Eduardo Rocha Paiva, de que deveriam ser julgados supostos crimes cometidos pela esquerda — onde cita a presidente Dilma — Gilney Viana afirmou que o objetivo da Comissão da Verdade não é esse:

'A comissão terá a finalidade de apurar os crimes cometidos pelos agentes do Estado. Os outros (dos grupos de esquerda) já foram apurados, objetos de inquérito e de processos judiciais. As pessoas cumpriram pena'."

Gilney é coordenador-geral do Projeto Direito à Memória e à Verdade da Secretaria de Direitos Humanos. Rocha Paiva, como sabem, fez tais declarações numa entrevista concedida à jornalista Miriam Leitão, excelente e isenta quando trata de economia.

Só para esclarecer: "julgado" não será ninguém, de lado nenhum. O general defendeu que os casos envolvendo a esquerda também fossem apurados. Não! Não é verdade que todas as pessoas envolvidas com os atos terroristas foram punidas. De todo modo, essa é uma falsa questão, que trai uma intenção: LEVAR AO BANCO DOS RÉUS as "pessoas do lado de lá", e não apenas restabelecer "a verdade".

Lei da Anistia

Então vejam:

1. Não é verdade que a lei que criou a Comissão da Verdade limite a apuração aos crimes cometidos a partir de 1964, mas assim será feito — contra o texto;
2. não é verdade que a lei que criou a Comissão da Verdade limite a apuração a crimes cometidos pelo estado, mas assim será feito — contra o texto;
3. não é verdade que a lei que criou a Comissão da Verdade abra brechas para a responsabilização criminal de quem quer que seja, mas é esse o espírito da coisa — contra o texto.

Sobre esse terceiro item, está lá na lei:

Art. 6º — Observadas as disposições da Lei nº 6.683, de 28 de agosto de 1979, a Comissão Nacional da Verdade poderá atuar de forma articulada e integrada com os demais órgãos públicos, especialmente com o Arquivo Nacional, a Comissão de Anistia, criada pela Lei nº 10.559, de 13 de novem-

bro de 2002, e a Comissão Especial sobre mortos e desaparecidos políticos, criada pela Lei nº 9.140, de 4 de dezembro de 1995.

A Lei nº 6.683 é justamente a Lei da Anistia, cuja plena validade foi declarada pelo Supremo Tribunal Federal.

Eu e muita gente lutamos contra a ditadura para viver num estado democrático e de direito. Os delírios totalitários todos foram derrotados pela democracia. Autoridades do estado, como Maria do Rosário, Paulo Abrão e Gilney Viana, não têm o direito, em nome de suas escolhas ideológicas, passadas ou presentes, de aplicar a lei conforme lhes der na telha.

Os nomes

Tenho restrições a duas integrantes da comissão. Sempre que temas dessa natureza vêm à baila, Dilma dá um jeito de confundir a própria história com a história do país, o que não é um bom procedimento. Já fez homenagens a companheiros de luta em solenidades oficiais, ligando-os à construção da democracia, afirmação que nada tem a ver com uma Comissão da Verdade. Eleita e governando segundo o estado democrático e de direito, não cumpre à presidente mistificar o próprio passado. Ao nomear aquela que foi a sua advogada para a comissão, é como se fizesse um desagravo a si mesma.

Não entendo o que faz no grupo Maria Rita Kehl, uma psicanalista que, com frequência, põe a razão de lado em nome da militância, nesse grupo. Em recente intervenção no programa *Roda Viva*, demonstrou um juízo bastante perturbado também sobre o presente. Imagino o que possa fazer com o passado. Afirmou, por exemplo, referindo-se justamente à Comissão da Verdade: "O Brasil é o único país da América Latina que não apurou os crimes da ditadura militar (...)." Fica parecendo que "ditadura militar" é uma instância única a ter governado o continente, o que é uma besteira. Um dia, dona Maria Rita, será preciso apurar os crimes dos irmãos Castro, de Hugo Chávez, de Rafael Correa, de Evo Morales... A senhora não acha?

Mas entendo... Maria Rita certamente se refere a um país como a Argentina, por exemplo, em que a ditadura não cessa de gerar fatos políticos novos, que servem à pantomima de Cristina Kirchner e seus neofascistas... Países que se negam a transformar história em... história ficam presos ao passado e a candidatos a tiranos do presente. A África do Sul saiu do apartheid sem criar uma comissão para definir a história oficial. Os EUA entraram na era dos direitos civis sem criar um tribunal da história. Já a

Argentina, esta sim, criou um instituto só para definir uma versão oficial para os fatos. A Argentina... Aquele país que está indo para o buraco.

De todo modo, reitero, a lista dos sete nomes é menos ruim do que poderia ser. Há pessoas ali que jamais deram demonstrações de que não estejam comprometidas com a democracia e com o estado de direito. Só quero saber se terão a coragem de apurar os crimes cometidos pelos "aparelhos estatais" e pela "sociedade" — isto é, também os crimes cometidos pela esquerda.

É óbvio que não terão. Afinal, uma "Comissão da Verdade" encontra a sua vocação sendo um "Tribunal da História". E terá, fatalmente, de mentir. E a maior mentira será transformar os militantes daqueles grupos de esquerda em heróis da democracia — democracia que sempre repudiaram na teoria e na prática.

É incômodo dizer isso? É, sim! Ainda bem que a democracia, que nunca quiseram, permite-me dizê-lo.

(Íntegra da lei que criou a Comissão da Verdade: http://veja.abril.com.br/blog/reinaldo/documentos/integra-da-lei-que-cria-a-comissao-nacional-da-verdade/)

QUAL O PRAZER DE SE ESMAGAR UM CRÂNIO? [16/05/2012]

O ex-ministro da Defesa Nelson Jobim, que foi o principal articulador da lei que criou a Comissão da Verdade, veio a público ontem para referendar o que já dissera José Carlos Dias, um dos sete que compõem o grupo: a comissão pode, sim, investigar os crimes cometidos pela esquerda. E lembrou: isso foi negociado com o próprio Paulo Vannuchi, ex-ministro dos Direitos Humanos. E Vannuchi fez o quê? Resolveu tirar o corpo fora e afirmar que jamais concordou com essa possibilidade.

Aqui vai mais um texto para ensinar a certo babão puxa-saco — mais velho do que eu, mas ainda sem um mínimo de decoro — como é que se faz a coisa e como se toca a música. Segundo o vagabundo, estimulo o ódio em vez de debater. Não! Ponho as coisas em pratos limpos porque tenho memória. E recorro a textos legais para demonstrar o que digo. Deixo os achismos para pançudos preguiçosos. Vamos ver.

A história

A Comissão da Verdade ainda nem se reuniu, e o quiproquó já está armado. E muito mais vem por aí. Todos os seus integrantes já concederam entrevistas. Três deles, ao menos, dão mostras de que ou não leram o texto que lhes conferiu uma função pública ou, se leram, consideram-no irrelevante: Rosa Maria Cardoso da Cunha, Paulo Sérgio Pinheiro e Maria Rita Kehl. Já digo por quê. A confusão que vem pela frente decorre de um entendimento muito particular que as esquerdas têm da história, dos compromissos e da palavra empenhada. Já chego lá. Antes, algumas considerações importantes.

A criação da comissão só avançou em razão das negociações empreendidas por Nelson Jobim. As propostas inicialmente debatidas queriam simplesmente um confronto com os militares. "Mas a gente não pode confrontar os militares?", indagará alguém. Ora, tudo é possível, até negar a Lei da Gravidade, desde que se esteja disposto a pagar o preço. No caso, o preço seria mandar às favas uma decisão do Supremo Tribunal Federal, que declarou a inconstitucionalidade da revisão da Lei da Anistia. Jobim negociou, e se estabeleceu que o texto incorporaria aquela lei.

Seria uma explicitação até desnecessária, uma vez que ninguém tem autorização para fazer o legalmente proibido. Mas se houve por bem clarificar as posições para evitar arroubos interpretativos. Assim, quando Rosa Maria, ex-advogada de Dilma, afirma que os trabalhos da comissão podem resultar, sim, em processos criminais caso a sociedade mude o seu entendimento, está jogando a lei no lixo — a mesma lei que garante a sua existência como membro da comissão.

Vamos ver. A criação da Comissão Nacional da Verdade é parte do decreto que instituiu o famigerado Plano Nacional (Socialista) de Direitos Humanos. É aquele, lembram?, que criava mecanismos de censura à imprensa; que punha fim, na prática, ao direito de propriedade e que considerava o aborto, coisa inédita no mundo!, um "direito... humano!". Pois bem, na primeira versão do plano elaborado por Paulo Vanucchi, o objetivo da comissão era, atenção!, "promover a apuração e o esclarecimento público das violações de Direitos Humanos praticadas no contexto da repressão política ocorrida no Brasil". Bem, não havia a menor dúvida de que se tratava de pura e simplesmente propor a revanche: "Agora que chegamos lá, então vocês vão ver..." É evidente que os militares reagiram. O office-boy de Carlos Marighella queria se vingar.

Jobim empreendeu negociações e se chegou a outra redação — e, atenção de novo!, Vannuchi participou, sim, da formulação do novo texto. Ficou estabelecido que a comissão iria "examinar as violações aos direitos humanos praticadas no período fixado no Artigo 8º do Ato das Disposições Constitucionais Transitórias a fim de efetivar o direito à memória e à verdade histórica e promover a reconciliação nacional". E qual é o período de que trata o Artigo 8º das Disposições Transitórias? Aquele que começa em 1946 e vai até a promulgação da Constituição: 1988! Pronto! Eliminou-se do tal plano, que estabelecia os objetivos da comissão, o caráter mais explícito da revanche.

Mas ainda restava a suposição de que o grupo só investigaria um dos lados, só os crimes cometidos pelos agentes do estado — leia-se: principalmente militares. E os eventuais (e foram muitos também!) crimes da esquerda? Chegou-se a uma solução de compromisso. E a redação do Plano — que foi parar quase literalmente na lei — estabeleceu que o objetivo da comissão era "identificar, e tornar públicas, as estruturas utilizadas para a prática de violações de direitos humanos, suas ramificações nos diversos aparelhos do Estado, e em outras instâncias da sociedade".

A lei

Quando a lei veio a público, lá estava tudo o que Jobim havia negociado — E COM A CONCORDÂNCIA, SIM, DE VANUCCHI:

Período de investigação:
Art. 1º — É criada, no âmbito da Casa Civil da Presidência da República, a Comissão Nacional da Verdade, com a finalidade de examinar e esclarecer as graves violações de direitos humanos praticadas no período fixado no art. 8º do Ato das Disposições Constitucionais Transitórias, a fim de efetivar o direito à memória e à verdade histórica e promover a reconciliação nacional.

Possibilidade de investigar crimes de todos, também da esquerda:
Art. 3º — Inciso III — identificar e tornar públicos as estruturas, os locais, as instituições e as circunstâncias relacionados à prática de violações de direitos humanos mencionadas no caput do art. 1o e suas eventuais ramificações nos diversos aparelhos estatais e na sociedade.

Incorporação da Lei da Anistia (6.683):
Art. 6º — Observadas as disposições da Lei nº 6.683, de 28 de agosto de 1979, a Comissão Nacional da Verdade poderá atuar de forma articulada e integrada com os demais órgãos públicos, especialmente com o Arquivo Nacional, a Comissão de Anistia, criada pela Lei nº 10.559, de 13 de novembro de 2002, e a Comissão Especial sobre mortos e desaparecidos políticos, criada pela Lei nº 9.140, de 4 de dezembro de 1995.

Pois bem. Rosa Maria quer, contra a lei, rever a Lei da Anistia. Paulo Sérgio Pinheiro quer, contra a lei, ignorar os crimes cometidos também pela esquerda. E a psicanalista Maria Rita Kehl resolveu mergulhar no *bobajol* habitual, subordinando categorias da psicanálise à política, pondo a sua *lacanagem* a serviço da ideologia. Numa entrevista a Morris Kachani, ela ousa:

> "Certamente altas patentes militares sabem que essa comissão não tem caráter punitivo. Então por que a mera divulgação os incomoda tanto? Há hipóteses. A otimista seria a de que têm vergonha do que fizeram. Mas a pessimista, ou realista, é: existe um gozo na teoria psicanalítica, que é o gozo proibido. Tão sem freios que no limite é mortífero."

Pergunto à doutora Kehl, embora certamente não vá responder... E qual foi o gozo de Carlos Lamarca e seu bando quando esmagaram o crânio de um tenente da Polícia Militar de São Paulo? E que natureza tinha o gozo daqueles que fizeram em pedaços, com um carro-bomba, o corpo do soldado Mário Kozel Filho? As mais de 120 pessoas que os grupos terroristas mataram, doutora Maria Rita, satisfazem que área da libido?

Ela deveria se envergonhar de subordinar à ideologia, de forma tão miserável e rasteira, um saber que não se presta, nem pode se prestar, a esse tipo de serviço.

Indagada se ações da luta armada também podem ser investigadas, chuta o texto que criou a Comissão da Verdade e a própria Lei da Anistia: "Não vejo simetria. Você falar em anistia para os dois lados implica supor igualdade de forças, dizer que o outro lado também tinha gente presa e condenada."

Heeeinnn? O "outro lado" não fazia prisioneiros, minha senhora! Matava simplesmente. Está documentado. Matava, inclusive, os do seu próprio grupo caso desconfiasse de traição.

Kehl, ora vejam, resolve apelar à ética cristã: "Quando certos tabus da sociedade como o 'não matarás' são infligidos sem consequência, a conivência permanece."

E os que, na esquerda, mataram e, como consequência, recebem hoje indenização? Como a *lacanagem* kehliana analisa tal evento?

Como é que diz mesmo aquele babão? "Ódio?" Não! Fatos! Fatos e exposição da vigarice intelectual da falsa ciência a serviço da farsa ideológica. Vejam este Paulo Vannuchi... Nega ter participado de um acordo que foi amplamente noticiado. Vejam esses três da comissão, que pisoteiam o texto que lhes garante o direito de existir como membros do grupo. O que dizer dessa gente ocupando o espaço institucional?

As esquerdas não entendem a ética do compromisso e da palavra empenhada. Existem as necessidades objetivas do partido ou do grupo em nome do qual falam. Vivem respondendo desde sempre a uma questão: "Como fazemos para avançar e eliminar o outro?" Em 1979, dadas as circunstâncias, cumpria lutar, como lutaram, por uma "anistia ampla, geral e irrestrita". Mais tarde, com o inimigo já enfraquecido, chegou a hora de pedir, então, a revisão daquela lei. Como se conhecia a dificuldade legal para tal intento, era o caso de fazer a Comissão da Verdade, ainda que o texto pudesse não ser exatamente do seu agrado. Os membros do grupo certamente se encarregariam de desrespeitá-lo para fazer avançar a luta.

Que "verdade" pode sair de uma comissão que já começa desrespeitando o texto legal que a trouxe à luz? E olhem que nem começou o fatal trabalho de achincalhamento e humilhação de algumas pessoas que serão escolhidas como bodes a um só tempo expiatórios e, se me permitem, *exultórios*. Tudo isso enquanto o esmagador de crânios e os que despedaçam um soldado de dezoito anos são alçados ao panteão dos heróis nacionais. Para o gozo intelectual de Maria Rita Kehl.

Sem dúvida, essa é uma notícia digna de ser exaltada no *Granma.cu*. Partidários daqueles que mataram 100 mil em Cuba, 25 milhões na URSS e 70 milhões na China ganharam o direito de contar "a verdade" no Brasil.

MARIGHELLA ARRANCOU A PERNA DELE! [21/05/2012]

Seja para tratar de CPI, seja para tratar da história do Brasil, as esquerdas, em associação com o JEG (Jornalismo da Esgotosfera Governista) e com a BESTA (Blogosfera Estatal), escrevem mentiras deliberadas para enganar trouxas. Não é que ignorem os fatos. Ao contrário: porque os conhecem muito bem e porque sabem que são incômodos, preferem a farsa. O coro dos idiotas satisfaz plenamente as suas ambições.

A dita "Comissão da Verdade" está instalada. Contra a letra explícita da lei que a criou, Rosa Maria Cardoso da Cunha, ex-advogada da presidente Dilma, acena com a revisão da Lei da Anistia e diz que os crimes da esquerda não serão nem devem ser investigados, com o que concordam Paulo Sérgio Pinheiro e Maria Rita Kehl, que também integram o grupo. Na história perturbada dos três, não existe um homem como Orlando Lovecchio.

No dia 19 de março de 1968, o jovem Orlando, com 22 anos, estacionou seu carro na garagem do Conjunto Nacional, na avenida Paulista, em São Paulo, onde ficava o consulado americano. Viu um pedaço de cano, de onde saía uma fumacinha. Teve uma ideia generosa: avisar um dos seguranças; vai que fosse um reator com defeito... É a última coisa de que se lembra. Era uma bomba. A explosão o deixou inconsciente. Dias depois, teve parte de uma das pernas amputada.

Era o primeiro atentado terrorista da Ação Libertadora Nacional (ALN), organização chefiada pelo "patriota" Carlos Marighella. Atenção! O AI-5, que serviu de pretexto para ações violentas, só seria decretado em dezembro daquele ano. Ele se preparava para ser piloto. Marighella não deixou porque, afinal, queria mudar o mundo, não é? A Comissão de Anistia já fez uma homenagem ao líder terrorista e decidiu indenizar a sua família.

E Lovecchio? Conseguiu uma pensão, atenção!, de R$ 500 por mês! Foi o que a Comissão de Anistia achou justo por sua perna. É que ela, sabem?, não previa benefícios para as vítimas dos esquerdistas! As regras só protegem as "vítimas" do regime militar. Já Diógenes Carvalho de Oliveira, um dos que deixaram a bomba no local, recebe, por decisão do mesmo grupo, três vezes mais. E isso não é piada.

Luiz Inácio Lula da Silva, que ficou preso quarenta dias no começo dos anos 1980, sem que ninguém lhe tenha encostado um dedo, recebe quase R$ 7 mil por mês! Ziraldo e Jaguar, fundadores do jornal *O Pasquim*, foram beneficiados com pagamento retroativo de mais de R$ 1 milhão cada e uma indenização mensal de R$ 4.375 (em valores de 2010). Sinto vergonha até de escrever essas coisas. Como permitimos que isso aconteça?

O jovem Lovecchio não era de direita. O jovem Lovecchio não era de esquerda. Era só um brasileiro com futuro que estava no lugar errado, na hora errada. Como escreveu um leitor do blog, a culpa deve ter sido do regime militar, né?, que obrigava a ALN a explodir bombas, tadinha! Marighella é aquele senhor que fez o tal "Minimanual da Guerrilha Urbana", em que ensinava, de modo meticuloso, como e por que matar inocentes.

O filme

O corajoso cineasta Daniel Moreno, hoje com 36 anos, fez um filme a respeito, intitulado *Reparação*. Fica fácil saber quem é Lovecchio. Falam, entre outros, o professor Marco Antonio Villa, do Departamento de História da Universidade de São Carlos (que afirma que tanto a esquerda como a direita eram golpistas), e o sociólogo Demétrio Magnoli, que lembra que uma significativa parte da esquerda "ainda não aprendeu que Stálin era Stálin".

Esses são apenas fatos.

É mais uma contribuição à Comissão da Verdade!

É mais um alerta contra o photoshop da história!

Assim que Maria Rosa Cardoso da Cunha, Paulo Sérgio Pinheiro e Maria Rita Kehl tornarem públicos seus e-mails de trabalho, a gente pergunta o que têm a dizer a Orlando. São mais de 120 pessoas assassinadas pelas esquerdas. As respectivas famílias levaram uma banana. As indenizações e pensões pagas a esquerdistas e familiares já passam a casa dos R$ 5 bilhões — é isso mesmo! Não errei na conta, não!

Para encerrar este texto: é mentira que todos os esquerdistas responsáveis por atentados terroristas tenham sido punidos de uma maneira ou de outra. Será que eles suportam mesmo a verdade?

8. JUÍZES E JUÍZOS

JUÍZES E HOMENS ACIMA DA LEI [01/12/2011]

Atenção, brasileiros, para esta afirmação: "Não é verdade que ninguém está acima da lei!" Ela traz a assinatura de um grupo de... juízes!

Se vocês tiverem alguma demanda na Justiça, verifiquem se o juiz que vai cuidar do caso pertence à Associação Juízes para a Democracia. Se pertencer, verifiquem, em seguida, se a "outra parte" integra um desses grupos que são considerados, sobretudo por si mesmos e pelas esquerdas de modo geral, os donos da democracia. Se isso acontecer, só lhes resta pedir que seja declarada a suspeição do magistrado. E vou explicar por quê.

Há um truísmo nas democracias de direito: "Ninguém está acima da lei." É um princípio consagrado em todo o mundo livre. Uma frase é universalmente citada, ao menos nos países civilizados, como síntese desse valor: "Ainda há juízes em Berlim." Remete à pendenga judicial de um simples moleiro contra ninguém menos do que o rei Frederico II. Pois bem, a dita associação resolveu jogar fora todo esse estoque de saber jurídico. Emitiu uma nota em defesa dos invasores da USP em que afirma, como se lê lá no alto, que há, sim, pessoas que estão acima da lei.

Sendo assim, então se entende que há pessoas no Brasil que exercem um poder que a nenhum dos três Poderes da República é conferido: a soberania absoluta! Segue o manifesto dos valentes em negrito e itálico. E eu contesto em caracteres regulares.

A Associação Juízes para a Democracia (AJD), entidade não governamental e sem fins corporativos, que tem por finalidade trabalhar pelo império dos valores próprios do Estado Democrático de Direito e pela promoção e defesa dos princípios da democracia pluralista, bem como pela emancipação dos movimentos sociais, sente-se na obrigação de desvelar a sua preocupação com os eventos ocorridos recentemente na USP, especialmente em face da constatação de que é cada vez mais frequente no país o abuso da judicialização de questões eminentemente políticas, o que está acarretando um indevido controle reacionário e repressivo dos movimentos sociais reivindicatórios.

Já há absurdo o bastante nesse primeiro parágrafo. Quando um direito é agravado, há três saídas possíveis: a) a pessoa que teve seu direito aviltado se conforma e se torna refém do aviltante; b) quem foi desrespeitado resolve a questão no braço, num apelo à volta ao estado da natureza; c) quem teve seu direito agravado recorre à Justiça. Uma associação de juízes — notem bem!, de juízes — está afirmando que a pior saída é recorrer à Justiça. Estão se referindo à USP. Como já está claro a todo mundo, soldados da PM coibiram, cumprindo seu papel legal, o consumo de droga ilícita. Grupelhos de extrema esquerda, que representam a extrema minoria da universidade, decidiram transformar a questão num *casus belli*. Não há "movimento social reivindicatório" nenhum! Ademais, juízes existem para aplicar a lei, não para punir reacionários e proteger progressistas. Ou se fizeram juízes para ser procuradores do "progressismo"? Se a associação diz defender o "estado de direito", como pode atacar quem recorre à Justiça?

Com efeito, quando movimentos sociais escolhem métodos de visibilização de sua luta reivindicatória, como a ocupação de espaços simbólicos de poder, visam estabelecer uma situação concreta que lhes permita participar do diálogo político, com o evidente objetivo de buscar o aprimoramento da ordem jurídica e não a sua negação, até porque, se assim fosse, não fariam reivindicações, mas, sim, revoluções.

Trata-se de uma coleção formidável de bobagens, a começar da palavra "visibilização", que vem a ser a "estrovengalização" da Inculta & Bela, que encontra o seu momento de sepultura sem esplendor. Que zorra quer dizer "visibilização"? A Reitoria da USP não é um espaço "simbólico" de poder, mas real, local da administração de uma estrutura que reúne 89 mil alunos, 5.200 professores, 15 mil funcionários. Os extremistas da LER-QI, do PCO, do MNN e de outras obscuridades não formam um "movimento social". Nem mesmo invadiram a reitoria, inicialmente, com a concordância da direção do DCE. Sigamos.

Os autointitulados "juízes para a democracia" estão afirmando que depredar patrimônio público, usar capuzes à moda dos partidários de ações terroristas, estocar coquetéis molotov num prédio público em que se abrigam algumas dezenas de pessoas, obstar o direito de ir e vir, impor-se a estudantes e professores por meio da intimidação e da violência, estes juízes estão dizendo que tudo isso tem "o objetivo de buscar o aprimoramento da ordem jurídica e não a sua negação".

E o texto se sai com um sofisma de uma tolice suprema, assustadora. Se assim não fosse, diz, os invasores "não fariam reivindicações, mas, sim, revoluções". Heeeinnn? Revolução? Os 72 da Reitoria? Seria de dar inveja aos trezentos de Esparta! Ah, sim: reivindicam, claro! Recorrendo aos métodos acima descritos, pedem a saída do reitor, que exerce o cargo legal e legitimamente; pedem a saída da PM da USP, quando a maioria dos uspianos quer o contrário; pedem, no berro, o fim de processos judiciais contra notórios agressores do patrimônio público, como se juízes fossem. De resto, os canais da representação estudantil na USP estão abertos e são devidamente ocupados pelos alunos.

Entretanto, segmentos da sociedade, que ostentam parcela do poder institucional ou econômico, com fundamento em uma pretensa defesa da legalidade, estão fazendo uso, indevidamente, de mecanismos judiciais, desviando-os de sua função, simplesmente para fazer calar os seus interlocutores e, assim, frustrar o diálogo democrático.

Por que os senhores juízes dessa tal associação não tentam dizer qual é o "poder econômico" que está perseguindo aqueles pobres "meninos", como os chamou um repórter? Por que a defesa da legalidade seria "pretensa"? Que lei, e estes senhores estão obrigados a dizê-lo, autoriza aquele tipo de comportamento? Qual é a função da Justiça que não a garantia dos direitos?

Aliás, a percepção desse desvio já chegou ao Judiciário trabalhista no que se refere aos "interditos proibitórios" em caso de "piquetes" e "greves", bem como no Judiciário Civil, como ocorreu, recentemente, em ação possessória promovida pela Unicamp, em Campinas, contra a ocupação da reitoria por estudantes, quando um juiz, demonstrando perfeita percepção da indevida tentativa de judicialização da política, afirmou que "a ocupação de prédios públicos é, tradicionalmente, uma forma de protesto político, especialmente para o movimento estudantil, caracterizando-se, pois, como decorrência do direito à livre manifestação do pensamento (artigo 5º, IV, da Constituição Federal) e do direito à reunião e associação (incisos XVI e XVII do artigo 5º)", que "não se trata propriamente da figura do esbulho do Código Civil, pois não visa à futura aquisição da propriedade, ou à obtenção de qualquer outro proveito econômico" e que não se pode considerar os eventuais "transtornos" causados ao serviço público nesses casos, pois "se assim não fosse, pouca utilidade teria como forma de pressão".

Ignorava essa peça magnífica do direito. Bom saber! Ele também pertence à associação. Se bem entendi, estamos diante do raciocínio da perfeita circularidade do valor da ilegalidade: a) ocupa-se um prédio público para, por meio da imposição do transtorno a terceiros, obter um determinado resultado; b) o que levaria à conquista do objetivo seria justamente o transtorno; c) logo, a imposição de um movimento por meio da violência se justifica por sua eficácia, entenderam? Mais ainda: como a ocupação seria já uma "tradição", então se insere entre as práticas aceitáveis. E há algo ainda mais encantador: se o objetivo não for a alienação, para sempre, do imóvel, os invasores podem continuar enquanto houver história...

Ora, se é a política que constrói o direito, este, uma vez construído, não pode transformar-se em obstáculo à evolução da racionalidade humana proporcionada pela ação política.

Gostei do "ora" porque faz supor que haverá uma dedução ditada pela pura lógica. A afirmação de que a "política constrói o direito" é uma falácia, é palavrório. Querem ver: eu posso dizer que "a política constrói as vacinas" ou que "a política constrói as prerrogativas dos juízes". No fim das contas e, em certa medida, a política constrói qualquer coisa porque tudo tem um fundamento também político, em algum momento. Mas não é aceitável, certamente, que maiorias políticas de ocasião, ou minorias influentes, mudem o valor científico de uma vacina ou cassem as prerrogativas de juízes, não? Ou as leis asseguram a permanência das regras nas democracias de direito, ou tudo se torna, então, relativo. Calma, leitor! As coisas ficarão muito piores!

É por isso que a AJD sente-se na obrigação de externar a sua indignação diante da opção reacionária de autoridades acadêmicas pela indevida judicialização de questões eminentemente políticas, que deveriam ser enfrentadas, sobretudo no âmbito universitário, sob a égide de princípios democráticos e sob o arnês da tolerância e da disposição para o diálogo, não pela adoção nada democrática de posturas determinadas por uma lógica irracional, fundada na intolerância de modelos punitivos moralizadores, no uso da força e de expedientes "disciplinadores" para subjugar os movimentos estudantis reivindicatórios e no predomínio das razões de autoridade sobre as razões de direito, causando inevitáveis sequelas para o aprendizado democrático.

Trata-se apenas de uma soma de clichês de ultraesquerda, de fazer inveja ao PCO, com exceção talvez da palavra "arnês", que vem a compensar a "visibilização". Invadir um prédio público no berro, na marra, depredando instalações, é "democrático"? Por que a associação não explica o que quer dizer com "modelos punitivos moralizadores"? É favorável, por acaso, aos "imoralizadores"? Agora vem o grande momento.

Não é verdade que ninguém está acima da lei, como afirmam os legalistas e pseudodemocratas: estão, sim, acima da lei, todas as pessoas que vivem no cimo preponderante das normas e princípios constitucionais e que, por isso, rompendo com o estereótipo da alienação, e alimentados de esperança, insistem em colocar o seu ousio e a sua juventude a serviço da alteridade, da democracia e do império dos direitos fundamentais.

Decididamente, é preciso mesmo solidarizar-se com as ovelhas rebeldes, pois, como ensina o educador Paulo Freire, em sua pedagogia do oprimido, a educação não pode atuar como instrumento de opressão, o ensino e a aprendizagem são dialógicos por natureza e não há caminhos para a transformação: a transformação é o caminho.

Eis aí! Os juízes dessa associação estão declarando que há pessoas que estão acima da lei. Quem? Em seu condoreirismo cafona, explicam: "todas as pessoas que vivem no cimo preponderante das normas e princípios constitucionais e que, por isso, rompendo com o estereótipo da alienação, e alimentados de esperança, insistem em colocar o seu ousio e a sua juventude a serviço da alteridade, da democracia e do império dos direitos fundamentais." Trocando em miúdos: referem-se àqueles que dizem querer revolução, cuja ideologia se afina, parece, com a dos juízes da tal associação.

Cabe uma pergunta fundamental: se esses movimentos invadirem tribunais, inclusive aqueles em que esses senhores atuam, o que farão? Juntar-se-ão aos invasores, que se farão, então, os donos momentâneos da Justiça, privatizando-a, expropriando os demais brasileiros de um dos Poderes da República, para submetê-lo, então, à sua pauta, à sua vontade? E serão intocáveis! Afinal, estão, como dizem esses juízes, acima da lei!

Paulo Freire citado como mestre do direito? Ai, ai... Este senhor está na raiz do mal fundamental da educação no Brasil. O estrago que fez, como se nota, vai além até de sua área de atuação. Foi Freire quem convenceu os idiotas brasileiros — e cretinos semelhantes mundo afora, mas, aqui, com efeitos devastadores — que a função de um professor é "conscientizar", não ensinar. Os alunos brasileiros costumam se ferrar em exames internacionais de matemática, leitura e domínio da língua — não é, senhores da "visibilização"? —, mas conhecem todos os clichês da "cidadania"...

Numa democracia, nenhum dos Poderes é soberano; por isso, têm de ser independentes e harmônicos; não há aquele que possa se impor sobre os demais. Sabemos, no entanto, que a Justiça, em caso de conflito de direitos, detém a palavra final. Os homens que assinam essa estrovenga estão entre aqueles que podem decidir a sorte de pessoas, o seu destino. Qualquer um que esteja prestes a ter sua vida definida por um desses togados está certo de que entra no tribunal para encontrar um magistrado isento, que tenha a lei como parâmetro, que se oriente pela letra escrita tanto quanto possível ou por uma interpretação o mais abonadora possível do que vai consolidado na Constituição e nos códigos.

Cuidado! Pode ser um engano!

Você pode ser apenas um pobre coitado a enfrentar uma demanda contra "as pessoas que vivem no cimo preponderante das normas e princípios constitucionais". Se tiver essa má sorte, esqueça! Vai perder a causa ainda que tenha razão. Não só não terá um juiz "justamente" a seu favor como o terá na condição de mero subordinado da outra parte. Afinal, se há quem esteja acima das leis, é evidente que há quem esteja acima também dos juízes — ou, pior, em cima deles!

Se há pessoas no Brasil que estão acima da lei, então o estado de direito está morto.

RESPOSTA A UM HOMEM PODEROSO [08/12/2011]

Um dos mecanismos mais desonestos, no que concerne ao debate intelectual, é ignorar o objeto que distingue as opiniões e os valores dos debatedores, partindo para o puro e simples apelo à torcida e ao xingamento. Enviam-me um violento ataque desferido contra mim — grande novidade! — pelo ex-procurador-geral do Estado Marcio Sotelo Felippe. Ele não gostou de uma crítica que fiz [no texto imediatamente anterior] à Associação Juízes para a Democracia, aquela que sustenta, literalmente, haver homens que estão acima da lei. Compreendo as motivações pessoais de Sotelo, embora ele devesse ser mais comedido. É marido de uma das principais militantes da associação, a juíza Kenarik Boujikian Felippe, que posou ao lado de João Pedro Stedile. A tal associação tinha acabado de premiar o chefão do MST. Segundo entendi, representaria uma espécie de ideal de democracia e justiça. Não, não vou, por isonomia, chamar a minha mulher para me defender. E sugiro a Sotelo deixar o machismo de lado. Uma juíza, que lida com o destino de tantas vidas, é certamente capaz de falar por si mesma. Está na hora de criar a Associação Juízes pela Igualdade de Gênero.

Sotelo deixou de lado os fatos e preferiu partir para a simples adjetivação, associando-me ao nazismo. Pois é, meu senhor... As pessoas descontentes costumam atacar aqueles de que dissentem das mais variadas maneiras. Também já fui chamado de agente da CIA por um desses subintelectuais de esquerda — que ainda teve o desplante de me processar por me ofender; perdeu! — e até do Mossad! Uau! Por que este senhor não pergunta aos representantes da comunidade judaica no Brasil quem é Reinaldo Azevedo, o que pensa e com quem dialoga. Um conselho, senhor Felippe: tenha a decência de debater o que está escrito em vez de fugir da contenda pela porta dos fundos da desqualificação. Essa é uma tática covarde. Segue seu texto em negrito e itálico. Respondo em caracteres comuns.

Reinaldo Azevedo vem numa escalada de violência verbal. Perdeu a noção de limites. Embriagado pelo sucesso de sua retórica ultradireitista em certo segmento social, criou um círculo vicioso em que ele e seus leitores alimentam-se reciprocamente de ódio. Sua linguagem incita o ódio dos leitores, e o ódio dos leitores o incita a tornar-se mais violento e permissivo.

Por que não cita uma passagem do meu texto que prove a sua afirmação? Por que não diz onde está a violência? Por que não prova onde está o meu erro? Por que, em vez de atacar a mim e aos meus leitores, não evidencia em que trecho recorri à "retórica ultradireitista"? Se estou "incitando o ódio", por que não me processa? A resposta é simples: porque nada disso aconteceu! É uma invencionice. Se ele encontrar no meu texto uma só crítica que não seja de natureza intelectual e técnica, paro de escrever. Mas posso, sim, encontrar na nota da Associação Juízes pela Democracia a afirmação clara, insofismável, indiscutível, inegável, de que existem homens acima da lei. Está aqui, mais uma vez:

> "Não é verdade que ninguém está acima da lei, como afirmam os legalistas e pseudodemocratas: estão, sim, acima da lei, todas as pessoas que vivem no cimo preponderante das normas e princípios constitucionais e que, por isso, rompendo com o estereótipo da alienação, e alimentados de esperança, insistem em colocar o seu ousio e a sua juventude a serviço da alteridade, da democracia e do império dos direitos fundamentais."

Sotelo diz que "pincei" uma frase do texto. A afirmação é falsa. O meu artigo contestando o da associação é longuíssimo; eu o analisei trecho a trecho, fazendo o que ele não faz: cuidando de cada palavra. Sotelo deixa de lado o que escrevi e prefere me atacar, acusando jogo bruto. Ao agredir meus leitores, se notarem bem, há a indisfarçada sugestão de que devo ser censurado. Por quê? Ora, porque discordo dele. Vão dizer que não é motivo o suficiente... É impressionante! Ele tem de negar o conteúdo da nota que a associação emitiu para poder me atingir. Acompanhem.

A nota da AJD diz, em certa passagem, que a lei, seja em si mesma, seja na sua aplicação, deve ser recusada se contrariar princípios constitucionais. Acontece todos os dias nas sociedades democráticas. Nas decisões dos tribunais, juízes ou administradores públicos. Do ponto de

vista dos cidadãos, relaciona-se com o conceito de desobediência civil, tal como praticado por Gandhi e Martin Luther King, filosoficamente consolidado, ainda que de escassa repercussão prática. No conflito entre uma regra positiva e a moralidade, prevalecem a moralidade e os princípios constitucionais.

Epa! Contestei outra coisa (reproduzi trecho da nota)! Honestidade intelectual há de ser o princípio número um do polemista. Ora, é claro que a lei deve ser recusada se contrariar princípios constitucionais. Existe, para tanto, até um tribunal constitucional no país, não é mesmo? O que quero saber, senhor ex-procurador-geral do estado, é se o senhor acredita que "estão, sim, acima da lei, todas as pessoas que vivem no cimo preponderante das normas e princípios constitucionais". Acredita nisso ou não? Quando o senhor era procurador-geral do estado, aplicou esse princípio? De que modo?

Tenha a coragem de debater o texto da associação, meu senhor! Tenha a coragem de debater o que escrevi, não o que o senhor acha que escrevi! Isso é feio! Num moleque, é passável. Num homem de barba e cabelos brancos, em que a aparência respeitável faz supor compromisso com a seriedade, não fica bem.

Nazista é afirmar que existem homens acima da lei! Nazista é transformar um tribunal numa corte de exceção em nome da ideologia! Nazista é considerar que o respeito à lei é coisa de "legalista e pseudodemocratas"! Nazista é dar apoio objetivo a indivíduos encapuzados, que invadem o espaço público e se impõem pela força. Nazista é constranger professores e alunos, impedindo, pela violência, que uma universidade exerça as suas atividades de ensino e pesquisa!

Sotelo não é o único a se manifestar. Há outras pessoas ligadas à tal associação que decidiram me atacar. Trata-se de um processo de intimidação. Afinal, são juízes e indivíduos ligados a juízes, e isso significa que são pessoas poderosas, que, reitero, podem decidir o destino de muita gente.

A verdade é a seguinte: de tudo o que escrevi no meu texto original, o que verdadeiramente incomodou estas senhoras e estes senhores foi este trecho:

> "Se vocês tiverem alguma demanda na Justiça, verifiquem se o juiz que vai cuidar do caso pertence à Associação Juízes para a Democracia. Se pertencer, verifiquem, em seguida, se a 'outra parte' integra um desses grupos que são considerados, sobretudo por si mesmos e pelas esquerdas de modo geral, os donos da democracia. Se isso acontecer, só lhes resta pedir que seja declarada a suspeição do magistrado."

Isso doeu. E o motivo é escandalosamente óbvio. Se um juiz da tal associação considera que "estão, sim, acima da lei, todas as pessoas que vivem no cimo preponderante das normas e princípios constitucionais", e se um dos eventuais contendores de uma causa se encaixar nesse perfil, é evidente que a outra parte já perdeu, certo? Se essa parte está acima da lei, está até mesmo acima do juiz. Por que Sotelo não demonstra onde está o erro lógico do meu raciocínio?

Tenha a coragem, senhor Sotelo, de apontar que passagem do meu texto apela à violência. O seu, sim, incita o ódio contra mim. Uma das práticas corriqueiras do nazismo, diga-se, era acusar as vítimas de responsáveis pelo mal que as atingia. Hitler tinha a lista de todos os "males" que os judeus haviam feito à Europa, assim como o senhor tem a lista de todos os males que faço ao debate democrático.

O meu texto é público, meu senhor! O da associação também! Louvo o seu zelo sentimental, mas não critiquei a "sua mulher". Nem sabia que os senhores eram casados. Parabéns pela união feliz! Critiquei uma associação de juízes que sustenta haver homens acima da lei.

Sou só um jornalista. O senhor é um ex-procurador-geral de estado, marido de juíza, com uma poderosa rede de amigos e de influência. Pois é, doutor, fazer o quê? O estado de direito me obriga a lembrar que ainda existem juízes em Berlim! Abandone a retórica da pura violência, dispa-se da arrogância do "sabe com quem está falando?" e venha debater na planície. Mas tenha a coragem de contestar o que de fato escrevi.

MARCHA DA INSENSATEZ [26/04/2012]

É, senhores... As coisas vão tomando um rumo não muito bom. A Comissão de Constituição e Justiça (CCJ) da Câmara aprovou ontem, por unanimidade, uma Proposta de Emenda Constitucional (PEC) que permite ao Congresso alterar decisões do Poder Judiciário se considerar que exorbitaram o "poder regulamentar ou os limites da delegação legislativa". A proposta é de um deputado do PT chamado Nazareno Fonteles, do Piauí. Não sei quem é. Nem vou procurar para que não me sinta desestimulado a dizer o que acho que tem de ser dito. Adoraria estar aqui, neste momento, a escrever um texto esculhambando as pretensões do deputado Nazareno e de quantos se alinhassem com tal intento. Mas, infelizmente, não vou fazer isso, não!

O STF, lamento, ocupa de tal sorte a cena política, e com tal protagonismo, que alguém terá de lembrar ao tribunal que não existe para a) reescrever a Constituição; b) criar leis — e isso vale também para o Tribunal Superior Eleitoral. Numa democracia, nenhum Poder é soberano. Infelizmente, vejo o Judiciário tentando exercer essa soberania sob a justificativa de que o Poder Legislativo não cumpre a sua parte. Ainda que não cumprisse, indago: o que dá ao Judiciário o poder de legislar? Infelizmente (repito o advérbio), ativismo judicial está virando discricionariedade.

O caso das cotas

Comecemos por ontem. O voto supostamente doutíssimo do ministro Ricardo Lewandowski, negando provimento a uma das ações contra as cotas, traz em si o ovo da serpente — e vocês hão de me perdoar uma metáfora que já é quase um clichê. Acho certa graça em manifestações que me chegaram acusando a minha "ignorância" em direito... É mesmo? De fato, não sou especialista na área. Atenho-me a lidar com a lógica e a proclamar uma verdade que me parece universal: as palavras fazem sentido. Critiquei a consideração que o ministro fez sobre a tensão sempre existente entre a "igualdade normativa", expressa no Artigo 5º da Constituição, e a "igualdade material". Não porque não a reconheça, santo Deus! Se procurarem nos arquivos do blog, encontrarão dezenas de textos tratando justamente dessa questão, que vai nos remeter à Grécia Antiga. Isso não é novo. O que rejeito é que se suprimam direitos de alguns para supostamente reparar injustiças de que outros foram vítimas. Isso não é expressão da igualdade material. É arbítrio.

Se a Constituição garante que todos são iguais perante a lei e se essa igualdade não pode ser exercida em razão de condicionantes sociais, históricas ou de outra natureza qualquer, recorre-se, então, ao estoque de alternativas da chamada "discriminação positiva" para efetivar essa igualdade. Vejamos: homens e mulheres têm tempos distintos de aposentadoria. Em regra ao menos (com exceções, pois), elas exercem dupla jornada de trabalho. A igualdade, nesse caso, implica viver, na prática, uma desigualdade. Deficientes físicos contam hoje com uma legislação que lhes garante o acesso a edifícios públicos e privados porque, sem esse direito especial, o seu direito mais geral estaria sendo subtraído. Faz sentido? Faz, sim! Mas as cotas? Deem-me uma só razão para que um branco pobre, eventualmente mais bem colocado num exame de acesso a uma universidade pública, seja preterido por um negro — pouco importando, nesse caso, se rico ou pobre. Ou ainda: deem-me uma só razão para que um negro que tenha tido condições de estudar goze, então, do que passa a ser um privilégio.

Um dos enfurecidos que vieram aqui lamentar a minha "ignorância jurídica" me lembra que todos as normas constitucionais têm o mesmo peso (não me diga!) e que deve valer o princípio da "dignidade humana". Ora, no caso do estudante que teve o seu direito individual subtraído, de que "dignidade" se cuida exatamente? Quanto à questão mais geral, a ser assim, nenhum direito mais está assegurado quando um dos lados da contenda é um alguém reconhecido como "vulnerável". Abre-se a porta — por que não? É mera questão de tempo — para que se questione o direito à propriedade. A Constituição o assegura, claro (como assegura a igualdade de todos perante a lei), mas, sabem como é, se a dignidade estiver ameaçada...

Mais: garantem-se privilégios — sim, a palavra é essa — e suprimem-se direitos sem levar em conta os indivíduos em si, suas particularidades. Cria-se uma categoria com base exclusivamente na cor da pele. Nem mesmo se procura amenizar o caráter racialista da medida com um segundo filtro, que seria o social. E não se faz isso porque os militantes da causa não permitem. As cotas, entendem eles, significa uma admissão necessária de culpa dessa tal "sociedade". Mas quem arca com essas culpas no caso do Brasil? O descendente pobre de imigrantes italianos que vieram trabalhar nas lavouras de café ou na indústria nascente tem de arcar pessoalmente com o peso dessa desculpa? Por quê? Mesmo os brancos descendentes dos primeiros colonizadores carregam a culpa do, sei lá, modelo mercantilista no qual o Brasil estava inserido?

Que notável hipocrisia a desses amantes da reparação histórica, não? As escolas fundamental e média oferecidas aos pobres são um lixo miserável. Negros, quando ricos — e os há — fazem o que fazem os brancos ricos: colocam seus filhos nas melhores instituições de ensino privadas. Há muito mais pobres brancos no Brasil, em quantidade, do que negros pobres ou mestiços pobres. A razão é simples: os brancos são em maior número. O truque de considerar "negros" os mestiços é outra das fantasias racialistas. E estes brancos pobres? Terão quais privilégios? Nenhum! São, afinal de contas, pobres culpados pela... colonização! Não só lhes é negado o privilégio como direitos lhes são cassados.

É um insulto à inteligência e ao bom-senso. Esse tipo de coisa só prospera porque, afinal, um grupo que se organizasse para garantir os direitos dos brancos pobres seria logo tachado de racista. "E com razão", diria o apressadinho. Por quê? Brancos pobres formam, por acaso, alguma categoria necessariamente reacionária?

O caso do aborto de anencéfalos

A Constituição brasileira garante o direito à vida, e o Código Penal — que só pode ser mudado pelo Congresso — prevê a interrupção da gravidez no caso de estupro e se a mãe corre o risco de morrer. Se os ministros acham legítimo, humano, decente — escolham aí palavras que só designem coisas boas — o aborto de fetos anencéfalos, isso é lá com eles. Uma coisa é certa: as excelências legislaram e reescreveram, na prática, a Constituição e o Código Penal. Com base em qual fundamento? Mais uma vez, o da "dignidade humana", que tem sido pau para toda obra. Ora, se o aborto de anencéfalo pode, por que não o de fetos com outras anomalias? Que máximo — ou mínimo (tanto faz?) — de vida fora do útero se considera como referência para que o aborto seja considerado conforme a lei? Conforme exatamente qual lei?

Notem que nem estou entrando no mérito — vocês sabem que sou contrário à tese. O meu ponto aqui não é esse e nada tem a ver com religião. Estou dizendo que o Supremo, ao descriminar o aborto de anencéfalos, está usurpando uma prerrogativa que é do Congresso. Ponto! E rejeito de pronto a tese segundo a qual o Judiciário faz o que o Legislativo se nega ou tarda a fazer. Ora, é o que faz o policial justiceiro quando decide ele mesmo aplicar o corretivo num bandido pego em flagrante, não? "Ah, esse vai acabar se dando bem na Justiça, sem punição. Então deixem que eu me encarrego de lhe aplicar uma pena." Comparação grotesca? De jeito nenhum! Em essência, é a mesma coisa.

De resto, não havia vazio legal nenhum nessa área. A sociedade, por meio de seus canais de representação, disse o que aceita e o que não aceita. Se querem mudar a lei, que sigam, então, os trâmites que a própria lei prevê para a sua mudança. É assim no estado de direito.

O caso do casamento gay

Legislou o Supremo também no caso do casamento gay. A Constituição não é omissa ao disciplinar a união civil. Ao contrário: é explícita. É aquela celebrada entre homem e mulher. "Mas e a igualdade do Artigo 5º, Reinaldo?" Tendo todos os princípios constitucionais o mesmo peso, então vigora, como é mesmo?, o "princípio da dignidade humana". Entendi. Esse tal princípio, no caso das cotas, serve para garantir, a negros, direitos especiais não previstos em lei e para suprimi-los de alguns brancos — isso é matéria de fato, não de gosto. E serve também para, na prática, ignorar um artigo da Constituição.

À diferença do que pensam alguns tontos, estou pouco me lixando para a questão em si. O que as pessoas fazem na cama não é problema meu. Se o João quer ficar com o João, e a Maria, com a Maria, que sejam felizes! Mas entendo que o Supremo não tem o direito de votar contra a letra explícita da carta. Sem que uma emenda constitucional altere a especificação da união civil, a decisão é obviamente arbitrária.

O caso da marcha da maconha

Fazer a apologia do crime é crime, como está no Código Penal. Assim, a apologia do uso de drogas está devidamente tipificada no Código Penal. O Supremo liberou as marchas da maconha porque decidiu que se trata apenas de exercício da liberdade de expressão. Como não há uma lei, e não há, especificando que isso só vale para o caso das drogas, há de se perguntar: de quais outros crimes se pode, igualmente, fazer a apologia? "Ah, mas era apenas a defesa da descriminação!" Trata-se, como sabem os *marchadeiros*, de uma mentira escandalosa.

Estamos vivendo uma era de arbítrio desses doutos senhores. Ora, o Código Penal não prevê o aborto de anencéfalos — tampouco o autoriza a Constituição. O Supremo, então, vai lá e preenche essa lacuna. A Constituição e a legislação infraconstitucional não permitem que direitos novos sejam garantidos ou direitos consolidados, solapados, a depender da cor da pele do cidadão. O Supremo, então, vai lá e preenche essa lacuna. A Constituição é EXPLÍCITA ao definir o que é união civil. Ah, mas isso deixaria a união civil gay de fora. O Supremo, então, vai lá e age como a banda sandinista da suprema corte nicaraguense e passa a tesoura na parte da Constituição que não serve. E ainda temos de ouvir: "Pô! O Congresso não age!" Então é assim? Ou o Congresso faz o que quer o Supremo ou o tribunal age por conta própria?

O fato é que nunca se sabe...

O fato, meus caros, é que já não sabemos mais o que pode sair da Corte. Em qualquer democracia do mundo, tribunais superiores são garantias de estabilidade. A máxima "ainda há juízes em Berlim" significa que a lei vale para o déspota esclarecido e para o moleiro. No Brasil, estamos começando a experimentar a sensação da instabilidade. A qualquer momento, o TSE, por exemplo, pode tomar uma decisão sobre eleições que vira o planejamento dos partidos de cabeça pra baixo. Há dias, decidiu que pré-candidatos não poderão tratar de eleições em seus respectivos perfis no twitter porque isso caracterizaria propaganda antecipada — embora partidos e grupos organizados na internet façam proselitismo eleitoral abertamente.

Critiquei aqui outro dia [no texto cujo endereço encontra-se ao fim deste artigo] o ministro Ayres Britto, presidente da Corte, segundo quem um juiz tem de decidir com o "pensamento" e com o "sentimento". Por que o meu destino, o seu e o de milhões teriam de depender dos sentimentos dos onze da República? A ser assim, se é para termos onze superlegisladores sentimentais, então por que não contar com 594 contendores (513 deputados e 81 senadores)? A proposta, até onde entendi, não busca mudar sentenças, mas reverter decisões que eventualmente avancem sobre prerrogativas do Legislativo.

Um amigo me mandou um e-mail alertando-me para os riscos. É claro que é arriscado! É claro que não sou exatamente um entusiasta da ideia. Mas não podemos ter um supercongresso formado por onze pessoas, especialmente quando uma cláusula pétrea da Constituição, como é o Artigo 5º, é tratada como uma mera formalidade e quando, confessadamente, estamos sujeitos a "sentimentos".

Na democracia, no que concerne ao estado, só devemos estar sujeitos às leis. A PEC aprovada na CCJ é sintoma de um problema: a hipertrofia do Poder Judiciário. Juízes aplicam leis, não fazem leis. E só a interpretam quando não é clara o suficiente na sua letra e nos seus propósitos. Ou fazem feitiçaria judicial. O juiz substitui o arbítrio ao invés de ocupar o seu lugar.

[Nota: Só para lembrar, uma emenda precisa ser aprovada por três quintos dos deputados (308) e três quintos dos senadores (49) em duas votações em cada Casa. É claro que a chance de uma proposta assim prosperar é pequena. Chico Alencar, deputado do PSOL, que deve andar contente com o STF porque, afinal, os ministros têm feito o que o PSOL gostaria de fazer — mas não pode porque não tem voto (aliás, os ministros também não) —, ironizou a proposta e disse que "Montesquieu deve estar se agitando na tumba", referindo-se ao teórico da separação entre os três Poderes da República. Huuummm... Caso se ocupasse do Bananão, o que diria o espírito do iluminista francês vendo os nossos juízes se comportando como deputados e senadores?]

(Endereço para o texto citado: http://veja.abril.com.br/blog/reinaldo/geral/o-pensamento-que-liberta-ou-o-sentimento-que-esmaga-ou-tira-o-pe-do-chao-galeeera-que-la-vem-o-virundum/)

ABANDONO AFETIVO E "DIREITO CRIATIVO" [04/05/2012]

Os Cachoeiras e, sobretudo, as cascatas que tomam conta da vida pública acabam nos levando a deixar de lado alguns temas relevantes, que dizem respeito não exatamente à política como jogo do poder, mas à cultura política entendida como uma ética de relação com o outro e com o mundo. Estamos nos tornando um país de fanáticos do sentimentalismo, de pervertidos da reclamação, de ditadores da reparação. Aquele que tiver a sorte, para desdita de muitos, de manejar o aparato do estado impõe, então, o seu fanatismo, a sua perversão, a sua ditadura. E ao arrepio da lei! Lei pra quê? O que importa é "fazer justiça" segundo a metafísica influente.

Em uma decisão inédita, a 3ª Turma do STJ reconheceu o direito que tem uma filha, hoje com 38 anos, de receber uma indenização de R$ 200 mil de seu pai. O "crime" dele: "abandono afetivo"! É inútil procurar essa caracterização em qualquer código. Não existe. Trata-se de uma manifestação de Direito Criativo — área em que o Brasil desponta para o mundo com farta produção —, formulado com base em umas tantas considerações de ordem subjetiva feitas por juízes. Vocês certamente acompanharam o caso. Um senhor teve uma filha fora do casamento. Depois de uma ação judicial, ela foi legalmente reconhecida e assistida materialmente. Goza de todos os direitos dos demais herdeiros. Mas reclama que não foi devidamente amada quando criança...

A exemplo da Lei da Palmada, a decisão da Justiça constitui uma intromissão absolutamente inadmissível do estado na vida dos indivíduos. Como medir se esse pai deu amor demais ou de menos? Como estabelecer um padrão mínimo — garantida a assistência material, que existiu — de dedicação amorosa, de modo que possa ser mensurada num tribunal? O que sabem aqueles juízes das altercações e dificuldades que pai e mãe, numa relação não familiar, tiveram ao longo da vida? Por que é ele, necessariamente, o vilão da história?

A relatora do caso, ministra Nancy Andrighi, argumentou por um caminho curioso:

> "O cuidado é fundamental para a formação do menor e do adolescente. Não se discute mais a mensuração do intangível — o amor —, mas, sim, a verificação do cumprimento, descumprimento ou parcial cumprimento de uma obrigação legal: cuidar."

O pai dispensou, segundo consta, o cuidado que está estabelecido em lei. A filha está reclamando é de falta de amor.

E, ora vejam, contrariando, então, o que diz a ministra, é justamente esse amor que está sendo mensurado. A mulher havia perdido a causa em primeira instância. Recorreu ao Tribunal de Justiça e ganhou, com uma indenização fixada em R$ 415 mil. O STJ reformou a decisão para R$ 200 mil. Fico cá me perguntando: como chegaram àquele primeiro valor? Aqueles R$ 15 mil, em particular, desafiam a minha quietude: o que ele deveria ter feito para que fosse, sei lá, apenas R$ 400 mil? Por que o próprio STJ considerou que o "abandono afetivo" não vale tanto, podendo ficar por R$ 200 mil mesmo?

Este trecho da reportagem do *Estadão* é espetacular:

> "A ministra afirmou que a filha conseguiu constituir família e ter uma vida profissional. 'Entretanto, mesmo assim, não se pode negar que tenha havido sofrimento, mágoa e tristeza, e esses sentimentos ainda persistam, por ser considerada filha de segunda classe', disse Nancy."

Entendi. Ela recebeu o devido aporte material, leva uma vida normal, constituiu família, tudo nos conformes. Mas sobrou "a dor". Ora, Val Marchiori já nos ensinou em "Mulheres Ricas", certo? Não há dor que o dinheiro não cure... *Relooouuu*!!!

Ineditismo por ineditismo, por que essa filha, que é herdeira do pai (como os irmãos), não recorreu à Justiça para obter, então, um mea-culpa, um pedido de desculpas, um reconhecimento público da falta de cuidado amoroso, um abraço? Não! Nada disso! Existe um preço para a falta de amor! Era o de R$ 415 mil, mas pode ficar por R$ 200 mil.

No mérito, o caso é, parece-me, eticamente escandaloso. Mas também é uma aberração jurídica. O Judiciário brasileiro acaba de legislar, mais uma vez, criando o crime do "abandono afetivo"? Cadê a lei? Não há! Eis aí. Vivemos o que chamo a era dos fanáticos do sentimentalismo — juízes, agora, acham que podem pôr um preço nas sensações e subjetivismos. Vivemos a era das perversões da cultura da reclamação: basta que o "oprimido" saia por aí proclamando a sua dor para gerar solidariedade automática. Com sorte, encontra pela frente os ditadores da reparação, que resolverão, como costumo dizer, fazer justiça com a própria toga.

Está criada a jurisprudência, embora a decisão não seja vinculante. Cabe a cada juiz decidir. Mas adivinhem só... Nesse caso, pobre pai!, ele é culpado antes mesmo de qualquer juízo objetivo. Afinal, teve uma filha fora do casamento, só reconhecida depois de uma ação judicial, com quem não conviveu — embora tenha cumprido todas as obrigações que as leis existentes lhe impõem. Só não sabia que estava na mira de uma lei desconhecida porque... inexistente!

Quanto tempo vai demorar para que quiproquós familiares comecem a lotar a Justiça ainda mais do que hoje? Quantos serão os filhos, mesmo frutos de uniões estáveis e vivendo sob o teto familiar, que alegarão, a depender dos conflitos, esse tal "abandono afetivo"? Não havendo lei, pode-se acusar qualquer coisa: "Olhe, quero dizer que o meu pai (ou mãe) me sufoca..." Pobre pai! Em breve, estará impedido de exercer, digo com ironia, até aquele papel que Freud lhe reserva, não é? Não poderá mais ser o saudável repressor, a quem cumpre dizer que os limites existem. Quem sabe chegue o dia em que o parricida alegará no tribunal que só cumpriu seu gesto tresloucado porque seu aparelho psíquico, malformado pelo morto, não operou a necessária interdição, e a morte simbólica de Laio na disputa por Jocasta se fez física por meio das mãos de um Édipo que era, sei lá, contador...

Uma perguntinha à ministra Nancy Andrighi e a seus colegas: esse valor pelo "abandono afetivo" foi estabelecido, suponho, com base na condição financeira do pai, certo? Um homem muito pobre seria condenado a compensar a subjetividade ferida da filha com um pão com mortadela? O "abandono efetivo" de Eike Batista custaria R$ 2 bilhões em vez de R$ 200 mil? Havendo boas respostas, juro que publico. O pai disse que vai recorrer ao Supremo. Considerando o que se anda fazendo por lá ultimamente, corre o risco de a indenização sair pelo dobro. Ou o nosso Supremo não tem protagonizado cenas explícitas de Direito Criativo?

Caminhando para o encerramento, pergunto: a filha vitoriosa troca os R$ 200 mil por um abraço e por um pedido de desculpas?

O assunto parece besta? Mas não é! A rigor, acreditem, é mais importante do que essa canalha que vive assaltando o dinheiro público. A cada pouco, há uma! Precisamos é metê-las na cadeia. Ou bem se tem um estado de direito funcionando, que proteja a coletividade e os indivíduos, a nação e o estado, ou ficamos à mercê do indeterminado. Se podemos ser punidos por um crime que não está tipificado e obrigados a fazer alguma coisa em razão de uma lei que não existe, então estamos numa ditadura. Ainda que uma ditadura exercida, com frequência, por alguns juízes.

UM HOMEM VALE MENOS DO QUE UM CÃO? [28/06/2012]

A tal comissão de juristas encarregada de apresentar uma proposta de reforma do Código Penal terminou o seu trabalho e o entregou ao presidente do Senado, José Sarney [o endereço da íntegra do documento segue ao fim do texto]. Há, sim, coisas positivas no novo texto, e não pretendo esgotar neste artigo tudo o que tem de ser dito a respeito. Mas há sugestões estúpidas, movidas por um tipo muito específico, mas não raro, de má consciência. Consiste no repúdio ao bom-senso, rebaixado à mera condição de senso comum. Os tais juristas resolveram acolher a moral de exceção dos ditos "progressistas" supostamente "ilustrados", que foi alçada a um imperativo ético. Essa doença tem nome: ódio ao povo, visto como um bando de selvagens que precisam ser civilizados pelas leis. O senso comum considera a vida humana uma expressão superior à de um cachorro? Segundo o norte ético estabelecido pelos juristas, um feto humano não vale o de um cão. O código que propõem também permitiria que nossas escolas fossem sequestradas pelo narcotráfico e inventa o terrorismo benigno.

Elejo alguns temas para comentar.

Um homem vale menos do que um cão

O aborto segue sendo crime, com possibilidade de prisão (Arts. 125, 126 e 127), mas o 128 ganhou, atenção, esta redação:

> *Art. 128. Não há crime de aborto:*
>
> *I. se houver risco à vida ou à saúde da gestante;*
>
> *II. se a gravidez resulta de violação da dignidade sexual, ou do emprego não consentido de técnica de reprodução assistida;*
>
> *III. se comprovada a anencefalia ou quando o feto padecer de graves e incuráveis anomalias que inviabilizem a vida extrauterina, em ambos os casos atestado por dois médicos; ou*
>
> *IV. se por vontade da gestante, até a décima segunda semana da gestação, quando o médico ou psicólogo constatar que a mulher não apresenta condições psicológicas de arcar com a maternidade.*
>
> *Parágrafo único. Nos casos dos incisos II e III e da segunda parte do inciso I deste artigo, o aborto deve ser precedido de consentimento da gestante, ou, quando menor, incapaz ou impossibilitada de consentir, de seu representante legal, do cônjuge ou de seu companheiro.*

A vida é um direito protegido pela Constituição. O Código Penal não pode mudar um fundamento consagrado na Carta Magna. Mais: a aprovação de um código se faz por meio de projeto de lei, que requer maioria simples, em aprovação simbólica. A Constituição só pode ser alterada por emenda, com a concordância de três quintos da Câmara e do Senado, com duas votações em cada Casa.

O Código em vigência só permite a interrupção da gravidez em caso de estupro ou de a mãe correr risco de morrer. Por sua conta, o STF já foi além de suas sandálias e tornou legal, também, o aborto de fetos ditos anencéfalos — escrevo "ditos" porque, a rigor, anencefalia propriamente é uma impossibilidade. Se sem cérebro, o feto não se desenvolve. Sigamos. O que o texto faz, como fica patente, é recorrer a uma via oblíqua para legalizar o aborto volitivo. Basta que um médico OU psicólogo (atentem para o "ou") ateste que a mulher não tem condições psicológicas de arcar com a maternidade.

É um acinte à inteligência e um atentado aos códigos de conduta de duas profissões. E os médicos e psicólogos sabem que estou certo. Pergunto: a) desde quando médicos estão habilitados a assinar laudos psicológicos?; b) com base em qual fundamento teórico um psicólogo assinaria um laudo técnico atestando que a gestante não tem condições de arcar com a maternidade?

Pergunto aos juristas: médico e/ou psicólogo poderiam, por exemplo, discordar da gestante? Digamos que ela manifestasse o desejo de abortar e se dissesse sem as tais condições... Um desses profissionais poderia objetar: "Ah, ela diz que não tem condições de ser mãe, mas a gente acha que sim..." Tratar-se-ia, obviamente, da legalização pura e simples do aborto, ao arrepio da Constituição, de maneira oblíqua, longe do debate com a sociedade.

Por que afirmei que a vida de um cachorro valeria bem mais no novo Código Penal? Porque resolveu proteger os animais — e não é que eu seja contra, não. Então vamos a eles. Leiam o que dispõe o Artigo 391:

Praticar ato de abuso ou maus-tratos a animais domésticos, domesticados ou silvestres, nativos ou exóticos:

Pena — prisão, de um a quatro anos.

§ 1º Incorre nas mesmas penas quem realiza experiência dolorosa ou cruel em animal vivo, ainda que para fins didáticos ou científicos, quando existirem recursos alternativos.

§ 2º A pena é aumentada de um sexto a um terço se ocorre lesão grave permanente ou mutilação do animal.

§ 3º A pena é aumentada de metade se ocorre morte do animal.

Os rodeios, obviamente, renderão cadeia. Nunca mais veremos — já não vemos — chimpanzés nos circos com roupinha de boneca e camisetas coloridas. Crueldade inaceitável! Alguém que submetesse, sei lá, uma cadela a um aborto poderia pegar quatro anos de cana. Já o feto humano iria para o lixo sem que a lei molestasse ninguém. Gosto de bicho. Infernizava minha mãe levando pra casa tudo quanto era animal abandonado. Mas os seres humanos me comovem um pouco mais.

Um Código Penal para ninar viciados, traficantes e expor crianças às drogas

Os Artigos 212 a 224 tratam das drogas [páginas 340 a 344 do arquivo cujo link está no fim deste texto]. De todas as insanidades existentes na proposta dos juristas, esse é, sem dúvida, o capítulo campeão. O financiamento ao tráfico, ora vejam!, entra na categoria dos "crimes hediondos". Huuummm... Que comissão severa esta, não é mesmo? Então vamos ver o que diz o Artigo 212 (prestem atenção à "exclusão do crime"):

Art. 212. Importar, exportar, remeter, preparar, produzir, fabricar, adquirir, vender, expor à venda, oferecer, ter em depósito, transportar, trazer consigo, guardar, prescrever, ministrar, entregar a consumo ou fornecer drogas, ainda que gratuitamente, sem autorização ou em desacordo com determinação legal ou regulamentar:

Pena — prisão, de 5 (cinco) a 15 (quinze) anos e pagamento de 500 (quinhentos) a 1.500 (mil e quinhentos) dias-multa.

§ 1º Nas mesmas penas incorre quem:

I. importa, exporta, remete, produz, fabrica, adquire, vende, expõe à venda, oferece, fornece, tem em depósito, transporta, traz consigo ou guarda, ainda que gratuitamente, sem autorização ou em desacordo com determinação legal ou regulamentar, matéria-prima, insumo ou produto químico destinado à preparação de drogas;

II. semeia, cultiva ou faz a colheita, sem autorização ou em desacordo com determinação legal ou regulamentar, de plantas que se constituam em matéria-prima para a preparação de drogas;

III. utiliza local ou bem de qualquer natureza de que tem a propriedade, posse, administração, guarda ou vigilância, ou consente que outrem dele se utilize, ainda que gratuitamente, sem autorização ou em desacordo com determinação legal ou regulamentar, para o tráfico ilícito de drogas.

Exclusão do crime

§ 2º Não há crime se o agente:

I. adquire, guarda, tem em depósito, transporta ou traz consigo drogas para consumo pessoal;

II. semeia, cultiva ou colhe plantas destinadas à preparação de drogas para consumo pessoal.

§ 3º Para determinar se a droga destinava-se a consumo pessoal, o juiz atenderá à natureza e à quantidade da substância apreendida, à conduta, ao local e às condições em que se desenvolveu a ação, bem como às circunstâncias sociais e pessoais do agente.

§ 4º Salvo prova em contrário, presume-se a destinação da droga para uso pessoal quando a quantidade apreendida for suficiente para o consumo médio individual por cinco dias, conforme definido pela autoridade administrativa de saúde.

Quanto amor pelo individualismo! Noto, de saída, que ninguém "planta" em casa cocaína, crack ou ecstasy. O texto acima busca contemplar a reivindicação dos maconheiros organizados, que são considerados os... drogados do bem! Sim, senhores! Os "juristas" cederam ao lobby da turma da Marcha da Maconha. Acho que isso expõe a seriedade do trabalho. A causa tem um lobista muito influente — e não é o ex-presidente Fernando Henrique Cardoso, que tem uma opinião absolutamente equivocada a respeito. O deputado Paulo Teixeira, líder do PT na Câmara e vice-presidente da CPI do Cachoeira, defende que se criem cooperativas para o plantio de maconha. Segundo ele, isso serviria para combater o lucro do traficante. Parece que é contra o lucro, mas não contra a droga.

Procura e oferta

Os nossos juristas resolveram reinventar a lei de mercado: ao descriminar totalmente o consumo de droga — DE QUALQUER DROGA —, é evidente que se está dando um incentivo e tanto ao consumo e se está, por óbvio, aumentando a demanda. Quando esta cresce, a tendência é haver um aumento da oferta — até com uma eventual inflação específica, não é? Será o paraíso dos traficantes. Imaginem um monte de gente querendo consumir os produtos à luz do dia, em praça pública, sem precisar se esconder. Alguém tem de fornecer.

Mas o que é "consumo individual." Os juristas definiram: uma quantidade que abasteça o consumidor por pelo menos... CINCO DIAS! Huuummm... Os aviões do narcotráfico passarão a portar, evidentemente, o suficiente para caber nessa justificativa. É espantoso! Notem que, a exemplo da legalização do aborto, também nesse caso, o que se faz é legalizar as drogas por vias oblíquas, sem que o povo se dê conta.

Mas os juristas são pessoas preocupadas com os infantes, tá? Eles querem coibir o uso perto de crianças. Vamos ver o que propõem no Artigo 221, que trata do "uso ostensivo de droga":

Art. 221. Aquele que usar ostensivamente droga em locais públicos nas imediações de escolas ou outros locais de concentração de crianças ou adolescentes ou na presença destes será submetido às seguintes penas:

I. advertência sobre os efeitos das drogas;

II. prestação de serviços à comunidade;

III. medida educativa de comparecimento a programa ou curso educativo.

§ 1º As penas previstas nos incisos II e III do caput deste artigo serão aplicadas pelo prazo máximo de 5 (cinco) meses.

§ 2º Em caso de reincidência, as penas previstas nos incisos II e III do caput deste artigo serão aplicadas pelo prazo máximo de 10 (dez) meses.

§ 3º A prestação de serviços à comunidade será cumprida em programas comunitários, entidades educacionais ou assistenciais, hospitais, estabelecimentos congêneres, públicos ou privados sem fins lucrativos, que se ocupem, preferencialmente, da prevenção do consumo ou da recuperação de usuários e dependentes de drogas.

§ 4º Para garantia do cumprimento das medidas educativas referidas no caput, a que injustificadamente se recuse o agente, poderá o juiz submetê-lo, sucessivamente a:

I. admoestação verbal;

II. multa.

§ 5º O juiz determinará ao Poder Público que coloque à disposição do infrator, gratuitamente, estabelecimento de saúde, preferencialmente ambulatorial, para tratamento especializado.

Voltemos um pouquinho à chamada "produção doméstica de drogas". Como é que os preclaros vão saber se o pai que cultiva maconha em casa, para o seu consumo, fuma ou não a bagana na frente dos filhos, sobrinhos ou vizinhos? Obviamente, não vão saber. O que significa, no texto acima, "ostensivamente"? Qual é a distância do prédio que define "imediações das escolas"? Raio de cem metros, de duzentos, de quinhentos? O que impede um traficante de ter consigo uma quantidade de droga considerada de "uso pessoal" (para cinco dias, certo?) e dividi-la com alunos que estudam a um quilômetro do ponto de venda, distância que se percorre a pé sem grandes sacrifícios? De resto, um estudante-traficante poderá levar consigo a droga para vender na escola. Bastará não consumir dentro do prédio.

E no caso de o traficante, disfarçado de consumidor pessoal, ser flagrado, então, nas circunstâncias previstas no Artigo 221? Ora, meu caro pai, minha cara mãe, o sujeito que tentou aliciar o seu filho, ou que lhe forneceu droga, será severamente punido assim:

I. advertência sobre os efeitos das drogas;
II. prestação de serviços à comunidade;
III. medida educativa de comparecimento a programa ou curso educativo.

É ou não é de fazer qualquer traficante tremer nas bases? Alerto os senhores que, com esse Código Penal, o trabalho de repressão da Polícia Militar se tornaria virtualmente impossível. Uma operação como a da retomada da Cracolândia estaria descartada por princípio. Os zumbis do crack, em razão da natureza da droga, quase nunca têm pedras consigo. Estão é em busca de novas. Pesquisem: um usuário chega a fumar até vinte pedras por dia. Um traficante que fosse encontrado com cem poderia alegar que é seu estoque de... cinco dias! Fernandinho Beira-Mar e Marcola não pensariam em nada mais adequado a seus negócios.

O terrorismo redentor

A nova proposta de Código Penal pune, finalmente, o terrorismo. "Que bom!", dirá você. Calma, leitor apressado! Como diria o Apedeuta, é "*menas* verdade". O tema é tratado nos Artigos 239 a 242 do texto (da página 349 à 351). Já escrevi algumas vezes que o Brasil só não tem uma lei antiterror porque o MST, por exemplo, seria o primeiro a ser enquadrado. O que propõe o texto no Artigo 239?

Art. 239. Causar terror na população mediante as condutas descritas nos parágrafos deste artigo, quando:

I. tiverem por fim forçar autoridades públicas, nacionais ou estrangeiras, ou pessoas que ajam em nome delas, a fazer o que a lei não exige ou deixar de fazer o que a lei não proíbe, ou;

II. tiverem por fim obter recursos para a manutenção de organizações políticas ou grupos armados, civis ou militares, que atuem contra a ordem constitucional e o Estado Democrático ou;

III. forem motivadas por preconceito de raça, cor, etnia, religião, nacionalidade, sexo, identidade ou orientação sexual, ou por razões políticas, ideológicas, filosóficas ou religiosas.

§ 1º Sequestrar ou manter alguém em cárcere privado;

§ 2º Usar ou ameaçar usar, transportar, guardar, portar ou trazer consigo explosivos, gases tóxicos, venenos, conteúdos biológicos ou outros meios capazes de causar danos ou promover destruição em massa;

§ 3º Incendiar, depredar, saquear, explodir ou invadir qualquer bem público ou privado;

§ 4º Interferir, sabotar ou danificar sistemas de informática e bancos de dados;

§ 5º Sabotar o funcionamento ou apoderar-se, com grave ameaça ou violência a pessoas, do controle, total ou parcial, ainda que de modo temporário, de meios de comunicação ou de transporte, de portos, aeroportos, estações ferroviárias ou rodoviárias, hospitais, casas de saúde, escolas, estádios esportivos, instalações públicas ou locais onde funcionem serviços públicos essenciais, instalações de geração ou transmissão de energia e instalações militares.

Pena — prisão, de oito a quinze anos, além das sanções correspondentes à ameaça, violência, dano, lesão corporal ou morte, tentadas ou consumadas.

Forma qualificada

§ 6º Se a conduta é praticada pela utilização de arma de destruição em massa ou outro meio capaz de causar grandes danos:

Pena — prisão, de doze a vinte anos, além das penas correspondentes à ameaça, violência, dano, lesão corporal ou morte, tentadas ou consumadas.

Vocês já encontraram o MST ou os aloprados da USP no § 3º, certo? Aquele que define como terrorismo "incendiar, depredar, saquear, explodir ou invadir qualquer bem público ou privado". O otimista dirá: "Finalmente, vai acabar a impunidade." Nada disso! Se o terrorismo tiver uma "motivação social", o que os juristas querem é garantir justamente a impunidade. Vejam o que acrescentaram ao artigo:

Exclusão de crime

§ 7º Não constitui crime de terrorismo a conduta individual ou coletiva de pessoas movidas por propósitos sociais ou reivindicatórios, desde que os objetivos e meios sejam compatíveis e adequados à sua finalidade.

Caminhando para a conclusão

Quando pessoas ou grupos estiverem "movidos por propósitos sociais ou reivindicatórios", então podem invadir, queimar e depredar. "Ah, Reinaldo, não é bem assim; o texto fala em 'meios compatíveis e adequados'." Sei! Descaracteriza-se o crime para que fique por conta do subjetivismo do juiz... Há mais coisas ruins na proposta, sim! Faço aqui o elenco de algumas. Noto que se trata de uma peça, como eles dizem, "progressista", a despeito, certamente, da vontade da sociedade, que é majoritariamente contrária ao aborto, à legalização das drogas e à violência dos ditos "movimentos sociais". Ocorre que os juristas parecem munidos de um espírito supostamente iluminista e civilizador, acima do pensamento da arraia-miúda.

Não querem fazer leis que estejam à altura das necessidades da população e adequadas a seus valores e ambições. Pretendem o contrário: que um dia esse povinho mixuruca esteja à altura dos valores e ambições das leis que eles propõem. Comecem a marcação cerrada sobre os senadores! Depois será a vez dos deputados. Nesses artigos que destaquei, e há muitos outros a comentar, vai-se decidir, afinal, se um ser humano vale mais do que um jumento, se os traficantes serão enquadrados pela lei ou enquadrarão a lei e se o Brasil reconhece a existência do terrorismo benigno.

Com a palavra, o Senado Federal!

(Íntegra da proposta: www12.senado.gov.br/noticias/Arquivos/2012/06/pdf-veja-aqui-o-anteprojeto-da-comissao-especial-de-juristas)

9. FALTA DE EDUCAÇÃO

ELES ODEIAM É A CIVILIZAÇÃO! [15/05/2011]

Escrevi ontem [texto cujo endereço encontra-se ao fim deste artigo] sobre o livro didático de língua portuguesa *Por uma vida melhor* — não, não é a 539ª obra de Gabriel Chalita. Como ficou evidenciado, trata-se de um repto contra a norma culta. Seus autores sustentam ser "importante que o falante de português domine as duas variantes e escolha a que julgar adequada à sua situação de fala". Uma das variantes é o "erro". Assim, tem-se que, para esses valentes, há situações em que ele é preferível ao acerto. Só se esqueceram de considerar que, afinal de contas, cada usuário da língua pode errar à sua maneira.

Alguns bobalhões, achando que sou do tipo que se intimida com o fácil falar difícil, vêm me "informar" — vontade de gargalhar! — sobre os modernos estudos da "sociolinguística", que teria ignorado no meu comentário. Essa gente vive na bolha de plástico de certos grupelhos universitários e está convicta de que, de fato, conhece o mundo. Quem não partilha de sua mesma loucura estaria desinformado. Qual é, manés? Conheço muito bem esse debate. Não tentem misturar as estações.

Uma coisa é entender por que a fala "inculta" do povo — e ninguém, com efeito, se expressa perseguido por um manual de gramática — é eficiente, funciona, comunica; outra, diferente, é sugerir que as variantes são só uma questão de escolha e que a norma culta é uma imposição do preconceito linguístico, determinado — não se fala o nome, mas está subjacente — pela luta de classes. Trata-se de uma tolice, de uma falsa questão.

Um certo Jair afirma:

> "O autor [*eu!*] deveria, antes de sair enaltecendo a norma culta, perceber quantas vezes deixa de dizer os 's' nos plurais ou os 'r' nos verbos no infinitivo, para ver como funciona isso de 'falar errado'. Mais: preconceito deste tipo é, para mim, tão detestável quanto o racial ou o de gênero."

Coitado do Jair — ou coitados dos alunos do Jair! Ele não entendeu nada! Exalto, sim, a norma culta como uma necessidade... normativa, se me permitem a tautologia. Ninguém defende que o sujeito tenha cassados seus direitos constitucionais por falar ou escrever errado.

A questão não diz respeito a direitos, energúmenos!, mas a oportunidades. Em qualquer lugar do mundo — Brasil, Cuba ou Suécia —, o pleno domínio da língua oficial acaba selecionando pessoas para determinadas atividades. Vale até para a China, que tem o mandarim como o idioma da administração do estado. Assegurar aos estudantes — que já falam e escrevem segundo os ditames de seus próprios erros e pautados por ignorâncias específicas — que os níveis de linguagem são equivalentes e que se está diante de uma questão de escolha corresponde a uma mentira, que será desmentida pela vida. Ocupar uma única aula que seja com esta bobagem, em vez de lhes ensinar análise sintática, constitui um crime contra a educação.

A quem interessa esse debate sobre preconceito linguístico, níveis de linguagem, eficiência da comunicação e afins? Aos estudantes? Não! Isso é, e deve ser, preocupação de especialistas, inclusive os do ensino. Se um professor consegue identificar os erros mais frequentes de seus alunos — tendo a norma culta como referência —, se consegue caracterizá-los, entender a sua natureza, então se torna certamente mais fácil ensinar a, vá lá, língua oficial.

O país vive um fenômeno terrível. A escola era um privilégio, expressão óbvia da injustiça social, o que condenava o país ao atraso. Era para poucos, mas, sabe-se, eficiente naquele pequeno universo. A necessária massificação trouxe consigo a perda da qualidade. Uma escola universalizada é necessariamente ruim? Não! Mas, para ser boa, precisa operar com critérios muito rígidos de seleção de mão de obra e de avaliação de desempenho dos professores — além, obviamente, de contar com infraestrutura adequada. Não temos nada disso.

A "democratização" do ensino só faz sentido e só será útil aos mais pobres se estes puderem ter acesso aos códigos da cultura que ditam as escolhas relevantes que se fazem no país. Ninguém nega que os milhões de brasileiros que se apropriam da língua à sua maneira sabem se comunicar e até descobrem modos muito criativos de fazê-lo. Mais: sabem os especialistas que a mais errada expressão de uma língua conserva a sua estrutura profunda. Mesmo o discurso dos loucos se encaixa em certos parâmetros. Levar esse debate à sala de aula é uma tolice, uma perda de tempo, uma estupidez.

Uma das marcas históricas do Brasil é a unidade linguística — e sempre soubemos lidar bastante bem com as diferenças, sem que prosélitos tenham de transformá-las numa teoria do poder. Ainda hoje, quando especialistas mundo afora pensam as condições objetivas dos países do BRIC (Brasil, Rússia, Índia e China), essa unidade distingue positivamente o nosso país.

Ah, não mais se depender dos autores do livro *Por uma vida melhor*. Para eles, o ensino da língua portuguesa se confunde com uma imposição de classe.

Não deveríamos estar expostos a essa picaretagem, mas estamos. Chegamos a esse debate miserável depois de três décadas de militância ativa do petismo nas universidades e nas escolas. Já escrevi e reitero: nem se pode dizer que foi o velho marxismo que fez isso com a inteligência brasileira. Essa boçalidade, acreditem, nem mesmo marxista é. O antigo comunismo conjugava com a sua vocação homicida a crença num novo homem, que desfrutaria os bens da civilização quando se libertasse da opressão dos burgueses e aristocratas. Essa gente que hoje dá as cartas na educação tem um ódio muito mais perverso e devastador do que o ódio de classe: odeia é a civilização propriamente dita...

Para essa canalha, o homem se perdeu definitivamente quando passou a andar com a coluna ereta. A partir daquele momento, estava destinado a devastar a natureza e a criar normas, inclusive as da linguagem, que só serviriam à opressão.

(Endereço do artigo citado: http://veja.abril.com.br/blog/reinaldo/geral/livro-didatico-faz-a-apologia-do-erro-exponho-a-essencia-da-picaretagem-teorica-e-da-malvadeza-dessa-gente/)

O SACERDOTE DO ERRO [18/05/2011]

A professora Heloísa Ramos, a autora do livro *Por uma vida melhor* — aquele do "nós pega o peixe" — é, do ponto de vista intelectual, apenas uma noviça na área. O verdadeiro sacerdote dessa bobajada se chama Marcos Bagno, professor da Universidade de Brasília.

O valente tem uma página na internet. É o propagador, nas escolas brasileiras, do conceito do "preconceito linguístico". Bagno denuncia o que não existe e propõe métodos profiláticos contra o mal que ele mesmo inventou. Professores de língua portuguesa, a maioria incapaz de entender e de ensinar gramática, apegam-se a seus textos como o náufrago busca uma boia: "Ah, finalmente alguém diz que essa conversa de regra é bobagem!" É batata, queridos! O sujeito radicalmente contrário a que se ensine o que é uma oração subordinada substantiva completiva nominal reduzida de infinitivo costuma não saber o que é uma oração subordinada substantiva completiva nominal reduzida de infinitivo. E sente, então, a necessidade de combater aquilo que ignora.

Resultado: professores de português se tornam "debatedores". Essa praga está em todo lugar. Não pensem que floresce apenas em escolas públicas, em que não há critérios para medir o desempenho do professor. Textos do tal Bagno são debatidos também nas escolas privadas. Alguns tarados, sob o pretexto de "problematizar" o preconceito linguístico, brincam mesmo é de luta de classes. A única função meritória de um professor de português é cuidar da harmonia de classes — da classe das palavras.

Na página de Bagno, encontro estas pérolas:

> "'As pessoas que falam e escrevem sobre a língua na mídia em geral são jornalistas, advogados ou professores de português que não estão ligados à pesquisa, não participam do debate acadêmico, não estão em dia com as novas tendências da Linguística — são os que eu chamo de gramatiqueiros', critica Bagno. Para ele, esses 'pseudoespecialistas', ao tentar fazer as pessoas decorarem regras que ninguém mais usa, estariam vendendo 'fósseis gramaticais', fazendo da suposta dificuldade da língua portuguesa um produto de boa saída comercial. Outro 'mito' tratado no livro *Preconceito linguístico: o que é, como se faz* é a ideia, bastante difundida, de que a língua portuguesa é difícil. Bagno afirma que a dificuldade de se lidar com a língua é resultado de um ensino marcado pela obsessão normativa, terminológica, classificatória, excessivamente apegado à nomenclatura. Um ensino que parece ter como objetivo a formação de professores de português e não a de usuários competentes da língua. E que ainda por cima só poderia formar maus professores, já que estaria baseado numa gramática ultrapassada, que não daria conta da realidade atual da língua portuguesa no Brasil."

Viram? É mais um que ataca a norma culta, alegando, para isso, a sua condição de especialista. E todos os que discordam dele seriam meros "gramatiqueiros". Bagno se tornou a referência culta dos militantes da ignorância. Fez fama e, acho, fortuna afirmando essas coisas. Seus livros sobre preconceito linguístico são um sucesso. Qualquer um que combata a gramática sem saber gramática é só um vigarista. Ele é uma espécie de autor de autoajuda dos despossuídos da norma. Convenham: o ignorante fica feliz ao ler que aquilo que ignora não tem importância...

Não por acaso, quem apareceu ontem no jornal *O Globo* em defesa do tal livro da professora Heloísa Ramos, adotado pelo MEC? Ele próprio. E encontrou uma saída típica dos petistas, acusando adivinhem quem... Sim, FHC! Leiam:

> "Não é coisa de petista. Já no governo Fernando Henrique, sob a gestão do ministro Paulo Renato, os livros didáticos de português avaliados pelo MEC começavam a abordar os fenômenos da variação linguística, o caráter inevitavelmente heterogêneo de qualquer língua viva falada no mundo transforma qualquer idioma usado por uma comunidade humana."

Oh, não me diga! Quem nega que a língua seja viva? Quem nega a existência de diferenças entre a norma culta e a fala? Quem nega a criatividade do falante no uso do próprio idioma? Uma coisa é descrever esses fenômenos, tentar entender a sua gênese, ver como podem servir ao ensino; outra, distinta, é negar as virtudes da norma. É a sua compreensão que permitirá ao aluno, é bom deixar claro, entender direito o que lê.

A ser como quer esse valentão todo cheio de si, muito cônscio da sua especialidade, os brasileiros se dividirão em grupos com determinado domínio da língua e viverão, como dizia aquela musiquinha, presos "a seu quadrado". O especialista Bagno, tão "progressista", é um notável exemplo de reacionarismo. A seguir seu modelo, em breve, a língua portuguesa será um arcano cujo domínio pertencerá à elite dirigente. O "povão", este de que os petistas dizem gostar tanto, que se contente com o domínio precário do idioma. Por que ter mais? Para certas universidades vagabundas, tá bom demais!

Professor que usa as aulas para debater "preconceito linguístico" está enganando. Ou joga fora o dinheiro público, se escola pública, ou o dos pais dos estudantes, se escola privada. É como se um professor de matemática ocupasse seu tempo provando a inutilidade da matemática. Muitos se espantam: "Mas por que os nossos alunos são, na média, incapazes de interpretar um texto?" Bagno diria que isso é mentira. É que deram aos jovens o texto errado... Eles precisam ler alguma coisa que seja própria de sua classe.

Bagno sai em defesa do petismo porque ele próprio floresce junto com o PT. É o "intelectual" símbolo da cultura disseminada pelos petistas, pouco importa se filiado ou não.

Para todos os efeitos, seria o amigo do "povão", não os seus críticos. Questionado, imediatamente evoca a sua condição de "especialista", o que não seria o caso dos adversários intelectuais. Propagando a ignorância, tornou-se um nababo da sua própria especialidade: depredar a norma culta da língua. Se alguém tem ainda alguma dúvida sobre qual é a dele, leiam este outro trecho de uma entrevista:

"Outro grande perpetuador da discriminação linguística são os meios de comunicação. Infelizmente, pois eles poderiam ser instrumentos maravilhosos para a democratização das relações linguísticas da sociedade. No Brasil, por serem estreitamente vinculados às classes dominantes e às oligarquias, assumiram o papel de defensores dessa língua portuguesa que supostamente estaria ameaçada. Não interessa se 190 milhões de brasileiros usam uma determinada forma linguística, eles estão todos errados e o que apregoam como certo é aquela forma que está consolidada há séculos. Isso ficou muito evidente durante todas as campanhas presidenciais de que Lula participou. Uma das principais acusações que seus adversários faziam era essa: como um operário sem curso superior, que não sabe falar, vai saber dirigir o país? Mesmo depois de eleito, não cessaram as acusações de que falava errado. A mídia se portava como a preservadora de um padrão linguístico ameaçado inclusive pelo presidente da República. Nessas sociedades e nessas culturas muito centradas na escrita, o padrão sempre se inspira na escrita literária. Falar como os grandes escritores escreveram é o objetivo místico que as culturas letradas propõem. Como ninguém fala como os grandes escritores escrevem, a população inteira em teoria fala errado, porque esse ideal é praticamente inalcançável."

A pergunta que não quer calar: por que ele próprio se expressa segundo a norma culta? Mais: nessa entrevista, Bagno, agarrado à demagogia, diz que podemos, sim, cultivar e gostar da nossa língua, mas sem esquecer quantas pessoas sofreram para que se impusesse. Entendeu, leitor? A cada vez que você ler, sei lá, um verso de Camões, acenda uma vela para o grande cacique Touro Sentado...

A GRAMÁTICA É A LEGISLAÇÃO DA LÍNGUA [18/05/2011]

É incrível como, nessa história do livro didático e do ensino da língua, os mistificadores se revelam. A educação, sem dúvida, é a área que mais padece com a ideologização das ciências humanas e das teorias da comunicação. Tenta-se fazer da escola uma espécie de plataforma da "grande virada" do oprimido... "Oh, o Reinaldo paranoico acha que os esquerdistas vão fazer revolução com as crianças!" Não! Não acho, não! Acho que essa gente está idiotizando as crianças. Não fazem nem educação nem revolução. Investe-se na ignorância e, obviamente, na formação de estudantes amestrados e adestrados aos valores de um partido. Isso está em curso e vitima principalmente os mais pobres. Os alunos com mais recursos, ainda que expostos às mesmas bobagens, dispõem de instrumentos para vencer as barreiras do cretinismo.

Os mais patéticos de quantos me escrevem furiosos com as críticas aos professores Heloísa Ramos e Marcos Bagno são aqueles que falam em nome da "sociolinguística". Trata-se de uma súcia de ignorantes enfatuados que não têm noção do que estão falando. Não me refiro a todos os especialistas dessa área, é evidente; só àqueles que justificam a violência que está sendo cometida contra os alunos.

Se os estudos da sociolinguística, que descrevem fenômenos da linguagem nos vários grupamentos sociais, fossem justificativa para convalidar o erro e a chamada "língua do povo", como se essa porcaria existisse, as faculdades de direito, em vez de ensinar aos futuros advogados a legislação vigente e a Constituição, dedicar-se-iam apenas a estudar os mecanismos que formam as desigualdades, declarando a desnecessidade das leis e dos códigos.

"Mas não se pode estudar a sociologia das leis, Reinaldo?" Claro que sim! Mas imaginem qual seria o efeito se, em nome do que sabemos sobre a desigualdade, convalidássemos todas as agressões legais, de modo que cada indivíduo — ou grupo de indivíduos — pudesse fazer a "escolha" entre a norma e a transgressão. A gramática é um código coletivo, a exemplo da Constituição, do Código Civil e do Código Penal. No dia a dia, é bem possível que todos nós, em vários momentos, cometamos pequenas transgressões — e há aqueles que cometem as grandes. Isso não quer dizer que possamos alegar ignorância da lei para fazer o que nos der na telha.

Um mundo sem leis, baseado apenas em noções abstratas de justiça e na sua prática cotidiana, seria melhor? Não! Voltaríamos à barbárie, ao estado da natureza. Assim como o desenvolvimento social e as necessidades vividas mudam, com o tempo, os códigos legais, também a prática cotidiana da língua acaba, um dia, alterando a norma, estabelecendo uma nova referência. A gramática é a ciência do direito da linguagem. Sem ela

A analogia é conceitual e episodicamente cabível. Marcos Bagno fez da Universidade de Brasília o seu aparelho de luta. É a mesma instituição que abriga a turma do Direito Achado na Rua. Bagno é a Gramática Achada na Rua. Não por acaso, as duas correntes, de áreas diversas, pretendem jogar no lixo os códigos vigentes, reconhecidos pela sociedade democrática, em benefício da "verdade verdadeira" do povo. Não por acaso, as duas correntes entendem que a norma é resultado da luta de classes. Ora, se a "luta" existe e se o "oprimido" ainda não está no poder, então é porque gramática e leis reproduziriam a vontade do opressor. É um raciocínio bucéfalo!

Não custa lembrar: o MEC que põe esse lixo nas mãos das crianças — e que as incentivam a ser, mais do que ignorantes conformadas, ignorantes propositivas — é o mesmo que compra e distribui livros de história em que o Apedeuta aparece como o salvador da pátria, e seu antecessor, como o verdugo.

Faz sentido: no país em que a mentira vira história oficial, o Apedeuta só poderia ser um estilista da língua portuguesa.

HADDAD COMO UM ESTETA DO HOMICÍDIO [01/06/2011]

Até ontem, a presidente Dilma Rousseff mantinha no Ministério da Educação um ministro incompetente o bastante para desmoralizar o Enem; irresponsável o bastante para tentar entregar a alunos de onze anos material que faz proselitismo sobre sexualidade; negligente o bastante para permitir que o MEC distribua a escolas livros didáticos que ou fazem a apologia do erro ou distorcem a história a favor de um partido; mistificador o bastante para maquiar dados referentes à sua pasta. A partir de hoje, se Dilma mantiver Fernando Haddad à frente da Educação, não estará mantendo apenas o incompetente, o irresponsável, o negligente e o mistificador.

Aquele que deveria ser o executivo mais importante da Esplanada dos Ministérios revela-se também um esteta da morte; um teórico do homicídio em massa; um justificador da barbárie supostamente instruída. Haddad desmoraliza o decoro republicano, o humanismo, a ética, o escrúpulo e o bom-senso. Revelou-se um monstro moral. Ao afirmar o que afirmou ontem numa comissão do Senado, o que lhe falta para justificar o assassínio em massa não é disposição subjetiva e coragem; faltam-lhe apenas as circunstâncias que fariam aflorar o ogro, mesmo com aquela sua aparência de janota inofensivo de pizzaria.

A partir de hoje, senhores leitores, passa a ser um imperativo moral gritar nas redes sociais: "FORA, HADDAD!" A partir de hoje, passa a ser um imperativo ético não deixar que passe um só dia sem que evidenciemos o repúdio que suas ideias nos causam, o desconforto que a sua simples presença física pode provocar em todos aqueles que prezam a vida humana, sua dignidade, sua grandeza possível. Haddad num cargo público escandaliza os direitos humanos, viola as regras da convivência democrática, rebaixa o poder público à sua expressão mais mesquinha. O que ele disse foi sério, foi grave, foi asqueroso. E seria indecente considerar que apenas recorria a uma metáfora, que forçava a mão num exemplo hiperbólico, que tentava encarecer uma ideia recorrendo a uma digressão infeliz.

Haddad explicava na Comissão de Educação do Senado por que o MEC não recolheria os livros didáticos que fazem o elogio do erro e que, sob o pretexto de discutir uma questão de natureza linguística, rebaixam a norma culta da língua a uma simples alternativa entre outras, o que gerou a reação indignada de gramáticos, professores, escritores, jornalistas, políticos e, antes deles todos, dos próprios estudantes. Diferentemente do que pretende a boçalidade militante em certos nichos da vagabundagem ideológica, as críticas não partiram só "da direita"; partiram de "gente direita". Segundo o ministro, essas pessoas não teriam lido o livro, o que é uma resposta intelectualmente pilantra. Em artigos anteriores aqui reunidos, por exemplo, destaquei trechos em que há um quase incitamento à contestação da norma culta. E Haddad, então, chafurdou na lama do opróbrio (Emir Sader, outro "intelectual" petista, escreve "opróbio"), da torpeza, da abjeção.

Respondendo a uma observação do senador Álvaro Dias (PSDB-PR), que lembrou que até o ditador da URSS Josef Stálin defendia a norma culta da língua, Haddad decidiu ter uma grande ideia, filosofar, ser profundo. E atacou seus críticos com estas palavras, diante de uma comissão atônita:

> "Há uma diferença entre o Hitler e o Stálin que precisa ser devidamente registrada. Ambos fuzilavam seus inimigos, mas o Stálin lia os livros antes de fuzilá-los. Essa é a grande diferença. Estamos vivendo, portanto, uma pequena involução, estamos saindo de uma situação stalinista e agora adotando uma postura mais de viés fascista, que é criticar um livro sem ler."

Que estupidez!

Que vergonha!

Que desonra!

Haddad é do tipo que acredita que as diferenças entre Hitler e Stálin precisam ser "devidamente registradas" em benefício de um deles — no caso, o líder comunista, sem ignorar que ambos "fuzilavam seus inimigos". Ler a obra dos autores antes de fuzilá-los — o que Hitler não fazia, segundo ele — estabeleceria o Bigodudo homicida num patamar superior ao do Bigodinho homicida. E como a gente sabe ser essa a opinião deste senhor? Porque ele vê a Postura B — "matar sem ler" — como uma "involução" em relação à Postura A — matar depois de ler. Não tivesse tal consideração nenhuma outra implicação, a fala já seria degradante o bastante. Afinal, que importância tem o nível de instrução ou o cuidado com a leitura do homicida em massa se homicida em massa?

O fato de Stálin eventualmente se interessar por história e — atenção! — linguística (Heloísa Ramos certamente seria fuzilada!) faria dele um assassino mais respeitoso do que Hitler? Em número de vidas humanas, diga-se, o tirano soviético superou o outro largamente: os que lhe atribuem menos homicídios falam em 25 milhões; a cifra chega aos 40 milhões. Só perde para Mao Tsé-Tung, outro fedorento, com seus estimados 70 milhões de cadáveres.

Mas, reitero, há outro conteúdo perverso na fala de Haddad, que se revela, como sempre, com o exercício cristalino da lógica, ainda a arma mais poderosa que há contra tiranos e "tiranófilos". Se Haddad acha que a grande falha dos críticos de *Por uma vida melhor* está em não terem lido o livro (segundo ele, claro...), admite implicitamente que a leitura, aí sim, conferia razão a Stálin para fuzilar seus inimigos. Haddad estabelece, assim, a diferença entre o fuzilador justo de inimigos e o fuzilador injusto. No fim das contas, Haddad está a nos dizer que a diferença entre Stálin e Hitler — e ele vê como uma "involução" a postura do segundo em relação à do primeiro — é que o líder soviético matava por bons motivos, e Hitler, por maus...

Eu, confesso, achei que Haddad não pudesse descer ainda mais, depois que se revelou que o material do MEC poderia ser caracterizado como uma forma derivada de pedofilia e molestamento. Mas o fato é que não devemos subestimá-lo. Seu amor ao stalinismo é antigo. Já lhes contei no blog [no texto cujo endereço se encontra ao fim deste artigo]. Ele é formado em direito e fez mestrado em economia. O nome de sua monografia, de 1990, é "O caráter socioeconômico do sistema soviético". Estudou aquilo e achou bom pra chuchu. Menos de dois anos depois, a URSS tinha desmoronado. Isso é que é analista! Em 2004, ainda não tinha se conformado com o fim dos camaradas e escreveu um livro intitulado *Trabalho e linguagem — para a renovação do socialismo*. Ali se encontra a seguinte afirmação: "O sistema soviético nada tinha de reacionário. Trata-se de uma manifestação absolutamente moderna frente à expansão do império do capital." Uma pena que o povo soviético e todo o Leste Europeu pensassem o contrário, né? Como se vê, o apreço por Stálin é antigo.

Este mímico de intelectual é capaz de escrever bobagens estupendas como esta:

"Sob o capital, os vermes do passado, por vezes prenhes de falsas promessas, e os germes de um futuro que não vinga concorrem para convalidar o presente, enredado numa eterna reprodução ampliada de si mesmo, e que, ao se tornar finalmente onipresente, pretende arrogantemente anular a própria história. Esse é o desafio que se põe aos socialistas. A tarefa, 150 anos atrás, parecia bem mais fácil."

Sabem o que isso quer dizer? Nada! O janota de pizzaria, ao contemplar a própria obra, deve ter pensado: "Não entendi nada, mas adorei."

Este senhor era dado a exorbitar, e já há muito tempo, no ridículo, como se vê. Ontem, no Senado, na Casa do Povo, foi muito além do que deve suportar uma elite política com um mínimo de vergonha na cara. Se os integrantes do Legislativo permitirem que um ministro da Educação se manifeste naqueles termos no Senado sem o claro repúdio a suas palavras, então é este Poder da República que se degrada e que se cobre de desonra. E tem mais uma coisa, ministro. Nas trevas da ignorância, o senhor se esqueceu de lembrar que Stálin era ainda "hábil" para fuzilar os amigos!

(Endereço do texto citado: http://veja.abril.com.br/blog/reinaldo/geral/haddad-um-pensador-do-socialismoou-o-homem-que-quase-salvou-a-uniao-sovietica/)

VESTIBULAR FRAUDA REINALDO AZEVEDO E CAMÕES [14/06/2011]

Já escrevi uma vez: eles não se cansam, mas eu também não me canso. Eles têm a sua rede de vigarice e maledicência, eu tenho os fatos. O Instituto Federal de Educação, Ciência e Tecnologia do Rio Grande do Norte fez um concurso para contratar professores de língua portuguesa para o ensino médio e nível superior. A turma lá decidiu usar um texto meu, publicado na edição nº 2025 da *Veja*, de 12 de setembro de 2007. Serviu de referência para seis questões. Cinco delas têm de ser anuladas. Candidatos que se sintam lesados e queiram recorrer à Justiça podem usar este meu post como suporte. Sou o autor. Sei o que escrevi. E o Instituto mentiu sobre o meu texto.

O artigo que escrevi foi submetido a um crivo ideológico e teve seu sentido deturpado. Atribuíram-lhe um conteúdo comprovadamente falso. Pior: o Instituto Federal de Educação, Ciência e Tecnologia do Rio Grande do Norte induz os candidatos a um erro no que diz respeito à gramática, além de atribuir a Camões o que nunca escreveu. Escárnio: o concurso seleciona professores de língua portuguesa!

Abaixo, reproduzo o meu artigo, de 2007, que critica a reforma ortográfica. Mesmo escrito há cinco anos, poderia servir como contestação às bobagens presentes no livro de Heloísa Ramos, aquela que faz a apologia do erro.

Restaurar é preciso; reformar não é preciso

A reforma ortográfica que se pretende é um pequeno passo (atrás) para os países lusófonos e um grande salto para quem vai lucrar com ela. O assunto me enche, a um só tempo, de indignação e preguiça. O Brasil está na vanguarda dessa militância estúpida. Por que estamos sempre fazendo tudo pelo avesso? Não precisamos de reforma nenhuma. Precisamos é de restauração. Explico-me.

A moda chegou por aqui na década de 70, espalhou-se como praga divina e contribuiu para formar gerações de analfabetos funcionais: as escolas renunciaram à gramática e, em seu lugar, passaram a ensinar uma certa "Comunicação e Expressão", pouco importando o que isso significasse conceitualmente em sua grosseira redundância. Na prática, o aluno não precisava mais saber o que era um substantivo; bastava, dizia-se, que soubesse empregá-lo com eficiência e, atenção para a palavra mágica, "criatividade". As aulas de sintaxe — sim, leitor, a tal "análise sintática", lembra-se? — cederam espaço à "interpretação de texto", exercício energúmeno que consiste em submeter o que se leu a perífrases — reescrever o mesmo, mas com excesso de palavras, sempre mais imprecisas. O ensino crítico do português foi assaltado pelo chamado "uso criativo" da língua. Para ser didático: se fosse pintura, em vez de ensinar o estudante a ver um quadro, o professor se esforçaria para torná-lo um Rafael ou um Picasso. Se fosse música, em vez de treinar o seu ouvido, tentaria transformá-lo num Mozart ou num Beethoven. Como se vê, era o anúncio de um desastre.

Os nossos Machados de Assis, Drummonds e Padres Vieiras "do povo" não apareceram. Em contrapartida, o analfabetismo funcional expandiu-se célere. Se fosse pintura, seria garrancho. Se fosse música, seria a do Bonde do Tigrão. É só gramática o que falta às nossas escolas? Ora, é certo que não. O país fez uma opção — ainda em curso e atravessando vários governos, em várias esferas — pela massificação de ensino, num entendimento muito particular de democratização: em vez de se criarem as condições para que, vá lá, as massas tivessem acesso ao conhecimento superior, rebaixaram-se as exigências para atingir índices robustos de escolarização. Na prova do Enem aplicada no mês passado, havia uma miserável questão próxima da gramática. Se Lula tivesse feito o exame, teria chegado à conclusão de que a escola, de fato, não lhe fez nenhuma falta. Isso não é democracia, mas vulgaridade, populismo e má-fé.

Não é só a língua portuguesa que está submetida a esse vexame, é claro. As demais disciplinas passaram e passam pela mesma depredação. A escola brasileira é uma lástima. Mas é nessa área, sem dúvida, que a mistificação atingiu o estado de arte. Literalmente. Aulas de português se transformam em debates, em que o aluno é convidado (santo Deus!) a fazer, como eles dizem, "colocações" e a "se expressar". Que diabo! Há gente que não tem inclinação para a pintura, para a música e para a literatura. Na verdade, os talentos artísticos são a exceção, não a regra. Os nossos estudantes têm de ser bons leitores e bons usuários da língua formal. E isso se consegue com o ensino de uma técnica, que passa, sim, pela conceituação, pela famigerada gramática. Precisamos dela até para entender o "Virundum". Veja só:

> "Ouviram do Ipiranga
> as margens plácidas
> De um povo heroico
> o brado retumbante"

Quem ouviu o quê e onde, santo Deus? É "as margens plácidas" ou "às margens plácidas"? É perfeitamente possível ser feliz, é certo, sem saber que foram as margens plácidas do rio Ipiranga que ouviram o brado retumbante de um povo heroico. Mas a felicidade, convenham, é um estado que pode ser atingido ignorando muito mais do que o hino. À medida que se renuncia às chaves e aos instrumentos que abrem as portas da dificuldade, faz-se a opção pelo mesquinho, pelo medíocre, pelo simplório.

As escolas brasileiras, deformadas por teorias avessas à cobrança de resultados — e o esquerdista Paulo Freire (1921-1997) prestou um desserviço gigantesco à causa —, perdem-se no proselitismo e na exaltação do chamado "universo do educando". Meu micro ameaçou travar em sinal de protesto por escrever essa expressão máxima da empulhação pedagógica. A origem da palavra "educação" é o verbo latino *duco*, que significa "conduzir", "guiar" por um caminho. Com o acréscimo do prefixo "se", que significa afastamento, temos *seduco*, origem de "seduzir", ou seja, "desviar" do caminho. A "educação", ao contrário do que prega certa pedagogia do miolo mole, é o contrário da "sedução". Quem nos seduz é a vida, são as suas exigências da hora, são as suas causas contingentes, passageiras, sem importância. É a disciplina que nos devolve ao caminho, à educação.

Professores de português e literatura vivem hoje pressionados pela ideia de "seduzir", não de "educar". Em vez de destrincharem o objeto direto dos catorze primeiros versos que abrem *Os Lusíadas*, apenas o texto mais importante da língua portuguesa, dão um pé no traseiro de Camões (1524-1580), mandam o poeta caolho cantar sua namoradinha chinesa em outra barcarola e oferecem, sei lá, facilidades da MPB — como se a própria MPB já não fosse, em nossa esplêndida decadência, um registro também distante das "massas". Mas nunca deixem de contar com a astúcia do governo Lula. Na citada prova do Enem, houve uma "modernização" das referências: em vez de Chico Buarque, Engenheiros do Hawaii; em vez de Caetano Veloso, Titãs. Na próxima, é o caso de recorrer ao funk de MC Catra: "O bagulho tá sério/Vai rolar o adultério/Paran, paran, paran/Paran, paran..."

Precisamos de restauração, não de mais mudanças. Veja acima, no par de palavras "educação/sedução", quanto o aluno perde ao ser privado da etimologia, um conhecimento fascinante. As reformas ortográficas, acreditem, empobrecem a língua. Não democratizam, só obscurecem o sentido. Uma coisa boba como cassar o "p" de "exce(p)ção" cria ao leitor comum dificuldades para que perceba que ali está a raiz de "excepcional"; quantos são os brasileiros que relacionam "caráter" a "característica" — por que deveriam os portugueses abrir mão do seu "carácter"? O que um usuário da nossa língua perderia se, em vez de "ciência", escrevesse "sciência", o que lhe permitiria reconhecer na palavra "consciência" aquela mesma raiz?

Veja o caso do francês, uma língua que prima não por letras, mas por sílabas "inúteis", não pronunciadas. E, no entanto, os sempre revolucionários franceses fizeram a opção pela conservação. Uma proposta recente de reforma foi unanimemente rejeitada, à direita e à esquerda. Foi mais fácil cortar cabeças no país do que letras. A ortografia de Voltaire (1694-1778) está mais próxima do francês contemporâneo do que está Machado de Assis do português vigente no Brasil. O ditador soviético Stálin (1879-1953) era metido a linguista. Num rasgo de consciência sobre o mal que os comunistas fizeram, é dono de uma frase interessante: "Fizemos a revolução, mas preservamos a bela língua russa." Ora, dirão: este senhor é um mau exemplo. Também acho. O diabo é que ele se tornou referência de política, não de conservação da língua...

Já que uma restauração eficaz é, eu sei, inviável, optemos ao menos pela educação, não por uma nova e inútil reforma. O pretexto, ademais, é energúmeno. Como escreveu magnificamente o poeta português Fernando Pessoa (1888-1935), houve o tempo em que a terra surgiu, redonda, do azul profundo, unida pelo mar das grandes navegações. Um mar "portuguez" (ele grafou com "z"). Hoje, os países lusófonos estão separados pela mesma língua, que foi se fazendo história. A unidade só tem passado. E nenhum futuro.

Agora vamos às questões (em itálico e negrito), sempre seguidas dos meus comentários.

01. A organização das ideias apresentadas no texto é norteada pela:

A) problematização da inutilidade da reforma ortográfica e da ineficácia das aulas de português e de literatura.

B) defesa de um ponto de vista alicerçado, sobretudo, em argumentos de autoridade.

C) crítica às teorias educacionais de Paulo Freire, associando-lhes a responsabilidade pelo insucesso das aulas de português e de literatura.

D) restrição temática a questões técnicas relacionadas à reforma ortográfica e ao ensino de língua portuguesa e de literatura, sem revelar posicionamentos de cunho político-ideológico.

Evidentemente, a alternativa mais correta é a D, já que não esboço posicionamento político-ideológico nenhum! Num dado momento, digo ali que uma postura errada atravessou vários governos. Quem me patrulha é o instituto. A alternativa A pode sugerir que considero ineficaz ministrar aulas de língua e literatura. Eu as critico na forma como são ministradas hoje. Mais: em nenhum momento afirmo que a reforma é inútil. Inútil é aquilo que não serve pra nada, que é irrelevante. Estou dizendo justamente o contrário: ela até pode ser útil a um propósito que considero ruim. SOU O AUTOR DO TEXTO, SENHORES "CONCURSANDOS" (é uma licença, valentes!). Sei o que escrevi. Estou assegurando que a resposta correta, dadas as alternativas, é a D. Vamos à questão nº 2.

02. Ao longo do texto, as opiniões sobre a reforma ortográfica revelam:

A) juízos de valor assentados nos princípios da sociolinguística, para a qual a natureza variável da língua é um pressuposto fundamental.

B) juízos de valor consoantes com o senso comum, uma vez que, para os estudos sociolinguísticos, é impróprio afirmar que há línguas ricas e línguas pobres.

C) sintonia com o princípio de que toda língua apresenta variação social ou diastrática, mais especificamente no que se refere à variação de classe social.

D) sintonia com uma visão do senso comum assentada na concepção sociointeracionista de linguagem.

Das alternativas dadas, a mais correta é a A, mas dizem ser a B porque, afinal, não gostam de mim e acham que sou um sujeito reacionário, que se move pelo "senso comum". A propósito, aquela digressão que fiz sobre "educação e sedução" é coisa que se encontra em qualquer esquina... Comuníssimo! Ora, escrevi o artigo justamente para demonstrar a "natureza variável da língua": o "nosso" português é único, diferente dos demais; carrega as marcas da nossa história. A unificação pretendida é um delírio autoritário. Ao afirmar que a alternativa correta é a B, é forçoso admitir que defendi no texto a existência de "línguas ricas e de línguas pobres". Os examinadores estão mentindo. Sei o que escrevi. Estou assegurando que a resposta correta, dadas as alternativas, é a A. Vamos à questão nº 3.

03. Na intenção de ilustrar como seria uma aula de português que, em vez de seduzir, eduque, Reinaldo Azevedo orienta os professores a "destrincharem o objeto direto dos catorze primeiros versos que abrem Os Lusíadas*" (l. 49). Segue o excerto a que o autor fez referência.*

01. As armas e os barões assinalados,
02. Que, da ocidental praia lusitana,
03. Por mares nunca de antes navegados,
04. Passaram ainda além da Taprobana,
05. Em perigos e guerras esforçados.
06. Mais do que prometia a força humana,
07. Entre gente remota edificaram
08. Novo reino, que tanto sublimaram;

09. E também as memórias gloriosas
10. Daqueles reis que foram dilatando
11. A Fé, o Império, e as terras viciosas
12. De África e de Ásia andaram devastando,
13. E aqueles que por obras valerosas
14. Se vão da lei da morte libertando:
15. Cantando espalharei por toda parte,
16. Se há tanto me ajudar o engenho e arte.

CAMÕES, Luís. Os Lusíadas. *Belo Horizonte: Itatiaia, 1990, p. 29. ("Grandes obras da cultura universal"; v.2.)*

Em relação à orientação didática proposta por Reinaldo Azevedo, é correto afirmar:

A) não há justificativa sintática para admitir, nos catorze versos que antecedem a ocorrência do verbo espalhar, a função de objeto direto, pois eles se encontram antepostos ao verbo da oração principal.

B) não se trata do "objeto direto dos catorze primeiros versos", como assegura o autor, mas de uma sequência de valor adverbial contida nesse conjunto de versos e adjunta do verbo espalhar.

C) não se trata do "objeto direto dos catorze primeiros versos", como assegura o autor, mas do complemento do verbo espalhar, que aparece no verso quinze.

D) não há justificativa sintática para se atribuir transitividade direta ao verbo espalhar, uma vez que ele vem seguido pela preposição por.

Agora a coisa fica muito séria. No meu texto, afirmo: "Em vez de destrincharem o objeto direto dos catorze primeiros versos que abrem *Os Lusíadas*, apenas o texto mais importante da língua portuguesa, [os professores] dão um pé no traseiro de Camões (...)." Notem que nem escrevi que todos os catorze versos são objeto direto, mas poderia tê-lo feito porque, de fato, são isso mesmo; as orações adjetivas que se colam aos objetos não mudam a sua natureza.

Dizem os examinadores que a alternativa correta é a C, mas inexiste alternativa correta pela simples razão de que "espalhar" é, sim, um verbo transitivo direto; se é, seu complemento é o objeto direto. Vamos ver.

– O primeiro objeto direto está no primeiro verso:

O narrador de *Os Lusíadas*, na ordem direta, está afirmando: "[Espalharei por toda parte] as armas e os barões assinalados." O que vai do verso 2 ao verso 8 são orações subordinadas adjetivas explicativas — e explicam aquele objeto direto.

– O segundo objeto direto está no verso 9 e em parte do 10:

"[Espalharei por toda parte] também as memórias gloriosas daqueles reis." O que se segue em parte do 10, no 11 e no 12 são orações subordinadas adjetivas restritivas.

– O terceiro objeto direto está em parte no verso 13:

"[Espalharei por toda parte] aqueles." O resto do 13 e o 14 também têm uma oração adjetiva restritiva.

O que é mais espantoso na questão é que eles próprios admitem que esses termos são "complemento" do verbo "espalhar". Está lá na alternativa C, que dão como correta. E o verbo "espalhar" tem qual transitividade? Um professor, à época, só descobri ontem, resolveu me contestar, sustentando que todos aqueles complementos se referem a "cantando". Lamento! Não é, não, valentão!

O "cantando" é o "modo" como o narrador espalhará — divulgará ao mundo e à posteridade — os feitos portugueses. E, como é um poeta, o fará "cantando" (à época, meu senhor, os poetas "cantavam" suas musas). Se fosse Leonardo Da Vinci, poderia dizer: "Pintando espalharei por toda parte"; se fosse Michelangelo, "esculpindo espalharei por toda parte"; se fosse Ideli Salvatti, "berrando espalharei por toda parte"; se fosse um examinador do tal instituto, "mentindo espalharei por toda parte". Aqueles termos todos, na gramática, complementam o sentido do verbo "espalhar". E o narrador o fará como, de que modo? "Cantando."

O "cantando" é, nitidamente, uma manifestação da oração subordinada adverbial modal, que desapareceu, sem explicação, da Nomenclatura Gramatical Brasileira (NGB). Não foi a única. A locativa também foi para o brejo. Mas, admito, isso pode dar algum debate, que fica para outra ocasião. Atentem para o que vem agora.

Estupidez

A transcrição do trecho de *Os Lusíadas* traz dois erros que alteram o sentido de maneira grotesca. O mais grave está no verso 16: onde se lê "há tanto", o certo é "a tanto"; onde meteram um verbo, Camões escreveu uma preposição! Inexiste aquele ponto final do verso 5; se estivesse lá, o que vem depois seria um anacoluto. Que turma é essa capaz de fazer essa miséria com Camões? Mas entendo: transcreveram o trecho de "Grandes Obras da Cultura Universal". Posso lhes emprestar — melhor não... — uma das minhas edições de *Os Lusíadas*. A mais antiga é uma preciosidade revisada por Francisco Gomes de Amorim, publicada pela Imprensa Nacional de Lisboa em 1889. Outra edição de referência é a organizada por Emanuel Paulo Ramos, da Porto Editora. Há diferenças. Mas em nenhuma existe, obviamente, "há tanto"... Examinador que transcreve Camões de "Grandes Obras da Cultura Universal" merece chicote. Adiante.

04. No segundo parágrafo do texto, as ocorrências de uso das aspas evidenciam:

A) uma forma de discurso relatado que apenas reproduz fielmente o que está sendo citado, sem que haja ruptura sintática.

B) fazer uma espécie de teatralização de algo dito em outro momento, de forma a atribuir maior fidelidade ao que está sendo dito, com ruptura sintática.

C) uma intenção de se manter, a distância, certas palavras, mas, ao mesmo tempo, dar legitimidade a esse distanciamento, sem haver ruptura sintática.

D) destacar trechos de afirmações cuja autoria não pode ser atribuída nem ao enunciador do texto nem a algum outro enunciador.

O candidato deveria marcar a alternativa C, seja lá o que aquela coisa signifique. Não entendi o que faz lá aquele "se", até porque, por uma questão de paralelismo, então seria preciso escrever "se dar". Bem, sou o autor do texto, né? Não quis dar "legitimidade a distanciamento" nenhum, até porque não entendi o que essa *borra* quer dizer... Vamos à próxima.

05. Sobre o período "É a disciplina que nos devolve ao caminho, à educação" (l. 47), é correto afirmar:

A) a expressão à educação funciona, sintaticamente, como aposto de caminho.

B) se retirarmos o acento indicativo de crase do a que antecede educação, isso alterar-lhe-ia a função sintática.

C) se retirarmos o acento indicativo de crase do "a" que antecede a palavra educação, esta passaria a exercer a função de objeto direto do verbo devolver.

D) a expressão à educação funciona, sintaticamente, como complemento nominal de caminho.

Que gente é essa, meu Deus! Na questão que poderia ser não ideológica, erram miseravelmente porque são incapazes de interpretar um texto. De fato, pode-se considerar correta, como querem, a alternativa C, mas eu, que sou o autor, asseguro: a correta é a A. Basta ler o meu texto para perceber que criei uma oposição entre "educação" e "sedução", entre "caminho" e "afastamento do caminho". Logo, quem leu direito entendeu que, com efeito, "caminho" é, sim, um aposto de "educação". Mas esperem: a C também está correta porque, de fato, não difere em nada da B; apenas recorre à nomenclatura. Vamos à ultima.

06. Remetem às fases da forma prototípica da sequência dominante no texto:

A) constatação inicial, problematização, resolução e conclusão-avaliação.

B) ancoragem ou afetação, aspectualização e relacionamento.

C) situação inicial, complicação, ações, resolução e situação final.

D) premissas, argumentos, contra-argumentos e conclusão.

A resposta certa é a D. Huuummm... É a única que dá para aceitar das seis, embora "aspectualização" seja um desses *complicômetros* universitários que não servem nem para catar cocô. É só o fácil falar difícil, na suposição de que as palavras de que dispõe a língua são insuficientes para traduzir o que essa gente tem a dizer. Mas convenham: no conjunto da obra, esse é o menor dos males.

A isso estamos reduzidos. O proselitismo intelectual vigarista não poupa ninguém: Reinaldo Azevedo ou Camões! Ele está morto, não fala. Eu falo e chuto o traseiro desses pilantras.

CHEGA DE IDEOLOGIA VAGABUNDA NOS VESTIBULARES [05/12/2011]

O estado de São Paulo tem as chamadas Fatecs, as Faculdades de Tecnologia, que exercem um papel fundamental na formação de técnicos de nível universitário. É uma grande iniciativa. Em vez da falsa expansão das universidades federais, com as faculdades de saliva criadas por Fernando Haddad, o modelo paulista deveria ser reproduzido no resto do país.

Por isso mesmo, as Fatecs têm de ser protegidas da vigarice intelectual, da mentira e da ideologização picareta.

No domingo, a Fatec fez o seu vestibular para o primeiro semestre do ano que vem. Não sei quem elabora aquilo, sei que precisa melhorar. Por isso mesmo, a questão 42 tem de ser anulada. E demonstro por quê. Começa citando um texto e formula depois a pergunta. Leiam abaixo. Comento em seguida.

"O agronegócio envolve operações desde as pesquisas científicas relacionadas ao setor até a comercialização dos produtos, determinando uma cadeia produtiva entrelaçada e interdependente."

(ALBUQUERQUE, Maria Adailza Martins de *et alii*. *Geografia: sociedade e cotidiano*. São Paulo: Escala, 2010.)

Podem-se acrescentar outras características ao agronegócio, dentre as quais as seguintes:

A. mantém centros de tecnologia avançados, voltados à agricultura orgânica.

B. expande os cultivos de grãos da região Centro-Oeste para a região Sudeste.

C. promove a concentração de terras e o desemprego no campo.

D. possibilita ao país a autossuficiência nas matérias-primas para a indústria.

B. planeja a expansão das lavouras, barrando o desmatamento e os impactos ambientais.

Comento

Bem, na versão que está na internet ao menos, pra começo de conversa, há duas alternativas B, como vocês podem notar. Se o erro estiver também na prova impressa, já rende a anulação. O candidato não tem de ser perturbado pela incompetência do revisor.

Adivinhem qual alternativa é dada como a certa... É a C, claro!, já que um dos divertimentos dos *esquerdopatas* que sequestraram os cursos de geografia no Brasil é falar mal do agronegócio. Ignoram os dados e cobram dos alunos que adotem seus preconceitos. A questão é especialmente perversa porque o examinador decidiu fazer um teste para contestar o texto que ele próprio está oferecendo como referência.

Vamos lá. É claro que a alternativa A está errada porque o agronegócio não investe especialmente em agricultura orgânica, embora existam empresas do ramo. A resposta B (a primeira B) está incorreta porque a expansão agrícola seguiu sentido inverso, do Sudeste para o Centro-Oeste. A D não é boa porque, evidentemente, o agronegócio não garante a autossuficiência de toda a indústria. A segunda alternativa B é a que mais se aproxima da verdade: o agronegócio está cada vez mais empenhado, SIM!, em planejar a expansão das lavouras. A Confederação Nacional da Agricultura e Pecuária (CNA) criou o projeto Biomas, premiado internacionalmente, cujo objetivo é chegar ao "desmatamento ilegal zero". As grandes empresas do setor agroindustrial respondem hoje por boa parte das pesquisas que são feitas sobre produtividade, às vezes em associação com a Embrapa.

Qual é o problema com a alternativa C? O debate sobre a "concentração de terras" é bucéfalo porque os que eventualmente migram do campo para as cidades, vendendo suas propriedades, não o fazem por causa da presença do agronegócio. Entram outros fatores aí, que não cabem agora no texto. O essencial, nesse caso, é considerar que a agroindústria não precisa comprar terra — que está cara — para obter os produtos nos quais possa estar interessada. Há várias maneiras de trabalhar em associação com o pequeno e o médio proprietários, do arrendamento à compra garantida da produção.

Mas a grande, a monumental, a estúpida mentira é a que diz respeito ao desemprego. O que se dá é justamente o contrário. Há cerca de 9 milhões de pessoas trabalhando da porteira das propriedades para dentro. Esse número pode chegar a 16 milhões caso se considerem as atividades associadas à produção agropecuária — transportes, comércio de insumos e área de serviços. Caso se leve em conta toda a cadeia produtiva, há um terço da mão de obra brasileira comprometida com o chamado agronegócio. É o que o examinador chama "desemprego".

Estudo recente comprova a elevação de renda dos municípios em que o agronegócio está presente. Reproduzo trecho de reportagem da *Folha* do dia 6 de novembro. Volto em seguida:

> "Cidades brasileiras que tinham os piores indicadores de emprego, renda, saúde e educação entre 2000 e 2009 conseguiram melhorias nesses setores, mas ainda vão levar 26 anos, a contar de agora, para alcançar um elevado grau de desenvolvimento. Há, porém, uma exceção: o Centro-Oeste. Apoiada na expansão da fronteira agrícola e seu impacto no emprego, a região saiu de um patamar de desenvolvimento similar ao do Norte e Nordeste e se aproximou do Sudeste. Tal retrato pode ser extraído do Índice Firjan de Desenvolvimento Municipal, um indicador preparado por economistas da federação das indústrias fluminenses. O levantamento faz um raio-X do país com base em três indicadores: renda e emprego formal, saúde e educação. E se assemelha ao IDH (Índice de Desenvolvimento Humano), divulgado pela ONU na semana passada.
>
> Encabeçada por Barueri (SP), a lista dos quinze municípios com os mais altos níveis de desenvolvimento tem catorze cidades paulistas. A hegemonia quase absoluta é quebrada por Lucas do Rio Verde (MT), na oitava posição. O município é um dos mais dinâmicos do cinturão da soja de Mato Grosso, maior produtor do país e polo da agroindústria que processa o

grão, além de sede de uma ampla rede de frigoríficos. Mais duas cidades de Mato Grosso estão entre as cem mais desenvolvidas: Primavera do Leste e Sorriso. As três apresentam evolução rápida no item emprego e renda — impulsionados pelo bom preço da soja e dos demais grãos no exterior e as sucessivas safras recordes. 'A pesquisa mostra que o efeito da renda maior no Centro-Oeste se irradiou, via tributos, para os cofres das várias cidades dos Estados, que passaram a prestar melhores serviços públicos.

Isso se traduziu em bons índices em educação e especialmente em saúde nesses três municípios', diz Júlio Miragaya, pesquisador do Conselho Federal de Economia."

Volto para encerrar

Até quando nossos estudantes ficarão sujeitos a testes de controle ideológico promovido por meia dúzia de esquerdistas tarados, que não têm o menor receio em mentir e trapacear?

A Confederação Nacional de Agricultura e Pecuária do Brasil deveria entrar na Justiça pedindo a anulação da questão. Ou, então, que o examinador prove o que diz. Não estamos diante de uma questão de "liberdade de expressão". Ninguém está pedindo que o cretino que elaborou o teste seja legalmente punido por isso. O que se pede é que o estudante não seja punido pela patrulha ideológica desinformada.

Justiça nesses caras, ou continuarão a mentir!

SEREMOS ISENTOS TAMBÉM EM RELAÇÃO À DEMOCRACIA? [20/08/2008]

Um leitor que se identifica como Turuna Tântalo — é frequentador de vários blogs — envia o comentário que segue sobre a manipulação ideológica nas escolas. Comento depois.

> "Por que todo mundo nos comentários se manifesta — não só a favor — mas em postura de louvação ao Reinaldo? Tudo bem concordar, mas pra que esse jogar de flores e incensos?... É só mais uma opinião, minha gente! Para o Reinaldo: mas você concorda que é preciso dizer que o capitalismo, assim como o comunismo, produziu muita coisa ruim, não acha? O que você acha do fato de haver guerras — e da contradição nas justificativas usadas? O que você acha do fato de que tem multidões — e dentro delas muitas crianças — que morrem de fome? Isso também deveria ser dito nas aulas?"

Aí, hein, Turuna... Lá vêm seus cinco minutos de fama... Vamos à primeira e menos relevante das suas questões. O que você tem com isso? Reparou que está metendo o nariz em relações privadas? O que os leitores do blog pensam ou deixam de pensar do blogueiro é problema deles e meu. Que é? Você é do tipo que não suporta a civilidade entre amigos fraternos ou o carinho entre amantes, que logo sente agredida a sua incapacidade ou de ter amigos ou de amar? Adiante.

Evidenciando que não entendeu nada do que escrevi, manda ver: "Mas você concorda que é preciso dizer que o capitalismo, assim como o comunismo, produziu muita coisa ruim, não acha?" Não, não concordo! Santo Deus! Respondi a um outro leitor — será que era o Turuna com outro nome? — para dizer exatamente isto: EU NÃO CONCORDO!

Vamos ver se agora consigo fazer com que os turunas — e nativos congêneres — entendam. Um professor pode, é certo, falar sobre as "coisas ruins" que o capitalismo produziu. Para ser franco, não as conheço. O que se costuma chamar de "mazelas do capitalismo" decorrem da falta de capitalismo. Mas vá lá... Se tais características negativas do sistema, no entanto, forem postas em destaque numa aula em que se busca neutralizar a antinomia "capitalismo-comunismo", de modo que um e outro sejam postos na galeria das neutralidades morais, então se trata mesmo de picaretagem intelectual e doutrinação, entendeu?

Para lembrar outro exemplo dado por um leitor, chamado Álvaro: podemos debater, e devemos, se o serviço privado de telefonia é bom ou ruim no Brasil, se o usuário está sendo bem atendido ou não. Negar, no entanto, o bem que a privatização da área fez ao país não é questão de opinião, de gosto ou de manter o equilíbrio e a isenção entre opiniões opostas: é só uma mentira. Aí Turuna me fala das guerras, das criancinhas com fome... Gregos, persas, romanos, entre outros, fizeram muitas guerras. Não consta que tenha sido para defender posições do capitalismo, não é mesmo? Guerras são um pouco mais antigas, sabe, Turuna? Recomendo a leitura da *Ilíada*...

Olhem como as coisas são interessantes: foi a historiografia marxista que transformou as duas grandes guerras do século passado apenas numa a) briga por mercados e b) numa crise no interior do próprio sistema capitalista, de que o fascismo (em todas as suas vertentes) seria parte. Que a disputa por mercados e as tais "crises" estivessem presentes, vá lá... Da forma como se ensina, transforma-se uma correlação numa relação de causa e efeito. O exemplo das guerras e da fome, diga-se, demonstra quão profunda e grave é a questão, com desdobramentos concretos nos dias correntes.

Ainda hoje, atribuem-se ao colonialismo as mazelas da África — europeus seriam culpados pelas guerras locais e pela miséria. Ora, na cadeia das causalidades, qualquer evento remete ao mundo das musas, ao passado mítico da humanidade, pouco importa a crença. O que interessa saber é desde quando os africanos, cada país a seu tempo, conquistaram o direito de conduzir seu próprio destino. E o que fizeram da boa e da má herança deixadas pelos europeus? A boa foi tragada ou por disputas tribais (que estavam lá; não foram impostas) ou por guerrilhas marxistas; a má serviu de meio para o enriquecimento ilícito de líderes tribais que se impuseram pela força. Há culpados pelo desastre africano? Há! Os africanos. Assim como os latino-americanos respondem por suas escolhas.

Mas já fui além do que pretendia. Volto ao ponto do tal Turuna. A isenção não pode ser pretexto para igualar desigualdades. Ademais, é preciso saber se o professor que assume o lugar da autoridade — e é isso o que é e o que deve ser — realmente acredita num sistema de valores sem os quais falece a liberdade. Qual liberdade? Um conceito tão subjetivo e amplo no qual caberia tudo, inclusive a ditadura? Não! No caso presente, do Brasil, refiro-me àquela que está plenamente defendida na Constituição Brasileira — uma Constituição democrática.

Ou também a democracia vai se tornar uma questão de gosto, e falaremos de suas mazelas na mesma aula em que se expõem os males da ditadura?

10. OS FUNDAMENTOS

MAS O QUE É ESSA TAL DEMOCRACIA? [08/04/2009]

Epa, epa, epa! Devagar com o andor!

Muita gente revoltada com as críticas que fiz a Cristovam Buarque [os artigos a respeito têm endereços listados ao fim deste texto]. É? Pois acho que ainda fui condescendente. E não me venham com a história de que não entendi a ironia. Leiam direito o meu texto, ora essa! Eu mesmo abordei a hipótese de que estivesse sendo irônico e argumentando *ab absurdo* — sim, lhe dispensei até um pouco de latim... Ocorre que ele disse, com todas as letras, que, se o povo votasse a favor do fechamento do Congresso num plebiscito (que plebiscito!?), isso não seria golpe. E aí afirmei: "Seria, sim!" Nem o povo tem direito de golpear a democracia. Ao fazer aquela afirmação, Cristovam estava dizendo que toda vontade popular é legítima. E eu digo: NÃO É.

Alguns relativistas vieram, então, com suas bizarrices: "Oh, mas os governos são construções históricas, não caem do céu!" Ora, não me digam! Ou então: "Mas o que é a verdadeira democracia?" — estes acreditam que ou a verdade cai do céu, ou tudo é falso. Chuto o traseiro de relativistas. Não deixo minha carteira dando sopa perto de relativistas. Não compraria um carro usado de relativistas. E a razão é simples: podem roubar o meu dinheiro ou me vender uma lata imprestável. Afinal, sabem como é, têm seus próprios valores...

É claro que a democracia representativa é uma construção histórica. Não se assenta apenas na observância das leis (estado de direito), posto que é possível haver "ditaduras de direito" — ou seja: só esmagam o cidadão segundo o código discricionário e transformam em leis as proibições as mais estúpidas. A democracia também não se assenta apenas na vontade da maioria, posto que é possível haver regimes violentos que contam com apoio popular, embora suas práticas sejam condenáveis (voltaremos a essa palavra; não se esqueçam dela): os fascismos europeus da década de 40 do século passado são clássicos no gênero; é possível que o Talibã, no Afeganistão, tivesse o apoio da maioria.

Então vejam: o estado de direito não basta para fazer uma democracia. O estado de direito mais a vontade da maioria não bastam para fazer uma democracia. Alguém pode indagar: "E se acrescentarmos aí, Reinaldo, a divisão e a independência entre os Poderes? O conjunto basta para fazer uma democracia?" Melhora muito, meus caros. Mas ainda não basta. Digamos — não é o caso, mas digamos! — que o Legislativo e o Executivo na Venezuela, hoje, fossem independentes. Se os três Poderes continuassem irmanados na defesa das mesmas teses ditas "bolivarianas", esmagando a divergência, não se teria democracia. Mas lhes dou um exemplo ainda mais óbvio.

As teocracias islâmicas, por exemplo, não podem ser democracias. Na maioria delas, há estado de direito, com respeito à vontade da maioria, e os Poderes até são independentes — dentro da independência possível. Ocorre que a religião se torna um redutor de todas as demandas, e seu valor deita sua sombra sobre a sociedade.

Escrevi a palavra-chave: VALOR. Uma democracia tem de estar assentada no estado de direito, na vontade da maioria, na separação e na independência entre os Poderes e nos VALORES. Pergunto: é democrático que a maioria decida que nem todos são iguais perante a lei? É democrático que a maioria ache normal que a lei seja posta a serviço do grupo governante da hora? É democrático, para ficar nos termos do senador Cristovam, que o povo decida que não quer mais um Parlamento? Pode haver democracia islâmica, por exemplo, dado que as mulheres, sob o Islã (ou, se quiserem, sob os vários "Islãs"), não têm os mesmos direitos dos homens? "Ah, não se trata de uma questão de direitos, mas de cultura..." Pois é! Fico com os direitos...

A tese de que a vontade da maioria é a verdadeira força da democracia é autoritária e filoditatorial. Eu realmente acredito que alguns valores sociais e morais são patrimônios incorporados à evolução da civilização, como as vacinas, por exemplo — e, a exemplo delas, nos fazem viver melhor. Realmente acredito que alguns valores da chamada cultura ocidental — como tolerância, respeito a minorias, igualdade perante a lei, liberdade religiosa — a fazem superior a outras realidades culturais.

Como diria Barack Hussein Obama, não estou em guerra com o Islã — nem com ninguém. Sou, isto sim, é um defensor radical, intransigente mesmo, desses valores. E, com efeito, acredito que os homens de toda a terra viveriam melhor sob o seu abrigo.

Sob este ponto de vista, reconheço meu lado quase jesuítico. Acho que os valores da democracia têm de ser espalhados pelos quatro cantos da terra. E creio que devem ser devidamente contidos aqueles que, mesmo estando entre nós, pretendem sabotá-los. Porque o regime de liberdades pode tolerar quase tudo — só não pode tolerar os intolerantes.

Houvesse um símbolo ou emblema para o regime democrático, como há para o cristianismo, por exemplo, não teria dúvida de nele inscrever a frase *In hoc signo vinces.*

(Endereços dos textos em que Cristovam Buarque é criticado: http://veja.abril.com.br/blog/reinaldo/geral/cade-camisa-de-forca-senador-sugere-plebiscito-para-defender-fechamento-congresso/; http://veja.abril.com.br/blog/reinaldo/geral/hora-espanto/; e http://veja.abril.com.br/blog/reinaldo/geral/cristovam-pegue-bone-va-pra-casa-abaixo-povo-viva-elite/).

A NOSSA MORAL E A DELES [02/12/2009]

A canalha não se conforma que eu defenda a expulsão de José Roberto Arruda do DEM e seu impeachment [Nota do Editor: o então governador do Distrito Federal foi expulso do partido e teve o mandato cassado]. Juízes de minhas vontades secretas, dizem os petralhas que o faço apenas para afetar uma independência que não tenho, o que, desde logo, revela um juízo da realidade típico desses asnos. Porque não sou de esquerda, como eles dizem ser, então estaria impedido de pedir a punição imediata de desmandos praticados por um não esquerdista — já que não ouso considerar Arruda expressão da "direita". Tomam-me segundo os critérios com que medem a si mesmos. Ou os petralhas não saíram em defesa de seus mensaleiros, acusando uma grande conspiração para depor o "presidente operário"?

Quem não se lembra de Marilena Chaui e Wanderley Guilherme dos Santos, "intelectuais do PT" — o que é um oximoro clamoroso —, a acusar a tentativa de golpe de estado quando se propôs a investigação do mensalão petista. Em recente entrevista, Lula reforçou a tese do golpe, negou a existência do crime e ainda sugeriu que Marcos Valério foi plantado no PT pelo PSDB só para desestabilizar seu governo.

Entendo, pois, a reação da canalha que fica infeliz porque não me sinto minimamente compelido a defender Arruda: eles defendem os seus bandidos com desenvoltura ímpar e não compreendem que aqueles a quem consideram adversários não defendam os "deles". Não conseguem enxergar a política senão segundo a ótica da lambança. E acreditam que os crimes dos oponentes justificam as suas próprias trapaças. São uns monstros morais. E não é de hoje.

Muito pessoal

Cabe espaço para alguma confissão — já que estamos neste papo muito pessoal, mesmo envolvendo milhares de pessoas. Fui trotskista dos catorze aos 21 anos mais ou menos. Posso não me orgulhar, mas também não cabe ficar falando de arrependimentos. Havia as circunstâncias e as escolhas que fiz com o entendimento que tinha do mundo à época. Mas acho que bem cedo percebi o mau cheiro que exalava daquele pântano moral. Curiosamente, o livro que me tirou daquela bagaceira também ética foi escrito por um deles — ainda hoje considero o mais inteligente da turma. Refiro-me a *Moral e revolução*, de Leon Trotsky. Tinha lido o troço, pela primeira vez, ali pelos dezesseis anos e achei do balacobaco! Era tudo o que queria. Na cegueira militante, pareceu-me tão óbvio que SÓ se pudesse pensar a questão da moral segundo a perspectiva aplicada, isto é, da moral revolucionária, que senti o conforto dos estúpidos. A meu favor e contra mim, só tinha a minha juventude.

Quando voltei àquele texto, já um tanto desiludido em razão de opções conjunturais do grupo ao qual era ligado, dei-me, então, conta do horror. Trotsky escrevera em 1936 — e vejam em que período! — um dos livros mais odiosos das esquerdas em qualquer tempo, verdadeiro libelo do amoralismo, e aquilo, embora ele próprio o negue no livro, não distinguia o trotskismo do stalinismo. Mais do que isso: restava evidente que Stálin, o grande inimigo de Trotsky, operava com os mesmos critérios, com a diferença de que havia sido mais hábil na aplicação do amoralismo. Em suma, Trotsky, perseguido por Stálin (até ser assassinado em 1940), era uma vítima prática de sua própria teoria. E ambos haviam bebido na mesma fonte: Lênin — o pai primitivo de todos os amorais contemporâneos.

Aonde você quer chegar, Reinaldo?

Mas por que lembrar agora o texto *Moral e revolução*? Por que esse tanto de memória pessoal? Porque foi no que pensei quando a onda dos canalhas veio bater na minha praia, inconformados que não fizesse com Arruda o que fazem com seus bandidos e mensaleiros. A explicação é simples. Não sou herdeiro intelectual da moral revolucionária. Posso até ser de certa moral guerreira, brigo muito. Mas jamais trapaceio ou me esforço para eliminar o outro. Desde que jogue segundo as regras do jogo democrático.

Não partilho da tese, e tenho ojeriza intelectual a quem se vê nesse papel, de que uma vanguarda se assenhora (a opção "assenhoreia" é muito feia...) da história e passa, então, a comandá-la em nome de qualquer uma dessas ilusões que se vendem por aí: bem comum, bem da humanidade, novo homem, nova civilização — antigamente, falava-se em "socialismo", "sociedade sem classes" e afins. A perspectiva que combato hoje, sem dúvida, está plasmada com mais clareza no petismo. Não que o partido sonhe com um socialismo à moda daquele havido no século XX. É claro que não! São petistas, mas não são burros. Conservam da visão bolchevista a ideia do partido autoritário, centralizador, gestor do futuro. E trazem consigo aquela velha moral.

Não preciso defender Arruda porque, afinal, ele estaria mais próximo do meu campo ideológico. Notem bem: este é um olhar das velhas esquerdas — e das novas também. Petista precisa defender José Dirceu, José Genoino, Lula... Eu não preciso defender, e não defendo, Arruda. Porque não criei uma moral para mim e para os meus e uma outra moral para eles e para os seus.

Quando Lula afirmou que, no Brasil, Cristo faria um acordo com Judas para governar, não estava apenas expressando uma estupidez religiosa — já que Judas não simboliza o "outro", o "adversário", mas a traição; ele estava também expressando a sua filiação a um pensamento político, malgrado sua ignorância exemplar, que tem história. Leiam um trecho que transcrevo de *Moral e revolução*. Neste ponto, Trotsky está combatendo, calculem!, um grupo minoritário de esquerda que havia censurado o uso da mentira e da violência como armas políticas:

> "Mas a mentira e a violência por acaso não são coisas condenáveis 'em si mesmas'? Por certo, como é condenável a sociedade dividida em classes que as engendra. A sociedade sem antagonismos sociais será, evidentemente, sem mentira e sem violência. Mas não é possível lançar uma ponte para ela senão com métodos violentos. A própria revolução é o produto da sociedade dividida em classes, da qual ela leva necessariamente a marca. Do ponto de vista das 'verdades eternas' a revolução é, naturalmente, 'imoral'. Mas isso significa apenas que a moral idealista é contrarrevolucionária, isto é, encontra-se a serviço dos exploradores."

Está claro, não? A síntese poderia ser esta: se as classes sociais existem, então tudo nos (aos socialistas) é permitido. Como se nota acima, qualquer brutalidade que os revolucionários viessem a cometer seria responsabilidade dos fatores antecedentes que levaram à revolução. Ora, não preciso conduzir nenhum de vocês pelo braço, como Virgílio fez com Dante nos círculos do inferno, para que se reconheça ali a moral dos petistas, que os levou a defender o mensalão e os mensaleiros. Eles tinham um objetivo, e o que fizeram de detestável para alcançá-lo deveria ser creditado na conta do inimigo. Num texto eivado de horrores, destaco mais um:

> "O meio não pode ser justificado senão pelo fim. Mas também o fim precisa de justificação. Do ponto de vista do marxismo, que exprime os interesses históricos do proletariado, o fim está justificado se levar ao reforço do poder do homem sobre a natureza e à supressão do poder do homem sobre o homem."

Tentando ser espertinho ao jogar com a máxima maquiavélica, Trotsky apenas lhe acrescenta mais horror. A pergunta desde logo óbvia é esta: e quem julga se os meios A ou B conduziram mesmo àquele fim edificante? Stálin não teve dúvida: "Deixem que eu julgo!" E mandou meter uma picareta na cabeça de Trotsky, que foi, então, assassinado pela revolucionária moral bolchevique, não pela idealista moral burguesa.

Mas, então, tudo é permitido àquele que se julga na vanguarda da história e do processo revolucionário? Deixemos que Trotsky responda:

> "Isto significa então que, para atingir este fim, tudo é permitido? — perguntará sarcasticamente o filisteu, demonstrando que não entendeu nada. É permitido, responderemos, tudo aquilo que leve realmente à libertação dos homens. Já que este fim não pode ser atingido senão por via revolucionária, a moral emancipadora do proletariado tem necessariamente um caráter revolucionário. Como aos dogmas da religião, esta moral se opõe a todos os fetiches do idealismo, gendarmes filosóficos da classe dominante. Ela deduz as normas de conduta das leis do desenvolvimento social, isto é, antes de tudo, da luta de classes, que é a lei das leis."

Está claro? Qualquer que seja o horror, alegue tratar-se de uma moral emancipadora, libertadora, de caráter revolucionário. E o próprio Trotsky pergunta, como se fosse dúvida de um moralista idiota qualquer: "São permitidos todos os meios? A mentira, a falsificação, a traição, o assassinato?" Responde:

"São admissíveis e obrigatórios apenas os meios que aumentam a coesão do proletariado, inflamam sua consciência com um ódio inextinguível a toda forma de opressão, ensinam-lhe a desprezar a moral oficial e seus arautos democráticos, dão-lhe plena consciência de sua missão histórica e aumentam sua coragem e sua abnegação. Donde se conclui, afinal, que nem todos os meios são válidos."

A conclusão do parágrafo é própria de um grande vigarista, uma vez que os únicos meios não válidos seriam, então, os que não conduzissem ao fim pretendido. Mas a indagação sempre se refere, ora bolas, ao fim. Logo, para Trotsky — e para as esquerdas de modo geral —, todos os meios são válidos: a mentira, a falsificação, a traição, o assassinato...

Volto aos dias de hoje

Também eu, a exemplo de Trotsky, acredito que existam a moral "deles", das esquerdas, e a "nossa". Eles, porque se julgam líderes de um "projeto", de um amanhã sorridente — ou que nome tenha assumido a vigarice revolucionária —, acreditam que todos os meios lhes são lícitos, permitidos, convenientes. Eu, pobrezinho, já tenho uma moral mais "burguesa", sabem?, mais "idealista", que advoga a universalidade de certos direitos e do bem de certos procedimentos. Não acho, por exemplo, que se deva condescender com a mentira, com a falsificação, com a traição, com o assassinato...

E nem com o mensalão. Com o de ninguém. Quando dona Marilena Chaui e sua vassoura teórica inventaram que denunciar o mensalão do PT era golpe, estavam apenas recorrendo à moral torta de que nos fala Trotsky, aquela, segundo a qual, se o "objetivo é revolucionário" (e os petistas acreditam mesmo que estão fazendo revolução), então todos os procedimentos, todos os meios, são válidos porque se tornam também revolucionários, já que imantados por aqueles propósitos grandiosos, cheios de amanhãs sorridentes.

Eu, com a minha moral burguesa, acho que o mensalão de Arruda é só um caso de polícia.

Em suma, o fato de aqueles petistas não terem vergonha na cara não me convida a perder a minha vergonha também. Que defendam seus criminosos! Não tenho criminosos a defender!

— O que foi que esse modelo nos deu?

— A democracia!

— É verdade! Ele nos deu a democracia. Fora a democracia, o que foi que esse modelo nos deu?

— A segurança jurídica!

— É, nos deu isso também. Fora a democracia e a segurança jurídica, o que nos deu esse modelo?

— A igualdade perante a lei!

— Tá bom, vá lá. Fora a democracia, a segurança jurídica e a igualdade perante a lei, o que é que esse maldito modelo nos deu?

— As vacinas!

— Além da democracia, da segurança jurídica, da igualdade perante a lei, das vacinas, respondam: o que nos deu esse modelo?

— Os antibióticos!

— Perguntarei pela última vez: sem contar a democracia, a segurança jurídica, a igualdade perante a lei, as vacinas e os antibióticos, que diabos nos deu esse modelo?

— O vaso sanitário!

— Ora, cale-se!

A Conferência de Cultura, realizada há pouco mais de duas semanas, reuniu essa gente pitoresca que poderia ter saltado da tela do filme do Monty Python e definiu como uma das 32 prioridades de governo "registrar, valorizar, preservar e promover as manifestações de comunidades e povos tradicionais, itinerantes, nômades, das culturas populares, comunidades ayahuasqueiras" e por aí vai. Isso deve ser feito com recursos do estado, o Leviatã transformado em incubadora de estranhezas. Se você, leitor, não se encaixa em nenhum dos grupos acima, então é só um "entre outros", integrante de uma maioria que encarna aquela outra "tradição", permanentemente saqueada por particularismos. Refiro-me à velha e desprezível civilização ocidental, com o seu opressivo culto à razão, à ciência, à segurança jurídica, à produção, ao desenvolvimento, à propriedade privada, à língua pátria, às vacinas e aos antibióticos. Essas bobagens que nos têm causado tantos dissabores e que afastam o homem da sua "verdadeira essência".

O caso dos "ayahuasqueiros", os consumidores do daime, é emblemático. Não sei qual é a "verdadeira essência" do homem. Talvez eles saibam. Parece que a bebida os ajuda a chegar lá. Só não entendi por que essa "cultura" tem de ser protegida pelo estado, que deve, segundo a proposta, investir dinheiro público na sua difusão. Gilberto Gil, quando ministro, encaminhou um processo ao Instituto do Patrimônio Histórico e Artístico Nacional (Iphan) para que o uso do chá seja considerado "patrimônio imaterial do povo brasileiro", ainda que você, leitor, reacionário como é, não tome nada além de chá de camomila. Os mais ousados arriscam contornar a melancolia desta vida besta com Prozac ou Zyban, que vieram à luz depois de muitas décadas, e milhões de dólares, de pesquisa. Os antidepressivos podem merecer uma ode, jamais uma litania; no máximo, um canto pagão, nunca um hino místico.

A proposta da conferência é um sintoma, não o mal em si. Não tenho sobre o futuro uma visão apocalíptica ou redentora. Não aposto nem em danação nem em salvação. A história não tem epílogo. Há uma perspectiva bem menos dramática do que o fim dos tempos. É a mediocridade, a vida das exigências rebaixadas. No Brasil e mundo afora, uma atmosfera de boçalidades doces e caridosas, excepcionalmente violentas, vai espalhando os seus miasmas. A língua alemã tem uma palavrinha bacana que merece entrar neste texto: *zeitgeist*, ou "espírito do tempo". Esse espírito anda muito propício ao assalto à razão, à ciência, à segurança jurídica, à produção, ao desenvolvimento, à propriedade privada e à língua pátria — e isso serviria à construção do "novo homem". As velhas esquerdas acreditavam que o comunismo era o portal da nova era. Deu errado. As novas esquerdas desistiram de reinventar a civilização. Dá muito trabalho. Basta-lhes depredá-la.

Essa depredação da ordem democrática exige agora o patrocínio do estado e é promovida por seus próprios agentes. Em duas conferências, a de comunicação e aquela de cultura, os militantes aprovaram propostas que, se aplicadas, resultarão em censura à imprensa. O Programa (Nacional-Socialista) dos Direitos Humanos, na forma como está, submete a Constituição ao que chamo, em homenagem ao número do PT, Ato Institucional nº 13. Os "direitos humanos" são, no AI-13, o que a "segurança nacional" era no AI-5 do regime militar. Em nome dela, podia-se suspender qualquer garantia; em nome deles, também.

Lula chegou à síntese perfeita "dessa nova segurança nacional" na semana passada, quando atacava, mais uma vez, a imprensa: "É triste quando a pessoa tem dois olhos bons e não quer enxergar. Quando a pessoa tem direito de escrever a coisa certa e escreve a coisa errada." As ditaduras costumam cassar do jornalismo o direito de escrever certas coisas. Mas só os regimes totalitários se arvoram em decidir o que é "certo" ou "errado". As ditaduras não têm vergonha de se impor pela violência. O totalitarismo, violento se preciso, quer se impor como senhor da virtude. O AI-5 foi pensado para uma ditadura; o AI-13, que pune quem "escreve a coisa errada", para um regime totalitário. Aquele só podia ser imposto debaixo de porrete; este outro tem o apoio entusiasmado de supostos "representantes da sociedade civil", as "minorias organizadas", e espera contar com nossa sujeição voluntária.

As tropas de assalto à ordem democrática estão ativas. Um desses ongueiros financiados pela Fundação Ford justificou assim o "caráter democrático" do programa de direitos humanos: "Ele foi debatido por 14 mil pessoas!". É mesmo? Um deputado federal em São Paulo precisa de, no mínimo, uns 100 mil votos para ter direito a ser apenas um voto na Câmara. Um senador precisa de mais de 8 milhões! Os militontos pretendem destruir o valor universal da democracia com o apoio de 14 mil sectários...

"Estou com saudade dos velhos marxistas", pensei alto outro dia em conversa com Diogo Mainardi. Ele respondeu com uma surpresa silenciosa, o que me permitiu emendar: "Você se lembra do tempo em que a gente contestava um pensamento que, por mais cretino que fosse, ainda aspirava à condição de um humanismo? Sabíamos que as teses daquela gente, quando aplicadas, haviam resultado no horror. Mas tínhamos de combater um aparelho teórico que, embora construído com mentiras, tinha ao menos bibliografia. Hoje restaram a barbárie, a pistolagem e a ignorância escandalosa." Eu estava, leitor, sob o efeito de uma terrível droga moral, que havia chegado ao blog na forma de um comentário.

Veja noticiou na semana passada que Delúbio Soares, aquele!, foi patrono de uma turma de formandos da Faculdade de Filosofia e Ciências Humanas de Goiatuba, no interior de Goiás, uma instituição pública. Ele pagou R$ 6 mil e deu uma palestra sobre "ética na política". Abordei o assunto [no texto cujo endereço se encontra ao fim deste artigo] e recebi uma mensagem de um professor da escola, membro do PT local. Numa língua entre o português e o javanês antigo, tentou me explicar:

> "Temos um entendimento sobre o mensalão bem mais amplo. Não achamos que a criminalização das pessoas que são acusadas de praticarem atos semelhantes (financiamento de campanha com dinheiro não contabilizado) venha resolver os problemas de corrupção de nosso país"...

Ele tem razão. O entendimento civilizado dessa questão é mesmo menos amplo: lugar de bandido é na cadeia.

A civilização vencerá no fim? Essa história não tem fim. Estaremos sempre no começo.

(Endereço para o texto citado: http://veja.abril.com.br/blog/reinaldo/geral/apeoesp-%E2%80%93-professores-a-corrente-de-bebel-e-o-professor-delubio-soares/)

A OPOSIÇÃO SE DEIXOU MASSACRAR [31/12/2010]

O ódio à divergência marcou os oito anos de Lula no poder, em que os radicais se sentiram livres para desafiar os "limites" da democracia. Os oposicionistas não souberam oferecer alternativa ao regime de intolerância.

> "Em nosso país, queremos substituir o egoísmo pela moral (...); os costumes pelos princípios; as conveniências pelos deveres; a tirania da moda pelo império da razão; o desprezo à desgraça pelo desprezo ao vício; a insolência pelo orgulho; a vaidade pela grandeza d'alma; o amor ao dinheiro pelo amor à glória (...); a intriga pelo mérito (...); o tédio da volúpia pelo encanto da felicidade; a pequenez dos grandes pela grandeza do homem; um povo cordial, frívolo e miserável por um povo generoso, forte e feliz; ou seja, todos os vícios e ridicularias da Monarquia por todos os milagres da República."

As palavras acima são parte de um discurso feito por Robespierre, um dos líderes jacobinos, a corrente mais radical da primeira safra dos revolucionários franceses, e foram pronunciadas no dia 5 de fevereiro de 1794. É grande o risco de o leitor ter ouvido de um professor, em algum momento de sua vida escolar, que ali estava um cara batuta, que queria "liberdade, igualdade e fraternidade". Quem de nós pode ser contra o horizonte que propõe? No dia 28 de julho daquele mesmo ano, Robespierre perdeu a cabeça na guilhotina. Ainda retornarei à França do fim do século XVIII depois de passar pelo Brasil do começo do século XXI.

De volta para o futuro, pois:

Quem contesta o presidente Luiz Inácio Lula da Silva odeia o país. Quem manifesta contrariedade com a concessão de um prêmio literário a uma celebridade, em um jogo de cartas marcadas, está com inveja. Quem enfrenta a patrulha politicamente correta quer fazer a história marchar para trás. Os dias andam hostis à crítica — a qualquer uma e em qualquer área. Não é a voz do povo que expressa intolerância, mas a dos que se querem seus intérpretes privilegiados. As urnas demonstraram que a massa de eleitores é bem mais plural do que os donos do "Complexo do Alemão Mental" da política, da ideologia, da cultura e até de setores da imprensa, que tentam satanizar o dissenso.

Nesse ambiente, fazer oposição ao governo liderado pelo PT, partido que atribui a si mesmo a missão de depurar a história, é tarefa das mais difíceis, especialmente quando a minoria parlamentar será minoria como nunca antes na democracia deste país. Ao longo de oito anos, é preciso convir, os adversários de Lula não conseguiram encontrar o tom e se deixaram tragar pela voragem retórica que fez tábula rasa do passado e privatizou o futuro. O PT passa a impressão de já ter visitado o porvir e estar entre nós para dar notícias do amanhã.

A pergunta óbvia é com que discurso articular o dissenso, sem o qual a democracia se transforma na ditadura do consentimento?

Não existem receitas prontas. Mas me parece óbvio que o primeiro passo consiste em libertar a história do cativeiro onde o PT a prendeu. Isso significa mostrar, e não esconder, os feitos e conquistas institucionais que se devem aos atuais oposicionistas e que se tornaram realidade apesar da mobilização contrária bruta e ignorante do PT. Ajuda também falar a um outro Brasil profundo, que não aquele saído dos manuais da esquerda, sempre à espera de reparações e compensações promovidas pelo pai-patrão dadivoso ou a mãe severa e generosa, à espera da "grande virada", que nunca virá!

Temos já um Brasil de adultos contribuintes, com uma classe média que trabalha e estuda, que dá duro, que pretende subir na vida, que paga impostos escorchantes, diretos e indiretos, a um estado insaciável e ineficiente. Milhões de brasileiros serão mais autônomos, mais senhores de si e menos suscetíveis a respostas simples e erradas para problemas difíceis quando souberem que são eles a pagar a conta da vanglória dos governos. É inútil às oposições disputar a paternidade do maná estatal que ceva megacurrais eleitorais. Os órfãos da política, hoje em dia, não são os que recebem os benefícios — e nem entro no mérito, não agora, se acertados ou não —, mas os que financiam a operação. Entre esses, encontram-se milhões de trabalhadores, todos pagadores de impostos, muitos deles também pobres!

Esse Brasil profundo também tem valores — e valores se transformam em política. O que pensa esse outro país? O debate sobre a descriminação do aborto, que marcou a reta final da disputa de 2010, alarmou a direção do PT e certa imprensa "progressista". Descobriu-se, o que não deixou menos espantados setores da oposição, que amplas parcelas da sociedade brasileira, a provável maioria, cultivam valores que, mundo afora, são chamados "conservadores", embora essas convicções, por aqui, não encontrem eco na política institucional — quando muito, oportunistas caricatos os vocalizam, prestando um desserviço ao conservadorismo.

Terão as oposições a coragem de defender seu próprio legado, de apelar ao cidadão que financia a farra do estado e de falar ao Brasil que desafia os manuais da "sociologia progressista"? Terão as oposições a clareza de deixar para seus adversários o discurso do "redistributivismo", enquanto se ocupam das virtudes do "produtivismo"? Terão as oposições a ousadia de não disputar com os seus adversários as glórias do *mudancismo*, preferindo falar aos que querem conservar conquistas da civilização? Lembro, a título de provocação, que o apoio maciço à ocupação do Complexo do Alemão pelas Forças Armadas demonstrou que quem tem medo de ordem é certo tipo de intelectual; povo gosta de soldado fazendo valer a lei. Ora, não pode haver equilíbrio democrático onde não há polaridade de ideias. Apontem-me uma só democracia moderna que não conte com um partido conservador forte, e eu me desminto.

Antes de saber quem vai liderar um dos polos, é preciso fazer certas escolhas. O Congresso aprovou há pouco, por exemplo, o sistema de partilha para o pré-sal. Não se ouviu a voz da oposição, a exceção foi a senadora Kátia Abreu (DEM-TO). O PT inventou a farsa, amplamente divulgada na campanha eleitoral, de que não passava de "privatização" o sistema de concessão, que conduziu o país à quase autossuficiência e que fez dobrar a produção de petróleo no governo FHC. Mentiu, mas venceu o embate. Podem vir por aí as reformas. Quais setores da sociedade as oposições pretendem ter como interlocutores? Continuarão órfãos de representação milhões de eleitores que não se reconhecem na ladainha pastosa do "progressismo"? As oposições têm de perder o receio de falar abertamente ao povo que trabalha e estuda. Que estuda e trabalha. Em vez de tentar dividir os louros da caridade, tem de ser porta-voz do progresso.

Essa oposição tem, em suma, de enfrentar uma esquerda que, se morreu há muito tempo na economia, exerce inquestionável hegemonia na cultura e na política, onde se esforça para aplicar o seu programa, cuja marca é ódio à divergência, que entende ser expressão da má consciência. Não houve um só teórico esquerdista relevante cujo objetivo não fosse a superação dos "limites" da democracia. Sem esse horizonte escatológico, inexiste esquerdismo.

Esses libertadores não veem a si mesmos como expressão de um conjunto de valores em meio a tantos outros, com os quais teriam de competir, mas como a evolução do pensamento, o seu desdobramento superior. Assim, ou se está com eles ou se está com o atraso, com o retrocesso, com a reação. Ora, se o "outro", o que pensa diferente, não é um adversário, mas um inimigo da civilização, então não merece respeito e tem de ser eliminado. Em um comício em Santa Catarina, Lula defendeu, por exemplo, que o DEM seja "extirpado" da política, como se um governo não fosse legitimado pela oposição, sem a qual ou se tem uma ditadura, ainda que de maioria, ou se tem um concerto de políticos contra a população. Não se enganem: em um regime em que todas as forças estivessem unidas em um grande pacto, sobraria apenas o povo como adversário.

Em uma anedota trágica, a aversão de Lula à oposição é tal que ele combate até a do Irã! Referindo-se aos protestos contra a reeleição fraudulenta de Mahmoud Ahmadinejad, comparou-os à reação de uma torcida de futebol que visse seu time perder. O apedrejamento da democracia é considerado "variante cultural" pelo petismo. Lula tomaria pau no Enem dos direitos humanos. E não está só. Nesse ambiente, a crítica virou ou sabotagem ou expressão do isolamento ressentido de quem não pertence ao grupo dos "vitoriosos", onde se encontram políticos, ideólogos, autores, pensadores e até jornalistas. Quem não fala como um deles o faria só por não ser um deles, como se a essência de um regime de liberdades não estivesse justamente no direito de... não ser um deles! Nas ditaduras também é possível dizer "sim". O que caracteriza a democracia é a possibilidade de dizer "não". Quando forças vitoriosas, convertidas em falanges do oficialismo, já não se ocupam mais em combater "o que" se diz, mas o direito de dizê-lo — e, eventualmente, "quem" diz — instala-se um regime de intolerância, ainda que seja aquela doce "intolerância dos tolerantes". Como chegamos a isso?

Valores autoritários, considerados hoje em dia inquestionáveis ou incontrastáveis, não alcançaram essa condição apenas por força da militância de seus prosélitos. Seus adversários políticos e intelectuais também recuaram intimidados. Há pelo menos três eleições, o PT opõe "estatismo" a "privatismo" (se me permitem os neologismos de uma luta velha). Na contramão de todas as evidências da história, o partido assegura as qualidades do primeiro contra os vícios do segundo, embora as melhores virtudes da moderna economia brasileira tenham nascido de escolhas feitas por Fernando Henrique Cardoso, antecessor de Lula, que tirou um pouco de estado da sociedade e pôs um pouco mais de sociedade no estado. As atuais oposições, é fato, têm sido fracas na defesa de suas conquistas e de seu legado. Recuaram diante da guerra promovida pelo PT.

Esse comportamento vexado, assustadiço, gerou outro fenômeno. Os setores da imprensa que não abrem mão de fazer o seu trabalho — e um deles é a crítica ao poder, a qualquer um — são, então, identificados pelos petistas como "o verdadeiro partido" a ser combatido e como o "real inimigo". Por isso, os poderosos da hora se esforçam para criar mecanismos de censura e se declaram em guerra contra o que chamam "mídia". No dia 20 de novembro, o Diretório Nacional do PT se reuniu para saudar a vitória de Dilma Rousseff e estabeleceu, numa resolução nacional, quatro objetivos estratégicos: erradicar a pobreza absoluta; reagir à guerra cambial; fazer a reforma política; e democratizar os meios de comunicação. No caso desse último intento, pregou a necessidade de um "debate qualificado acerca do conservadorismo que se incrustou em setores da sociedade e dos meios de comunicação". Ainda que tal "conservadorismo" existisse nos meios de comunicação — o que, infelizmente, é mentira —, caberia indagar: seria ilegítimo, um mal a ser eliminado, uma excrescência a ser extirpada, um atraso a ser vencido? Em uma sociedade em que não houvesse "conservadores", quem se encarregaria de institucionalizar os eventuais benefícios oriundos das "revoluções"?

A intolerância, que é primariamente política, a identificar no adversário não alguém com ideias eventualmente erradas, mas um sabotador, migra para o jornalismo, para a cultura, para os costumes — para a vida, enfim. Equipara-se então o confronto de ideias a um conflito típico de uma etapa anterior da civilização política, superada pela chegada ao poder daqueles que seriam os reais representantes do povo, do qual Lula se disse a própria "encarnação" em um "comício" realizado no dia 30 de novembro, quatro anos antes das eleições de 2014! A fórmula consagrada pelo presidente — "nunca antes na história deste país" — torna toda a "história deste país" nada mais do que pré-história, mero rascunho daquilo que, agora, seria realização efetiva. A chegada do PT ao poder teria sido o *fiat lux*, o advento, o "ano I da Civilização Brasileira".

Em uma manifestação ilegal na Faculdade de Direito da Universidade de São Paulo, USP, em favor da então candidata Dilma Rousseff, a petista Marilena Chaui, que ali leciona filosofia, comentando a vitória do oposicionista José Serra em oito estados no primeiro turno, lançou a teoria de que só triunfara nos locais onde predomina o latifúndio. Ora, o latifúndio, que gerou tanta literatura esquerdista de baixa qualidade no Brasil, nem existe mais. Para essa senhora, os votos dados à candidata de seu partido expressam uma vontade legítima do povo, que identifica com a dos oprimidos; já o oposicionista teria sido o escolhido ou por opressores ou por eleitores sob o seu jugo e representaria, portanto, uma vontade deformada, que tem de ser corrigida. Um dos blogueiros de Lula — o Planalto criou uma incubadora deles, alimentados com ração oficial paga pelo brasileiro trabalhador — já estimulou os jornalistas a identificar quem são os 3% que consideram, segundo as pesquisas, o governo "ruim ou péssimo". Só faltou sugerir que os descontentes sejam identificados por algum sinal denunciador de sua condição de minoria ou usem uma tornozeleira eletrônica. A inferência é que o real tamanho da divergência no Brasil não passa de um gueto. Será mesmo?

Estavam habilitados a votar 135.803.366 pessoas; desse total, 29.197.152 decidiram não se apresentar às urnas; 4.689.428 anularam o seu voto; 2.452.597 houveram por bem não escolher ninguém; 43.711.388 preferiram Serra, e 55.752.529 ficaram com Dilma. A petista é a legítima presidente eleita, com 56,05% dos votos válidos, o que corresponde a 41% do eleitorado. Lula empenhou a sua popularidade no triunfo de sua criatura eleitoral. Seus 80% de aceitação, segundo as pesquisas ao menos, não foram suficientes para mover a vontade de quase 60% do eleitorado.

Especular sobre as virtudes e riscos de uma sociedade cindida é inútil aqui, até porque não existe cisão nenhuma. Isso é bobagem! O que temos, felizmente, é um país unido pelo pluralismo, que, à sua maneira, resiste às tentações do partido que se quer "único". Legendas identificadas com a oposição fizeram o governo em dez estados, onde estão 52% da população e quase 60% do PIB. É a sociedade brasileira, mais do que as oposições organizadas, que diz "não" à *mexicanização* da política, alusão ao PRI (Partido da Revolução Institucional), que governou o México por sete décadas, abrigando correntes que iam da direita à extrema esquerda. Dado o quadro, estamos diante de uma óbvia dificuldade, que se define pelo fato de as oposições, um tanto acovardadas, precisarem ter a coragem de enfrentar os monopolistas da esperança.

Vem aí a presidente Dilma Rousseff. Será melhor ou pior? Não sei. Mais do que pessoas, o petismo é um sistema. De todo modo, estou convicto de que ninguém consegue, nem Dilma, emular com Lula nas manhas do autoelogio; na satanização do "outro" porque outro; na diluição do sentido das palavras; na impressionante capacidade de submeter a história a uma torção tal que seus piores vícios acabam sendo saudados como suas melhores virtudes. O Brasil deixa de ser governado por um mito uspiano e volta a ser governado por um político, cujas ações serão avaliadas segundo a sua eficiência, não segundo as auroras que anuncia.

É chegada, então, a hora de voltar à França de Robespierre.

Suas ambições não eram pequenas. Na sequência da exortação que abre este texto, ele antevê um país que cumpra "os desejos da natureza, o destino da humanidade e as promessas da filosofia, absolvendo a providência do reinado do crime e da tirania". Queria um país que fosse "o terror dos opressores e a consolação dos oprimidos"; esperava ver brilhar a "aurora da felicidade universal". O governo que liderou de 1792 até a sua morte ficou conhecido como a fase do Terror. Para realizar todos os seus sonhos de justiça, começou por mandar à guilhotina os adversários, até que chegou a hora de liquidar os aliados, destino fatal de toda revolução. O marxismo chinfrim que domina os livros de história, especialmente no Brasil, ensina que uma grande conspiração de reacionários concorreu para separar o corpo de Robespierre de sua cabeça. Falso! Ele próprio havia doutrinado o povo sobre as "virtudes" de um modelo no qual a eliminação física do outro é uma forma de superar os entraves da história, colocando-a em um novo patamar de racionalidade.

Lênin, o líder da revolução russa, assassino meticuloso, levou a lição ao pé da letra. Antes do terror revolucionário *robespierreano*, a morte do inimigo ou era consequência óbvia do confronto dos litigantes ou evidência de que a sociedade precisava de um contrato ou de um estado tirano para controlar os apetites individuais. Robespierre deixou uma herança perversa, abraçada com entusiasmo por Karl Marx e pelos marxistas: a noção de que a eliminação do adversário é uma forma de humanismo e uma expressão do progresso social e da história. Esse princípio é parte do DNA das esquerdas. Pode se manifestar com mais ou menos virulência ainda hoje, movendo-se, muitas vezes, no molde institucional de regimes democráticos, mas sempre empenhado em mudar a sua natureza sob o pretexto de ver brilhar a "aurora da felicidade universal".

Um país não precisa de oposição porque seu programa é necessariamente melhor do que o do governo de turno. Um país precisa de oposição porque é a evidência de que se vive numa democracia e a garantia de que as disputas políticas não acabarão sendo resolvidas pela guilhotina — ainda que uma guilhotina moral. No fim das contas, no Brasil de hoje, é preciso saber onde está o conservadorismo para que possa, se preciso, proteger de si mesmos até os "progressistas". A lâmina começou a descer sobre o pescoço de Robespierre quando mandou cortar a cabeça do primeiro "reacionário".

ABAIXO OS "SALVADORES DE HOMENS" [09/04/2011]

Participei outro dia de um seminário promovido pelo Instituto Millenium e afirmei algo mais ou menos assim: "Tenho muito medo das pessoas que querem nos salvar." Ao fim do evento, fui abordado por um senhor muito simpático que me pediu algumas explicações. Então eu, católico que sou, condenaria, por princípio, os discursos religiosos, em especial a mensagem cristã, que acena com a salvação? No contexto em que falava, referia-me não aos salvadores de almas, mas aos "salvadores de homens", essa gente que tem na cabeça uma civilização de sonhos, fundada no que entendem por "igualdade" e na garantia dos direitos coletivos, que deveriam ter primazia sobre os direitos individuais. Tenho medo porque o que chamam "democracia" é tirania. Lembro de novo o *Discurso sobre a origem e os fundamentos da desigualdade entre os homens*, de Rousseau. O "castelão e vagabundo", como o definiu Fernando Pessoa, redigiu o texto e enviou para Voltaire, que ficou mudo. Rousseau se incomodou com o silêncio do outro e resolveu exigir uma apreciação crítica. Recebeu-a: "Quando se lê o seu trabalho, dá vontade de andar sobre quatro patas."

É isto: nestas duas semanas, o debate político, intelectual e ideológico regrediu, sei lá, uns trinta anos no tempo. O país se flagrou tentado a andar sobre quatro patas. Eu me vi, de novo!, combatendo a Lei da Censura e quase recitando palavras de ordem: "A liberdade é sobretudo a liberdade dos que discordam de nós." Um dos eventos que marcaram a marcha para o século passado foram as declarações infelizes do deputado Jair Bolsonaro (PP-RJ), que acordaram os censores do mundo dos mortos — e os fantasmas saíram do armário. A culminância foi o festival de besteiras que se seguiu à tragédia no Rio, que devastou a vida de muitas famílias [Nota do Editor: Na manhã do dia 7 de abril de 2011, um homem de 23 anos, armado com dois revólveres, entrou na Escola Municipal Tasso da Silveira, em Realengo, bairro da zona oeste do Rio de Janeiro, e disparou contra os alunos presentes, matando doze crianças. Interceptado por policiais, o atirador cometeu suicídio. O episódio ficou conhecido como "Massacre em Realengo"]. Temi um tantinho pelo nosso futuro como país. E olhem que sou, de natural, otimista. Já que falei de Voltaire, *voilá*! Tenho o meu lado ingênuo, Pangloss; esforço-me para acreditar que tudo caminha para o melhor dos mundos — mas, é evidente, sem jamais deixar "de cultivar o nosso jardim".

Será assim tão difícil distinguir as boçalidades que Bolsonaro diz — relevando que também diz coisas sensatas, embora seja bem pouco generoso com os próprios acertos — do seu direito constitucional de dizê-las? Será assim tão difícil aceitar o fundamento de que o direito à livre expressão não regula o conteúdo do que é dito, ou, então, livre não seria? Será assim tão difícil acatar a evidência de que, numa sociedade democrática, crime não é o que cada um de nós, um grupo ou um tirano considera crime, mas aquilo que a lei define como tal, ou, de outro modo, estaremos não no melhor, mas no pior dos mundos?

Não! Não me espantaram as manifestações dos grupos organizados. Esses cumprem o seu papel e o seu propósito. Toda militância particularista é mesmo um pouco estúpida. Aliás, a sua razão de ser, em certo sentido, repousa na incapacidade de ver o conjunto. São fragmentos da grande desilusão marxista que assegurava que a história tinha um eixo — a luta de classes — e um protagonista: a classe operária, grávida de todos os futuros. Acabou! O reino da justiça se faria agora no abandono das pretensões universalizantes, as burguesas e as proletárias, em favor dos parcialismos Assegurados seus direitos especiais — que, curiosamente, são chamados de "coletivos" —, teríamos, então, um mundo mais igualitário e mais justo.

Espantosas, aí sim!, são as manifestações de entes do que antigamente se chamava "sociedade civil" contra as garantias que constituem pilares da sociedade democrática e do estado de direito. Esses entes tornaram-se agentes da promoção dos parcialismos. Se, antes, exerciam o saudável papel de árbitros dos conflitos, reconhecendo como legítimos os anseios reformistas da militância, mas apontando seus limites, mostram-se hoje panfletários buliçosos de minorias influentes. Figuras ilustres da OAB — de tão relevantes serviços prestados à redemocratização do país e à luta contra a censura — saíram atacando de forma vergonhosa a liberdade de expressão porque, afinal, não podiam concordar com as barbaridades ditas por um deputado! Praticamente pediram a sua cassação, comportando-se já como juízes.

Se alguém indagar a esses valentes se acreditam que o pior assassino tem direito a um advogado, dirão que sim, é evidente! Boa parte da imprensa não se comportou melhor do que a OAB na primeira semana ao menos; depois, foi ajustando o seu registro, mas os "indignados do bem" ainda protestam, afirmando, de modo muito pudoroso, que é bom, sim, termos um regime de liberdades no Brasil, mas sem exageros. O "exagero" costuma ser cometido por aqueles que discordam de nós. E Bolsonaro? Bem, este só tem motivos para ser grato aos militantes, à imprensa e à OAB. Aposto que, em 2014, terá ainda mais votos do que em 2010. Ao ser enviado para o paredão, não ganhou um só adversário novo, mas ampliou a grei de admiradores; ficou parecendo a luta de um contra um bando.

Imprensa e OAB já haviam, na semana anterior, escrito e dito barbaridades sobre o Projeto Ficha Limpa — e não se procedeu de forma muito diferente com a Operação Castelo de Areia. Há um ímpeto de moralização da vida pública — e isso é saudável! — que deu para chamar de "impunidade" garantias constitucionais e processuais QUE PROTEGEM A DEMOCRACIA PORQUE PROTEGEM O INDIVÍDUO. Protegem contra quem? Atenção, queridos! Protegem-no (e protegem-nos!) contra o estado e seus comandantes de turno. A origem do direito, conforme o conhecemos, não está numa briga de vizinhos nas cavernas, coisa que poderia lá ser resolvida entre eles, caçando seus mamutes (caverna e mamutes são contemporâneos? Sei lá eu!). A origem do direito está na necessidade de assegurar que um indivíduo não seja molestado pela vontade arbitrária do soberano. "Mas e se o bandido se aproveita disso?" Certamente não resolveremos o problema cassando prerrogativas dos não bandidos! E isso nos remete a esta triste semana que termina.

Delírios

Vimos o acontecimento brutal numa escola do Rio, com a morte de doze crianças. Não faz tempo, centenas delas foram soterradas em Petrópolis, no que foi chamado o "maior desastre natural do país". Natural!? Algumas ficarão sepultadas para sempre no ambiente daquela tragédia. Sobre seus corpos, vão se erguer edificações. Não terão direito nem mesmo à Santa Cruz, pequeninas capelas que ainda hoje se erguem nas áreas rurais do Brasil em que pessoas tombam mortas, pouco importa o motivo. Na fazenda em que passei parte considerável da infância, há uma. Ali foi assassinado Vitorino, que humilhara um camarada mais fraco do que ele num jogo de futebol. Crime de faca. Era um domingo. O campo, que não existe mais, ficava nas terras de um tio meu. Tínhamos com ela, eu menino, um misto de reverência e terror. Íamos rezar na Santa Cruz e a mantínhamos limpa, com toalha de crochê e imagens de santos. No lusco-fusco, enxergavam o vulto de Vitorino nos assombrando — eu nunca; no breu da noite, muitos viam a luz de uma vela iluminando a capelinha. É um jeito de não morrer. Como se nota, Vitorino vive de algum modo. Em Petrópolis, muitos simplesmente desapareceram. Morte absoluta.

Mesmo assim, a tragédia da cidade está entre os eventos que podemos compreender. O misto de moradias em áreas irregulares, de incúria do poder público e de uma chuva realmente devastadora produziu aquelas mortes. Há uma espécie de resignação. Já o assassinato das crianças deixa-nos perplexos. O que fazer? Não há o que fazer. As razões que habitavam a terrível solidão daquele rapaz se foram com ele. Cria-se uma espécie de frenesi em busca de uma resposta, e os políticos, obviamente, não resistem à tentação de apontar uma "saída". E se tirou do baú, então, a velha e estúpida ideia de "desarmar a sociedade". Como? Proibindo a venda legal de armas!

Borda-se, assim, o evento trágico com uma estupenda bobagem. No Japão, um assassino precisou de uma faca para matar oito crianças. Dilma Rousseff afirmou que o crime foge às "nossas características", numa declaração infeliz. De fato: as "nossas características" compreendem mais de 50 mil assassinatos por ano — 26 homicídios por 100 mil habitantes, contra apenas seis nos EUA. A maior parte é vitimada por armas de fogo ilegais, como eram, diga-se, as do rapaz da escola. Nesse caso, no entanto, ainda que se abolissem todas as armas desse gênero, ele encontraria uma maneira.

Em seu nono ano de governo, o PT pouco fez — na verdade, nada fez — contra o espantoso número de assassinatos no Brasil. Boa parte do tempo, o Ministério da Justiça ficou sob o comando de Tarso Genro, aquele que ouviu dizer que "maconha é muito saborosa". O índice nacional só não explodiu porque São Paulo segue sendo um exemplo de combate aos homicídios: queda de 62,4% entre 1998 e 2008 (10,4 mortos por 100 mil habitantes em 2010). No período, no Norte e no Nordeste, os dados são alarmantes: crescimento de 297% no Maranhão, de 237,6% na Bahia, de 177,2% em Alagoas, de 174,8% em Sergipe, de 193,8% no Pará... Assistimos, isto sim, ao contingenciamento da verba destinada à segurança pública. Pois bem, dada essa realidade, o governo federal houve por bem, à esteira da tragédia no Rio, lançar uma campanha em favor do... desarmamento. Dilma Rousseff, José Eduardo Cardozo e José Sarney acreditam que, tirando as armas legais das mãos das pessoas decentes, vão coibir o crime dos bandidos e dos malucos.

E, mais uma vez, os militantes, os particularistas, os "salvadores de homens" estão presentes para advogar que os "direitos coletivos" devem se sobrepor aos individuais. Mandam-me aqui um troço de uma jornalista — sim, jornalista! — que defendeu na TV que o governo monitore com mais severidade a internet para impedir que um assassino como esse tenha acesso a mensagens perigosas! O que ela quer?

Encerrando

Estamos passando por um acelerado processo de emburrecimento do debate público. Nunca tantos falaram tanta bobagem e com tanta convicção contra os fundamentos que regem a democracia e o estado de direito. Mas por que chegamos a isso? Esse é outro texto, que vem a seguir.

POR QUE CHEGAMOS A ISSO? [10/04/2011]

Escrevi, acima, um longo texto em que afirmo que passamos por um processo de emburrecimento do debate público no Brasil; fundamentos da democracia que nos pareciam, até havia pouco, acima de quaisquer questionamentos começam a ser alvos de especulação, notadamente a liberdade de expressão. Eventos dramáticos, que chocam a sociedade, logo são usados como pretextos para reduzir a liberdade dos indivíduos. Em todos os casos, agentes políticos se mobilizam para arrancar uma fatia de nossa liberdade e entregá-la à voracidade do estado. O indivíduo não vale um tostão furado. Ele, que é a razão de ser e o centro da democracia contemporânea, é reduzido à mera condição de instrumento de um "projeto".

No comando dessas iniciativas, estão os sucedâneos da esquerda marxista, que se fragmentaram em movimentos vários — alguns nem mesmo têm informação clara de sua própria origem. De todo modo, conservam a matriz autoritária. Os fascistas de direita temem a liberdade porque, para eles, ela se confunde com a desordem; os fascistas de esquerda temem a liberdade porque, para eles, confunde-se com o egoísmo. Em qualquer dos casos, como diria o grande poeta baiano Gregório de Matos (1636-1695):

> "A cada canto um grande conselheiro,
> Que nos quer governar cabana e vinha,
> Não sabem governar sua cozinha,
> E podem governar o mundo inteiro."

Quem já não está com o saco cheio dessa gente?

Mas por que chegamos a isso? O que nos falta? Poderia responder simplesmente: falta-nos oposição. Como se é "oposição" sempre em relação a alguém, prefiro ser menos episódico, não ancorando a tese apenas na realidade partidária que aí está (mas também nela). O Brasil é a ÚNICA DEMOCRACIA DO MUNDO que não conta com representantes no Parlamento que falem em defesa dos pagadores de impostos. Nem me refiro ao grande capital propriamente, que este, é fato, sempre dá um jeito de se defender. Vamos ser claros, né? Arca com um imposto aqui, toma dinheiro a juros subsidiados do BNDES ali. Com uma das mãos, o governo tira; com a outra, devolve. Quem não obtém nenhuma forma de compensação é o tal homem comum, médio, assalariado. Paga calado e recebe em troca serviços lastimáveis. No Parlamento, os ilustres representantes do povo se engalfinham para oferecer sempre mais "generosidades". Como não se inventou ainda um governo que gere riqueza — ele, ao contrário, a consome —, alguém paga a conta.

Onde estão os representantes do "povo que paga a conta"? Inexistem. Os partidos, hoje, ficam a gravitar em torno do PT, disputando o mercado de concessões de benefícios. Na única vez em que as oposições tiveram a coragem de peitar os petistas — refiro-me à CPMF —, levaram a fatura. E com amplo apoio da sociedade. Não por acaso! Os porteiros do meu prédio têm Imposto de Renda retido na fonte. Participam, como se vê, do "esforço redistributivo" do Brasil distribuindo... Pertencem àquele grupo de milhões de pessoas que nem são atendidas pelo *bolsismo*, a exemplo de nós, nem são capazes de pagar saúde privada, escola privada e segurança privada, à diferença de nós. Quem fala por eles?

Por que é assim? Infelizmente, o estado brasileiro é gigantesco e, nos oito anos do governo petista, cresceu ainda mais. A economia privada depende visceralmente do ente estatal; de posse de seus instrumentos, o governo de turno faz chantagem. Por isso é tão difícil fazer oposição no Brasil, qualquer que seja o partido no poder. Ainda mais difícil tem-se mostrado na gestão petista porque não se está lidando apenas com um partido, mas com uma legião, que tem o controle daqueles tais "movimentos" dos deserdados do marxismo, hoje metidos em lutas particularistas cuja finalidade, como todos sabemos, é assaltar o caixa do estado para garantir benefícios específicos a seus liderados.

Em qualquer grande democracia do mundo, a disputa pelo governo central se organiza em torno de um eixo — desdobrando-se depois em demandas particulares. Que eixo é esse? "Daremos mais dinheiro ao governo ou menos para que execute seus projetos?" Ou posto de outra maneira: "Devemos confiar no governo para fazer o país avançar e, pois, aceitaremos pagar mais impostos, ou nós lhe diremos: 'Preferimos fazer nós mesmos?'" Uma perspectiva organiza os ditos "progressistas"; a outra, os ditos "conservadores". Estes acusam aqueles de perdulários; aqueles dizem que estes são egoístas e ignoram os deserdados da terra. O pêndulo ora vai para um lado, ora para o outro.

Vejam o que ocorre no Brasil. Se um determinado projeto ganha a marca de "social", não haverá partido com coragem suficiente para dizer simplesmente "não!", explicando, se for o caso, que o governo está tentando arrancar um pouco mais do nosso dinheiro para supostamente nos salvar — ou, se for o caso, para alimentar a sua clientela. E por que os partidos têm tanto medo? Porque podem, efetivamente, ser satanizados. E isso remete a uma segunda questão importante.

Imprensa

Aqueles tais movimentos tomaram de assalto a imprensa. Nos EUA, no Chile (aqui do lado), na Alemanha, na França, na Itália, em toda parte, não só existem os jornalistas conservadores — "de direita" (brrr...), se quiserem — como existem os veículos conservadores: jornais, revistas, TVs, rádios, sites... Por aqui? É mais fácil um coleguinha com fama de, sei lá, beberrão ou idiota ser respeitado numa redação do que um com fama de "direitista". No Brasil, o conservadorismo — ou a "direita" — deixou de ser um conjunto de valores morais, ideológicos, políticos, econômicos, culturais. Não! Passou a ser uma falha ou uma mácula moral. É claro que há nisso tudo muito de ignorância e de "não livros"; mas há também, é certo, a patrulha consciente, organizada, eficiente.

Laura Capriglione não confunde coturno com Winston Churchill porque não sabe a diferença. Ao contrário: confunde justamente porque sabe! Que político vai querer ser alvo da ironia ou da maledicência das hostes organizadas? Um ou outro articulista escreveu contra as cotas raciais, por exemplo, mas, que me lembre, quase ninguém com assento numa redação. Digam-me aqui: é sinal de saúde democrática não haver simplesmente divergência num ambiente que deveria estar especialmente talhado para o confronto e para o debate?

O caso Jair Bolsonaro (PP-RJ), convenham, é bastante emblemático. Embora poucos tenham se dado conta de que mais ele acabou usando a imprensa do que a imprensa usando-o como símbolo "da direita", de "tudo o que é ruim", vimos a ligeireza com que se fala em cassação de mandato e punição quando alguém desprezado "pelo mundinho" decide fazer uso das faculdades constitucionais de que dispõe, ainda que para dizer coisas detestáveis. Contra as modernas informações da ciência, contra as evidências dos estudiosos da área e, finalmente, contra a lei, Tarso Genro, governador do Rio Grande do Sul, tratou a maconha como se fosse um Chicabom ("Dizem que é muito saboroso") — e o fez falando a jovens numa aula inaugural da UFRGS. O caso foi ignorado. Por quê? Porque boa parte dos que decidem o que é notícia, independentemente do que é fato, concorda com ele.

Ok. Todos sabem que a CNN é democrata e obamista, mas todos sabem que a Fox é republicana e antiobamista. Cito duas quase caricaturas. No mundo democrático, a imprensa também é plural e, de certo modo, espelha as divergências que existem na sociedade. E no Brasil? Em nome de uma suposta isenção, o crime é, muitas vezes, colocado em pé de igualdade com a lei, segundo a lógica do "lado" e do "outro lado". Convenham: se admito que a lei pode ser violada em nome da justiça (de preferência, "justiça social") e se considero que aquele que pratica a violação é um "lado legítimo" da contenda, não haverá "outro lado" que compense o que já é a escolha de um lado: a admissão da violação da lei. Ponto final! E vocês sabem que isso define a esmagadora maioria da imprensa brasileira.

Cá comigo, rio bastante quando vejo os *esquerdopatas* a associar, por exemplo, a TV Globo ao conservadorismo. Alguém já assistiu a algum capítulo da novela das 21h? Não vou aqui fazer análise de TV, qualidade de enredo, direção, nada disso. Trata-se de mais um folhetim eletrônico que vale por um breviário de todos os "progressismos" dos bacanas brasileiros. Afirmar que a Globo é de "direita", no entretenimento ou no jornalismo, é só uma maneira de manter mobilizada a patrulha com o intuito de que a emissora não fuja dos cânones politicamente corretos.

Sem divergência

Estamos, assim, parindo uma "democracia nova", sem divergência; as vozes públicas se movem apenas pelo consenso. "Consenso" de quem? Dos grupos militantes. Isso faria supor uma de duas coisas: ou viveríamos numa ditadura ou na mais absoluta paz social. Curiosamente, não temos nem uma coisa nem outra. O regime é democrático, e mais de 50 mil pessoas são assassinadas por ano no país, número estúpido, inaceitável, absurdo! Ocorre que o Brasil que divide, o Brasil do confronto, o Brasil da discordância, o Brasil da divergência, o Brasil do choque, tudo isso desapareceu com a chegada dos companheiros ao poder. Seus principais agentes da agitação social eram os sindicatos, que hoje integram o governo e administram fundos de pensão bilionários. Aqueles grupelhos organizados continuam, sim, a pressionar. MAS ATENÇÃO! NÃO É UMA PRESSÃO CONTRA O ESTADO! É UMA PRESSÃO CONTRA A SOCIEDADE. Como dispõem dos meios — a imprensa — para incensar ou satanizar as pessoas, temos, então, esta magnífica sociedade brasileira do discurso único, do partido único, do intento único.

Caminhando para o encerramento, lembro o aguardadíssimo discurso recente do senador Aécio Neves (PSDB-MG), saudado por alguns oposicionistas e, o que é curioso, pela totalidade dos governistas, como "a voz" da oposição. A personagem da noite, além do próprio tucano, foi o senador Wellington Dias (PT), ex-governador do Piauí. Comentando a segurança, a fortaleza e as certezas do governo petista, disse que eles, os governistas, haviam escolhido Aécio para ser o líder da oposição. Faz sentido!

Aécio exumou o passado e mostrou as muitas vezes em que o PT faltou ao Brasil. Correto! Mas cadê a divergência sobre presente e futuro? Fez algumas propostas, digamos assim, administrativistas, mas nada disse sobre as muitas imperícias em curso. Escrevi ontem à tarde sobre o atrapalhadíssimo ministro Guido Mantega e o nó cambial. Imagino aqui Dilma a ler o discurso de Aécio e comentando intimamente, com certo desalento: "Estou frita! Eles também não têm a menor ideia do que fazer! Estão como o Guidinho!" Atenção! Não esperava que um senador da oposição — ou ela toda — oferecesse "a" solução. Passar, no entanto, ao largo do problema naquele que seria uma espécie de "discurso inaugural", de fala organizadora dos adversários do PT, dá conta de quão baixa anda a temperatura política e intelectual na oposição.

Agora encerro mesmo

É por isso que tão abertamente se fala em desrespeitar a Constituição no país, como já demonstrei [no texto "Abaixo os 'Salvadores de Homens'", publicado neste livro à página 378]; é por isso que uma ocorrência trágica serve uma vez mais para tentar avançar contra os direitos dos homens de bem. Políticos e boa parte da imprensa passaram a criminalizar a divergência. O próprio senador mineiro, em sua longa fala, fez questão de deixar claro que não quer o confronto menor, que quer construir etc. Faz-se oposição no país quase pedindo desculpas, como se não fosse ela a legitimar a democracia, já que governo há em todas as ditaduras; como se o regime de liberdades não estivesse justamente na possibilidade de dizer "não", já que as tiranias também permitem que se diga "sim".

É essa "democracia jabuticaba" que nos obriga a recitar de novo, quase quatrocentos anos depois:

> "A cada canto um grande conselheiro,
> Que nos quer governar cabana e vinha,
> Não sabem governar sua cozinha,
> E podem governar o mundo inteiro."

POR QUE O BRASILEIRO NÃO SE INDIGNA? [13/07/2011]

Juan Arias, correspondente do jornal espanhol *El País* no Brasil, escreveu, no dia 7 de julho, um artigo [cujo endereço encontra-se ao fim deste texto] indagando onde estão os indignados do Brasil. Por que não ocupam as praças para protestar contra a corrupção e os desmandos? Não saberiam os brasileiros reagir à hipocrisia e à falta de ética dos políticos? Será mesmo este um país cujo povo tem uma índole de tal sorte pacífica que se contentaria com tão pouco? Afirmei, então, que ensaiaria uma resposta, até porque a indagação de Arias, um excelente jornalista, é procedente e toca, entendo, numa questão essencial nos dias que correm. A resposta não é simples nem linear. Há vários fatores distintos que se conjugam. Vamos lá.

Povo privatizado

O "povo" não está nas ruas, meu caro Juan, porque foi privatizado pelo PT. Note que recorro àquele expediente detestável de pôr aspas na palavra "povo" para indicar que o sentido não é bem o usual, o corriqueiro, aquele de dicionário. Até porque este escriba não acredita no "povo" como ente de valor abstrato, que se materializa na massa da rua. Acredito em "povos" dentro de um povo, em correntes de opinião, em militância, em grupos organizados — e pouco importa se o que os mobiliza é o facebook, o twitter, o megafone ou o sino de uma igreja. Não existe movimento popular espontâneo. Essa é uma das tolices da esquerda de matriz anarquista, que o bolchevismo e o fascismo se encarregaram de desmoralizar a seu tempo. O "povo na rua" será sempre o "povo na rua mobilizado por alguém". Numa anotação à margem: é isso o que me faz ver com reserva crítica — o que não quer dizer necessariamente "desagrado" — a dita Primavera Árabe. Alguém convoca os "povos".

No Brasil, as esquerdas, os petistas em particular, desde a redemocratização, têm uma espécie de monopólio da praça. Disse Castro Alves: "A praça é do povo como o céu é do condor." Disse Caetano Veloso: "A praça é do povo como o céu é do avião" (era um otimista; acreditava na modernização do Bananão). Disse Lula: "A praça é do povo como o povo é do PT". Sim, responderei ao longo do texto por que os não petistas não vão às ruas quase nunca. Um minutinho. Seguindo.

O "povo" não está nas ruas, meu caro Juan Arias, porque o PT compra, por exemplo, o MST com o dinheiro que repassa a suas entidades não exatamente para fazer reforma agrária, mas para manter ativo o próprio aparelho político — às vezes crítico ao governo, porém sempre unido numa disputa eleitoral. Luiz Inácio Lula da Silva e Fernando Haddad, ministro da Educação e candidato *in pectore* do Apedeuta à Prefeitura de São Paulo, estarão neste 13 de julho no 52º Congresso da UNE. Os míticos estudantes não estão nas ruas porque empenhados em seus protestos a favor. Você tem ciência, meu caro Juan, de algum outro país do mundo em que se fazem protestos a favor do governo? Talvez na Espanha fascista que seus pais conheceram, felizmente vencida pela democracia. Certamente na Cuba comuno-fascistoide dos irmãos Castro e na tirania síria. E no Brasil. Por quê?

Porque a UNE é hoje uma repartição pública alimentada com milhões de reais pelo lulo-petismo. Foi comprada pelo governo por quase R$ 50 milhões. Nesse período, esses patriotas, meu caro Juan, se mobilizaram, por exemplo, contra o "Provão", depois chamado de Enade, o exame que avalia a qualidade das universidades, mas não moveram uma palha contra o esbulho que significa, NA FORMA COMO EXISTE, o ProUni, um programa que já transferiu bilhões às mantenedoras privadas de ensino, sem que exista a exigência da qualidade. Não se esqueça de que a UNE, durante o mensalão, foi uma das entidades que protestaram contra o que a canalha chamou "golpe da mídia". Vale dizer: a entidade saiu em defesa de Delúbio Soares, de José Dirceu, de Marcos Valério e companhia. Um de seus ex-presidentes e então um dos líderes das manifestações que resultaram na queda de Fernando Collor é hoje senador pelo PT do Rio e defensor estridente dos malfeitos do PT. Apontá-los, segundo o agora conservador Lindberg Farias, é coisa de conspiração das "elites". Os antigos caras-pintadas têm hoje é a cara suja; os antigos caras-pintadas se converteram em verdadeiros caras de pau.

Centrais sindicais

O que alguns chamam "povo", Juan, chegou, sim, a protestar em passado nem tão distante, no governo FHC. Lá estava, por exemplo, a sempre vigilante CUT. Foi à rua contra o Plano Real. E o Plano Real era uma coisa boa. Foi à rua contra a Lei de Responsabilidade Fiscal. E a Lei de Responsabilidade Fiscal era uma coisa boa. Foi à rua contra as privatizações. E as privatizações eram uma coisa boa. Saiba, Juan, que o PT votou contra até o Fundef, que era um fundo que destinava mais recursos ao ensino fundamental. E onde estão hoje a CUT e as demais centrais sindicais?

Penduradas no poder. Boa parte dos quadros dos governos Lula e Dilma vem do sindicalismo — inclusive o ministro que é âncora dupla da atual gestão: Paulo Bernardo (Comunicações), casado com Gleisi Hoffmann (Casa Civil). O indecoroso Imposto Sindical, cobrado compulsoriamente dos trabalhadores, sejam sindicalizados ou não, alimenta as entidades sindicais e as centrais, que não são obrigadas a prestar contas dos milhões que recebem por ano. Lula vetou o expediente legal que as obrigava a submeter esses gastos ao Tribunal de Contas da União. Os valentes afirmaram, e o Apedeuta concordou, que isso feria a autonomia das entidades, que não se lembraram, no entanto, de serem autônomas na hora de receber dinheiro de um imposto.

Há um pouco mais, Juan. Nas centrais, especialmente na CUT, os sindicatos dos empregados das estatais têm um peso fundamental, e são hoje os donos e gestores dos bilionários fundos de pensão manipulados pelo governo para encabrestar o capital privado ou se associar a ele — sempre depende do grau de rebeldia ou de "bonomia" do empresariado.

O MST, a UNE e os sindicatos não estão nas ruas contra a corrupção, meu caro Juan, porque são sócios muito bem remunerados dessa corrupção. E fornecem, se necessário, a mão de obra para o serviço sujo em favor do governo e do PT. Não se esqueça de que a cúpula dos aloprados pertencia toda à CUT. Não se esqueça de que Delúbio Soares, o próprio, veio da... CUT!

Isso explica tudo? Ou: “os valores”

Ainda não!

Ao longo dos quase nove anos de poder petista, Juan, a sociedade brasileira ficou mais fraca, e o estado ficou mais forte; não foi ela que o tornou mais transparente; foi ele que a tornou mais opaca. Em vez de se aperfeiçoarem os mecanismos de controle desse estado, foi esse estado que encabrestou entidades da sociedade civil, engajando-as em sua pauta. Até a antes sempre vigilante Ordem dos Advogados do Brasil flerta frequentemente com o mau direito — e o STF não menos — em nome do “progresso”. O petismo fez das agências reguladoras meras repartições partidárias, destruindo-lhes o caráter.

Enfraqueceram-se enormemente os fundamentos de uma sociedade aberta, democrática, plural. Em nome da diversidade, da igualdade e do pluralismo, busca-se liquidar o debate. A Marcha para Jesus, citada por você, à diferença do que querem muitos, é uma das poucas expressões do país plural que existe de fato, mas que parece não existir, por exemplo, na imprensa. À diferença do que pretendem muitos, os evangélicos são um fator de progresso do Brasil — se aceitarmos, então, que a diversidade é um valor a ser preservado.

Por que digo isso? Olhe para a sua Espanha, Juan, tão saudavelmente dividida, vá lá, entre “progressistas” e “conservadores” — para usar duas palavras bastante genéricas —, entre aqueles mais à esquerda e aqueles mais à direita, entre os que falam em nome de uma herança socialista e mais intervencionista, e os que se pronunciam em favor do liberalismo e do individualismo. Assim é, você há de convir, em todo o mundo democrático.

Veja que coisa, meu caro: você conhece alguma grande democracia do mundo que, à moda brasileira, só congregue partidos que falam uma linguagem de esquerda? Pouco importa, Juan, se sabem direito o que dizem e são ou não sinceros em sua convicção. O que é relevante é o fato de que, no fim das contas, todos convergem com uma mesma escolha: mais estado e menos indivíduo; mais controle e menos liberdade individual. Como pode, meu caro Juan, o principal partido de oposição no Brasil pensar, no fim das contas, que o problema do PT é de gestão, não de valores? Você consegue se lembrar, insisto na questão, de alguma grande democracia do mundo em que a palavra “direita” tenha se tornado sinônimo de palavrão? Nem na Espanha que superou décadas de franquismo.

Imprensa

Se você não conhece democracia como a nossa, Juan, sabe que, com as exceções que confirmam a regra, também não há imprensa como a nossa no mundo democrático no que concerne aos valores ideológicos. Vivemos sob uma quase ditadura de opinião. Não que deixe de noticiar os desmandos — ministros do governo Dilma caíram, é bom deixar claro, porque o jornalismo fez o seu trabalho. Mas lembre-se: nesta parte do texto, trato de valores.

Tome como exemplo o Código Florestal. Um dia você conte em seu jornal que o Brasil tem 851 milhões de hectares. Apenas 27,7% são ocupados pela agricultura e pela pecuária. A agricultura ocupa 59,8 milhões (7% do total); as terras indígenas, 107,6 milhões (12,6%). Que país construiu a agropecuária mais competitiva do mundo e abrigou 200 milhões de pessoas em menos de 40% de seu território, incluindo aí todas as obras de infraestrutura? Tais números, no entanto — do IBGE, do Ibama, do Incra e da Funai — são omitidos dos leitores (e do mundo) em nome da causa!

A crítica na imprensa foi esmagada pelo engajamento; não se formam nem se alimentam valores de contestação ao *statu quo* — que hoje, ora veja!, é petista. Por quê? Porque a imprensa de viés realmente liberal é minoritária no Brasil. Dá-se enorme visibilidade aos movimentos de esquerdistas, mas se ignoram as manifestações em favor do estado de direito e da legalidade. Curiosamente, somos, sim, um dos países mais desiguais do mundo, mas que está se tornando especialista em formar retóricos que lutam... contra a desigualdade. Entendeu a ironia?

Quem vai à rua?

Ora, Juan, quem vai, então, à rua? Os esquerdistas estão se fartando na lambança do governismo, e aqueles que não comungam de suas ideias e que lastimam a corrupção e os desmandos praticamente inexistem para a opinião pública. Quando se manifestam, são tratados como párias. Ou não é verdade que a imprensa vê com entusiasmo os muitos milhares da parada gay, mas com evidente descaso a marcha dos evangélicos? A simples movimentação de algumas lideranças de um bairro de classe média para discutir a localização de uma estação de metro é tratada por boa parte da imprensa como um movimento contra o... "povo".

As esquerdas dos chamados movimentos sociais estão, sim, engajadas, mas em defender o governo e seus malfeitos. Afirmam abertamente que tudo não passa de uma conspiração contra os movimentos populares. As esquerdas infiltradas na imprensa demonizam as reações de caráter legalista — ou que não comungue de seus valores ditos "progressistas" —, tomando-as como expressão não de um pensamento diferente, divergente, mas de atraso.

Descrevi, meu caro Juan, o que vejo. Isso tem de ser necessariamente assim? Acho que não! Para que se possa pensar, no entanto, na reação, é preciso entender como o sistema político brasileiro passou a tomar a máquina corrupta como expressão da eficiência do estado — uma "eficiência" que tem o povo como adversário. Mas isso fica para outro texto, que este já vai longe.

(Endereço do artigo de Juan Arias: http://internacional.elpais.com/internacional/2011/07/07/actualidad/1309989609_850215.html)

OS BENEFICIÁRIOS DE UM REGIME CORRUPTO [20/07/2011]

No texto anterior, afirmo que a máquina corrupta passou a ser vista como expressão da eficiência do estado, uma eficiência que tem o povo como adversário. E prometi voltar ao assunto. Estão dispostos a encarar? Sigamos.

A corrupção no poder não é um problema exclusivamente brasileiro; aqui, no entanto, as coisas estão saindo do, vá lá, razoável. Sim, há certa razoabilidade até no mundo da bandalheira. Quem tem uma posição de mando está permanentemente ameaçado pela tentação de atender aos próprios interesses. Resistir é uma questão de caráter. É preciso trabalhar com pessoas decentes, pois. Mas, nas democracias organizadas mundo afora, confia-se menos nos homens do que nas instituiçoes; são estas que controlam aqueles, não o contrário. No que diz respeito à coisa pública, é preciso diminuir o espaço do arbítrio, da escolha pessoal, em benefício de um padrão que interessa à coletividade. No Brasil, estamos fazendo o contrário: a cada dia, diminui a margem de escolha dos indivíduos privados, e aumenta o arbítrio do estado. É o modo petista de governar. É claro que isso não daria em boa coisa. Convenham: nós, os ditos "conservadores" — "reacionários" para alguns —, estamos denunciando essa inversão de valores faz tempo.

A forma como o poder está organizado no Brasil facilita a ação dos larápios. Há um elemento de raiz nessa história. O regime saído da Constituição de 1988 foi desenhado para o parlamentarismo até a 24ª hora; na 25ª, pariu-se o presidencialismo, e veio à luz um regime híbrido, de modo que o chefe do Executivo fica de mãos atadas sem a maioria no Congresso, e o Congresso não existe sem a distribuição das prebendas gerenciadas pelo Executivo. Ai do presidente que perder a maioria no Parlamento! É claro que Fernando Collor, por exemplo, caiu por bons motivos — bons motivos que não faltaram para derrubar Lula em 2005; eles eram maiores e mais convincentes. E, no entanto, foi socorrido pelo Legislativo. O resto é história.

Isso que se convencionou chamar de "presidencialismo de coalizão" se mostra, já escrevi [no texto cujo endereço encontra-se ao fim deste artigo], "presidencialismo de colisão com a moralidade pública". Aquele que vence a eleição presidencial precisa começar a construir, no dia seguinte à vitória, a sua base de sustentação no Congresso. Não o faz com um programa de governo. Sabemos como isso está desmoralizado, não? No máximo, há algumas palavras de ordem. Uma das ideias-força de Dilma Rousseff, por exemplo, era o ataque às privatizações... Agora, ela faz o diabo para tentar acelerá-las no caso dos aeroportos, por exemplo.

Ao buscar o apoio no varejo, o que tem o eleito a oferecer? Como se viu, nem mesmo um programa. Resta negociar com o bem público: "Ô Valdemar, rola o apoio dos seus quarenta deputados em troca do Ministério dos Transportes, de porteira fechada?" Claro que rola! Pensem bem: por que um partido quer tanto uma pasta como essa? Vocação natural dos valentes para servir? Expertise adquirida ao longo de sua história, de sua militância? Não! Está de olho na verba da pasta, no seu orçamento. Os partidos e seus respectivos "donos" passam, então, a usar a estrutura do estado e o dinheiro público com três propósitos:

a) fazer política clientelista com aliados e com a base eleitoral — distribuindo pontes, asfalto, melhorias aqui e ali segundo critérios partidários;

b) fortalecimento do partido por meio da "caixinha" cobrada de empreiteiros e prestadores de serviços;

c) enriquecimento pessoal.

O interesse público, a essa altura, foi para o diabo faz tempo. O PR sabe que jamais exercerá a hegemonia do processo político; sua principal virtude — ou melhor: a principal virtude do partido para seus próceres — é ter porte médio; é ser importante na composição da maioria, mas sem ter a responsabilidade de governar. Isso ele deixa para os dois ou três grandes aos quais pode se associar, sempre cobrando um ministério de porteira fechada. Torna-se, assim, um ente destinado a fazer negócios, não a implementar políticas públicas.

Fragmentação partidária

A fragmentação partidária, outra herança perversa da Constituinte de 1988, também está na raiz desse mal estrutural, que predispõe o sistema brasileiro à corrupção. Os tais movimentos sociais capitaneados pelo PT e pela igreja, os egressos do exílio e mesmo os liberais que combateram a ditadura militar, toda essa gente se juntou para defender a ampla liberdade de organização partidária, estabelecendo critérios muito frouxos e pouco exigentes para a criação de legendas, que foram se tornando ainda mais relaxados por legislação específica.

"Pra que tanto partido, meu Deus?", pergunta o meu coração. Para assaltar os cofres públicos! Ou alguém identifica no, sei lá, PR, PP e PRB diferenças ideológicas de fundo? Ou ainda: o que têm de incompatível com o PMDB, por exemplo, e este com o PSB ou com o PDT? A experiência mundo afora tem demonstrado que dois partidos bastam para fazer uma sólida democracia, eventualmente três. Os demais ou servem à vaidade de líderes regionais — na hipótese benigna e mais rara — ou ao assalto organizado ao caixa. Esses partidos não dão apoio a ninguém, mas o vendem. Os que não conseguem expressão eleitoral para reivindicar cargos públicos fazem negócios antes mesmo da eleição: negociam seu tempo na televisão.

Dá para ser otimista quanto a esse particular? Não! Os encarregados de fazer uma reforma partidária, por exemplo, são os principais beneficiários da fragmentação partidária. Isso não vai mudar.

Como o PT degradou o que já era ruim

Não! Não vou igualar o governo FHC ao camelódromo petista só para que me julguem isento. Até porque deixo a "isenção" para os que não têm independência para se dizer comprometidos com certas ideias e teses. Eu, felizmente, tenho. O tucano também governou segundo esse sistema chamado "presidencialismo de coalizão", sim; denúncias e casos de corrupção surgiram no curso de sua gestão, mas o fato é que ele tinha um propósito que, a juízo deste escriba, tirou o Brasil do fim do mundo e o fez um ator importante na ordem global: a modernização da economia, que se expressou por intermédio das privatizações, da abertura ao capital estrangeiro, da reorganização do sistema bancário, da disciplina nas contas públicas, da estruturação da assistência social. E tudo debaixo do porrete petista, é bom lembrar. FHC governou essencialmente com o PSDB e com o PFL, os dois partidos que venceram a eleição.

Os leitores mais jovens não têm como saber, mas eu lembro: quando FHC, então pré-candidato do PSDB à Presidência, anunciou a disposição de fazer uma composição com o PFL, a imprensa "progressista" ficou arrepiada. "Como? O intelectual com origem na esquerda se junta aos conservadores? Que horror!" Seu governo, depois, e isso todos sabem, foi chamado de "neoliberal" pelos intelectuais e jornalistas pilantras do PT. Adiante.

O PT entrou na disputa de 2002 prometendo duas coisas antitéticas — o que apontei ainda em 2001 na revista *Primeira Leitura*, que fechou as portas em 2006: "mudar tudo o que está aí" (era o discurso de sempre do petismo) e "preservar tudo o que está aí" — essência da tal "Carta ao Povo Brasileiro", que Antonio Palocci e outros petistas redigiram na sede de um banco de investimentos. A síntese que fiz à época foi esta, e eu a considero, modéstia à parte, muito esperta até hoje: "O PT é a continuidade sem continuísmo, e José Serra (então candidato tucano) é o continuísmo sem continuidade." Minha síntese é boa, mas algo fica faltando.

Oferecer o quê?

O PT não deu sequência a FHC num particular: faltava-lhe um projeto de governo. Além da continuidade sem imaginação, conduzida pelos bons ventos da economia mundial, o que o partido tinha a oferecer? A resistência do ex-presidente tucano à feira livre dos cargos, aos lobbies organizados de corporações sindicais e empresariais, à demagogia do "faço-e-aconteço" — e essa era uma das virtudes republicanas de FHC — foi transformada por Lula num grande defeito, numa evidência do governante frio e tecnocrático. Ele, Lula, era diferente: abria as portas do Palácio a quem tivesse alguma reivindicação, ouvia todo mundo, atendia a todos os pleitos. O Apedeuta transformou o governo federal, em suma, numa espécie de pátio dos milagres de quantos quisessem arrancar um dinheirinho dos cofres públicos em troca do apoio ao governo.

O PT já tinha se dado conta, àquela altura, de que a hegemonia do processo político, que estava em seu horizonte desde a sua criação, em 1980, se daria não com a mudança da cultura política, mas com a sua manutenção.

Por isso Lula disparou certa feita a máxima de que governar é fácil. Percebeu que a simbiose entre Legislativo e Executivo, que a fragmentação partidária e que a gigantesca máquina federal concorriam para a construção e consolidação daquela pretendida hegemonia. E não! Não precisava nem mesmo anunciar um projeto! Bastava manter nas mãos do PT o núcleo duro do poder e distribuir cargos à mancheia. Teria o Congresso, como teve, na palma das mãos. Se a aliança estratégica que FHC fizera no passado com o PFL soou a muitos uma traição, a de Lula com a escória da política foi tida como evidência de um pensamento estratégico e sinal de amadurecimento do PT. Um peso, duas medidas!

O PT, finalmente, se tornava o principal beneficiário do modelo contra o qual, para todos os efeitos, se construíra.

Um novo sentido moral para a corrupção

Vocês já devem ter lido que Gilberto Carvalho, secretário-geral da Presidência e espião oficial de Lula na gestão Dilma, tentou livrar a cara de Luiz Antonio Pagot (ex-presidente do Departamento Nacional de Infraestrutura de Transportes). O Babalorixá de Banânia, embora diga o contrário, não aprova o desmanche da canalha incrustada no Ministério dos Transportes. Ainda que Dilma seja, obviamente, beneficiária indireta do modo como Lula construiu o governo, tem lá algumas exigências incompatíveis com aquela máquina de ineficiência e corrupção em que se transformou a pasta. Para o demiurgo tornado o ogro da democracia brasileira, isso é absolutamente irrelevante.

Há muito, desde o antiquíssimo Caso Lubeca — pesquisem a respeito —, o petismo tenta demonstrar que a corrupção praticada pelo partido e por seus aliados tem um sentido moral diferente daquela eventualmente protagonizada por seus adversários. As lambanças petistas seriam imposições da realidade e buscariam sempre o bem comum; no máximo, admite-se que o partido faz o que todos fazem. Censurá-lo, pois, seria evidência de preconceito. Esse juízo chegou ao paroxismo durante o julgamento do mensalão. Muito bem! O PR não inovou seus métodos nos seis meses de governo Dilma; apenas continuou a praticar o que fez nos oito anos de governo Lula. Não por acaso, Valdemar Costa Neto foi um dos protagonistas do escândalo do mensalão. E com tal evidência que renunciou para não ser cassado. Carvalho, em nome de Lula, tenta segurar Pagot porque entende que o PR é parte da construção da hegemonia partidária. Os petistas deram dignidade à escória da política brasileira.

Como se desarma isso?

Como se desarma isso? Não tenho a pretensão de ter uma resposta definitiva. E acho que não há "a" ação eficaz. A vigilância da imprensa, como provou *Veja*, é certamente um elemento poderoso. Os partidos de oposição têm de ampliar sua articulação com a sociedade, que se expressa cada vez mais nas chamadas redes sociais. A cada um de nós cabe denunciar a corja de vigaristas que, sob o pretexto de "mudar o Brasil", transforma o país no reino da impunidade.

E, definitivamente, é preciso denunciar a ação deletéria do sr. Luiz Inácio Lula da Silva. É preciso cortar a cabeça dessa Górgona barbuda sempre disposta a justificar as piores práticas políticas e a petrificar o juízo crítico. Ele se tornou hoje o símbolo do desastre moral que é a administração pública do Brasil. Não por acaso, enquanto o governo Dilma se quedava ontem entre a paralisia e a evidência da corrupção desbragada, lá estava Lula confraternizando com os "governistas" da Fiesp, hoje um dos aparelhos rendidos ao lulo-petismo. Comemorando o quê? A condição de Lula de chefe de um dos regimes políticos mais corruptos do mundo? Isso não será denunciado pelos "comunistas" da UNE, um cartório do PCdoB, sócio do poder. Também não será denunciado pelos supostos "capitalistas" da Fiesp, um cartório dos que estão de olho, ou já os têm, nos empréstimos do BNDES a juros subsidiados ou em alguma exceção fiscal.

É assim que se faz da corrupção um método e quase uma metafísica.

(Endereço do artigo citado: http://veja.abril.com.br/blog/reinaldo/geral/presidencialismo-brasileiro-nao-e-de-"coalizao"-mas-de-"colisao"-com-a-moralidade-e-com-a-eficiencia/)

MEUS HERÓIS NÃO MORRERAM DE OVERDOSE [24/11/2011]

Este será um texto difícil, leitores! Avançarei por um trilho que sempre evitei porque tenho tal horror à demagogia que o risco remoto de que nela pudesse resvalar sempre me impediu de continuar. Mas chega a hora, como disse o poeta, em que os bares se fecham. E então restamos com nossas verdades. E elas precisam ser não exatamente anunciadas, mas enunciadas. Chegou a hora de vocês saberem um pouco mais deste escriba. Mas vamos devagar nesta longa viagem noite adentro.

Enganam-se aqueles que supõem que tenho debatido, nestes dias, a formação de chapas para disputar o DCE da USP, da Unirio ou da UFPR. A questão, entendo, é bem mais ampla: trato de regras de civilidade, da democracia e do estado de direito. Espanta-me que seja justamente nas universidades — em particular nas públicas — que direitos essenciais garantidos pela Constituição sejam aviltados; direitos que custaram os esforços de gerações de brasileiros. Modestamente, fiz parte dessa trajetória e corri riscos, desde bem menino, por isso. Constato, não surpreso, mas nem por isso menos indignado, que a defesa da lei no Brasil pode ser, sim, uma atitude perigosa, daí que tenha sido obrigado a tomar medidas para a minha proteção. Nem por isso vou desistir. Releiam o título deste texto. Eu vou chegar lá.

Ontem, enquanto alguns leitores de Vladimir Safatle, o professor pró-invasão, liam a sua corajosa fuga do debate [o endereço para o texto a respeito está no fim deste artigo], um panfleto era distribuído na USP, com tiragem anunciada de 3 mil exemplares. Ataca-me com impressionante violência. Mais do que isso: incita o ódio, a agressão. Acusa-me, em última instância, de interferir numa questão que seus autores parecem considerar privada. Isto mesmo: privatizaram a Universidade de São Paulo e rejeitam por princípio a crítica. O curioso é que, em sua não resposta, Safatle me acusava — este rapaz precisa tomar cuidado com seu eventual lado mitômano — de promover a violência retórica. Escreveu em sua "não resposta" que pertence àquela categoria de pessoas que "nunca responderão a situações nas quais a palavra escrita resvala para o pugilato, nas quais ela flerta com as cenas da mais tosca briga de rua com seus palavrões e suas acusações *ad hominen* [sic]. Seria, simplesmente, ignorar a força seletiva do estilo". Bem, noto à margem que o latim de Safatle não é melhor do que seu português, sua filosofia, seus argumentos e seu talento de polemista. O certo é *ad hominem*, com "m". A alternativa é não recorrer ao latim.

Não, não desferi um só palavrão contra este rapaz. Em compensação, aqueles aos quais dá suporte — costuma ministrar "aulas" em áreas públicas ocupadas, como já fez em Salvador! — percorrem todo o vocabulário da desqualificação para me atacar, com impressionante vulgaridade e boçalidade. Em suma: acusam-me de promover aquilo que eles próprios promovem. Quando um delinquente intelectual divulga um panfleto asqueroso, que faz a apologia da pancadaria e da tortura, em vez de pedirem cadeia para o autor, preferem jogá-lo nas costas de seus adversários. É uma gente, parece, para a qual o crime sempre é útil, os próprios ou os alheios.

Ataques e povo consumidor

Nos ataques que prosperam na rede, as mafaldinhas e os remelentos mimados me acusam, ora vejam!, de ser um representante da "classe dominante" — ou de estar a serviço dela — e fechar os olhos e tapar os ouvidos ao sofrimento do povo, de que seriam os procuradores. Se o povo os ignora e, na verdade, repudia a sua pauta, então é porque está ainda esmagado pela opressão do capital e pelas artimanhas da ideologia dominante, que lhe incute uma falsa consciência que o impede de ter clareza de seu papel revolucionário. É aí que entra, então, o partido — o deles — com o seu papel de vanguarda e de organizador da luta. Escrevo isso e dou um meio-suspiro. Imaginem vocês se Marx estabeleceria esse encadeamento caso os "revolucionários" em questão fossem estudantes universitários...

O que essa gente sabe "do povo", Deus meu? No máximo, tem notícia dele por intermédio de suas respectivas empregadas, certamente mais "reacionárias" do que eles próprios. Esses radicais, que hoje se querem à esquerda do PT — os petistas assistem aos absurdos da USP pensando apenas em como tirar proveito eleitoral do episódio —, explicam por que foi um operário meio ignorantão, Luiz Inácio Lula da Silva, a empurrá-los para a absoluta indigência intelectual e para o flerte com o banditismo.

Se Lula e seu PT têm promovido o que considero um contínuo rebaixamento institucional do Brasil por conta do aparelhamento do estado e de sua vocação para se estabelecer como partido único, o que certa esquerda considera "progressista", é fato que o sucesso do Apedeuta, desde quando era sindicalista, se deve justamente a aspectos de sua pregação que esses *radicaloides* consideram "conservadores", até mesmo reacionários. Desde quando era presidente do Sindicato dos Metalúrgicos de São Bernardo, Lula prega a uma plateia de consumidores, não de revolucionários. As três campanhas eleitorais vencidas pelo PT exercitaram, todos sabemos, à farta a lógica do "nós contra eles" — aquela bobajada tipicamente esquerdista —, mas sempre ancoradas na democratização das conquistas do capitalismo. Há, sim, uma vasta literatura de esquerda que provaria que Lula é um grande "reacionário".

O ponto, meus caros, é que o povo vive o, como chamarei?, *malaise* da carência, enquanto esses esquerdistas enfatuados conhecem o *malaise* da abastança. PCO, LER-QI, PSOL e assemelhados oferecem "consciência revolucionária" aos pobres, e estes querem é geladeira nova. Os extremistas do sucrilho e do toddynho lhes propõem utopias, e eles estão de olho no computador. Os delirantes, em suma, lhes acenam com o socialismo, e eles só esperam que o capitalismo também lhes sorria. Foi Lula quem conduziu esses delinquentes intelectuais para o hospício da política. Em certa medida, ninguém foi, segundo a ótica deles, mais contrarrevolucionário do que o ex-presidente — o que não quer dizer que seja um democrata convicto. Eu não considero.

Desconhecem o povo

Esses extremistas de terceiro grau, sejam alunos, professores ou funcionários, não sabem o que é o povo, quem é o povo, o que quer o povo — e o resultado que logram nas urnas deixa isso muito claro. E então virá a pergunta fatal: "E você, Reinaldo, conhece?" Pois é, conheço, sim! SEM ME CONSIDERAR SEU REPRESENTANTE PORQUE NÃO FUI ELEITO POR NINGUÉM, DEIXO CLARO! E agora começa o caminho um tanto pedregoso, que sempre evitei, porque tenho verdadeiro asco de certas parvoíces *sociologizantes*. Mais do que isso: a cada vez que vi Lula tentando justificar algumas de suas escolhas equivocadas por causa de sua infância pobrezinha, meu estômago deu alguns corcovos. O Lula que mobilizou os consumidores, se querem saber, merece o meu respeito. O Lula que tenta fazer da pobreza uma cultura merece o meu solene desprezo.

Vamos lá, Reinaldão, coragem! Sabem os meus familiares, sabem os meus amigos próximos, alguns deles jornalistas (sim, os tenho, e queridos!), que fui muito pobre, muito mesmo! E nunca dei uma de coitadinho porque não pode haver poder mais discricionário e asqueroso do que o das vítimas — de quaisquer vítimas — se transformado em categoria de pensamento. A pobreza não existe nem para culpar nem para enobrecer ninguém. Vamos lá ao título. Não! Os meus heróis não morreram de overdose porque isso é luxo que não se consente a determinadas faixas de renda. Essa "overdose" sempre supõe que o tal "herói" foi uma espécie de paladino da luta contra a opressão. Qual opressão? Qualquer uma que possa servir de pretexto para enfiar o pé na jaca.

Se meus heróis não morreram de overdose, tive, isto sim, amigos de infância e pais de amigos que se meteram com a bandidagem e o narcotráfico e que hoje estão mortos. Morreram de *overbalas*. Meu pai trocava molas de caminhão; minha mãe chegou a trabalhar como doméstica. Não me orgulho da profissão que tiveram. Orgulho-me das pessoas que eram — minha mãe, felizmente, viva, forte e ainda mais cheia de opiniões do que eu. Orgulho-me de seu caráter. Orgulho-me de seu senso de honra. Morei em dois cômodos de madeira até os cinco anos; depois, em dois cômodos de alvenaria até os quinze. No fundo do terreno, corria um rio fétido. Nas chuvas, a água invadia a casa. O que isso me ensinou? Digo daqui a pouco. E talvez surpreenda muita gente!

Eu era livre para escolher

Tive todas as oportunidades de delinquir, às quais alguns sucumbiram, numa periferia aonde o asfalto chegou tardiamente, para ter um Kichute novo (ainda existe?), uma calça Lee americana, como chamávamos à época, uma vitrola para os bailinhos — faziam-se "bailinhos" então. E sempre disse: "Não!" E fiquei sem o Kichute, a Lee americana e a vitrola. Tenho uma novidade para esses delinquentes encapuzados e seus professores picaretas: os pobres também fazem escolhas morais. Não são umas bestas à espera da iluminação que vocês possam proporcionar. Aliás, eles as fazem mais frequentemente do que os abastados porque, de fato, suas carências são maiores e maiores as chances de tentação de encontrar um caminho mais curto para obter o desejado.

Disse "não" muitas vezes — e não vai nisso heroísmo nenhum! Não fui o único. Sempre que leio textos de supostos especialistas a demonstrar como os pobres da periferia são vítimas passivas das circunstâncias, sou tentado a pegar um chicote. Porque essa gente não sabe O que nem DO que está falando.

Não, não acho que essa minha origem me qualifique para isso ou para aquilo. Não me liguei a grupos socialistas porque quisesse subir na vida (claro!) ou porque achasse que o estado tinha a obrigação de me dar moradia ou o que fosse. A minha questão, desde sempre, tinha a ver com a democracia. Achava, e ainda acho, inaceitável que um governo possa decidir o que devemos pensar, o que devemos dizer, o que devemos calar. Nem governos nem milícias comuno-fascistas da USP ou de qualquer outro lugar.

A propósito da ignorância dos extremistas: lembro-me, eu tinha quinze anos, de uma "aula" com um *intelequitual* da Convergência Socialista (que está na pré-história do PSTU) a esculhambar o então apenas "sindicalista" Lula, em começo de carreira, porque este seria um "reformista", empenhado "apenas" em conquistar salários melhores, o que, entendi, era ruim para a libertação dos trabalhadores. O que aquela gente sabia do povo, Deus meu? Nada! O que sabe ainda hoje? Nada!

Todos os dias, recebo centenas de comentários mais ou menos assim: "você, que nunca andou de ônibus..."; "você, que nunca andou de trem..."; "você, que nasceu em berço de ouro..." Costumo ignorar porque tenho outra novidade para os delinquentes encapuzados: a abastança pode ser tão opressora quanto a carência! Os que não sabem o que fazer dos benefícios que herdaram podem ter um destino tão ou mais duro do que os que não sabem o que fazer das carências que herdaram. O ponto, desde sempre, não é o que fizeram de você, mas o que você vai fazer do que fizeram de você, compreenderam?

Ignorância com efeitos trágicos

Essa ignorância do que são e do que querem os pobres tem efeito terrível na vida dos próprios pobres. A cada vez que vejo ONGs nas favelas do Rio ou na periferia de São Paulo ensinando criança pobre a batucar, a fazer rap, a fazer funk (lá vem chiadeira...), vem-me de novo a vontade de pegar o chicote. Por que pobre tem de batucar? Aos catorze anos, eu já tinha lido toda a poesia de Cecília Meireles e boa parte do que sei de Drummond, por exemplo. Ali, na cozinha de casa. Não porque fosse um gênio, o que não sou, mas porque há pobres que se interessam por literatura e não estão dispostos a representar o papel de pobres para satisfazer os anseios das mafaldinhas e dos remelentos revolucionários. E não estão dispostos pela simples e óbvia razão de que... JÁ SÃO POBRES. NÃO PRECISAM REPRESENTAR!

Conheço o povo, aqueles alunos e professores remelentos não conhecem. Para a chateação e a fúria deles todos, conheço também os textos que lhes servem de referência, com a ligeira diferença de que os li. Safatle, aquele rapaz do cinturão do agronegócio, a esta altura, deve estar radiante: "Eu sabia! Esse Reinaldo é um pobre que se tornou reacionário para subir na vida; um arrivista!" E se sentirá, então, pacificado. Ele, das classes abastadas, se regozijará com a generosidade de sua entrega à causa popular, mesmo vindo das camadas superiores. Já eu, vejam que desastre!, em vez de estar na rua, carregando bandeira; em vez de estar empenhado na libertação da minha classe; em vez de estar exercendo o papel que me foi reservado pelo marxismo sem imaginação dessa canalha, eu, olhem que coisa!, estou aqui a dizer para Safatle que sua citação de um texto de referência é descabida. Corrijo também o seu português. Corrijo, para arremate dos males, o seu latim. Pobre reacionário é mesmo uma merda, né, Safatle? É só ler alguma coisinha, já sai corrigindo os ricos progressistas...

Por que isso tudo?

Por que isso tudo? Para tentar ganhar algumas credenciais junto à escumalha moral que anda me satanizando por aí? Quero mais é que essa gente se dane Mas não venha, como se dizia na minha vila, "botar panca" (sim, o certo é "banca") pra cima de mim, tentando me dar aula do que é povo, do que é pobreza, do que é carência. Eu lhes ensino, seus delinquentes, como transformar dois ovos e um tomate numa refeição para quatro pessoas, com o acréscimo de farinha de rosca numa omelete sem queijo e sem presunto. A boa notícia para nós é que era gostoso. Fiz Dona Reinalda preparar o prato dia desses. Ficou bom, mas não era a mesma coisa, porque, para citar um trecho que decorei de No *Caminho de Swann*, de Proust (só trechinhos, viu?; não quero passar falsas impressões), "tentamos achar nas coisas, que, por isso, nos são preciosas, o reflexo que nossa alma projetou sobre elas, e desiludimo--nos ao verificar que as coisas parecem desprovidas, na natureza, do encanto que deviam, em nosso pensamento, à vizinhança de certas ideias". No caso, a omelete de farinha de rosca estava ali, mas as circunstâncias eram outras, como a água do rio que não passa duas vezes pelo mesmo lugar.

A minha história não me faz nem mais nem menos qualificado para coisa nenhuma! Também a pobreza pregressa não é categoria de pensamento. Espero que aqueles vagabundos que ficam demonizando meu nome por aí me desprezem ainda mais por isso. Têm a chance de descobrir que as nossas diferenças não estão apenas nas escolhas, mas também nas origens. A pobreza não me ensinou nada de especial. Cabe a cada um de nós o esforço ao menos de tomar a rédea do nosso destino, feito muito mais de opções do que frequentemente supomos. Mas isso não é uma particularidade da pobreza. Também os ricos, reitero, podem ser oprimidos pela riqueza. "Mas qual opressão é melhor?", pode perguntar um cínico.

Olhem aqui, minhas caras, meus caros, é claro que governos e políticas públicas têm de se ocupar da melhoria das condições de vida do povo. Com uma escola melhor, uma saúde melhor, uma segurança melhor, aumentam as chances de felicidade. Negá-lo seria uma estupidez. Chances de felicidade, no entanto, não são felicidade garantida. Na pobreza ou na abastança, o que quer que nos faça infelizes sempre está dentro de nós. E não há revolução que dê jeito.

Ah, sim: algum anseio insatisfeito da pobreza ainda me assalta hoje, já que "o menino é o pai do homem", como escreveu Wordsworth, frase depois retomada por Machado de Assis em *Memórias Póstumas de Brás Cubas*?

Um ferrorama lindão, gigantesco, cheio de traquitanas. No mais, nada faltou, nada excedeu. Cada vida existe na sua exata medida.

Beijo do Tio Rei.

(Endereço do texto referido: http://veja.abril.com.br/blog/reinaldo/geral/professor-pro-invasao-da-usp-fica-dodoi-e-diz-que-assim-nao-quer-brincar-ah-mas-eu-quero/)

11. “REINALDO, VOCÊ É SÓ UM BLOGUEIRO”

BOLSA FAMÍLIA E REDUÇÃO DA VIOLÊNCIA: A BOBAGEM [17/06/2012]

O jornal *O Globo* traz uma reportagem com informações que estão naquela categoria que chamo estupefaciente. Não recrimino a reportagem, não, mas a bobajada produzida por pesquisadores da PUC-Rio, que não resiste a cinco minutos de reflexão. Leiam o que informa Alessandra Duarte e Sérgio Roxo. Volto em seguida:

> "A redução da desigualdade com o Bolsa Família está chegando aos números da violência. Levantamento inédito feito na cidade de São Paulo por pesquisadores da PUC-Rio mostra que a expansão do programa na cidade foi responsável pela queda de 21% da criminalidade lá, devido principalmente à diminuição da desigualdade, diz a pesquisa. É o primeiro estudo a mostrar esse efeito do programa na violência.
>
> Em 2008, o Bolsa Família, que até ali atendia a famílias com adolescentes até quinze anos, passou a incluir famílias com jovens de dezesseis e dezessete anos. Feito pelos pesquisadores João Manoel Pinho de Mello, Laura Chioda e Rodrigo Soares para o Banco Mundial, o estudo comparou, de 2006 a 2009, o número de registros de ocorrência de vários crimes — roubos, assaltos, atos de vandalismo, crimes violentos (lesão corporal dolosa, estupro e homicídio), crimes ligados a drogas e contra menores —, nas áreas de cerca de novecentas escolas públicas, antes e depois dessa expansão.
>
> 'Comparamos os índices de criminalidade antes e depois de 2008 nas áreas de escolas com ensino médio com maior e menor proporção de alunos beneficiários de dezesseis e dezessete anos. Nas áreas das escolas com mais beneficiários de dezesseis e dezessete anos, e que, logo, foi onde houve maior expansão do programa em 2008, houve queda maior. Pelos cálculos que fizemos, essa expansão do programa foi responsável por 21% do total da queda da criminalidade nesse período na cidade, que, segundo as estatísticas da polícia de São Paulo, foi de 63% para taxas de homicídio', explica João Manoel Pinho de Mello.
>
> O motivo principal, dizem os autores, foi a queda da desigualdade causada pelo aumento da renda das famílias beneficiadas. 'Há muitas explicações de estudos que ligam queda da desigualdade à queda da violência: uma, mais sociológica, é que diminui a insatisfação social; outra, econômica, é que o ganho relativo com ações ilegais diminui', completa Rodrigo Soares. 'Outra razão é que muda a interação social dos jovens ao terem de frequentar a escola e conviver mais com gente que estuda.'

Apesar de estudarem no bairro que já foi tido como um dos mais violentos do mundo, os alunos da Escola Estadual José Lins do Rego, no Jardim Ângela, periferia de São Paulo — com 1.765 alunos, dos quais 126 beneficiários do Bolsa Família —, dizem que os assaltos e brigas de gangues, por exemplo, estão no passado. 'Os usuários de drogas entravam na escola o tempo todo', conta Ana Clara da Silva, de dezessete anos, aluna do ensino médio. 'Antes, você estava dando aula e tinha gente vigiando pela janela', diz a diretora Rosângela Karam.

Um dos principais pesquisadores do país sobre Bolsa Família, Rodolfo Hoffmann, professor de Economia da Unicamp, elogia o estudo da PUC-Rio: 'Há ali evidências de que a expansão do programa contribuiu para reduzir principalmente os crimes com motivação econômica', diz. 'De 20% a 25% da redução da desigualdade no país podem ser atribuídos ao programa; mas há mais fatores, como maior valor real do salário mínimo e maior escolaridade.'

Professora da Pós-Graduação em Economia da PUC-SP, Rosa Maria Marques também lembra que a redução de desigualdade não pode ser atribuída apenas ao Bolsa Família: 'Também houve aumento do emprego e da renda da população. E creio que a mudança na interação social dos jovens beneficiados contou muito.' Do Laboratório de Análise da Violência da UERJ, o professor Ignácio Cano concorda com a relação entre redução da desigualdade e queda da violência: 'Muitos estudos comparando dados internacionais já apontaram que onde cai desigualdade cai criminalidade.'

Mas são as outras razões para a criminalidade que chamam a atenção de Michel Misse, coordenador do Núcleo de Estudos da Cidadania, Conflito e Violência Urbana da UFRJ. Misse destaca que a violência na capital paulista vem caindo por outros motivos desde o fim dos anos 1990: 'O estudo cobre bem os índices no entorno das escolas. Mas não controla as outras variáveis que interferem na queda de criminalidade. Em São Paulo, a violência vem caindo por pelo menos quatro fatores: reforma da polícia nos anos 2000; política de encarceramento maciça; falta de conflito entre quadrilhas devido ao monopólio de uma organização criminosa; e queda na taxa de jovens (maioria entre vítimas e autores de crimes), pelo menor crescimento vegetativo.' Para Misse, a influência do programa não foi pela desigualdade: 'É um erro supor que só pobres fornecem agentes para o crime; a maioria dos presos é pobre, mas a maioria dos pobres não é criminosa. Creio que, no caso do Bolsa Família, o que mais afetou a violência foi a criação de outra perspectiva para esses jovens, que passaram a ter de estudar.'"

Há tempos não lia tanta bobagem. O único que diz aí coisa com coisa, com algumas ressalvas, é Michel Misse. O resto é o besteirol de sempre, que associa pobreza a violência. O índice de homicídios em São Paulo vem caindo de forma consistente há mais de doze anos. O estado está em antepenúltimo lugar no ranking de homicídios por 100 mil habitantes; a capital, proporcionalmente, é a que menos mata no país.

O Mapa da Violência [cujo endereço está à página 41 deste livro] desmente esse estudo de maneira vexaminosa, assombrosa. E não com estudozinho focado na escola X ou Y, não, mas com dados objetivos. Leiam trecho de um texto [cuja íntegra pode ser encontrada no endereço ao fim deste artigo] que publiquei em 14 de dezembro de 2011:

> "Nesta quarta, foi divulgado o Mapa da Violência com dados de onze anos, de 2000 a 2010. Pois é... Em 2000, a cidade de São Paulo tinha 64 mortos por 100 mil habitantes, segundo o mapa. Em 2010, apenas treze — uma queda de 80%. No outro extremo, Salvador tinha 12,9 naquele ano; em 2010, saltou para 55,5 mortos por cem mil: um crescimento de 330,2%...
>
> (...)
>
> O Brasil teve 49.932 homicídios no ano de 2010. De acordo com o Mapa da Violência divulgado nesta quarta-feira pelo Instituto Sangari com informações dos ministérios da Saúde e da Justiça, a taxa de homicídios no ano passado ficou em 26,2 mortes para 100 mil habitantes. O número significa uma pequena redução em relação a 2009, quando a taxa foi de 27 mortes. Mas a taxa é superior à de conflitos armados em países como o Afeganistão, a Somália, ou o Sudão. Qualquer taxa acima de dez mortes por 100 mil pessoas é considerada epidêmica por organismos internacionais. Uma epidemia que, no Brasil, tirou 1 milhão de vidas nos últimos trinta anos.
>
> O maior índice de homicídios é o de Alagoas, com 66,8 mortes por 100 mil habitantes. Em seguida, vêm o Espírito Santo (50,1), Pará (45,9), Pernambuco (38,8) e Amapá (38,7). Os menores números são os de Santa Catarina (12,9), Piauí (13,7), São Paulo (13,9), Minas Gerais (18,1), Rio Grande do Sul (19,3) e Acre (19,6). Entre as capitais, Maceió é a que tem o maior número de homicídios por habitante. São Paulo possui a menor taxa. A trajetória da capital paulista, aliás, chama a atenção: em 2000, a cidade tinha a quarta maior taxa entre as capitais. De lá para cá, o índice de homicídios no município caiu cerca de 80%.
>
> 'A grande novidade é que há um processo de nivelamento nacional da violência que não existia dez anos atrás. Há dez anos, ela estava concentrada

nas regiões metropolitanas. Agora se espalhou. As taxas dos sete estados que em 2000 eram os líderes de violência caíram, e os sete que tinham as taxas menores subiram', diz Julio Jacobo, coordenador da pesquisa.

Uma análise em perspectiva mostra um aumento da violência nas regiões Norte e Nordeste: entre 2000 e 2010, o número de homicídios mais do que quadruplicou no Pará, na Bahia e no Maranhão. A maior queda se deu em São Paulo, que registrou uma redução de 63,2% no número de homicídios durante a década passada, mesmo com o aumento populacional. O Rio de Janeiro também teve uma diminuição expressiva, de 42,4%, no período.

A pesquisa mostra que os números da violência têm se estabilizado nas capitais, enquanto a criminalidade avança nas cidades menores. Em 2010, a maior taxa de homicídios ficou com a cidade de Simões Filho (BA): o índice chegou a 146,4 assassinatos por 100 mil pessoas. De acordo com o levantamento, três causas contribuíram para essa mudança de perfil: a desconcentração econômica do país, o aumento do investimento em segurança nas grandes cidades e a melhoria nos sistemas de captação de dados sobre crimes nos pequenos municípios."

Retomo

Usar o Bolsa Família para explicar a queda de violência em São Paulo é a mais nova farsa influente. A anterior era atribuir a queda à campanha do desarmamento. Pergunto aos iluminados: por que, então, a campanha do desarmamento não produziu os mesmos efeitos no resto do Brasil? Por que, então, houve, na média, aumento da violência no Norte e no Nordeste, embora sejam as regiões mais beneficiadas pelo Bolsa Família? A verdade é bem outra. No dia 12 de janeiro deste ano, *O Globo* dava uma notícia relevante. Comento em seguida.

"Estados brasileiros que prenderam mais registraram menos homicídios. Levantamento feito pelo *Globo* com base nos dados do Sistema Nacional de Informação Penitenciária (InfoPen) do Ministério da Justiça e do Mapa da Violência 2012, do Instituto Sangari, revela que as unidades da Federação em que há menos presos por homicídio do que a média nacional viram, na década passada, a taxa de assassinatos aumentar dezesseis vezes mais em comparação aos estados com população carcerária maior.

Em doze estados do grupo que tem menos presos houve aumento no número de assassinatos, incluindo a Bahia, que teve uma explosão no índice de homicídios, passando de 9,4 por 100 mil habitantes para 37,7 por 100 mil habitantes entre 2000 e 2010. Alagoas, o estado mais violento do Brasil, também tem menos presos pelo crime do que a média nacional. Lá, em dez anos, o índice de assassinatos subiu de 25,6 para 66,8 por 100 mil habitantes.

A única exceção no quadro é o Rio de Janeiro. Segundo os dados do InfoPen, o estado tem o menor número de presos por assassinatos do Brasil e, ainda assim, conseguiu reduzir o número de homicídios de 51 para 26,2 por 100 mil habitantes. Na outra ponta, em cinco dos catorze estados com mais presos (Mato Grosso, São Paulo, Mato Grosso do Sul, Roraima e Pernambuco, além do Distrito Federal) houve queda nas taxas de assassinatos. O estado que mais reduziu o crime é São Paulo. Passou de 42,2 para 13,9 homicídios por 100 mil habitantes. Em outros dois (Rondônia e Acre), os indicadores mantiveram-se estáveis.

A taxa de detentos cumprindo pena por homicídios simples, qualificado e latrocínio no Brasil é de 36,9 presos por 100 mil habitantes. Em 13 estados as populações carcerárias de homicidas estão abaixo desse total. Na média, os assassinatos nesses estados cresceram 62,9% na década passada ante 3,8% dos 14 estados que têm mais detentos."

Comento

Já havia chamado a atenção de vocês para o caso da Bahia, onde a elevação do índice de homicídios é assustadora. O Mapa da Violência, diga-se, evidencia que essa é uma realidade de quase todos os estados nordestinos. Mais um mito caiu: aquele segundo o qual o baixo crescimento econômico induz a violência. O Nordeste cresceu mais do que a média do Brasil nos últimos anos e muito mais do que a própria média histórica.

Quanto ao Rio, o dado precisa ser visto com cuidado. Havia no estado, como se tornou público, um problema de subnotificação. Mas isso é o menos relevante agora. Bem ou mal, o Rio decidiu enfrentar o crime organizado. O índice é ainda brutal. Se quiser chegar ao número que a ONU considera aceitável, terá de prender mais.

Alguma dúvida sobre o que vai acima?

Alguém precisa contar aos tais pesquisadores da PUC-Rio que, assim como não se deve oferecer polícia a quem precisa do Bolsa Família, não se deve conter com Bolsa Família quem precisa de polícia. E uma recomen dação final: parem com esse preconceito asqueroso contra pobre, sob o pretexto da benevolência social. Se pobreza induzisse à violência, ninguém conseguiria botar o nariz fora da porta. Nem os pesquisadores da PUC...

(Endereço do artigo citado: http://veja.abril.com.br/blog/reinaldo/geral/o-que-a-presidente-dilma-esta-esperando-para-pedir-desculpas-ao-governo-de-sp-pelas-tolices-ditas-pela-candidata-dilma-sobre-seguranca-em-sp/)

ECONOMISTA REAGE: "VOCÊ É SÓ UM BLOGUEIRO" [19/06/2012]

Ai, ai, com tanta coisa sobre a qual falar, dedico uma parte do meu tempo ao senhor, como é mesmo?, ah, sim: João Manoel Pinho de Mello. Se fosse importante, a esta altura, já teria ouvido falar. Mas ele se tem em altíssima conta e acha que caio em alguns truques. O Manoel, que não tem três penas no chapéu, integra um grupo de economistas da PUC do Rio que decidiu mensurar os efeitos do Bolsa Família na queda da violência em São Paulo. Compararam os índices antes e depois de 2008 e chegaram à conclusão de que o programa foi responsável por 21% — encantadora essa precisão! — do total da queda da criminalidade. Huuummm... Escrevi um texto [o artigo imediatamente anterior] a respeito fazendo algumas indagações. João Manoel ficou zangado, escreveu uma catilinária imensa me desqualificando e, pasmem!, acusando-me de agressivo. Mentira! Não o agredi, não!

Chamei as conclusões do estudo de "bobajada". No mais, destaquei evidências que caminham no sentido contrário ao de suas conclusões. Só isso. Ele enviou o texto ao blog. Só não publiquei ontem porque, obviamente, requer resposta. O rapaz saiu divulgando o texto por aí e me enviou mais alguns comentários — mobilizou também alguns amigos, parece — me acusando de estar com medo de publicar a sua resposta ou algo assim. Nunca tinha ouvido falar dele e desconfio que a recíproca é verdadeira, ou não viria com essa tolice. Vamos lá. Ele segue em itálico e negrito. Eu, em caracteres normais.

Sr. Reinaldo Azevedo,

Escreve João Manoel Pinho de Mello, professor associado do Departamento de Economia da PUC-Rio e Ph.D. em economia pela Stanford University (2005). Sou um dos autores do estudo sobre Bolsa Família e crime a respeito do qual você fez comentários em seu blog. Resolvi respondê-los. A maioria de meus comentários se refere à ciência do artigo supracitado e à "ciência" dos seus comentários. Mas confesso que alguns poucos refletem minha indignação com sua agressividade e sua arrogância. Peço perdão aos leitores interessados apenas na ciência da mensuração do efeito do Bolsa Família sobre o crime. Infelizmente receio que sejam poucos.

Ele começa me tratando de "Sr." como quem diz "Seu filho da mãe" na versão não publicável em blogs de família. Em seguida, tenta me intimidar com o seu currículo. Respeito competências e títulos, claro!, mas não me assustam. Uma bobagem é uma bobagem é uma bobagem, não importa o *pedigree* de quem a pronuncie. Todo o parágrafo, na verdade, vale por um "sabe com quem está falando?". Agora sei. E daí? O Mané de Stanford não está habituado ao confronto de ideias e ao debate. Ao acusar a minha "agressividade e arrogância" — leiam o texto original e verão que não o fui —, diz, humilde que é, que vai responder (eu poderia enroscar com a regência do verbo "responder" em seu texto tão douto, mas deixo pra lá...) com a ciência (sem aspas) para se contrapor à "ciência", com aspas, do meu comentário. Logo, é um cientista pronto a humilhar este pobre leigo! Atenção para o que vem agora. A coisa começa a esquentar.

Normalmente não escreveria este comentário. Não é muito útil debater assuntos de natureza técnica com interlocutores ideológicos (à esquerda e à direita). Mas há pessoas que eu respeito intelectualmente e admiram o que você escreve. Por isso resolvi tomar meu tempo para corrigir seus erros. Não acho que seja vigarice. Apenas viés ideológico ao discutir um assunto que, de fato, é difícil. A maioria das pessoas educadas e inteligentes, mas sem treinamento científico, tem dificuldade em distinguir correlação e causa. Não se sinta diminuído por isso, blogueiro.

Então comecemos por uma boa diferença entre nós. Há um monte de pessoas que respeito intelectualmente que não o admiram porque nunca ouviram falar de você. Lamento que o contrário seja verdade. Fazer o quê? Tente doutriná-las e provar que estão erradas. Não, não me sinto diminuído em ser chamado de "blogueiro". Afinal, por que tanta preocupação em responder a alguém tão desprezível, Mané de Stanford? Quanto a você desprezar "interlocutores ideológicos à esquerda e à direita", dizer o quê? Geralmente os que negam a ideologia com esse vigor em nome de uma suposta neutralidade científica — especialmente no terreno das ciências humanas — são apenas candidatos a pensadores do regime, seja de direita ou de esquerda. Entendeu ou pequei por excesso de sutileza?

Vou me referir a você como "blogueiro", pois afinal esse é seu título, não?

Não, não é meu título. Você comete um primeiro pecado para um candidato a polemista: desconhece o sentido preciso das palavras. Se quiser, pode chamar de atividade, profissão, ocupação até. "Título" é outra coisa. Eu sou um "destitulado".

O blogueiro reclama, quase sempre com razão, dos métodos de argumentação do Luis Nassif. Pois bem: ele se comportou como o Nassif. Falou sobre o que não entende com um misto de arrogância e primitivismo. Não gosto muito de adjetivação, mas parece ser o estilo do blogueiro. Por isso

me permitirei essa pequena indulgência (não é muito grave; é quase como comer uma caixa inteira de Sonho de Valsa).

Mané está com informações falsas a meu respeito. Há muito tempo como sabem os leitores, Luis Nassif foi banido do blog. Quanto a "comer a caixa inteira de Sonho de Valsa" como quem se entrega a uma compulsão depois de um período de repressão, huuummm... Cuidado, Manoel! Certas imagens revelam mais do que o autor pode desejar. Deve ser torturante viver com vontade de cair de boca no Sonho de Valsa, mas ter de se reprimir com medo da reprovação social, né?

Sobre arrogância tenho pouco a falar por ser autoevidente. Mas, a título de ilustração, o blogueiro comenta um artigo científico que, pela natureza de seus comentários, não leu (ou não entendeu), e acha que pode rebatê-lo com uma mirada superficial nos dados do Mapa da Violência. Para esclarecimento, o artigo cujo conteúdo desagrada tanto ao blogueiro está em processo de revisão para ressubmissão para publicação no American Economic Journal, Economic Policy *(da American Economic Association), uma das vinte publicações científicas mais prestigiosas do mundo em economia.*

Até agora, Manoel, o fortão do Bairro Peixoto, não respondeu à minha crítica (sim, queridos, vou relembrá-la aqui). Ele já me chamou de "arrogante", "agressivo" e "blogueiro", já expôs o seu currículo e agora diz que seu artigo pode ir parar numa publicação de prestígio. Atenção, senhores! Até agora, ele está certo, e eu, errado porque:

a) é economista, e eu não;
b) porque é Ph.D. por Stanford, e eu não;
c) porque eu sou arrogante e agressivo, e ele não (como se vê...);
d) porque seu artigo pode ser acolhido numa publicação de prestígio.

Sobre primitivismo tenho mais a falar, pois se trata de conteúdo. Começo com uma observação simples. Consideremos o Nordeste, o contraexemplo preferido. É possível, na realidade provável, que o crime tivesse aumentado ainda mais no Nordeste na ausência do Bolsa Família, mas não temos como saber. Em linguagem científica isso se chama contrafactual. É um raciocínio que requer alguma sutileza intelectual. Mas suponho (?) que o blogueiro conseguirá perceber.

Vamos aqui recuperar a natureza da polêmica, que este bobalhão arrogante tenta esconder com uso da pseudociência. Este senhor assina um trabalho afirmando que o Bolsa Família, que tem menos importância na cidade de São Paulo do que em qualquer capital do Norte ou do Nordeste, responde por 21% da queda de criminalidade, comparando-se os dados anteriores e posteriores a 2008. E por que se escolheu esse divisor? É quando o Bolsa Família começa a atender os jovens de dezesseis e dezessete anos. A redução da desigualdade teria tido, pois, um grande impacto na queda da violência (ele próprio exporá seu método mais adiante).

Qual foi a objeção levantada por este desprezível "blogueiro" — que não cai de boca no Sonho de Valsa — e que deixou o Ph.D. de Stanford tão furioso? A violência no Nordeste, com algumas exceções, cresceu em vez de diminuir nesse período. Na Bahia, em Salvador especialmente, assume contornos explosivos, dramáticos. Aí ele resolveu adotar o mesmo método de argumentação dos cientistas que faziam terrorismo com o aquecimento global: se não pode provar que está certo, pede, de modo enviesado, que eu prove que está errado. Mas não me furto, não! Desde logo, coloca-se uma questão evidente: por que o tal programa teria tido um impacto tão forte em São Paulo, mas não no Nordeste?

Ocorre que a suposta ciência do Mané de Stanford nasce de um preconceito, que ele não se intimida em enunciar: "É possível, na realidade provável, que o crime tivesse aumentado ainda mais no Nordeste na ausência do Bolsa Família, mas não temos como saber." É evidente que a hipótese de seu trabalho é esta: "O Bolsa Família diminuiu a violência." Aí fez o que faz muita gente — em especial a turma do aquecimento global: resolveu torturar os dados até que confessassem o que estava buscando. Como sua tese se afina com a metafísica influente, tudo ficou mais fácil. No parágrafo seguinte, quando decide, definitivamente, me humilhar, estrepa-se.

Agora para as considerações um pouco mais intrincadas. É muito difícil estabelecer relações de causa e efeito em ciências sociais. A razão é simples: diferentemente das ciências duras, em geral não é possível fazer experimentos aleatorizados em criminologia (em ciências sociais em geral, na verdade).

Certo! Ciências sociais permitem muitos chutes. Não me diga! Logo, Manoel está admitindo que as conclusões têm muito de gosto, arbitrariedade, ideologia, escolhas. Ou com ele seria diferente?

Por isso a análise superficial com os dados do mapa da violência é um exercício fútil na melhor das hipóteses. Perigoso e, portanto, leviano na pior delas. Recife é mais pobre, mais desigual e violento do que Blumenau.

Isso prova que pobreza e desigualdade causam crime? Não. Mostra tão somente que essas três variáveis andam juntas. Não estabelece nenhuma relação de causa e efeito. Afinal, outros fatores podem causar tanto pobreza e desigualdade como crime. Por exemplo, debilidade institucional. Estado fraco causa polícia fraca e pobreza. É essa a verdadeira causa? Não sei. O argumento é feito somente para ilustrar por que não se deve inferir absolutamente nada com a comparação simples entre estados.

Evitei a palavra até agora, mas não dá mais! Trata-se de um truque intelectualmente vigarista, ainda que Manoel seja um gênio. Em primeiro lugar, por amor à precisão, destaco o aspecto em que estamos de acordo: são muitas as variáveis que resultam em mais ou menos violência — E, PORTANTO, NA REDUÇÃO DA VIOLÊNCIA TAMBÉM.

Onde está a vigarice? O texto de Manoel mente ao afirmar que argumento comparando estados distintos. Não! Eu me referi a estados e cidades na comparação consigo mesmos, Manoel! Não engane seus eventuais leitores! Não tente enganar os meus! Vou comparar, rapaz, São Paulo com São Paulo. Os números negam de forma tão escandalosa a hipótese — e o estudo dele não passa disso, ainda que aspire à condição de teoria ou teologia — que fico até um tantinho constrangido em exibi-los. Em 2000, a região metropolitana de São Paulo, senhores leitores, tinha 63,3 homicídios por 100 mil habitantes. Chegou a 2010 com 15,4 (hoje está em torno de dez), com uma redução de 75,6%. Queda abrupta? Não! Vejam a evolução dos dados de 2000 a 2010.

São Paulo	63,3	61,9	53,6	51,1	39,1	28,9	25,6	19,1	18,5	18,0	15,4	-75,6

O estudo do companheiro que repudia a direita e a esquerda — nada como se declarar "de centro" para poder aspirar à santidade e à, como direi?, inimputabilidade científica — compara dados anteriores a 2008 com dados posteriores. Sei. Os mortos por 100 mil na região metropolitana de São Paulo já haviam caído 69,8% entre 2000 (63,3) e 2007 (19,1). "Ah, mas poderiam ter caído menos a partir de 2008 não fosse o Bolsa Família." Nada posso fazer com a crença das pessoas.

Agora vejam o que acontece com o índice de homicídios, sempre segundo dados do Mapa da Violência, nas regiões metropolitanas de Maceió, João Pessoa, Belém, Vitória, Salvador, Curitiba, Recife e São Luís.

Tabela 2.1.13. Taxas de Homicídio (em 100mil) por Região Metropolitana, Brasil: 2000/2010

RM	2000	2001	2002	2003	2004	2005	2006	2007	2008	2009	2010	Δ%
Maceió	39,3	52,8	57,2	56,6	59,3	63,0	88,8	91,4	99,6	87,9	100,7	156,2
Belém	18,9	21,6	26,1	29,1	29,9	41,0	40,0	37,7	56,1	55,8	80,2	325,0
João Pessoa	27,6	31,4	35,3	36,6	32,0	39,6	40,7	47,0	51,1	64,3	72,9	164,2
Vitória	73,6	72,8	81,0	78,4	79,5	71,5	77,7	78,4	80,2	79,0	68,6	-6,8
Salvador	11,6	19,2	21,9	29,4	29,7	40,0	45,2	50,4	63,3	67,9	60,1	418,2
Curitiba	25,1	27,0	28,8	35,0	38,3	41,2	42,3	39,8	50,8	58,4	56,8	126,7
Recife	77,2	84,9	74,0	76,9	73,9	73,1	73,1	72,6	68,4	59,7	50,6	-34,4
São Luís	13,4	23,1	19,1	26,6	28,7	26,1	27,2	32,3	38,2	45,7	46,6	246,4

Não é preciso comparar os números de São Paulo com os de Salvador, senhor Manoel sem penas no chapéu. Basta comparar Salvador consigo mesma. O Bolsa Família, no atual formato, foi criado em 2003, começou a ser aplicado ainda timidamente em 2004 e foi se expandindo. O estudo dele faz um corte entre antes e depois de 2008? Pois bem. Serve esse cotejo. "Ah, mas a capital baiana é mais desigual do que Curitiba." É? Pois bem: vejam os dados dramáticos da região metropolitana da rica capital paranaense. Em Recife, já se nota uma queda, embora os números sejam ainda alarmantes. O noticiário nos informa que estão em curso medidas virtuosas de reforma da polícia pernambucana — ainda no começo. E esse mesmo noticiário dá conta de que, na polícia baiana, acontece o contrário. Jaques Wagner conseguiu piorar o que já era ruim. Os números estão aí. Manoel achou — com todo respeito, viu, doutor Ph.D.? — que ainda não tinha trapaceado intelectualmente o bastante e escreve o seguinte.

Mutatis mutandis, *o aumento da criminalidade no Nordeste ao mesmo tempo em que o Bolsa Família lá se expandiu não demonstra que o Bolsa Família não ajudou a diminuir o crime. Nem que ajudou a aumentar. De fato, pouco se sabe sobre as causas do aumento da criminalidade em alguns estados do Nordeste (principalmente Bahia e Alagoas, não, não foi generalizada no Nordeste). Quero dizer, pouco se sabe cientificamente. Achismo há de monte. O blogueiro, por exemplo, dever ter uma porção deles.*

De saída: você não sabe empregar *mutatis mutandis*. Estude latim ou seja menos pretensioso. Ou faça as duas coisas. A expressão não cabe aí. Adiante. Não lido com achismo nenhum, mas com dados! Quem foi achar o que já tinha encontrado foi o sedizente cientista. Entre 2000 e 2010 ou entre 2008 e 2010, o único estado nordestino que não teve um aumento escandaloso de homicídios foi Pernambuco (embora o número seja elevadíssimo). Pratico achismo? Faltar com a verdade é certamente coisa bem mais feia.

Coloco alguns fatos científicos e algumas especulações, feitas com base em evidências anedóticas. Esclareço que algumas são especulativas, ou seja, o mesmo que o blogueiro faz com sua mirada superficial sobre o mapa da violência. A diferença é que o blogueiro tem a arrogância dos apedeutas. Acha que faz alguma inferência estatística válida. Blogueiro, deve doer quando um termo tão caro é usado contra você, não?

Nossa! Você não sabe como padeço! Se fosse do tipo, hoje me acabaria no Sonho de Valsa!

Primeiro o fato científico. Houve mudanças adversas na composição demográfica em alguns estados do Nordeste nos últimos anos. Aumentou a proporção de jovens entre quinze e trinta anos em alguns deles, um fator criminogênico importante já fartamente documentado na literatura em criminologia. Demonstro isso em um artigo em revisão para ressubmissão ao Economic Development and Cultural Change, *um dos principais periódicos científicos em desenvolvimento econômico no mundo. É editado na Universidade de Chicago por pessoas ligadas ao departamento de economia. Credenciais liberais (no sentido britânico da palavra) irreparáveis. Ou seja, pessoas com as quais você se identifica ideologicamente, blogueiro.*

Andou comendo muito bombom. Pouco me importa se você é liberal ou não! Quem disse que picaretagem é monopólio da esquerda? Não é, não! Está em curso no país, por exemplo, uma grotesca mistificação sobre a "classe média brasileira" que poderia, em outros tempos, ser considerada coisa da direita. Mas não passa de adesismo e derivação teratológica da "economia da pobreza" transformada em pobreza da economia.

Outros fatores são mais especulativos. Um deles que considero é perda de controle sobre a segurança pública, de novo principalmente na Bahia e em Alagoas. Há bastante evidência anedótica de que o policiamento pirou muito em alguns estados (repito, evidência anedótica, não ciência). E a literatura em Economia do Crime e Criminologia já estabeleceu há anos a importância da solidez da segurança pública. Se quiser se educar a respeito, querido blogueiro, veja Di Tella e Schargrodsky, American Economic Review, *2004, e as referências lá citadas. Mas não é claro que você queira, ou tenha treino, para se informar na literatura científica.*

Evidência anedótica? Não! Há fatos mesmo. Como é fato o crescimento do investimento em segurança pública em São Paulo. Como é fato que o estado tem 22% da população, mas concentra 40% dos presos. Como é fato que há menos homicídios nos estados que mais prendem bandidos. Os dados estão no primeiro texto [aquele imediatamente anterior] que escrevi a respeito.

Em suma, pouco se sabe sobre a dinâmica recente da criminalidade no Nordeste. Vale muito investigar. Vale bem menos analisar de forma superficial com intuito único de confirmar o viés ideológico apriorístico. Blogueiro, acho que você diria que isso é coisa de petista.

Você é mais fraco de que imaginava, com sua exibição de currículo e suas demonstrações de apuro acadêmico que mal escondem o chute de sua pesquisa. Pouco me importa se você é petista ou não. Nem acho que seja! É um tipo pior, disposto a servir, pouco importa o poder de turno. Meu desprezo por gente assim é bem maior. Os petistas, ao menos, não procuram se esconder numa pretensa neutralidade. O índice de homicídios cresceu em oito dos nove estados nordestinos entre 2000 e 2010 e, se quiser, entre 2008 e 2010. Nesses estados, o Bolsa Família tem muito mais importância do que em São Paulo, onde a queda na criminalidade é contínua e consistente há doze anos. Ainda que você tivesse encontrado, vá lá, uma correlação entre o programa e os números, estaria obrigado a explicar por que se deu em São Paulo. Vejam os homicídios por 100 mil habitantes nos estados nordestinos entre 2000 e 2010.

Alagoas	25,6	29,3	34,3	35,7	35,1	40,2	53,0	59,6	60,3	59,9	66,8	160,4
Bahia	9,4	11,9	13,0	16,0	16,6	20,4	23,5	25,7	32,9	37,7	37,7	303,2
Ceará	16,5	17,2	18,9	20,1	20,0	20,9	21,8	23,2	24,0	25,7	29,7	79,8
Maranhão	6,1	9,4	9,9	13,0	11,7	14,8	15,0	17,4	19,7	21,5	22,5	269,3
Paraíba	15,1	14,1	17,4	17,6	18,6	20,6	22,6	23,6	27,3	33,8	38,6	156,2
Pernambuco	54,0	58,7	54,8	55,3	50,7	51,2	52,7	53,1	50,7	45,1	38,8	-28,2
Piauí	8,2	9,7	10,9	10,8	11,8	12,8	14,4	13,2	12,4	12,8	13,7	66,4
Rio Grande do Norte	9,0	11,2	10,6	14,2	11,7	13,6	14,8	19,3	23,2	25,2	22,9	153,9
Sergipe	23,3	29,3	29,7	25,2	24,4	25,0	29,8	25,9	28,7	32,6	33,3	42,9
Nordeste	19,3	21,9	22,4	24,0	23,2	25,4	27,9	29,6	32,1	33,7	34,0	76,4

Agora sobre Bolsa Família e crime em São Paulo. A maneira ideal de estabelecer se o Bolsa Família teve algum efeito sobre a criminalidade é um experimento aleatorizado controlado. Ou seja, decidir no cara ou

coroa as cidades que recebem e que não recebem o Bolsa Família. Assim, garantir-se-ia que as cidades que recebem (Grupo de Tratamento) e que não recebem Bolsa Família (Grupo de Controle) terão, em média, características iguais. Infelizmente não temos acesso a tal experimento.

O Professor Raimundo das pesquisas resolveu dar uma aulinha. Muito bem! Como não conseguiu as circunstâncias ideais, vamos ver como agiu.

Por isso usamos um procedimento que tenta imitá-lo. Em 2007 o programa passou a contemplar adolescentes de dezesseis e dezessete anos. Como há escolas com mais e com menos adolescentes nessa faixa etária, o Bolsa Família se expande mais fortemente nos arredores de escolas com mais adolescente de dezesseis e dezessete anos (mostramos isso empiricamente). Como as diferenças de distribuição etária entre as escolas de São Paulo em 2006 nada têm a ver com a decisão de expandir o Bolsa Família, é "como se fosse aleatória" a expansão mais forte no entorno das escolas com mais alunos entre dezesseis e dezessete anos. Por isso, quaisquer aumentos de crime mais fortes (ou mais fracos) no entorno dessas escolas podem ser interpretados como o efeito causal do Bolsa Família diminuindo (ou aumentando) o crime. Encontramos que o crime caiu mais fortemente no entorno das escolas com mais alunos de dezesseis e dezessete anos. Por isso a inferência de que o Bolsa Família causou queda na criminalidade em São Paulo. Se tivesse aumentado a inferência seria inversa: o Bolsa Família seria crimininogênico (perdão pelo anglicismo). Blogueiro, cientista é assim: aceita o que os dados dizem.

Esse tipo de raciocínio estatístico pode ser estonteante quando o vemos pela primeira vez. Blogueiro, eu doaria umas três horas do meu tempo para educá-lo com mais detalhe, se achasse que você estivesse disposto a aprender. Mas você hoje demonstrou que só se interessa por proselitismo ideológico. Como dizia minha avó portuguesa, tali e quali *o Nassif.*

Não culpe a sua avó portuguesa por sua arrogância e por sua tolice. Aliás, cientistas sociais acabaram de ficar espantados com o seu método. A sua pesquisa, explicada por você mesmo, é mais picareta do que imaginava. As conclusões são ainda mais arbitrárias do que supunha. E a razão é simples. Consulte as autoridades de segurança pública de São Paulo, seu Zé Mané, e você saberá que os jovens infratores não costumam cometer crimes nos bairros onde moram — a exceção são as brigas de gangue. A exposição de seu método é a confissão de um chute fabuloso.

Mas o que foi que Manoel afirmou mesmo? Isto: "Houve mudanças adversas na composição demográfica em alguns estados do Nordeste nos últimos anos. Aumentou a proporção de jovens entre quinze e trinta anos em alguns deles, um fator criminogênico importante já fartamente documentado na literatura em criminologia." Certo! Em São Paulo, no entanto, afirma: "Encontramos que o crime caiu mais fortemente no entorno das escolas com mais alunos de dezesseis e dezessete anos." Mas os jovens não estão recebendo Bolsa Família no Nordeste e em São Paulo? Manoel é um cientista rigoroso: concluiu que a violência aumentou no Nordeste por causa do aumento dos jovens e caiu em São Paulo em lugares com maior concentração de jovens. ENTENDERAM? A sua avó portuguesa merece mais respeito. O problema é o neto dela.

Num dado momento de seu texto, Manoel afirma que as pessoas têm dificuldades de entender a diferença entre correlação e causa. É o caso dele. Comete um erro de lógica elementar, definido por uma expressão latina: *post hoc, ergo propter hoc* — ou: "depois disso, logo, por causa disso". A minha piada para esse tipo de raciocínio é a seguinte: como sempre amanhece depois que o galo canta, há quem acredite que, caso se matem todos os galos do mundo, teremos a noite eterna... Como Mané constatou que a violência caiu mais no grupo com maior concentração de jovens de dezesseis e dezessete anos e como eles passaram a receber bolsa família em 2007, então só pode ser por isso, certo? Claro, claro...

Só uma coisa: "crimininogênico", como você escreveu, é só erro de digitação. E "criminogênico", bobão, não é anglicismo. O *criminogenic* é que é uma palavra formada de duas outras: uma de raiz latina e outra grega. Não tente fazer graça porque lhe falta estofo. Você já é engraçado o bastante tentando ser sério.

Ah, sim: vá falar mal do Nassif lá no blogue dele. Nem todo inimigo do meu inimigo é meu amigo, entendeu?

A criminalidade ter caído desde 1999 em São Paulo é imaterial para esse raciocínio. Afinal, diferentes fatores podem ter causado a queda no começo e no final dos anos 2000. De fato, a queda do crime no começo dos anos 2000 pode ser consequência de sua subida no final dos anos 1990 Mas para um proselitista como você isso não interessa, não é blogueiro?

Ai, ai... Uma queda de mais de 70% no índice de homicídios em dez anos, que não pode ser explicada pelo seu achismo, só pode ser explicada por "diferentes fatores". É... Vai ver explicam mesmo!

Pergunta justa: por que São Paulo? Não dava para fazer para outros lugares? O Nordeste, por exemplo, onde o Bolsa Família importa muito mais? A resposta é negativa, infelizmente. São Paulo é o único estado da

Federação que tem dados de crime decentes georreferenciados desde o começo da década de 2000. Isso pelo enorme esforço de política pública em segurança feito em São Paulo. Esse esforço começou com o Alexandre Schneider, meu coautor em artigos científicos (mais sobre isso abaixo), quando era secretário adjunto da SSS-SP. Adoraríamos fazer o mesmo em Salvador. Mas não há dados adequados. Viu, blogueiro? Nem tudo é conspiração petista.

Repito: os petistas podem ser profissionais da tolice, mas não são seus monopolistas.

Algumas palavras sobre a impressionante queda na criminalidade que ocorreu no Estado de São Paulo nos anos 2000. Essa queda é objeto de minha pesquisa científica desde 2004. Primeiro uma constatação. O crime cai tão fortemente a partir de 1999 porque subiu fortemente nos anos 1990, principalmente depois de 1993. É uma questão mecânica. Blogueiro, seria elegante que você também mencionasse isso. Afinal, os ladrões e assassinos são apartidários em geral.

Você estava comendo bombom quando escreveu isso? Quer dizer que a violência caiu bastante porque havia subido muito? Deve-se inferir que subiu muito em alguns estados porque não tinha crescido bastante? Trata-se de mera "questão mecânica"? Deve-se inferir, pois, que, qualquer que fosse a política de segurança pública adotada, o resultado teria sido o mesmo? Você não se envergonha nem um pouquinho? Foi estudar os efeitos do Bolsa Família na diminuição da violência em São Paulo, mas está convicto de que, independentemente das políticas públicas adotadas, o resultado seria o mesmo.

Em criminologia há algum consenso sobre o caráter multifacetado de mudanças abruptas no crime (bom, tanto quanto há consenso em ciências sociais). Se você estiver realmente interessado em se educar, recomendo fortemente Zimiring (2007), The Great American Crime Decline, *disponível em inglês como e-book. O caso mais citado é o dos EUA, e particularmente Nova York, nos anos 1980 e 1990. Bogotá e Medellín são outros dois exemplos. O caso de São Paulo não deve ser diferente.*

Não seja desonesto! Os dados estão acima! A queda da violência em São Paulo não foi "abrupta" coisa nenhuma! Ao contrário, foi se dando paulatinamente.

Em um capítulo de livro editado pelo National Bureau of Economic Research (NBER, dispensa introdução) e pela University of Chicago (olha aí os petistas de novo!), Alexandre Schneider, aquele que foi secretário de educação do Kassab, e eu mostramos a importância da transição demográfica em São Paulo, que começou antes do país como um todo. Ela responde por 60% do aumento no homicídio na década de 1990, e por 40% da queda nos anos 2000. Em um artigo publicado no Economic Journal *(pesquise o status acadêmico desse periódico, blogueiro, seja jornalista!), Alexandre Schneider, Ciro Biderman e eu mostramos que os homicídios caíram mais nas cidades que restringiram a venda de bebidas alcoólicas em bares depois das 23h (a velha lei seca). Para ser preciso, 10% mais do que na média da RMSP. Em sua tese de doutorado defendida no departamento de economia da PUC-Rio, Daniel Cerqueira, aquele que desmascarou as estatísticas de homicídio do Rio na era Cabral, mostrou que o Estatuto do Desarmamento explica outros 8% da queda em São Paulo. Tenho orgulho de dizer que a tese foi orientada por mim e pelo Professor Rodrigo Soares.*

O Estatuto do Desarmamento? Seria aquele mesmo que, curiosamente, também só produziu efeitos em São Paulo, mas não no resto do Brasil? São Paulo é hoje a capital com menos homicídios no país por 100 mil habitantes sem restrição para o horário de funcionamento dos bares. E pare com essa bobagem de ficar elencando pessoas e instituições com as quais eu seria ideologicamente afinado. Isso é uma tentativa tosca de exibir a sua isenção ideológica, o que absolutamente não é do meu interesse.

Isso significa que os governos do PSDB não contribuíram em nada? Não! Ainda há pelo menos 50% da queda nos anos 2000 para ser explicada. Corresponde, aproximadamente, a quanto o crime caiu mais em São Paulo do que no resto do país. Só não temos ciência para isso ainda. Entre os cientistas, blogueiro, só se fala com ênfase quando há evidência científica. Entre os apedeutas arrogantes, fala-se sempre com ênfase.

Você já expôs os caminhos de sua seriedade científica. Reproduziu, melhor do que eu faria, como chegou à conclusão de que o Bolsa Família responde por 21% na redução da violência. Só não consegue explicar por que o mesmo fenômeno não se repete nos outros estados. Esse é um arcano que guarda só para si mesmo. Afinal, é coisa complicada demais para ser compreendida por não cientistas e blogueiros...

Posso especular. De novo, especulação, para não fazer vigarice intelectual. O crime caiu mais acentuadamente em SP porque as condições eram favoráveis. Entre elas, policiamento e vontade de combater o crime. Suspeito, por exemplo, que o efeito pronunciado do estatuto do desarmamento em São Paulo se deve ao fato de que o Estado já combatia a posse ilegal muito antes de dezembro de 2003. O estatuto legal melhorou o combate, provavelmente. Mas, de novo, não tenho ciência sobre isso. Apenas especulação. Por fim, duas informações. A primeira por transparência. O estudo foi pago pelo Banco Mundial, uma instituição cheia de petistas (parafraseando um procurado pela Interpol que provavelmente se aliará ao PT em São Paulo). Segunda informação: sou Doutor em economia pela Stanford University, esse bastião comunista. Entre a Hoover Tower e o Médio Gávea devo ter sido contaminado pelos petistas. Deve ter sido no Baixo Gávea, aquele antro de comunas. O Rodrigo Soares é Doutor em economia pela University of Chicago. Sem mais comentários. A Laura Chioda deve ser a espiã petista. Afinal, é Doutora em economia pela University of California, Berkeley, aquele antro de desviantes sociais (além de alguns prêmios Nobel, em economia e outras ciências menos controversas). De resto, você pode encontrar na minha página web os links para meu CV e para o artigo, caso você queira se importunar. É só colocar Joao Manoel Pinho de Mello no Google.

Atenciosamente,

João Manoel Pinho de Mello

Ph.D. em economia, Stanford University, 2005

Professor Associado, Departamento de Economia, PUC-Rio

Pô, Mané, já tinha entendido que você é Ph.D.! Precisa lembrar de novo? De onde vem tanta insegurança?

Quem leu o primeiro texto que escrevi sabe que não inferi, em nenhum momento, que o Mané de Stanford fosse de esquerda, petista ou sei lá o quê. Até porque a PUC do Rio nem é o melhor lugar para prosperar com essas convicções. Os esquerdistas não têm, reitero, o monopólio do equívoco, não! Só os idiotas, diga-se, diriam que um programa como o Bolsa Família é coisa de esquerdistas.

Eis aí a resposta que o professor disse que eu estava com medo de publicar. Fala por si mesma. Como se pôde notar, arrogante e agressivo é Reinado Azevedo, não é? Ele dialoga com suavidade. Sugiro que os governos façam o seguinte: invistam em segurança pública, em policiamento preventivo, em policiamento comunitário, em ronda escolar, na prisão de bandidos etc. E também distribuam toddynho para os jovens entre quinze e trinta anos. Aí o Mané de Stanford — sempre ciente de que outros fatores podem concorrer para a queda da violência — vai estudar a importância do toddynho na queda da violência. Poucos chegaram ao fim do texto, sei disso. Lamento. Era necessário.

Não tenho dúvida de que ele é mais hábil comendo bombom do que pensando. Ah, sim, professor: peça a seus amigos que parem de pedir a minha cabeça à *Veja*. Ao menos não tentem fazer isso no meu blog, né? QUE DESELEGANTE!

Água morro abaixo, fogo morro acima e liberal com vontade de bombom oficialista, queridos, ninguém segura!

E só pra arrematar: ao exibir as suas credenciais liberais, transformar em ciência o puxa-saquismo e ainda me acusar de ser obcecado pelo PT, o Mané de Stanford está cuidando da própria carreira. Cai nas graças do petismo, não fica mal com seus amigos liberais e ainda declara a independência da ciência. Já é meu candidato a uma diretoria qualquer no Ipea...

OS LIBERAIS BRASILEIROS FORAM ESTATIZADOS [20/06/2012]

Sim, este blogueiro mixuruca volta à questão do binômio "Bolsa Família-redução da violência" e ao economista Ph.D. por Stanford.

Vocês acompanharam [no artigo imediatamente anterior] a "Batalha de Itararé" entre Reinaldo Azevedo e o professor João Manoel Pinho de Mello, da PUC-Rio, um dos autores de um estudo que atribui ao Bolsa Família — especificamente à sua extensão aos jovens de dezesseis e dezessete anos — responsabilidade considerável na queda dos índices de violência na cidade de São Paulo. Escrevi um primeiro e despretensioso texto a respeito [publicado à página 407 deste livro]. Contestei e critiquei as conclusões, mas não ofendi os pesquisadores. Uma das coisas boas da internet é isto: o leitor pode verificar no ato, se quiser, que falo a verdade. Pra quê? João Manoel respondeu com impressionante violência e arrogância à minha crítica, exibindo as suas credenciais. Eu era, afinal, um reles blogueiro, e ele Ph.D. por Stanford. Como eu ousava?

É claro que há pessoas considerando que estou errado, e ele, certo! Publiquei comentários com essa avaliação. Mas boas figuras das ciências matemáticas, das ciências humanas e das ciências econômicas avaliam que suas conclusões são ou precipitadas ou erradas mesmo. No curso deste texto, é quase forçoso que alguns argumentos sejam repisados, mas farei de tudo para evitar. Sabem por quê? Porque o objeto aqui é outro. É demonstrar que boa parte dos nossos liberais foi estatizada ou cooptada pelo manto protetor do estado. Tornaram-se presas — alegres e saltitantes, na maioria das vezes — da construção da hegemonia petista. E não sou eu a dizê-lo, não, viu, João Manoel!? São os petistas; os que estão no comando da festa.

Vamos ver. Em nenhum momento — de novo: os textos estão disponíveis — atribuí a João Manoel e a seus amigos filiação partidária, desvio esquerdista ou alinhamento ideológico com o petismo. Nada! Zero! O professor respondeu, no entanto, como se o tivesse feito, e boa parte de seu texto agressivo, malcriado e pedante — o que denota uma espantosa insegurança sobre suas próprias conclusões — busca demonstrar que não tem fundamento a acusação de que seja petista ou de esquerda. Ocorre que jamais o acusei disso. Como prova dos noves de suas eventuais boas intenções — liberais? Sei lá eu... —, lembra que o Banco Mundial financia a pesquisa — como se não fosse o Banco Mundial justamente uma das instituições fascinadas por programas como o Bolsa Família... Tudo nos conformes e nada a estranhar.

Vamos ver. É claro que as conclusões que considero — e não só eu — erradas de seu estudo virarão peça publicitária do petismo. Não se pode, é óbvio!, atribuir a responsabilidade a João Manoel por isso. Não é porque alguém faz eventual mau uso da verdade e da ciência que se vai deixar de dizer a verdade e praticar ciência. No caso do estudo, malgrado os esforços que quero crer honestos, não se produziram nem uma coisa nem outra. Ora, poderíamos ter ficado nesse terreno, e assim se faz o debate intelectual no mundo livre. Mas não! João Manoel, como quem abrisse um pacote de bombons (disse ele) e decidisse comê-los todos, achou que poderia me esmagar com concupiscência e fúria. E se deu obviamente mal. Empanturrou-se com sua arrogância.

Não podendo explicar por que a violência teria caído em São Paulo em razão do Bolsa Família — embora a cidade, proporcionalmente, tenha menos beneficiários do programa do que a maioria das outras capitais —, mas crescido na maior parte das capitais e dos estados, restou-lhe uma saída um pouco vexaminosa: afinal, ponderou, quem poderia assegurar que, sem o programa, não teria crescido ainda mais? É uma pergunta, sabe qualquer cientista, irrespondível no campo da ciência ao menos. O estudo de João Manoel é tão ruim, mas tão ruim — e isso nada tem a ver com a econometria, mas com o *econômetra* — que ele chegou à sua conclusão, disse, com base em dados da diminuição da violência no entorno de onde moravam os jovens atendidos pelo Bolsa Família. Uma simples consulta à Polícia Militar e à Polícia Civil informaria que os jovens infratores praticam seus delitos longe das comunidades nas quais moram. Toda a sua complexa ciência — e sua estupenda arrogância — é anulada por sua ignorância de causa. Acabou achando na pesquisa aquilo que queria encontrar.

Consultem, se quiserem, a página 25 do Mapa da Violência [cujo endereço se encontra à página 41 deste livro]. Entre 2007 e 2010, o índice de homicídios cresceu nos sete estados da Região Norte, em oito dos nove estados da Região Nordeste (exceção feita a Pernambuco), em dois dos três estados da Região Sul (menos RS) e em três das quatro unidades da federação do Centro-Oeste (a exceção é MS). Houve queda nos quatro estados do Sudeste. Em sua resposta, que buscava escoicear (os economistas amigos do comedor de bombons consultem o dicionário antes de me ofender), não esclarecer, João Manoel tentou alegar fatores específicos que teriam elevado a violência em "alguns estados" do Nordeste. Como vocês viram, o índice de homicídios cresceu entre 2007 e 2010 em vinte das 27 unidades da federação. E o resultado não será diferente se vocês pesquisarem as regiões metropolitanas.

Sua saída foi dizer: "Eu sou Ph.D. por Stanford, e você é só um blogueiro." Sim, sim! Ele é um Ph.D. por Stanford, e eu sou só um blogueiro. Não obstante isso, a violência cresceu em vinte dos 27 estados no período por ele estudado e na esmagadora maioria das regiões metropolitanas. Sou, como diria Drummond, "essa coisa quase que maldita", e ele é aquele portento, mas o fato é que os jovens infratores praticam seus crimes bem longe de casa, o que, lamento, joga não a econometria, mas as conclusões do *econômetra* no lixo. Ainda que "trabalhe duro", como li num dos blogs que tratam do assunto. A propósito: não o chamei de preguiçoso — sua carta quilométrica a este reles blogueiro prova que é esforçado. Chamei seu estudo de equivocado — sim, de "bobajada" também.

Antes que prossiga, quero aqui, em tom até um tanto jocoso, embora o assunto seja sério, acusar um comportamento tolinho de alguns de seus amigos. No fundo, perguntam como pode um jornalista se atrever a questionar um Ph.D. Sem que faça também um estudo econométrico, dizem, estou proibido de contestá-lo. Ulalá! Ainda que fosse Ph.D. em alguma coisa — e há muito não vejo no Brasil e no mundo gente argumentando com essa arma —, não seria o caso de brincar de luta de espadas, não é? Não faço isso, não! Esse comportamento não evidencia amor à ciência, mas pouca disposição para o debate e para o contraditório. Não é recente — e não dará para discutir o tema neste texto — a tendência de certas correntes da economia de se considerar uma espécie de ciência das ciências, capazes de substituir a ideologia, a moral, a ética e, como se pode ver, se preciso, até a própria matemática. Afinal, são cientistas! Sei... Gente mais aguda do que João Manoel chegou a achar que um filósofo poderia ser um bom tirano. Deu merda, claro! Não chegou ainda a vez dos economistas...

Estatização dos liberais

Um dia estas coisas terão de ser contadas com mais vagar, detalhes etc. Que fique para a academia. Aponto um fenômeno que me parece estar em curso. Quem sabe um historiador das ideias se interesse por isso. Há muito tempo os chamados economistas, vá lá, "liberais" vivem às turras com seus adversários desenvolvimentistas — ou que nome tenham seus sucedâneos. As divergências são muitas e se manifestam em vários campos.

Uns preferem menos estado, outros mais; uns acham bobagem proteger a indústria nacional, outros consideram questão de sobrevivência; uns acreditam em políticas sociais focadas nos que estão em situação mais vulnerável, deixando que os mais aquinhoados pela sorte cuidem de si mesmos; os outros defendem políticas sociais universalistas; uns acham que ajuste fiscal induz os países ao crescimento, os outros acham que pode contribuir para afundá-los ainda mais; uns estão mais próximos do mercado financeiro (a PUC do Rio fornece farta mão de obra para esse setor da economia), outros preferem o mundo da produção... Faço aqui generalizações só para caracterizar minimamente os campos. Tendo até a me identificar mais com o primeiro grupo. É até possível que João Manoel esteja nele, não sei.

Vejam que curioso: o petismo sempre foi avesso, como sabem, aos tais liberais — que a turma chegou a chamar de "neoliberais". A eles são atribuídas as maiores atrocidades econômicas e políticas, como a... privatização de estatais, por exemplo, que fez um bem imenso ao Brasil. Muito bem: há uma corrente desse, vá lá, "liberalismo" que é fascinada pela crítica ao desperdício do estado com políticas sociais universalistas — que atendam a todos — e que é obcecada justamente pelo gasto social focado, direcionado aos mais vulneráveis. As esquerdas e o petismo sempre foram duros críticos desses programas. Não por acaso, em 2003, enquanto tentava criar o Fome Zero, Lula chamava as bolsas criadas no governo FHC (depois reunidas no Bolsa Família) de "esmola". Dizia que o pobre que recebia o benefício ficava preguiçoso e não "plantava macaxeira".

O PT, obviamente, mudou ao chegar ao poder (já havia feito a conversão um pouco antes). No segundo mandato de Lula e agora, no governo Dilma, os liberais perderam um pouco de influência. Mas é evidente que os petistas adotaram parte do seu receituário (EU ME REFIRO APENAS À ECONOMIA), no que fez muito bem, diga-se. Aquela vertente dos "economistas da pobreza", que defendem os gastos sociais focados, viu em programas como o Bolsa Família e o ProUni se não a realização de suas utopias, ao menos a aplicação de algumas de suas mais caras teorias. E passaram a gerar uma frenética massa crítica, atribuindo ao programa virtudes verdadeiramente fabulosas.

A título de ilustração, lembro que ajudaram a definir, por exemplo, com o patrocínio do governo, o novo perfil das classes sociais no Brasil — que já teria 54% da população na classe média. Merecem essa denominação famílias com renda per capita entre R$ 300 e R$ 1.000. E há subgrupos, assim: a baixa classe média, entre R$ 300 e R$ 440; a média, entre R$ 441 e R$ 640; e a alta classe média, entre R$ 641 e R$ 1.020. A classe alta tem dois grupos: um com renda familiar per capita entre R$ 1.021 e R$ 2.480, e outro acima de R$ 2.480. Descobri que a minha empregada é da classe média alta. Alguns porteiros e o zelador do meu prédio são da classe alta... alta! Onde vocês acham que mora a "classe média" com renda per capita de... R$ 300? Mas quero voltar ao leito.

Alguns desses nossos liberais acabaram caindo de encantos por esse estado — e, por óbvio, por esse governo — que, sob o pretexto de "focar os gastos sociais", passou a promover proselitismo político-ideológico com recursos públicos. Afinal, o Bolsa Família, na gestão petista, se teve o condão de reduzir a pobreza extrema — já o vinha fazendo antes, é bom notar —, tornou-se também uma máquina de propaganda eleitoral. Criticá-lo se tornou um anátema entre os ditos "esquerdistas" do PT e, como se nota, entre os "liberais estatizados". No caso em tela, é bom lembrar, nem mesmo entrei no mérito do programa, como sugere João Manoel. Eu me limitei a contestar a conclusão do seu estudo. Não é ruim porque contraria o senso comum. A ciência frequentemente faz isso. É ruim porque se dá na contramão de fatos absolutamente verificáveis, evidentes, escancarados. Ao tentar explicar como chegou ao resultado, vimos que a econometria estava sendo torturada pelo *econômetra.*

João Manoel certamente não é petista, mas se comportou como um petralha. Quando não tinha mais argumentos, resolveu acusar o meu "antipetismo" como evidência de meu olhar distorcido. Ontem, o ministro Gilberto Carvalho, secretário-geral da Presidência, afirmou que a aliança do PT com Paulo Maluf "não é uma tragédia" porque o que importa é ver quem tem a "hegemonia" da aliança e do processo político. E a hegemonia, deixa claro, é do PT. Por conta dela e desde que mantida, qualquer aliança é possível.

Em nome dessa mesma hegemonia, os petistas cooptaram parcela considerável dos economistas que se dizem liberais. Até porque, e isto é apenas um fato, boa parte deles trabalha, direta ou indiretamente, para o mercado financeiro, que não tem razões para brigar com o lulo-petismo. Não estou demonizando ninguém, não. Só estou evidenciando que essa tal hegemonia implica também a tentativa de asfixia do processo político e a satanização da divergência, coisa que não interessa a alguns economistas.

Começo com ele, termino com ele: não vendo melhor maneira de me atacar, João Manoel me chamou, como é mesmo?, de "arrogante", "blogueiro" e... "antipetista"!

Antes que o país seja libertado, ainda tentarão transformar "antipetismo" em crime hediondo. Mas a razão resistirá. E vencerá!

GLOSSÁRIO

Algumas das palavras e expressões abaixo são de uso corrente no meu blog, e muitas delas estão nos textos reunidos neste livro:

AL QAEDA ELETRÔNICA — É a rede montada pelas esquerdas, especialmente os petistas, para difamar adversários. Patrulha revistas, jornais, blogs e sites, fazendo correntes na internet contra os seus desafetos, que participariam de uma grande "conspiração da direita".

APEDEUTA — O termo é dicionarizado: "Que ou quem não tem instrução, ignorante." Neste livro e no blog, *O Apedeuta*, com artigo, designa o ex-presidente Luiz Inácio Lula da Silva quando faz apologia da ignorância ou fala alguma batatada teórica.

BABALORIXÁ DE BANÂNIA — É outro dos epítetos de Lula, empregado quando assume certa vocação mística ou missionária. No candomblé, o babalorixá é um chefe espiritual. O termo *Banânia*, uma referência ao Brasil, é inspirado no país Kakânia, criação de Musil no romance *Um homem sem qualidades*.

COMPLEXO PUCUSP — Define uma parte dos professores e estudantes da área de humanidades da Pontifícia Universidade Católica e da Universidade de São Paulo. Consideram-se marxistas. Conseguiram a façanha de transformar seus "oprimidos" em "opressores", já que eles sempre têm razão. De forma mais genérica, designa as esquerdas universitárias de todo o país.

CRÍTICA NEM-NEM — É uma variante do *isentismo* (ver a seguir). O autor da crítica *nem-nem* não gosta de se posicionar nem a favor disso nem a favor daquilo. Se o crítico *nem-nem* fosse Salomão, ele de fato dividiria a criança ao meio.

DUALÉTICOS — É a turma que abraça a dialética perturbada, traduzida, de fato, pela dualidade ética: aos "companheiros" seriam facultadas licenças que aos demais humanos estão vedadas. Sabendo ou não, aplicam, na prática, os princípios expressos por Trotsky no texto *A nossa moral e a deles*.

ESQUERDIOTA — É um misto de esquerdista com bobo da corte. Sua característica mais saliente é ignorar os princípios básicos das ideias que abraça. Acredita, por exemplo, que foi uma política de esquerda que levou o Brasil à condição de *Investment Grade*.

ESQUERDOFRÊNICO — É o esquerdista dividido, coitado! É aquele para quem o superávit primário era coisa de direita no governo FHC e passou a ser um ato de inteligência da esquerda no governo Lula.

ESQUERDOPATA — É o esquerdista patológico, disposto a eliminar os severos monstros da dominação ideológica que ainda assombram o seu sono. O principal deles é a imprensa, que chama de "mídia".

ISENTISMO — É a doença infantil da "isenção" — esta, sim, uma postura que todo jornalista deve adotar. Como o *isentista* rejeita radicalismos, declara não ver diferenças entre George W. Bush e Bin Laden ou entre a polícia e o narcotráfico. Se o assunto é Deus, acha justo que se ouça o diabo — afinal, é o "outro lado".

JEG — Jornalismo da Esgotosfera Governista. É composto de revistas, sites, blogs, emissoras de TV e portais que são alimentados por anúncios do governo federal, de administrações petistas estaduais e municipais e das estatais. Os veículos e jornalistas que integram o JEG só existem porque são financiados com o nosso dinheiro. Sem ele, não teriam nem emprego, já que seu único talento é puxar o saco.

MEGALONANICO — Sua expressão material é Celso Amorim, nanico para todos os efeitos práticos, mas *megalo* nas intenções e, certamente, na visão que tem de si mesmo. O *megalonanico* criou na política externa brasileira o megalo-*naniquismo*, que é uma diplomacia que oscila entre o terceiro-mundismo e a estupidez, uma faixa bem estreita. Sua característica mais marcante é falar grosso com democracias e fino com ditaduras e tiranias.

PETRALHA — Neologismo criado da fusão das palavras "petista" e "metralha" — dos Irmãos Metralha, sempre de olho na caixa forte do Tio Patinhas. Um *petralha* defende o "roubo social". Ele não vê mal nenhum em assaltar os cofres públicos desde que seja para a construção do "partido".

PETRALHANTRA — É o *petralha* pilantra. Justifica o assalto aos cofres públicos com a lenda da redenção dos oprimidos e diz aos *petralhotários* (ver a seguir) que o roubo para "construir o partido" tem virtudes revolucionárias. De fato, embolsa a grana — e manda uma parte para paraísos fiscais. Um *petralhotário* costuma votar. O *petralhantra* costuma ser votado.

PETRALHOTÁRIO — É o *petralha* otário. Acredita no roubo social e não vê mal nenhum em assaltar os cofres públicos para "construir o partido" — ao qual atribui virtudes redentoras. Costuma ser um duro. À diferença do *petralhantra*, não se aproveita de benesses. Todo *petralhotário* é um bobo alegre.

PORTA-SACO — Caracteriza certo tipo de jornalismo especializado em ser porta-voz e puxa-saco do governo ao mesmo tempo. Um *porta-saco* sempre sabe o que o governante anda comentando com o seu "círculo íntimo" (?).

REMELENTOS E MAFALDINHAS — Ou "moços sem banho e moças nervosas". A expressão define os invasores de reitoria Brasil afora. Eles ainda usam barbicha-e-boina e fazem questão de afetar pouco asseio pessoal, ainda que isso seja falso, o que lhes confere o aspecto de quem dormiu sem trocar de roupa. Elas são contestadoras incansáveis, a exemplo de Mafalda, a personagem do argentino Quino.

TECLA SAP — Com a variante "acionar a tecla SAP": há leitores, especialmente os *petralhas* (ver anteriormente), que não entendem ironia ou piada. Acionar a *tecla SAP* significa atentar para o sentido da linguagem figurada.

TOCADORES DE TUBA — É o colunismo engajado na defesa incondicional do governo petista. O *tocador de tuba* é o propagandista menos sutil. Suas versões mais amenas podem tocar flauta ou saxofone. Alguns dos tocadores desses instrumentos de sopro já estão empregados na TV Pública. Mas há muita gente na fila.

Este livro foi composto na tipologia Minion Pro
Regular, em corpo 11/14, e impresso em papel
off-white no Sistema Cameron da Divisão
Gráfica da Distribuidora Record.